夏基松文集

第一卷 现代西方哲学教程

夏基松 著

浙江大学哲学文存

中国社会科学出版社

图书在版编目(CIP)数据

夏基松文集：全三卷 / 夏基松著. —北京：中国社会科学出版社，2021.11
ISBN 978-7-5203-8967-9

Ⅰ.①夏… Ⅱ.①夏… Ⅲ.①西方哲学—文集 Ⅳ.①B5-53

中国版本图书馆 CIP 数据核字（2021）第 169759 号

出 版 人	赵剑英
责任编辑	朱华彬
责任校对	张爱华
责任印制	张雪娇
出　　版	中国社会科学出版社
社　　址	北京鼓楼西大街甲 158 号
邮　　编	100720
网　　址	http://www.csspw.cn
发 行 部	010-84083685
门 市 部	010-84029450
经　　销	新华书店及其他书店
印刷装订	北京君升印刷有限公司
版　　次	2021 年 11 月第 1 版
印　　次	2021 年 11 月第 1 次印刷
开　　本	710×1000　1/16
印　　张	87.25
插　　页	6
字　　数	1424 千字
定　　价	499.00 元（全三卷）

凡购买中国社会科学出版社图书，如有质量问题请与本社营销中心联系调换
电话：010-84083683
版权所有　侵权必究

庆祝夏先生 80 华诞研讨会合影

庆祝夏先生 90 华诞研讨会合影

南大时期夏先生工作照

夏先生发表讲话

与学生讨论

夏先生与夫人沈斐凤女士

1979年11月全国现代外国哲学讨论会人大校友合影（前排右四为夏先生）

1983年8月《现代西方哲学概论》审稿会成员合影 （前排右四为夏先生）

杭州大学哲学系部分师生合影
（前排右三为夏先生）

杭州大学时期夏先生在书房

2002年5月杭州大学博士论文答辩（前排右三为夏先生）

2016年3月夏先生夫妇与学生合影

2017年10月夏先生夫妇于浙大紫金港校区

编者前言

夏基松（1925—2018），浙江省杭州市人，长期任南京大学哲学系教授，博士研究生导师和系主任。1990年起，夏先生先后任杭州大学、浙江大学哲学系教授，博士研究生导师，是国务院第二、三届学部委员会哲学学科评议组成员，国家社会科学基金委员会哲学学科组成员，中国现代外国哲学学会副会长、华东分会会长，我国著名的现代西方哲学专家。

夏基松先生出生于杭州市的是一个小商人家庭。自幼受父母严格管教，聪慧好学，成绩优异。1943年考入浙江大学，一年后转入中央大学，并于1948年毕业于国立中央大学政治学系。在学期间，从关心政治哲学进而关心整个哲学理论，接受了当时在该校任教的汤用彤、宗白华、唐君毅等哲学大师的思想熏陶，选修了存在主义哲学家熊伟等开设的哲学课程，并接受了一些马克思主义哲学思想，参加了"五二零""四一"等"反蒋"运动。毕业后，因成绩优秀留校任教。1947年加入中共外围组织"中央大学校友联谊会"，参加了反对迁校、保卫南京、迎接解放等革命活动。1949年后，中央大学改名为南京大学，他继续在该校工作并参加了接管学校、院系调整、教育改革等工作。夏先生于1952年加入中国共产党，同年被选派去中国人民大学自然辩证法研究班学习，师从苏联专家研究自然辩证法。毕业后重返南京大学任教，与苏联专家李克一起为全校讲授哲学课，广受欢迎。后来，夏先生担任南京大学马列主义教研室主任之职，并负责哲学专业的重建工作。他曾邀请原中央大学教授宗白华、熊伟等返校复教，未成。为了办好哲学专业，当时的副校长孙叔平讲授中国哲学史，而夏先生则讲授西方哲学，从此决定了他研究西方哲学的终生方向。当时西方哲学史的讲授内容只限于从古希腊、罗马哲学到德国古典哲学，现代哲学部分则被视为内容反动而禁授。然而，由于学校成立"英美文化研究中心"，购进了一批现代西方哲学书籍，他因此对现代西方哲学有了较全面的了解。1966年春，"文化大革命"爆发，夏先生因担任系主任而被诬为"黑帮""走资派""反动学术权威"，与全校知名专家、学者一起被批斗，并从事各种惩罚性劳动。"文化大革命"结束后，由全系教师民主选举，以全票通过当选，恢复了哲学系主任工作。

1978年十一届三中全会后，全国改革开放，但学术界仍万马齐喑，现代西方哲学更被视为"禁区"。为了改变这种局面，夏先生于1980年春鼓足勇气，撰写了关于论述现代西方哲学的文章十余篇，以连载形式发表于《光明日报》，得到了全社会的广泛关注与好评，被人誉为学术界改革开放中的"一次春雷"。1979年"全国现代外国哲学学会"成立，夏先生被选为唯一的中年副会长。全国各高校的哲学系需要开设"现代西方哲学"课程，于是，教育部委托夏先生在南京大学开办了第一期"全国现代西方哲学教师培训班"，为全国培养了第一批现代西方哲学教学骨干。后来夏先生又受教育部委托，编写了1949年后第一部现代西方哲学教材《现代西方哲学教程》。在这一教材中，夏先生对当时西方流行的几十个流派近百位哲学家的学术思想做了较全面、深入、系统而清晰的论述，捋清了一百多年来现代西方哲学各流派及其哲学家理论之间的内在联系，以及发展的总体规律性。该教材被全国各高校采用，得到了普遍好评，对推动全国现代西方哲学的教学和科研工作起了重要作用，获教育部高校优秀教材一等奖。此后，为了继续反映现代西方哲学新情况、新成就、新趋向，夏先生又在原教材基础上扩充内容，更新体系，加深分析，相继写作并出版了《现代西方哲学教程新编》《现代西方哲学》等新教材，它们自1985年至今，每年出版5000册以上，畅销不衰。此外，夏先生还接受了国家七五规划项目"科学实在论研究"、国家教委八五人文科学规划项目"西方哲学的科学主义及其影响"等任务，撰写并发表了《波普哲学述评》《西方科学哲学》等专著十余部，文章百余篇。除《现代西方哲学教程》获教育部优秀教材一等奖之外，还有两部专著获江苏省哲学社会科学优秀成果一等奖，一部专著获全国第二届图书"金钥匙奖"。

夏先生是全国最早一批现代西方哲学硕士生导师之一，也是最早的博士生导师之一。多年来，已培养硕士生近100人，博士生50余名。他们都已经成为全国现代西方哲学的教学骨干力量，多名已是省部级领导干部和国内外知名专家，有的还获得了"长江学者""国家突出贡献专家"等称号。他的许多学生已成为法学、政治学、文学、历史学、建筑学等领域的翘楚。夏先生是我国著名的现代西方哲学研究专家，他的学术成就不仅促进了1949年后我国现代西方哲学研究的复兴与发展，而且对"文化大革命"后学术思想的改革开放也起了推动作用。

《夏基松文集》第一卷收录了夏先生于1985年出版的《现代西方哲学教程》这部专著，这也是20世纪八九十年代的哲学系学生、哲学爱好者记忆犹新的专著。夏先生在1980年初夏，以连载形式在《光明日报》上发表了十余篇评介现代西方哲学新流派的文章，从此以后，人们在现代西方哲学研究方面逐渐消除了思想顾虑，全国在这方面的学术气氛也活跃起来。不仅如此，夏先生还详细地梳理出现代西方哲学思想发展的脉络，阐明了自19世纪30年代至20世纪70年代科学主义（实证主义）和非理性主义（人本主义）两大思潮的演变历程。这些成就集中体现在当时教育部委托其编写的全国哲学专业教材《现代西方哲学教程》之中。这本专著是新中国成立后第一部系统、全面反映现代西方哲学发展概况的教材。尽管这一教材距今已三十年多，但仍然是许多哲学学习者和研究者必备的参考书，一些论文和著作仍引用了夏先生的论述。现在学术界的一些研究热点仍可以在这一教材中找到出处。

《夏基松文集》第二卷收录了夏先生与他夫人沈斐凤教授于1995年出版的合作专著《历史主义科学哲学》。沈先生是化学教授，也是夏先生研究科学哲学的终生合作者。这是一部深入梳理现代西方科学哲学发展历程的专著。他们认为科学哲学从逻辑实证主义到后实证主义的科学主义思潮的变化有以下几个特征：（1）从客观主义转向相对主义；（2）从理性主义转向非理性主义；（3）从科学主义逐渐倾向人本主义；（4）从主张语言的意义的确定性及其可交流性，转向主张语言的意义的不确定性及其不可交流性。这种变化表明，科学主义思潮在其发展的前期，与人本主义思潮是严重对立的。但到了后期，即它的后实证主义时期，这种对立就逐渐消失，而向人本主义思潮靠拢了。而到了20世纪90年代，科学主义与人本主义则合流了，这种合流主要体现在罗蒂的后实在论以及后现代主义哲学之中。这样一个历史发展过程似乎被古希腊怀疑论者高尔吉亚所提出的三个命题所言中："第一，无物存在；第二，如果有某物存在，人也无法认识它；第三，即便可以认识它，也无法把它告诉别人。"但他们又同时指出，人工语言学派要求语言交流的绝对正确性，这是一种不正确的、绝对主义的观点，库恩的"语言不可通约性"观点有一定合理性；但认为语言不能绝对正确无误地交流，并不等于语言相对正确地交流。相对正确的语言交流还是可能的，尽管误解难免发生，但是误解还是可以设法减少或克服的。德里达的语言不可交流论与人工语言学派的语言绝对无误的交流论一样是错误的，它是一种相对主义的理论。绝对主义与相对主义是同一种片面性的不同的表现形式。

《夏基松文集》第三卷《波普哲学述评及其他》收集了夏先生1982年出版的《波普哲学述评》和1983年出版的《唯物论史话》的第一章。这两本篇幅较为精简的专著是应时代需要而写的，是适合于那个时代广大干部、知识青年和教师阅读的参考书。前者体现了夏先生如何利用马克思主义哲学基本原理来分析批判理性主义哲学家波普的哲学思想；后者则体现了夏先生对辩证唯物主义与历史唯物主义所做的历史性分析。此外，还收录了夏先生自20世纪60年代至去世前所撰写的部分学术论文。夏先生于1962年发表在《哲学研究》编辑部编的《孔子哲学讨论集》（中华书局1962年版）的论文《孔子思想的历史渊源和阶级实质》，在一定程度上反映了我国学术界20世纪50年代末60年代初对孔子思想的研究状况。值得一提的是，该文集同时还发表了冯友兰、任继愈、孙长江、朱谦之、杨荣国等其他十四位专家学者们的文章。《物质可以穷尽的形而上学观点的破产——关于物质是否无限可分的争论》是夏先生1965年9月12日发表于《人民日报》上的一篇论文，其中的观点在与那个时代所理解的马克思主义和毛泽东思想是一致的，即使在今天，他的观点也是富有启发意义的。《当前流行的西方马克思主义之一——法兰克福学派》《当代西方哲学概述》《美国奎因的逻辑实用主义述评》等论文则是"文化大革命"结束后他研究现代西方哲学成果的体现之一。夏先生在担任江苏哲学学会会长之职时的一些讲话，反映了我国改革开放时期对哲学的要求，他关于哲学如何改革、改革的目的和方向等问题的分析正是"哲学是生活的时代晴雨表"这一格言的体现。当今人类已进入全球化时代，全球化已把全世界每一角落的人民的前途与命运紧紧地捆绑在一起。夏先生在21世纪初撰写的论文《人与自然：当代中西方哲学对话的逻辑起点》《谈中西哲学的差异性与融通性》，就中西哲学能否对话、如何开展对话提出了自己的理解。在他看来，全面发扬全世界各民族的优秀哲学与文化传统，其中包括中西优秀哲学文化传统，在当今尤其是发扬团结友爱、互利双赢的优秀传统精神，对于争取人类未来的社会文化的全面发展与"和谐世界"的实现有很重要的意义。

夏先生有生之年笔耕不辍，著述甚丰。但是1980年以前的文章曾以多种笔名发表在集刊、相关报刊，故难以搜寻，又由于篇幅有限，他的许多专著和论文难以纳入本次出版计划之中，他为许多专著、论文集撰写的序言也没有收集进来。夏先生对哲学的思考和探索不仅体现在他有形的文字中，更体现在他有声而无形的教学之中。许多受教于他的学生都记得他上课的形象：只带些卡片，列几个理论要点，把融会贯通后的抽象理论娓娓道来，听他讲课就是一种思想享受。参加过硕士、博士学位论文答辩的学生和同行都记得，夏先生对某个哲学问题的梳理和剖析犹如醍醐灌顶，使听者茅塞顿开。遗憾的是，这些有声而无形之教诲以及体现出的哲学思想却无法收录进篇幅十分有限的文集之中。

由于时代不同，夏先生论著中涉及的很多文献的版本信息在今天看来标注得不太完整，比如缺少出版社、出版时间等。编者尽可能地按照现在的体例要求进行了补充，但仍有些文献的版本信息实在难以找到，因此就保留了原貌。原书所列参考书目，编排体例与出版社现在的体例不同，为保持原貌未做更改。在此特作说明。

感谢浙江大学哲学系资助本文集的出版！感谢倪梁康教授对本文集的编排、校对工作的资助！

夏基松先生文集编辑委员会
2019年4月27日

目 录

绪 论 ……………………………………………………………（ 1 ）
  一 现代西方哲学的理论渊源 ……………………………（ 1 ）
  二 现代西方哲学的产生和演变 …………………………（ 6 ）
    （一）科学主义（实证主义）思潮的产生和演变 ………（ 6 ）
    （二）非理性主义（人本主义）思潮的产生和演变 ………（10）
    （三）"西方马克思主义"的出现 …………………………（14）
  三 研究和批判现代西方哲学的意义和方法 ……………（17）

第一章 实证主义 ……………………………………………（21）
  一 孔德的实证主义 ………………………………………（22）
    （一）实证主义哲学思想 …………………………………（22）
    （二）实证主义社会学说 …………………………………（28）
    （三）实证主义宗教观——人道教 ………………………（33）
  二 约翰·穆勒的实证主义 ………………………………（35）
    （一）实证主义哲学思想 …………………………………（35）
    （二）归纳主义的逻辑学 …………………………………（37）
    （三）功利主义的伦理观 …………………………………（40）
  三 斯宾塞的实证主义 ……………………………………（42）
    （一）不可知的实在论 ……………………………………（43）
    （二）机械的均衡论 ………………………………………（45）
    （三）生物社会学 …………………………………………（46）

第二章 意志主义 ……………………………………………（49）
  一 叔本华的生存意志主义 ………………………………（49）
    （一）生存意志主义的本体论 ……………………………（51）

（二）非理性主义的认识论 ……………………………………（54）
　　（三）悲观主义的人生观 ……………………………………（55）
　二　尼采的权力意志主义 ………………………………………（58）
　　（一）权力意志主义的本体论 ………………………………（59）
　　（二）非理性主义的认识论 …………………………………（60）
　　（三）"非道德主义"的伦理观 ………………………………（62）
　　（四）超人哲学的社会政治观 ………………………………（65）

第三章　新康德主义 ………………………………………………（71）
　一　朗格的新康德主义 …………………………………………（72）
　　（一）生理学的康德主义 ……………………………………（72）
　　（二）伦理的社会主义 ………………………………………（75）
　二　马堡学派的新康德主义 ……………………………………（76）
　　（一）纯粹认识的逻辑 ………………………………………（77）
　　（二）"伦理的社会主义"理论 ………………………………（81）
　三　弗赖堡学派的新康德主义 …………………………………（83）
　　（一）心灵创造认识对象 ……………………………………（84）
　　（二）价值学说 ………………………………………………（85）
　　（三）"描述的"社会历史科学 ………………………………（87）
　四　新康德主义对第二国际修正主义的影响 …………………（90）

第四章　马赫主义 …………………………………………………（93）
　一　马赫的马赫主义 ……………………………………………（94）
　　（一）世界要素说 ……………………………………………（94）
　　（二）函数关系论 ……………………………………………（96）
　　（三）思维经济原则 …………………………………………（99）
　二　阿芬那留斯的经验批判主义 ………………………………（100）
　　（一）原则同格论 ……………………………………………（101）
　　（二）费力最小原则 …………………………………………（101）
　　（三）反"嵌入"说 ……………………………………………（102）
　三　彭加莱的约定主义 …………………………………………（103）
　　（一）论"物理学的危机" ……………………………………（104）
　　（二）"约定主义"理论 ………………………………………（105）

（三）科学是假设 …………………………………………… (106)
　四　波格丹诺夫的"经验一元论" …………………………… (108)
　　（一）经验一元论 …………………………………………… (109)
　　（二）"社会存在与社会意识的同一"论 ………………… (111)

第五章　生命哲学与柏格森主义 …………………………… (113)
　一　生命哲学 …………………………………………………… (113)
　　（一）狄尔泰的生命哲学 …………………………………… (114)
　　（二）齐美尔的生命哲学 …………………………………… (115)
　二　柏格森主义 ………………………………………………… (116)
　　（一）世界的本质是生命之流 ……………………………… (116)
　　（二）直觉高于理性 ………………………………………… (119)
　　（三）开放社会与封闭社会 ………………………………… (123)

第六章　新黑格尔主义 ……………………………………… (125)
　一　英国的新黑格尔主义 ……………………………………… (126)
　　（一）格林的新黑格尔主义 ………………………………… (126)
　　（二）布拉德雷的新黑格尔主义 …………………………… (130)
　二　美国的新黑格尔主义 ……………………………………… (134)
　　（一）罗伊斯的新黑格尔主义 ……………………………… (134)
　　（二）缪勒尔的后期新黑格尔主义 ………………………… (138)
　三　德意志的新黑格尔主义 …………………………………… (140)
　　（一）克朗纳的本体论 ……………………………………… (140)
　　（二）克朗纳的直觉主义认识论 …………………………… (142)
　四　意大利的新黑格尔主义 …………………………………… (143)
　　（一）克罗齐的新黑格尔主义 ……………………………… (143)
　　（二）金蒂雷的新黑格尔主义与法西斯主义 ……………… (147)

第七章　实用主义 …………………………………………… (150)
　一　皮尔士的"实效主义" …………………………………… (151)
　二　詹姆士的"彻底经验主义" ……………………………… (153)
　　（一）"彻底经验主义"的本体论 ………………………… (153)
　　（二）"有用就是真理"的认识论 ………………………… (155)
　　（三）实用主义方法论 ……………………………………… (156)

三 杜威的"经验自然主义" ……………………………………(157)
　　（一）经验自然主义 …………………………………………(157)
　　（二）工具主义 ………………………………………………(159)
　　（三）改良主义的社会历史观 ………………………………(160)
四 胡克的"自然主义的人本主义" ……………………………(162)
　　（一）自然主义的人本主义 …………………………………(162)
　　（二）反辩证唯物主义 ………………………………………(164)
　　（三）资产阶级改良主义 ……………………………………(165)
五 刘易士的"概念的实用主义" ………………………………(166)
六 一种"调和"实用主义与马克思主义的倾向 ………………(170)

第八章 新实在论、批判实在论与科学实在论 …………………(173)
一 新实在论 ………………………………………………………(173)
　　（一）英国的新实在论 ………………………………………(174)
　　（二）美国的新实在论 ………………………………………(178)
二 批判的实在论 …………………………………………………(183)
　　（一）桑塔亚那的批判实在论 ………………………………(183)
　　（二）R. 塞拉斯的批判实在论及其后期向物理
　　　　　实在论的转化 …………………………………………(186)
三 科学实在论 ……………………………………………………(188)
　　（一）W. 塞拉斯的科学实在论 ……………………………(188)
　　（二）普特南的科学实在论 …………………………………(190)

第九章 新托马斯主义 ……………………………………………(192)
一 马利坦的新托马斯主义 ………………………………………(193)
　　（一）神学本体论 ……………………………………………(193)
　　（二）神秘主义认识论 ………………………………………(194)
　　（三）"神学人本主义"的社会伦理观 ……………………(198)
二 鲍亨斯基的新托马斯主义 ……………………………………(200)
　　（一）神学的本体论 …………………………………………(201)
　　（二）信仰主义的认识论 ……………………………………(202)
　　（三）反马克思主义 …………………………………………(203)
三 泰依亚主义 ……………………………………………………(205)

- （一）"创造的一元进化论"的宇宙观 …………………………（205）
- （二）"创造的一元进化论"的自然观 …………………………（206）
- （三）"创造的一元进化论"的社会历史观 ……………………（207）
- （四）"调和"宗教与科学的对立 ………………………………（207）
- 四 "基督教存在主义"——新托马斯主义与存在主义的结合 …………………………………………………………（208）
- 五 新托马斯主义的衰落与"基督教马克思主义" …………（209）

第十章 人格主义 …………………………………………………（212）
- 一 美国的人格主义 …………………………………………（212）
  - （一）人格是世界的本原 ………………………………………（213）
  - （二）信仰主义认识论 …………………………………………（217）
  - （三）神学人本主义的社会伦理观 ……………………………（221）
- 二 法国的人格主义 …………………………………………（224）
  - （一）"人的人格"和"人格的宇宙" …………………………（224）
  - （二）非理性主义的认识论 ……………………………………（225）
  - （三）"新人道主义"的社会伦理观 …………………………（226）

第十一章 现象学 …………………………………………………（228）
- 一 胡塞尔的现象学 …………………………………………（229）
  - （一）先验的第一哲学 …………………………………………（229）
  - （二）"现象学还原"的方法 …………………………………（232）
  - （三）"意向性"学说 …………………………………………（234）
  - （四）直觉主义 …………………………………………………（236）
  - （五）欧洲文明的危机 …………………………………………（236）
- 二 法伯的"自然主义的现象学" …………………………（237）
- 三 伯奇的"现象学的马克思主义" ………………………（239）

第十二章 存在主义 ………………………………………………（241）
- 一 基尔凯戈尔的存在学说 …………………………………（242）
  - （一）"存在"就是"非理性的主观体验" …………………（243）
  - （二）真理就是主观性 …………………………………………（244）
  - （三）人生的三种状态的选择 …………………………………（245）
- 二 海德格尔的存在主义 ……………………………………（246）

（一）有根的本体论……………………………………（247）
　　　（二）思维是存在的思维…………………………………（251）
　　　（三）日常生活中的"人之沉沦"…………………………（252）
　三　雅斯贝尔士的有神论存在主义………………………………（253）
　　　（一）自我就是大全…………………………………………（254）
　　　（二）哲学就是"学习死亡"………………………………（256）
　　　（三）有神论的人道主义……………………………………（257）
　四　萨特尔的无神论的存在主义与"存在主义的马克思
　　　主义"…………………………………………………………（258）
　　　（一）"自在的存在"与"自为的存在"…………………（259）
　　　（二）存在先于本质…………………………………………（261）
　　　（三）人是绝对自由的………………………………………（263）
　　　（四）存在主义的马克思主义………………………………（266）

第十三章　弗洛伊德主义与法兰克福学派……………………（270）
　一　弗洛伊德主义………………………………………………（270）
　　　（一）弗洛伊德主义…………………………………………（271）
　　　（二）弗洛伊德主义的分化…………………………………（274）
　　　（三）新弗洛伊德主义………………………………………（275）
　二　法兰克福学派——"弗洛伊德的马克思主义"……………（276）
　　　（一）霍克海默尔的"批判的社会理论"…………………（277）
　　　（二）阿道尔诺及其《否定的辩证法》……………………（279）
　　　（三）弗洛姆的"批判的社会理论"………………………（282）
　　　（四）马尔库塞的"批判的社会理论"……………………（285）
　　　（五）哈贝马斯的"批判的社会理论"……………………（291）

第十四章　逻辑原子主义与逻辑实证主义……………………（297）
　一　逻辑原子主义………………………………………………（298）
　　　（一）罗素的逻辑原子主义…………………………………（298）
　　　（二）维特根斯坦的逻辑原子主义…………………………（303）
　二　逻辑实证主义………………………………………………（308）
　　　（一）卡尔纳普论"经验证实原则"………………………（309）
　　　（二）卡尔纳普论"语言的两种职能"……………………（312）

（三）卡尔纳普论"两种真理：经验真理与逻辑真理" …… (315)
　　（四）赖欣巴哈论"科学是假设" ……………………………… (319)
　　（五）卡尔纳普论"实质的说话方式"与"形式的说话
　　　　 方式" ……………………………………………………… (320)
　　（六）卡尔纳普的"物理主义——方法论的唯物主义" …… (323)

第十五章　日常语言哲学学派 ……………………………………… (326)
　一　维特根斯坦的日常语言哲学 ………………………………… (327)
　　（一）不问意义，只问用途 ………………………………………… (327)
　　（二）语词是工具 …………………………………………………… (328)
　　（三）语言是一种游戏 ……………………………………………… (329)
　　（四）哲学的治疗——到日常语言的使用中去 ………………… (330)
　二　英国赖尔的日常语言哲学 …………………………………… (332)
　三　美国布莱克的日常语言哲学 ………………………………… (335)

第十六章　批判理性主义 …………………………………………… (338)
　一　波普尔的证伪主义的科学哲学 ……………………………… (339)
　　（一）反归纳主义与经验证伪原则 ……………………………… (339)
　　（二）理论是大胆的猜测 ………………………………………… (343)
　　（三）"知识的增长"理论 ………………………………………… (346)
　　（四）证伪主义的真理观 ………………………………………… (349)
　　（五）科学发展的模式 …………………………………………… (351)
　二　波普尔的改良主义的社会政治哲学 ………………………… (353)
　　（一）反历史决定论 ……………………………………………… (353)
　　（二）改良主义的"逐步的社会工程" …………………………… (354)
　　（三）资本主义的本性已经改变 ………………………………… (354)
　三　波普尔的"突现进化论"的本体论 …………………………… (356)
　　（一）突现进化论 ………………………………………………… (356)
　　（二）"三个世界"的理论 ………………………………………… (356)

第十七章　逻辑实用主义 …………………………………………… (360)
　一　奎因的"经验主义的两个教条" ……………………………… (361)
　　（一）否定严格区分两种真理的原则 …………………………… (362)
　　（二）否定经验证实的原则 ……………………………………… (364)

二 奎因的整体性的科学观 (366)
三 奎因的逻辑实证主义与实用主义的结合 (367)
（一）科学是预测未来的经验的工具 (367)
（二）"杜恒—奎因原则"与"译不准原则" (368)
四 奎因恢复"形而上学" (370)

第十八章 科学哲学的历史主义学派 (373)
一 库恩的"科学革命的结构"的理论 (374)
（一）科学的发展与"范式" (375)
（二）科学发展的动态模式 (379)
（三）不可知论的认识论 (385)
二 拉卡托斯的"科学研究纲领方法论" (391)
（一）精致的证伪主义——经验不能证伪理论 (391)
（二）科学研究纲领 (395)
（三）科学发展的动态模式 (398)
（四）精致证伪主义的真理论 (405)
（五）"科学哲学"与科学史的结合 (407)
三 费耶阿本德的"无政府主义的认识论" (409)
（一）科学非理性化 (410)
（二）科学是最新的宗教 (412)
（三）无政府主义的认识论 (413)
（四）乌托邦的自由社会 (414)

第十九章 科学哲学的新历史主义学派 (416)
一 新历史主义学派概况 (416)
（一）新历史主义学派的形成 (416)
（二）新历史主义学派内部的基本观点的分歧 (417)
二 夏佩尔的信息域理论 (420)
（一）信息域概念 (421)
（二）科学发现的"推理模式" (422)
（三）科学知识的客观性和真理性 (425)
（四）科学实在论 (427)
三 劳丹的研究传统理论 (428)

（一）反实在论 …………………………………………………（428）
　　（二）"研究传统"的理论 ………………………………………（430）
　　（三）科学进步的合理性问题 …………………………………（435）
第二十章　结构主义 …………………………………………………（439）
　一　结构主义的产生和发展 ………………………………………（440）
　　（一）结构主义哲学的孕育——结构主义语言学 ……………（440）
　　（二）结构主义哲学的产生——结构主义人类学 ……………（443）
　　（三）结构主义哲学的发展——结构主义的其他学科的
　　　　　相继出现 …………………………………………………（447）
　二　结构主义哲学的基本观点和基本方法 ………………………（448）
　三　阿尔图塞的"结构主义的马克思主义" ………………………（453）
后　　记 ………………………………………………………………（461）

绪　　论

"现代西方哲学"是"西方哲学史"的继续。这门课程的任务在于研究和评价马克思主义产生以后西方流行的各种哲学流派的学说及其演变。现代西方流行的哲学流派虽形形色色，但大致分属人本主义（非理性主义）与科学主义（实证主义）两大思潮。

马克思主义产生以后的西方哲学史的研究，无疑应以马克思主义哲学的发展历史为主线，但是为了与马克思主义发展史这门课程分工，这里只研究属于非马克思主义的西方哲学和流派，主要是西方资产阶级哲学流派，包括西方资产阶级垄断阶层和自由阶层的新哲学流派。但是也包括了一些中间阶级和小资产阶级的哲学流派。

一　现代西方哲学的理论渊源

现代西方哲学是西方哲学史的继续。现代西方哲学中的科学主义（实证主义）与人本主义（非理性主义）两大思潮都渊源于近代西方哲学。科学主义思潮渊源于近代英国的经验主义，而人本主义思潮则渊源于欧洲大陆的唯理主义。如果再往上追溯，还可追溯到古希腊罗马时期的哲学。

欧洲大陆的资产阶级唯理主义高举"理性"的大旗，反对经院哲学的反理性主义或非理性主义。他们号召以理性的权威代替宗教的权威，坚持知识或真理并非来自上帝、圣经或宗教权威，而是来自人的固有的理性。一切知识必须在庄严的理性审判台前接受理性的无情审判。凡是符合理性，即对理性来说确切无疑、清楚明白的才是真理，反之就是谬误。英国资产阶级的经验主义则与之相反，它高举"经验"大旗，反对经院哲学的反经验立场。他们也认为知识或真理并非来自上帝、圣经或权威，而是来自经验事实。因此，他们坚持：一切知识必须在经验的审判台前接受经验的无情审判。凡是符合经验，为观察和实验所证实的就是真理，否则就是谬误。近代资产阶级的唯理主义与经验主义，在反对经院哲学、维护科学技术和资本主义发展的斗争中站在同一战线，共同起了进步的历史作用。但是，它们又彼此对立。唯理主义强调理性，否认或贬低经验；经验主义强调经验，否定或贬低理性。近代自然科学的发展既需要观察和实验为它提供经验材料，也需要理性思维（数学运算和逻辑思维等）把握事物的本质和规律。而它们却各执真理的一端，片面夸大，互相攻击，这恰好表明了它们在认识世界过程中各自表现出的形而上学片面性和历史局限性。

唯理主义与经验主义的对立在科学方法论上则表现为演绎主义与归纳主义的对立。唯理主义在科学方法论上强调演绎法，否定或贬低归纳法，他们是演绎主义者；经验主义则强调归纳法，否定或贬低演绎法，他们是归纳主义者。归纳主义以实验科学为根据，坚持一切科学知识和原理都来自对观察和实验所提供的经验事实的归纳。没有经验，没有对经验事实的归纳，就没有科学知识。他们认为演绎法不是科学的逻辑方法，其理由是：（1）科学方法必须是能给人以新知识的方法。演绎逻辑不能给人以新知识，因为它的结论原已包含在前提之中。如从"凡人皆死"这个前提，推知"苏格拉底必死"这个结论。这里并没有告诉人以任何新的知识。因为"凡人皆死"，就是"张三必死""李四必死""苏格拉底必死"。（2）演绎推理的结论的正确必须以前提正确为必要条件。为了保证结论正确，必须首先证明前提正确，而要证明前提正确，又必须证明另一个前提的正确……这样，就必陷入"无穷回归"的荒谬境地。如果有一个前提在逻辑上没有证明，那就犯了"窃取论据"（或称丐词）的错误。

演绎主义极力为自己辩护。为了挽救演绎主义，它采取先验论的立场：断言人类理性中有不证自明、绝对正确的先验真理，其根据就是欧氏几何。它认为，欧氏几何的公理就是不证自明的先验真理。这类先验真理就是一切演绎推理的最初前提。他们驳斥归纳主义，认为归纳法不是科学逻辑的方法。其理由如下：（1）科学的方法必应是能给人以具有普遍性和必然性的知识的方法。归纳法不能给人这样的知识，因为它是从有限推知无限，从过去推知未来的方法，故无法保证普遍性，也无法保证必然性。例如，从过去经验中的有限次的摩擦生热、日出于东，归纳出未来的摩擦生热和日出于东。但是过去的有限次重复只能说明有限的过去，不能保证无限的未来。归纳法怎能保证无限的未来必然是摩擦生热、日出于东呢？因此，归纳知识是不可靠，即非科学的。例如过去欧洲人通过世世代代经验的归纳，确信"凡是天鹅都是白的"，但是后来在澳大利亚发现了黑天鹅，它就被否定了。（2）完全枚举法（有限的归纳法）能给人以确实的知识，但是完全枚举法不是科学的方法。因为它不能给人以预见性的知识，而预见性是科学知识的必要条件。而且在许多场合完全枚举法的应用是荒谬的。譬如人们检查一盒火柴是否失效，如采用完全枚举法，对每一根火柴都进行擦拭，其结果得到的只是一盒空火柴。这不仅毫无预见性，而且结果也显得荒唐。

历史上的归纳主义者却力求挽救归纳主义。培根的"三表法"和穆勒的"归纳五法"都是这类尝试。其结果虽在逻辑学上对归纳法的发展做出了贡献，但是在哲学上未能挽救归纳主义。因为归纳法离开了演绎法，正如演绎法离开了归纳法一样，必然失去它的科学性。关于归纳主义缺乏认识论依据这一点，许多归纳主义者也是有所认识的，如休谟就坦率地承认这一点。但是他们没有因而放弃归纳主义；相反，却力图挽救归纳主义。休谟认为，归纳知识的必然性虽没有认识论根据，却具有心理学根据。这是因为它是人的主观心理上的"联想"或"习惯"的产物。由于事件在过去经验中多次重复，人的心理上就产生了一种联想或信念，以为今后将必然如此重复下去，从而得出了必然性的结论。因而他认为，对于归纳知识的必然性虽不能做出逻辑的说明，但却能做出心理的说明；并认为，这种心理上的信念对于人的生存是十分必要的。然而休谟的这种心理学的说明后来遭到罗素的非难。他在《哲学问题》一书中指出，心理的信念毕竟是不可靠的。例如一只鸡只要主人对它定时供食，经过较长时间的重复，它就能产生按时进食的习惯或信念。当它伸长脖子满怀信心地进食时，就有可能被它的主人抓住脖子宰掉。

西方哲学史上也曾出现过"调和"唯理主义与经验主义的哲学学说，那就是康德的二元论哲学。康德提出了先天综合判断如何可能的问题。他把具有必然性和普遍性的科学知识用先天综合判断来表述：它是先天的故而有必然性与普遍性，它又是综合的所以具有新的知识内容。例如三角形内角之和等于180°，它的宾词的内容（180°）并不包含在主词（三角之和）之中，然而这种知识是"普遍""必然"的。那么它的普遍性和必然性是从哪里来的呢？康德断言：它不来自经验的归纳，因为经验中并没有这种普遍性和必然性；而是来自理性。他断言：人的理性中具有一些先天的直观形式（时间、空间）和悟性范畴（普遍性、必然性、因果性等等），数学判断和物理学（牛顿力学）判断的普遍性与必然性就是这些理性的先天直观形式和悟性范畴从外面加于经验的。因此，他称它们为"先天综合判断"。康德企图用"先天综合判断"来调和唯理主义（演绎主义）和经验主义（归纳主义），但是并没有成功。因为他承认科学知识的先验性。他在本质上仍然是一个唯理主义者。

近代哲学史上最早把感性与理性、归纳与演绎辩证地统一起来的是黑格尔。但是黑格尔的哲学体系是唯心主义的。只有马克思和恩格斯在哲学史上才第一次对这个问题做了唯物辩证的科学的解答。然而这是西方资产阶级哲学家们所不能和不愿接受的。

唯理主义（演绎主义）与经验主义（归纳主义）各执己见。相互争论了几个世纪，直至19世纪30年代才初见分晓。其结果是唯理主义或演绎主义失败，经验主义或归纳主义"胜利"了。这是有其自然科学方面原因的。那就是非欧氏几何的出现（后来又相继出现了集合论、相对论等）。如前所述，欧氏几何的"先验"公理是唯理主义或演绎主义的重要理论依据。非欧氏几何的出现，表明了欧氏几何的公理并非"先验"，也并非"不证自明"。这就对西方哲学的演变产生了两个重要的结果：一是现代经验主义，即现代西方的实证主义或科学主义思潮的流行；二是近代资产阶级唯理主义向现代资产阶级非理性主义（人本主义）的转化，从而导致了现代西方的非理性主义的人本主义思潮的出现和泛滥。

应该指出：早期资产阶级的经验主义是唯物主义的经验主义，而现代西方科学主义思潮各流派的经验主义是唯心主义的经验主义，即主观经验主义。这两者之间经历过一个从唯物主义的经验主义到唯心主义的经验主义的历史转向。这个转向，大体说来是从洛克的哲学开始的。洛克是一个唯物主义的经验主义者。他坚持物质世界的客观存在，但是他从经验主义立场出发，把物体的性质分为两类。他认为广延、体积、形状等是物体的第一性质，它们是客观的，即物体自身所固有的；色、香、味、声等是物体的第二性质，它们是非客观的，即非物体自身所固有，而是相同的机械运动刺激人们的不同感官所产生的主观的东西，因而它们是因人而异的。贝克莱夸大了洛克的这种经验主义的错误，并把它彻底唯心主义化，从而导致了主观经验主义。贝克莱妄言：不仅物体的第二性质是主观的，而且物体的第一性质也是主观的，因为物体的广延、体积、形状等第一性质与颜色、声音等第二性质是不可分割的，因此也是相对的，因人而异的。这样，他就得出了"物是感觉的复合""存在就是被感知"等唯我论的荒唐结论。由此可知，贝克莱把唯物主义的经验主义导致唯心主义的经验主义是有其认识论上的原因的，这就是一旦要把经验主义贯彻到底就必然会导致唯心主义。

但是，把客观世界归结为自我感觉的唯我论太荒诞悖理了。休谟继贝克莱之后，片面夸大经验的作用，使它唯心主义化，但不直接导致唯我论。他断言：人的认识只能局限于经验的范围，经验之外是否有物质或精神存在是不可知的，肯定经验之外有物质或精神存在的唯物主义与唯心主义都是"独断论"。然而怀疑主义与不可知主义是不能跟科学精神相容的。因为科学的任务在于寻求真理或知识，而不是"不可知"；它所需要的是"确定性"，而不是"怀疑"。因此，当历史进入19世纪30年代，自然科学有了进一步发展时，为了适应这种新形势，法国哲学家孔德不得不把这种以"不可知"和"怀疑"为旗号的休谟哲学，改造成为以"科学"和"实证"为标榜的实证主义或科学主义的哲学，从而导致了现代西方哲学的实证主义或科学主义思潮的出现。

如果说现代西方哲学的科学主义或实证主义思潮渊源于近代资产阶级的经验主义，那么现代西方哲学中的非理性主义的人本主义思潮则渊源于近代理性主义的人本主义，即资产阶级的唯理主义。如前所述，近代资产阶级的唯理主义推崇理性提倡人本主义，以反对中世纪的宗教神学的神本主义。它推崇人的理性，反对宗教神学所宣扬的神性；主张哲学研究的中心不应是神或神的意志，而应是人或人的理性。他们坚持人的理性是一切真理的唯一来源与标准；不应以神或神的意志，而应以人或人的理性来判定一切知识和行为的真伪善恶。但是许多近代唯理主义哲学在本体论上是唯心主义的（如莱布尼茨等的哲学），或具有唯心主义的因素（如笛卡尔等人的哲学）。如德国古典哲学的最主要代表黑格尔，他把人的理性夸大为宇宙理性，即他所谓的"绝对观念"或"绝对精神"。他认为：客观的绝对观念或宇宙理性是宇宙的本质和万物的本原，而人的理性活动，不过是它的外化的一个阶段，从而倒向了宗教神学，为唯理主义转向非理性主义，即神秘主义的直觉主义留下了通道。后来，当（德国）资产阶级取得政权后转向反动时，它就轻易地把上述理性主义的人本主义转化为非理性主义的人本主义。因为，此时它所需要的已不是推崇理性，反对宗教神学，而是提倡非理性以协调宗教和科学。这就导致了现代西方哲学中的非理性主义的人本主义之出现和泛滥。

二　现代西方哲学的产生和演变

以上阐明了现代西方两大哲学思想的理论来源，下面叙述这两大思潮的产生和演变过程。

（一）科学主义（实证主义）思潮的产生和演变

现代西方的科学主义哲学思潮，开始出现于19世纪30年代。这并非偶然，而有其历史的必然性。19世纪30年代，在欧洲是一个经济、政治、社会动荡不安的年代。一方面，当时资本主义经济危机这个"怪物"已经出现，社会阶级矛盾激化，无产阶级作为一股巨大的政治力量走上政治舞台，工人罢工此伏彼起。资产阶级为了巩固已取得的政权，它急需宗教和唯心主义以欺骗、麻痹人民群众。另一方面，自然科学也有了长足的进步：牛顿力学已基本完成；物理学、化学、生物学蓬勃发展；细胞学说、能量守恒和转化定律以及进化论等三大发现标志了自然科学的划时代进步。这迫使资产阶级不仅需要唯心主义哲学，而且需要以"自然科学"伪装，于是作为科学主义思潮的第一代的孔德实证主义乃应运而生。

为了适应新形势，孔德的实证主义所标榜的是"实证"（Positivity，即确实）或"科学"。它断言：知识必须建立在确实可靠（实证）的基础上。只有经验的知识才是确实可靠的，即实证的知识。因而人们对知识的研究和讨论，应局限于经验或感觉的范围内，不能超越经验或感觉之外。凡不能被经验或感觉的问题，诸如传统哲学所讨论的物质与意识及其关系等问题，都是"非实证"的"形而上学"问题，对于这些"形而上学"问题，人们应束之高阁，不予讨论。因此，只有他们的哲学才是一种"超越于"唯物主义与唯心主义之上的唯一"实证"的,即科学的哲学。孔德实证主义的出现,标志了现代西方科学主义或实证主义思潮的产生。

流行于19世纪下半期和20世纪初的马赫主义是孔德实证主义的后裔,是现代实证主义思潮的第二代。当时资本主义正经历着从自由竞争阶段向垄断阶段的转化,而自然科学则经历着从古典物理学到现代物理学的转化。科学知识的相对性逐渐明显,绝对主义成了自然科学发展的严重障碍。马赫主义比孔德的实证主义更多地"关注"当时有关物理学与心理学的哲学问题。它以实证主义的理论曲解当时物理学和心理学的新成就。它继续坚持"把知识局限于经验之内,不讨论经验以外的问题"的原则,但又做了某些"修正"。它改称"经验"为"中性要素",断言"经验"是"中性的",即既非客观,又非主观的;但又认为"经验"就是感觉。它更多地宣扬相对主义,力图以此与当时自然科学的发展相"适应"。

实用主义与实证主义有理论联系,而逻辑实证主义则是马赫主义的直接后裔,是实证主义的第三代。

实用主义既受马赫主义的直接影响,又与人本主义思潮有联系。它同马赫主义一样,也含糊其词地解释"经验",认为"经验"既指感觉,又指环境或事物。它是"中性"的东西。但是归根到底,它否认经验之外的物质存在。实用主义还进一步夸大马赫主义的主观经验主义的相对主义因素。它片面地强调经验的可变性和真理的相对性,鼓吹有用真理论,它把马赫主义进一步"生活化"和"商业化",从而在资本主义世界盛行一时。

自20世纪30年代或40年代后,实用主义开始衰落,逻辑实证主义代之而兴。一般说来,逻辑实证主义只讨论有关科学的哲学问题,并着重讨论科学的方法论问题,因而是一种比较典型的科学主义哲学。它之所以代替实用主义而兴起,是因为:19世纪末20世纪初出现的现代物理学发展到30年代有了显著的成就。现代物理学研究微观世界,具有高度抽象性和数学化的特点。因此,它促进了由弗莱格和罗素建立的数理逻辑的发展。数理逻辑很快成为一门十分重要的基础性或工具性学科。"生活化"和"商业化"是实用主义的特点和"优点"。但是,缺乏"科学化"却是它的致命弱点。所以,当以数理逻辑实证主义化为特征的逻辑实证主义一出现,实用主义就开始失宠并迅速被取代。但是,严格地说来,失宠和衰落的只是作为流派的实用主义,而不是实用主义的哲学思想。实用主义的哲学思想，在西方哲学界特别在美国的科学哲学界中仍有着重要的影响，而且有日趋扩大的趋向。

逻辑实证主义在认识论上是主观经验主义，在逻辑学或科学方法论上则是归纳主义。它与传统的归纳主义一样，认为知识来源于经验的归纳，演绎推理不能给人以新知识。不过逻辑实证主义者们不同意休谟关于归纳法没有认识论根据，而只有心理学根据的见解。他们认为，归纳法是有逻辑学或认识论方面的根据的，因为从逻辑学或认识论上说来，归纳知识虽没有必然性，却具有或然性。他们还认为，世界上根本没有永恒的、必然的事实知识，一切事实知识都是或然的。迷信或企图寻找永恒的、必然的事实真理，其本身就是一种绝对主义或教条主义。

逻辑实证主义在认识论上的主观经验主义集中表现在它的一个根本原则上，即经验证实的原则。这个原则认为，只有能被经验证实或证伪的命题，才是有意义的科学命题，否则是毫无意义的假命题。比如有关物质与意识及其关系等命题，不能被经验证实或证伪，因而都是假命题。逻辑实证主义的这个原则看来十分重视观察和实验所得出的经验，实际上片面地扩大经验的作用，否定理性思维的意义。它与日益发展的现代物理学不相协调，因为现代物理学所研究的微观客体不能被经验直接证实。因而50年代以后，随着现代物理学的进一步发展，它就衰落下去了。

从20世纪50年代到60年代，一度代替逻辑实证主义而兴起的是波普尔的批判理性主义。批判理性主义与逻辑实证主义本是同时诞生于奥地利的两个姊妹哲学流派。在50年代以前，它不如逻辑实证主义流行。但由于它比逻辑实证主义更多地反映20世纪以来，特别是50年代以后自然科学发展的特点，一度代替逻辑实证主义而流行起来。

批判理性主义一反17世纪以来经验主义的归纳主义传统，坚决反对传统经验主义与逻辑实证主义的归纳主义。它认为，归纳法既不如传统的归纳主义者所认为的那样能给予人们以必然性知识，也不如逻辑实证主义者们所认为的那样能给予人们以或然性知识。过去事件的多次重复，并不能保证今后它必然重复，也不能保证它今后有可能重复，因为也许自此以后它就不再出现了。因此，波普尔认为，具有普遍有效性的科学理论既不是来自对经验的归纳，也不是来自对"先验"公理的演绎，而是来自科学家的灵感或直觉对问题的猜测。他认为，由于科学理论都是一些大胆的猜测，因而它们都是暂时性的假设。它们不是"真"的，而是"假"的，即今后必定要被经验证伪的。他认为，科学中没有永远不被证伪的理论，科学的发展总是遵循着：问题→假设（猜测）→证伪→新的问题……这样一种动态模式，不断清除假设中的错误而前进的。通过这种猜测、证伪、再猜测、再证伪的不断循环往复，人类的认识才得以不断逼近客观真理。然而它又不能穷尽客观真理。由于强调理论的证伪，并否定理论可以证实（即证明它永远是真理），波普尔的批判理性主义又被人们称为"证伪主义"。批判理性主义的理论虽然有许多缺点和错误。但是与逻辑实证主义相比，无疑有较多合理的地方。例如它肯定科学不断逼近客观真理，肯定科学发展中否定（证伪）的作用等等，特别是它在西方的科学哲学中第一次探讨了科学发展的动态模式，这为后来西方科学哲学的发展指出了方向。

但是，波普尔的批判理性主义只是昙花一现。自60年代以后，它逐渐衰落下去了。代之而兴的是库恩、拉卡托斯、费耶阿本德等人的历史主义或科学哲学的历史学派。

历史主义脱胎于波普尔的批判理性主义。它继承了后者的某些合理内容，批判了它的许多错误和不足，有的还吸收了某些实用主义的思想，从而形成一个新的科学哲学流派。

历史主义区别于批判理性主义主要有以下几点：（1）批判理性主义与逻辑实证主义一样，把科学看成是许多各自孤立的命题的逻辑集合；历史主义则认为科学是由许多相互联系、相互依存的命题、定律和原理所构成的有机整体，这个整体具有内在结构。（2）批判理性主义强调科学发展中的否定或质变，而历史主义不仅承认科学发展中的质变，而且肯定科学发展中的量变，认为科学发展的动态模式是量变与质变交替的模式。（3）批判理性主义虽然也探讨科学发展的动态模式，但是它仅从人的认识或理性中去寻找这种模式；历史主义则强调从科学史中去寻找或检验这种模式。（4）批判理性主义与逻辑实证主义一样，认为检验真理的标准是经验（前者认为是经验的证伪，后者认为是经验的证实）；而一些历史主义者则断言检验真理的标准是"有用"或"效果"，因而它们具有更多的实用主义的因素。

历史主义的许多观点无疑是错误的。但是由于它强调科学发展的量变与质变的交替，强调科学的整体性，强调以科学史检验科学哲学的理论及其科学动态模式等等，因而较多地符合当代科学发展的现状。

由于历史主义哲学中存在着比较多的非理性主义、相对主义因素，20世纪60年代末70年代初西方出现了一些批判老历史主义的哲学家，一般称之为新历史主义学派。他们一方面吸取了老历史主义注重动态地研究科学发展的观点；另一方面力图克服老历史主义的非理性主义和相对主义，坚持科学是理性的事业。

（二）非理性主义（人本主义）思潮的产生和演变

现代西方的非理性主义或人本主义哲学思潮开端于德国的意志主义。叔本华是意志主义的创始人，也是现代西方的非理性主义思潮的开创者。他的悲观主义的意志主义创立于19世纪20年代，但广泛流行于50年代以后，当时，马克思主义在德国已经产生并流行，工人运动蓬勃发展。德国资产阶级在1848年的革命中遭到失败后，不得不重新投入容克地主的怀抱，屈从于封建贵族的专制统治；而对革命中表现出巨大政治力量的无产阶级则恐惧万分。这使它在忧虑、失望中丧失理智，看不到阶级的前途。叔本华的悲观主义和非理性主义的意志主义，正好适合当时德国资产阶级的这种心理，故能得到流行。

如前所述，许多早期资产阶级唯理主义者把人的理性夸大为宇宙的理性，而叔本华的意志主义则把整个宇宙归结为自我的非理性的意志，即一种盲目的生存欲望的冲动。他断言：自我的生存欲望冲动是宇宙的本原和动力，而万物不过是它的派生的假象。由于这种贪得无厌的生存欲望永远不得满足，因而自我永远陷于空虚和痛苦的深渊中，而不能自拔。

尼采是叔本华哲学思想的继承人。他把叔本华的悲观主义的意志主义改造成一种行动主义的意志主义。如果说叔本华的悲观主义的生存意志主义反映的是19世纪50年代革命失败后德国资产阶级灰心失望的情绪，那么尼采的权力意志主义则反映了19世纪70年代以后，已经取得政权并正走向垄断化和军国主义化道路的德国垄断资产阶级的不择手段，妄图霸占一切，统治全世界的贪得无厌的心境。

如果说，叔本华、尼采的意志主义是现代西方非理性主义的人本主义思潮的第一代，那么生命哲学是非理性主义的人本主义思潮的第二代。狄尔泰、柏格森等人的生命哲学是叔本华、尼采的人本主义思想的进一步理论化和系统化，使它具有更浓厚的哲学色彩。它把叔本华、尼采的生存意志和权力意志改造成为一种普遍的"生命力"；认为宇宙的本原是非理性的生命的冲动，它既包括生存意志，也包括权力意志，而且还包括其他一切无意识的生命冲动。因此它强调对于宇宙的本质即神秘的生命力的领悟和把握，不能依靠理性思维，而只能依赖于自我生命的内省或直觉，即一种神秘的内心体验。

与生命哲学大体同时产生的另一种哲学流派是新黑格尔主义。一般说来，新黑格尔主义不属于非理性主义的人本主义思潮。但是它与这个思潮有密切的内在联系。它与意志主义、生命哲学相似，也强调自我意识，也宣扬非理性主义或直觉主义的认识论。不过，意志主义和生命哲学公开打着反黑格尔哲学的旗号以宣扬非理性主义，而新黑格尔主义则以"复兴黑格尔哲学"为名，阉割黑格尔哲学中的合理内核为实的手法以宣扬非理性主义。它对后来的非理性主义人本主义思潮的许多流派，如存在主义和法兰克福学派等都有一定的影响。

跟这些流派大体产生于同时，并与非理性主义的人本主义思潮密切相关的另一个哲学流派是胡塞尔的现象学。胡塞尔的现象学是否属于人本主义思潮，学术界看法不一。这是因为胡塞尔自称他的现象学是一种寻求永恒真理的方法，而不是一种世界观。他特别强调通过自我意识的纯粹内省，以寻找自我意识中的永恒的经验结构或本质的方法。所以胡塞尔的这种现象学的理论和方法对后来的人本主义思潮各流派，特别是存在主义，有十分重要的影响；以致人们称存在主义是现象学运动的一个组成部分。

存在主义和法兰克福学派是在19世纪20年代以后相继产生于德国的两个哲学流派，它们是非理性主义的人本主义思潮的第三代。

存在主义的创始人是海德格尔。当时（19世纪20年代），帝国主义已进入总危机时期，社会矛盾普遍激化，工人运动此起彼伏，世界性经济危机频频发生并日趋严重。海德格尔的存在主义则反映了当时没落中的垄断资产阶级惶惶不安，对前途绝望的悲观主义的颓废情绪。

海德格尔自称存在主义是以一种研究"存在"为己任的哲学。但是他把"存在"解释成为自我意识：自我的一种非理性的意志冲动或感情冲动。而物质世界，他认为，只不过是自我意识的派生物或幻觉。他断言由于死亡时时威胁着自我，因而在自我的意志和感情中，充满着烦恼和畏惧。只有正视死亡，"自由地去死"，人们才能摆脱这种烦恼和痛苦，赋予存在以至高无上的"目标"。

以存在主义为代表的整个西方人本主义思潮，在第二次世界大战以后获得了空前的发展。这是有其深刻的社会原因的。这不仅是因为毁灭性的世界战争给整个资本主义世界带来了物质上和精神上的巨大破坏和创伤，还在于战后的科学技术革命给西方世界带来了强大的社会生产力与腐朽不堪的资本主义生产关系的矛盾的进一步激化。随之而来的是经济危机和各种社会危机：核故争危机、能源危机、生态危机、自然资源危机、技术危机、城市危机、粮食危机、人口危机以及各种社会心理危机等等，它们像一群无法驱逐的恶魔的阴影一样，深深地笼罩着广大人民的心灵。工人失业队伍的扩大，青年学生失业人数增加，社会犯罪率不断提高，吸毒吸幻觉剂现象日趋严重，社会道德风尚日益败坏，文化艺术等社会意识形态更加堕落，以及人民反战运动、黑人反对种族歧视运动、青年学生造反运动、工人罢工运动等等更增加了社会的动荡不安。人的尊严被破坏，人的价值遭蔑视，这些都成了非理性主义的人本主义思潮泛滥的温床。

战后流行的存在主义是以萨特尔哲学为代表的后期存在主义，它与战前海德格尔的存在主义不同。如果说，海德格尔的存在主义是没落中的垄断资产阶级的反动哲学，那么萨特尔的存在主义则是西方中、小资产阶级的哲学。它反映了西方资本主义世界中受剥削、遭排挤，被吞没的中、小资产阶级的恐惧、焦虑、绝望而又极力反抗、盲目挣扎的情绪。

萨特尔比海德格尔更强调自我意识的"绝对自由"。他宣称人对自己行为的结果如何是不可预测的。因此没有任何必然性。然而人对自己的行为的选择是绝对自由的，可以自由地创造自己的"本质"。他以此为根据而反对马克思主义关于"社会存在决定社会意识"的历史唯物主义根本原则，并反对任何约束人的行为的社会道德规范的必要性，从而陷入了道德虚无主义和历史唯心主义。他虽跟海德格尔一样，也认为人生充满烦恼、失望和痛苦，但他鼓励人们去积极行动，大胆冒险。他还主张用他的这种存在主义"补充""修改"马克思主义，因而人称它为"存在主义的马克思主义"。

稍晚于存在主义，并与存在主义同属人本主义思潮第三代的法兰克福学派，流行于第二次世界大战以后。由于它的许多成员都力图把弗洛伊德的心理学说哲学化，并主张把它与马克思主义的革命理论"结合"起来，因而它又被称为"弗洛伊德的马克思主义"。自20世纪以来，由于西方社会接连爆发经济危机和世界性战争，精神病患者人数剧增，从而使这种学说得到广泛流行。法兰克福学派的许多主要成员都赞赏并接受弗洛伊德主义，并把它进一步哲学化。他们认为：当前西方世界的各种社会弊病的根源就在于社会文化对人的性爱的压制，因此，解决各种社会问题的关键，不是进行社会政治革命，而是实行"心理文化革命"等等。这种学说反映了西方一部分中小资产阶级对资本主义剥削制度不满，同时又对社会主义革命畏惧的矛盾心理。

在当今西方流行的人本主义的哲学流派中，比较特殊的是新托马斯主义和人格主义。它们都是公开为上帝作论证的宗教哲学。新托马斯主义渊源于中世纪经院哲学——托马斯·那奎那的学说。作为封建主义意识形态的托马斯主义，原是主张神本主义，反对人本主义的。但是它的后裔——新托马斯主义，为了替当前的垄断资本主义效劳，不得不改变其先辈的手法，把"神本主义"与"人本主义"这两种历史上对立的理论彼此调和起来，既主张神本主义，也主张人本主义。其理由是：人原本是神所创造的，自我的"灵魂"原本是神所赋予的，因而人本主义与神本主义是一致的。这样，他们把人本主义从属于神本主义，从而成了一种神学的人本主义。人格主义的情况大体与新托马斯主义相类似。

60年代以后，西方还出现了一种反人本主义的哲学流派——结构主义。结构主义是人本主义思潮的反动。它反对侈谈人、人性和人的自由意志，主张研究社会的结构。它认为，一切社会事件和现象都不是由人，而是由社会的内在的结构决定的。人在社会中是一种消极、被动、无所作为的力量，它在研究中完全应该被抹去。结构主义产生和流行的社会根源之一，是当前自然科学方法向社会科学的渗透。现代自然科学的系统方法、结构方法和模型方法等等，正在颇有成效地移植和应用于社会科学；而片面强调人的自由意志、抹杀客观社会的内在结构和固有规律性的人本主义的哲学观点和方法，却给人文科学和社会科学带来了混乱。这不能不引起广大人文科学家和社会科学家的不满。这就是自60年代以后反人本主义思潮的结构主义在西方一度广泛流行的一个重要原因。但是，结构主义也有其严重的错误，那就是它不认为结构是客观事物所固有的东西，而把它说成是先验观念的产物，并且它过分夸大结构的作用，完全抹杀人的主观能动性及其在社会历史中的作用和意义。这就使它陷入了唯心主义的先验论和形而上学的机械论的泥潭。这也是结构主义昙花一现，不能最终战胜人本主义的原因。

（三）"西方马克思主义"的出现

在现代西方哲学中，与上述两大思潮密切相联系的是"西方马克思主义"。"西方马克思主义"是现代西方各种哲学流派与马克思主义革命理论相"结合"的产物。它们都属于现代西方哲学的范围。由于它们分别主张以上述两大思潮中的各种不同哲学流派来"补充""修改"马克思主义；因此它们或属于科学主义思潮，或属于人本主义思潮，而不是这两大思潮之外的学说。属于人本主义思潮的有"存在主义的马克思主义""现象学的马克思主义""弗洛伊德的马克思主义"（法兰克福学派）、基督教的"马克思主义"等；属于科学主义思潮的则有"新实证主义的马克思主义"和"结构主义的马克思主义"等。

"西方马克思主义"产生于第一次世界大战以后，匈牙利的卢卡奇、德国的柯尔什和意大利的葛兰西被公认是它的先驱者或奠基人。但它广泛流行于第二次世界大战以后，至60年代形成一种"热潮"。它之所以产生和流行是有其深刻的社会原因的。第二次世界大战以后，反动的法西斯势力遭到历史的惩罚，人民的革命和进步力量大大发展。战后出现了许多社会主义国家，进一步改变了国际政治力量的对比。帝国主义的殖民主义体系土崩瓦解，马克思主义深入人心。此外，战后科学技术革命和社会生产的发展，也给西方的社会阶级结构带来变化。随着垄断资本主义的发展，西方中产阶级大量分化和破产。同时，由于劳动的智力化，大量属中间阶层的知识分子沦落为雇佣劳动者。这些中间力量及其知识分子憎恨资本主义，憧憬社会主义，但对社会主义的现实和马克思主义的理论缺乏正确理解。这就是"西方马克思主义"流行的社会原因。

当今"西方马克思主义"派别林立，学说各异。但有着十分明显的共同特征：都主张马克思主义的"开放性"，即认为马克思主义对于西方各流派并不是"排它的"，而是"开放的"，彼此可以相容的。他们认为，马克思主义正确，但"不够完善""有片面性"，必须用某种西方哲学流派的学说"补充"或"完善化"。

"西方马克思主义"在理论上的共同特点，是把马克思与恩格斯、列宁对立起来，肯定前者而否定或贬低后者。不仅如此，它们还把马克思分为青年和成年两个时期，并把二者对立起来。"人本主义的西方马克思主义"各流派肯定青年马克思而否定或贬低成年马克思。他们把青年马克思人本主义化或人道主义化和黑格尔主义化，并与成年马克思相对立。把成年马克思说成是对青年马克思的"背离"，因而主张以人本主义、黑格尔主义理解马克思的著作。"科学主义的西方马克思主义"各流派则恰好相反，他们肯定成年马克思而否定或贬低青年马克思；认为成年马克思是科学主义者、实证主义者，他的学说是反人本主义的，与黑格尔哲学没有任何继承性联系。

"西方马克思主义"否认物质第一性、意识第二性的唯物主义基本原则，坚持人本主义或实证主义的唯心主义，并曲解辩证法。"人本主义的西方马克思主义"各流派认为，矛盾只存在于人们心理及其体现人们心理的社会生活中，而不存在于自然界中，因为自然界本身是没有矛盾的。"科学主义的西方马克思主义"各流派，则把辩证法说成只是"一般科学实验的方法"。他们认为，肯定矛盾是"荒谬的"，辩证法只是科学实验和科学研究过程中"具体—抽象—具体"的循环方法或各部分之间的联系的一种方法。

在认识论方面，"西方马克思主义"各流派都反对唯物主义的反映论。"人本主义的西方马克思主义"各流派认为，人通过实践既认识了现实，又创造了现实，因而主观与客观是"同一"的，不能有主观思想与客观现实之分。"科学主义的西方马克思主义"各流派则以实证主义的不可知论或康德的先验论反对马克思主义的反映论。如"结构主义的马克思主义"认为，人的认识中具有先验的"结构"，因而"思想客体"并不反映"实在客体"并认为真理的标准是一个"不真实"的"虚假"问题。

"西方马克思主义"各流派都不赞同或歪曲马克思主义的历史唯物主义。"人本主义的西方马克思主义"各流派，从唯心主义的人本主义和抽象的人性论出发，认为不是社会存在而是人性决定社会历史的现实。当前资本主义社会的症结不在其社会经济制度，而是人性的被压制；社会的革命归根到底不是社会制度的变革，而是心理的变革即人性的解放。"科学主义的马克思主义"各流派则强调"科学性"，而否定人的"能动性"；如认为不是社会存在决定社会意识，而是"先验"的主观"结构"决定社会和历史的现实，因而社会历史的"主体"不是广大人民群众，而是"先验的结构"。

"西方马克思主义"各流派，对于西方 60 年代末的新左派运动，都有过不同程度的影响。今天，它们对于西方的思想界仍有一定的影响。

值得一提的是，最近几年来西方哲学界还出现了一种与"西方马克思主义"的新左派哲学相对立的新右派的哲学：新哲学和新右派哲学（新法西斯主义）。

"新哲学"出现于 70 年代后半期的法国，它的多数成员参加过 60 年代末的新左派运动或青年造反运动。他们因运动失败而灰心失望，思想从"极左"转向极右，从拥护马克思主义和社会主义而转向反马克思主义和反社会主义，他们污蔑马克思主义是"人民的鸦片"，社会主义是"集中营"他们否认历史发展的规律性，叫嚷认识世界与改造世界"毫无意义"。他们对人类前途完全丧失信心，断言革命不过是统治者的更换，"一个首脑被废除，另一个首脑代之而起"。他们的理论曾鼓噪一时，但因缺乏市场而迅速销声匿迹。

继"新哲学"之后而起的是"新右派哲学"。"新右派哲学"公开出现于 1978 年的法国，它是法国新法西斯主义组织的理论。他们公开复兴尼采的超人哲学，提倡新纳粹主义。他们的理论之"新"，就"新"在用现代自然科学为老法西斯主义的理论作论证。他们曲解社会生物学和分子遗传学。分子遗传学是人们所熟悉的。社会生物学则是 1975 年由美国哈佛大学教授威尔逊所创立的一门新的学科，它肯定人的社会行为可以遗传。目前生物学界对它的科学性如何评价不一。"新右派哲学"家们则以这些学科的理论为依据，公开宣扬种族主义与超人哲学，反对马克思主义与社会主义。他们断言"天才在基因中早已存在"，"超人"理应统治普通人。他们颠倒黑白，胡言"不平等主义"是"进步"的，"平等主义"是"反动的"，专制主义是"理所当然"的，民主主义则是"荒谬的"；并断言雅利安人种优越于其他人种，欧洲人应该统治全世界等等。"新右派哲学"不仅在法国，并且在西德等其他西方国家也有出现。

近几年来"新右派哲学"在西方的出现并非偶然。由于西方的经济自60年代末以后陷入长期的不景气状况，出现了前所未有的停滞膨胀现象，社会矛盾和社会危机重重。西方的垄断资本家及其统治集团力求摆脱这种困境，乃乞求于右派力量。这就是"新右派哲学"公开出现的社会原因。从目前说来，"新右派哲学"在西方的影响甚微。但是作为一种新动向，不应忽略。

三 研究和批判现代西方哲学的意义和方法

研究西方哲学与研究马克思主义理论有密切的联系，它不仅对了解西方的意识形态和社会生活现状有现实意义，而且对于提高马克思主义水平，保卫和发展马克思主义都有积极的意义。

首先，它对于提高我们的马克思主义水平有积极的意义。因为一般说来，西方哲学，特别是现代西方资产阶级哲学在理论上是与马克思主义哲学——辩证唯物主义与历史唯物主义相对立的。马克思主义哲学是在与形形色色的西方哲学各流派直接或间接的斗争中产生和发展起来的。不理解、不研究现代西方哲学，就不能深刻地理解马克思主义哲学。例如，与马克思主义大体同时产生的孔德、穆勒的实证主义是马克思哲学思想的直接的对立面，研究和批判孔德、穆勒的实证主义就有助于深刻理解马克思的哲学思想；又如与列宁主义同时代的新康德主义、马赫主义等是列宁哲学思想的直接对立面。研究、批判新康德主义与马赫主义等就有助于加深理解列宁的哲学思想及其对马克思主义哲学的发展；同样，毛泽东同志的哲学思想也是与国内外形形色色的资产阶级，半封建、半殖民主义的哲学思想的斗争中产生和发展起来的。不研究现代西方哲学以及深受现代西方哲学影响的旧中国的半封建、半殖民地的哲学思想，就不能深刻理解毛泽东同志的哲学思想及其对马克思列宁主义哲学的发展。

其次，研究和批判现代西方哲学是保卫马克思主义所不可缺少的工作。现代西方哲学中的有一些流派或哲学家公开宣扬各种唯心主义和形而上学，攻击辩证唯物主义与历史唯物主义。有的以客观主义的方式，批判和评论马克思主义哲学，有的则采用"现代西方马克思主义"的形式曲解和"修正"马克思主义哲学。自我国实行开放政策以来，随着科学技术和文化的引进，西方形形色色的哲学思想也进入我国。因此，研究和批判地分析现代西方哲学及其各种流派，在肯定它们的合理因素的同时，分析、批判它们的错误；指出它们的理论的认识论根源和社会根源，将有利于我们捍卫马克思主义哲学，提高人民的认识水平。

最后，研究和批判现代西方哲学有利于发展马克思主义。"哲学是时代的反映。"现代西方哲学是现代西方社会政治、经济现状，自然科学成就和理论思维的反映；研究、分析和评价现代西方哲学，不仅有利于在批判它们错误体系的同时汲取它们中的合理因素，更有利于加深我们对现代西方的社会政治经济现状的了解，以及对现代科学成就及其思维形式的了解，从而有利于对西方的现状和科学成就做出正确的概括和总结，以丰富和发展马克思主义。

为达到上述目的，在研究和评介现代西方哲学的方法论上必须坚持以下几点：

首先，必须坚持马克思主义的立场、观点和方法。

如前所述，研究现代西方哲学，不仅在于了解西方，更重要的是在于提高我们的马列主义水平，保卫和发展马克思主义。因此，研究现代西方哲学，必须坚持马克思主义的立场、观点和方法。始终不渝地以辩证唯物主义和历史唯物主义为武器，对现代西方各哲学流派作深入的科学分析和批判。这就必须做到：

（一）坚持哲学的党性原则，以辩证唯物主义与历史唯物主义为武器，实事求是地肯定它们理论的合理因素，揭示它们的唯心主义与形而上学的实质。而要做到这一点，就必须时时和牢牢地以马克思主义哲学为武器。

（二）认真揭示它们的认识论根源。

现代西方哲学的理论，有其认识论的根源，列宁说过："从粗陋的、简单的、形而上学的唯物主义的观点来看，哲学唯心主义不过是胡说。相反地，从辩证唯物主义的观点来看，哲学唯心主义是把认识的某一个特征、方面、部分片面地、夸大地发展（膨胀、扩大）为脱离了物质，脱离了自然的、神化了的绝对。"[①] 不言而喻，这同样适用于现代西方哲学。只有在肯定它们的理论的合理性的同时，揭示它们的错误的认识论根源，指

[①] 《列宁选集》第 2 卷，人民出版社 1972 年版，第 715 页。

出它们在理论上失足所在，才能真正认识它们的积极因素和错误实质，从而吸取经验教训，以提高自己的认识水平。

（三）认真揭示它们的社会根源。

现代西方哲学是西方社会现状的反映。它们与西方社会的政治、经济、文化、科学技术等等都有内在的联系。这种联系有的是直接的，有的是间接的，有的是明显的，有的是曲折的。只有以马克思主义为武器，分析、揭示它们的这种社会联系，并进而揭示它们的社会作用，才能看清它们的社会本质。

（四）认真揭示它们的理论的历史渊源。

现代西方哲学与西方哲学史上的古典哲学或旧哲学体系有理论联系，因而找出它们的历史渊源，揭示它们与古典哲学的理论联系，不仅有利于认识它们的理论实质，并且有利于把握它们演变的规律性和趋向性，以加深对现代西方哲学的理解。

其次，研究和批判现代西方哲学，在方法论上必须坚持实事求是的科学性原则。

现代西方哲学的许多理论，从总体上说来是错误的，但是在细节上却有不少合理的东西。对于错误的部分必须批判，对于合理的部分必须实事求是的肯定。因而在批判中，必须坚持实事求是的科学态度。马克思主义的批判性与科学性是统一的，只有坚持科学性，才能充分发挥其批判性。为此，在研究和批判现代西方哲学的过程中必须坚持以下几点：

（一）必须完整、准确地占有资料，力求弄清它们的本来面目，只有这样，分析才可能深刻，吸收才可能恰当，批判才会有针对性。

（二）必须有区别地对待各个哲学流派。现代西方哲学各流派，一般说来多属资产阶级哲学，但是由于现代西方资产阶级是由彼此矛盾的各个阶层组成的，它们的哲学也各自代表了西方资产阶级的不同阶层的利益：有的代表大资产阶级的利益，有的代表自由阶层的利益，还有一些哲学流派代表的是中小资产阶级的利益。就是属于同一个流派的不同支派或不同人物的学说，也有可能代表不同的阶级或阶层的利益，因而它们的合理性成分与错误性程度是各不相同的，其社会作用也是各不相同的；对这些必须作实事求是的具体分析，切不可笼统化或简单化，否则将不利于从理论上分清是非。

（三）必须区分哲学家的学术观点和政治态度。哲学家的学术观点与政治态度是既有联系又有区别的。一般说来，哲学观点在一定程度上反映了政治态度。但是哲学不是政治经济的直接表现，而是间接、曲折的反映。因此，不能把两者简单地等同起来。如逻辑原子主义者罗素跟实用主义者杜威与胡克都是西方著名的唯心主义哲学家，但是其政治态度并不是完全相同的。罗素是一个和平主义者，晚年，他积极反对帝国主义侵略战争，并对社会主义表示一定的同情。而杜威和胡克却是反对社会主义的。又如海德格尔和萨特尔，他们都是著名的存在主义者。但是前者曾效忠于希特勒，后者却是反法西斯主义的战士。金蒂雷和克罗齐都是意大利的新黑格尔主义者，他们的理论在客观上都为法西斯主义效劳。但是，前者是反动的纳粹党徒，而后者却从法西斯主义的支持者转变为反对者，从而表现出某些进步倾向。总之，对于西方哲学家的各种错误的哲学理论必须实事求是地批判，但是对他们的政治态度则又必须作具体分析和区别对待。否则，就不利于分清敌友，甚至有损于国际统一战线。

（四）必须认真区分错误理论与可能内含的合理成分。现代西方哲学从总体上说来多是错误的，是唯心主义和形而上学的。但其中却具有不少合理的成分或因素。对于它们的错误思想，必须彻底批判，但是，对于其中的合理成分，则应充分地肯定。因为对于任何真理和错误的混淆，都不会有利于而只会有害于彻底批判和清除唯心主义，丰富和发展马克思主义。

第一章　实证主义

实证主义产生于19世纪30年代至40年代初的法国，后流行于英国，是开创现代西方实证主义或科学主义思潮的一个重要哲学流派。现代西方属实证主义思潮的许多哲学流派都是它的后裔。人们习惯地称它是实证主义思潮的第一代；马赫主义是它的第二代；逻辑实证主义和日常语言哲学等则是它的第三代。这个流派的创始人是法国哲学家孔德，英国的哲学家约翰·穆勒和斯宾塞是这个流派的另外两个重要人物。

孔德创立实证主义的历史时期约同于马克思、恩格斯创立马克思主义的历史时期。当时，产业革命（第一次技术革命）给欧洲的资本主义生产带来了巨大的推动力。随着生产的发展，资本主义固有的生产社会化与生产资料私人占有制的矛盾、个别企业生产的高度计划性和整个社会生产的无政府状态的矛盾十分激化，周期性经济危机不断发生。危机加速了社会内部的阶级的两极分化，不但无产者的人数迅速增加，他们的生活也更日趋贫困。大工业的发展，加强了工人阶级的组织性；交通运输的发展，又促进了各地区工人的联系。无产阶级与资产阶级之间的斗争日益尖锐。工人已不仅为争取改善经济生活条件而斗争，同时也为争取政治权利而斗争。法国的里昂工人起义、英国的宪章运动以及德国的西里西亚织布工人起义等革命事件都表明了工人阶级已成为强大的政治力量，登上历史舞台，这使资产阶级震惊惶恐，妄图采用一切手段欺骗和镇压工人运动。

这时，随着生产力的发展，自然科学也有了迅速的发展。19世纪以后，自然科学已由原来"搜集材料科学"的阶段发展到"整理材料科学"的阶段。许多以研究客观物质世界发展过程为特征的科学，如有机化学、地质学、动植物生理学和胚胎学等等已纷纷建立和发展起来。其中，特别是细胞学说、能量守恒和转化定律以及进化论这三大发现更具有划时代的意义。

总之，这是一个政治、经济、社会等各方面动荡不定的年代，也是一个伟大的年代。对于这些动荡与变化，不同的阶级要求自己的理论家做出不同的解答。无产阶级革命导师马克思和恩格斯站在无产阶级革命立场，对它做了科学的概括，建立了马克思主义；而法国资产阶级的哲学家孔德则站在资产阶级的立场，对它做了歪曲的概括，创立了具有"科学"外貌的唯心主义的实证主义。

一 孔德的实证主义

奥古斯特·孔德（Auguste Comte，1798—1857）是法国著名的哲学家和社会学家。他是实证主义哲学的创始人，也是现代西方社会学的始祖。"社会学"这个词就是他首先提出来的。现代西方的许多社会学流派的思想，也都渊源于他的学说。因此，孔德的实证主义哲学，在近代西方哲学史中占有重要的地位。

孔德出生于法国南部蒙彼利埃的一个地方税务官的家庭，父母亲都笃信天主教。他16岁时进巴黎工业大学学习工程和数学，20岁时任著名空想社会主义者圣西门的秘书。后因双方意见不合而分手，于是在巴黎自设讲座，教授哲学。不久因患精神病入疯人院。病愈后继续留在巴黎讲学，其间曾在巴黎工业大学任教。他晚年醉心于创立人道教。

孔德的主要哲学著作有《实证哲学教程》（1830—1842）、《实证哲学概观》（1848）、《实证政治体系》（1851—1854）、《主观的综合》（1856）等。

（一）实证主义哲学思想

1. 实证主义原则

孔德所以被推崇为实证主义的创始人，是由于他最早提出了实证主义的原则。后来的实证主义思潮各流派都坚持了这个原则。这个原则的实质是在"实证"即"科学"的伪装掩盖下，重复贝克莱的主观唯心主义和休谟的不可知论思想。

"实证"（Positive）一词来源于拉丁文 Positivus，其原意是肯定、明确、确实。16世纪以来的自然科学强调观察和实验，要求知识的"确实性"或"实证性"，与空洞、荒诞的中世纪经院哲学形成鲜明的对立。因

第一章 实证主义

此当时有人称实验的自然科学为"实证科学",并称16世纪以来推崇实验科学反对经院哲学的时代为"实证的时代"。如圣西门在他的著作中就说过:过去是"神学的时代",现在是"实证的时代"。孔德的"实证"一词就是直接来源于圣西门的著作,他称自己的哲学为"实证哲学",其目的在于表明他的哲学是以近代实验科学为根据的一种"科学的哲学"。

孔德认为,一切科学知识必须建立在来自观察和实验的经验事实的基础上,经验是知识的唯一来源与基础。他说:"从培根以来一切优秀的思想家都一再地指出,除了以观察到的事实为依据的知识以外,没有任何真实的知识。"[①] 这种观点本来是唯物主义的,但是孔德却对它做了曲解。他说,既然经验是知识的唯一来源和基础,那么一切科学知识就必须局限在经验的范围以内,不能超出主观经验之外。主观经验是认识能力和科学知识的界限,人的认识无法超越这个界限,科学知识只能禁锢在这个界限之内,科学所讨论的只是主观经验范围以内的事情;否则,认识就没有可能,知识就失去根据,讨论就没有意义。如科学家通过观察和实验,经验到某个事物的色香味声,那么人们对于这个事物的色香味声的经验知识是可靠的,至于在人的这些主观经验之外,是否有这个事物客观存在,那是一个超越人的经验而无法认识的问题。对于这类问题的唯一"科学"(实证)的态度是置之不理,即不予讨论。因此他写道:"实证哲学的根本特点正是认为人的理性必然不能说明一切高不可攀的玄妙奇迹。""事实上非常清楚,我们的能力根本无法把握事物的内在本性、一切现象的起源和目的之类的问题。"他还写道:"人类精神如果并不钻进一些无法解决的问题,而仅限于在一个完全实证的范围内进行研究,是仍然可以在其中为自己最深入的活动找到取之不尽的养料的。"[②] 这种把知识局限在主观经验范围内,不讨论经验之外是否有事物存在的原则,就是他的实证主义原则。[③] 孔德认为,哲学史上争论了几千年而不能解决的哲学基本问题,即主观经验之外是否有物质或精神存在,以及何者第一性、何者第二性的问题,是毫无意义的形而上学(玄学)问题。唯物主义和唯心主义都是"形而上

[①] 孔德:《实证哲学教程》,载洪谦主编《西方现代资产阶级哲学论著选辑》,商务印书馆1964年版,第27页。

[②] 引自《西方现代资产阶级哲学论著选辑》,第28、32页。

[③] 参看J. 哈特马编《近代哲学》,1967年英文版,第129页。

学",而他的坚持实证主义原则的"实证哲学",才是唯一"超乎唯物主义与唯心主义争论之外"的科学的哲学。①

2. 否认客观规律

孔德自诩实证主义是"科学的哲学",因而并不否认科学研究规律,因为科学的任务在于认识规律。他说:"实证哲学的首要特征是认为所有的现象都服从不可改变的自然规律。"② 但是他从上述原则出发,否认规律的客观性。他认为科学所寻求的规律不是主观经验之外的客观规律。如果承认客观规律就是违背了实证的原则,就是回答了科学所不能回答的问题。他认为,"规律"是属于经验现象中的东西,是"经验的",即经验中的或感觉之间的某种"不变的先后关系和相似关系"。③ 如两物摩擦后就产生热,这是一种经验的"先后关系";两木摩擦和两手摩擦均产生热,这是一种经验的"相似关系"。科学的任务就是发现经验中的这种"不变的先后关系和相似关系",而不是经验之外的物质的关系。所以他写道:"实证哲学的基本性质,就是把一切现象看成是服从一些不变的自然规律;精确地发现这些规律……我们认为,探索那些所谓始因或目的因,对于我们来说,乃是绝对办不到的,也是毫无意义的。"④

孔德认为,科学的任务首先是寻找感觉之间的这种不变的相互关系;其次是简化这些相互关系,把它们压缩到最小的数量,简化为最少量的关系。例如伽利略把各种物体下落时的时间与速度的关系,简化为自由落体定律;开普勒把行星绕日运行中的各种关系简化为开普勒定律;牛顿则把力学中的各种纷繁复杂的关系简化为牛顿三定律和万有引力定律。他写道:"精确地发现这些规律,并把它们的数目压缩到最低限度,乃是我们一切努力的目标。"⑤ 在孔德看来,人们之所以这样做是为了"方便"。他说:"我们寻求这种先后连续关系的目的是为了研究的方便。"⑥ 这里面包含着后来马赫的"思维经济原则"。

---

① 参看孔德《实证哲学概观》,商务印书馆1938年版,第57页。
② 孔德:《实证哲学教程》,载《近代哲学》,第128页。
③ 参看《西方现代资产阶级哲学论著选辑》,第26页。
④ 《西方现代资产阶级哲学论著选辑》,第30页。
⑤ 《西方现代资产阶级哲学论著选辑》,第30页。
⑥ 孔德:《实证哲学概观》,第25页。

孔德否认规律的客观性。他表面上坚持知识的"实证性"或"科学性",实际上是调和科学与宗教。他曾以牛顿的万有引力学说为例说:引力理论只是在"现象"(经验现象)上解释了"各种物体的重力。至于确定这种引力和这种重力的本身是什么,它们的原因是什么,这些问题我们一律认为无法解决,是不再属于实证哲学的范围的,我们很有理由把它们让渡给神学家们去想象,或者交付给形而上学家们去作烦琐的论证"①。这就是说,关于世界的本质和来源等问题,科学和哲学是无权讨论的,而只能把它们"让给神学家们去想象"。这样他就把科学贡献给了神学。

3. 人类智力发展的根本规律

孔德认为,自16世纪以来,伽利略、牛顿等科学家们发现了许多自然规律,但是还没有人发现过社会规律,而他自己却"发现了一条伟大的根本规律"——人类智力发展的规律。在他看来,由于智力发展是社会发展的根本,因而智力发展的规律也是社会发展的根本规律。这条规律的内容是:人类智力的发展和人类社会的发展必然经过三个阶段:"一、神学阶段,又名虚构阶段;二、形而上学阶段,又名抽象阶段;三、科学阶段,又名实证阶段。"②孔德认为,这三个阶段在性质上是不同的,一是"神学的";二是"形而上学的";三是"科学的"。它们在思想(哲学)方法上也不同,一是"虚构的";二是"抽象的";三是"实证的"。他认为,第一阶段是发展的起点,第三阶段是发展的完成。这两个阶段是"彼此排斥"的,而中间的第二阶段,则是这两个阶段的"过渡"。③

孔德的"神学阶段"就是宗教神学观念统治人们思想的阶段。他认为,在这个阶段,人们总是在经验之外虚构"万物的内在本性",并认为,虚拟的"超自然的主体"——"神"是万物的本原,是经验现象背后的"动力因"和"目的因"。④"形而上学阶段"是"神学阶段的改头换面"。这时人们仍然力图探索经验之外的"万物的内在本性"。但是它不再承认虚拟的"神"是万物的本质,而认为"抽象的实体"——物质或精神是经

---

① 引自《西方现代资产阶级哲学论著选辑》,第31页。
② 孔德:《实证哲学教程》,第26页。
③ 孔德:《实证哲学教程》,第25—26页。
④ 参看《西方现代资产阶级哲学论著选辑》,第26页。

验现象背后的"动力因"和"目的因"。① 而"实证阶段"是他的实证主义思想统治人们的阶段。在这个阶段中,人们不再以虚构的超自然的主体或抽象的原则来解释经验现象,"不再探索宇宙的起源和目的,不再求知各种现象的内在原因"。而是把知识"局限在经验事实的范围内",以"发现现象的实际规律,即发现它们的不变的先后关系和相似关系",并把它们"压缩到最小的数目"。②

孔德认为,这是人类智力发展的普遍规律,无论个人、各门学科还是整个人类社会的智力发展都必然经历这三个阶段。

个人智力的发展是经历这三个阶段的。"童年时期是神学家",爱好神话和虚构;"青年时期是形而上学家",喜欢抽象和理想;"壮年时期是物理学家",不再喜爱好高骛远的虚构和抽象,而是关心实际、重视现实了。③

各门科学知识的发展经历了这三个阶段。早期科学知识受神学的统治,天文学表现为占星术,化学表现为炼金术。中期受"形而上学"的支配,力求在经验的自然现象背后寻找抽象的物质或精神的本性。近期则进入实证时期,力学、物理学和化学相继成为实证的科学。

人类社会的发展也经历了上述三个阶段。古代是神学的社会。在这个社会中哲学是宗教哲学,科学知识受神学的统治,政治是宣扬"君权神授"的神学政治。中期是形而上学阶段,这时,宗教哲学为形而上学的唯物主义和唯心主义所代替,科学知识形而上学化,政治则"空谈""民主、平等、自由"等抽象的形而上学原则。未来的社会是实证的社会。实证社会的蓝图是他设计的。这时,科学是崇尚实验、重视经验的实证科学,哲学是实证的哲学,政治则是他在《实证政治体系》等著作中所拟定的实证的政治。④

孔德认为,神学阶段为人类智力发展初期所必需。但是到了后来就成为发展的障碍。形而上学阶段,否定神学阶段是一种进步。但是由于偏爱"抽象""空洞"的原则,它只能起破坏作用,而不能起建设作用。只有实

---

① 孔德:《实证哲学教程》,第26页。
② 孔德:《实证哲学教程》,第26页。
③ 孔德:《实证哲学教程》,第27页。
④ 参看《西方现代资产阶级哲学论著选辑》,第25页。

证阶段才是人类智力发展和社会发展的"完成"。①

孔德的三阶段说是臆造的、不符合事实的。就西方历史而言，早在古希腊、罗马时期，唯物主义就在与唯心主义的斗争中成长发展起来，只是到了中世纪，宗教神学才开始成为占统治地位的意识形态。但是即使在当时，唯物主义与唯心主义的斗争也没有因而停止过。至于近代开始兴起的自然科学，它为辩证唯物主义的产生积累了丰富的资料，建立在近代科学基础上的科学哲学，不是重复贝克莱——休谟哲学的实证主义，而是马克思主义的辩证唯物主义。

孔德宣扬智力发展的三阶段说的目的是十分明显的，他是在提高自己的实证哲学和实证社会学的地位，把它们与近代的实验科学相提并论，并吹嘘它们为"最后完成"的科学理论。

应该指出，孔德的三阶段说部分地剽窃于圣西门的著作。圣西门曾说过，古代是宗教神学统治的时代；后来是"假设体系"或"自然神论"的时代；近代则是实证的时代，这个时代发展起来的实证科学打击了宗教神学，维护了物理主义哲学的发展。② 因此，圣西门的论述肯定了近代自然科学反宗教神学的进步意义，在当时有一定的合理性和历史进步性，而孔德的三阶段说不过是对它的歪曲。

4. 科学分类

孔德的科学分类思想是比较著名的。他的这一思想是在《实证哲学教程》中明确地提出的，其目的是论证他的实证主义哲学和实证主义社会学。

孔德将科学分为五类：天文学、物理学、化学、生物学、社会学。其中，生物学有时被他称为"有机物理学"，社会学有时被称为"社会物理学"。孔德有机械论的观点，他用力学的观点解释天文学。并且用生物学的观点解释社会学。至于数学，他认为是一种工具或基础性学科，在科学分类中可以排在首先的地位。③

孔德认为，这五门学科的排列有由简单到复杂的顺序性。前面的学科

---

① 孔德：《实证哲学教程》，第 27—28 页。
② 参看《圣西门选集》第 1 卷，1859 年法文版，第 199—200 页。
③ 参看《近代哲学》，第 142—143 页。

是后面学科的基础，因此从时间上看，越是前面的学科发展得越早。

　　在孔德看来，这些学科的分类是主观的（或人为的）。它不是根据客观运动形式的不同划分的，而只是在经验范围之内的划分。但是又不是任意的，因为它是根据经验而划分的。孔德的科学分类思想是主观唯心主义的，然而给人以一定启发。孔德的这一思想主要来源于圣西门，圣西门的著作中有类似的思想。[①]

　　孔德提出，科学分类的系列中，最前面的学科最早出现，也最先摆脱神学和形而上学阶段，进入实证阶段。首先是天文、物理，然后是化学、生物。孔德认为，在他那个时代，天文、物理、化学、生物都已先后进入实证阶段，唯有社会学还停留于形而上学阶段，仅仅高喊"自由平等"的抽象口号，其结果是使社会长期动荡不安。他要建立实证的社会学，并要在包括社会学在内的五种实证科学的基础上建立实证哲学。这就是孔德给自己提出的"历史任务"。孔德认为，他的实证哲学不是处于五种实证科学之外，而是用实证原则把它们联系起来。并给它们以方法、联系和原则，因而它绝不去讨论科学之外的问题，不过问物质和精神的关系问题。这种科学与哲学关系的原则，为后来的实证主义思潮各流派所发展。后来的实证主义者们认为，哲学不是实证科学的综合，不是包罗万象的体系，哲学只给科学提供方法与原则，不去讨论物质和精神的关系等问题。现代的新实证主义声称，自己既不是唯物主义哲学，也不是唯心主义哲学，而是科学哲学，并且声明，物质和精神的关系问题是形而上学的问题，只能留给宗教家去讨论。

（二）实证主义社会学说

　　孔德的社会学，本质上是社会哲学，它论述社会学中的基本理论。"社会学"（Sociology）这个词是由孔德第一次提出的。该词是由拉丁文 Socius（亲友的意思）和希腊文 Logos（知识的意思）两个词合并而成的。孔德在写《实证哲学教程》一卷至三卷时，使用的名词是"社会物理学"（Social Physics），到第四卷时改用"社会学"的名称。对这个名

[①] 参看圣西门《一个日内瓦居民给当代人的一封信》，载《圣西门选集》第 1 卷，1943 年俄文版，第 146 页。

称的使用曾有过一些争论,以后这个名称为斯宾塞所坚持,以致一直沿用到现在。

孔德的社会学是对18世纪启蒙思想和空想社会主义、马克思主义的科学社会主义的反动。其矛头是指向所谓"形而上学"的,他认为,以前的社会学说是"形而上学"的社会学说。这种"形而上学"的社会学说,不是从事实出发,而是从"自由""平等""博爱""民主""解放"的抽象原则出发的。这些原则只有破坏性,可以破坏封建社会,而不能建设新的社会。[①] 他认为,"形而上学"社会学说(包括马克思主义学说)只起破坏作用,只能给人们的思想和人类社会带来混乱。孔德声称要像其他科目的实证科学一样,从"经验事实"出发,建立"实证社会学"。他认为,社会学要和物理学、化学一样,建立在"实证"的基础上,要在"经验事实"中,寻找不变的先后和相似关系,寻找规律。孔德承认社会有其规律。他说:"人类生活现象,虽然比其他任何现象更为可变,但是它们也服从于不变的规律。"[②] 这是他不同于其他一些资产阶级思想家的地方。他承认社会历史有规律,主张把社会现象当作科学来研究,使后来的许多学者对他很赞赏。但是,他的这种观点首先是唯心主义的。他所谓的"事实"是主观经验,他讲的"规律"也是主观规律。然而他提出要寻找规律这一点,还是可取的。

1. 社会动力学

孔德认为,社会学和物理学在本质上是一样的,因而研究社会现象和研究物理现象的方法是相同的。这就是他把社会学叫作社会物理学的原因。物理学分为动力学、静力学,社会学也应分为社会动力学和社会静力学。社会动力学就是动态地、历史地研究社会的发展。社会静力学则是静态地研究社会的横断面,研究社会的组织和结构,研究它们的相互关系。孔德认为,在这一点上社会学与生物学也是相同的,生物学也有静态的——解剖学,也有动态的——进化论。

孔德在社会动力学中讨论了社会发展的动力问题。他认为,社会发展的动力是人们的道德和智力。人类的道德和智力的发展推动生产发展,推

[①] 参看孔德《实证哲学概观》,第74页。
[②] 孔德:《实证哲学概观》,第29页。

动社会前进。在孔德的著作中，某些地方还流露出这种思想：智力后面还有人的本性，人的个人主义欲望。因此，在这方面孔德是一个主观唯心主义者。

孔德认为，死亡也应看作人类进步的动力。青年人基本上是进步的，老年人基本上是保守的；死亡就防止了老年人成为社会进步的严重阻力。假如人类的生命延长十倍，社会的进步就会受到很大阻碍。孔德认为，社会发展在人类智力的推动下经历了三个阶段：神学阶段、形而上学阶段、科学阶段。这些就是社会动力学的研究范围。

2. 社会静力学

（1）人性

孔德宣称要从经验事实出发，但是他是从资产阶级人性论出发，把资产阶级个人主义永恒化，断言每个人都有利己的心理，这是人的本性。同时他又断言每个人都有利他的本性。他认为，研究社会要从每个人都有利己心和利他心这两个事实出发。孔德以后的社会学分为两派：心理学派、生物学派，其分歧实际上都渊源于孔德。

孔德认为，利己心、利他心对于社会都是必要的，两者是可以"并存不悖的"。[①] 他美化资产阶级个人主义，断言利己心可以促进社会的发展，因而私有财产和资本都不可侵犯。同时，他断言利他心也是必要的，它可以促进社会的"合作"和"稳定"。这是社会进步的必不可少的条件。

孔德认为，社会要发展，就要以利他之心克制利己之心。他认为，人类在早期利己思想超过利他思想，因而野蛮人互相残杀。随着文化的发展，社会的进步，利他的思想就逐渐有所发展，但是至今二者还不能达到合理的平衡，以达到社会的和谐。实证主义就是要实现这种思想。[②] 资本家之所以要拼命剥削，工人之所以要罢工、进行暴力斗争，社会之所以会动乱，其原因就是利己思想超过利他思想。表面上孔德做出一种客观的姿态，实质上他极力反对的是工人革命。孔德抨击所谓社会上猖獗流行的"形而上学"学说，其矛头所指的不仅是圣西门的空想社会主义，同时也指向与它同期产生的马克思主义的科学社会主义。孔德攻击说，社会主义

[①] 参看孔德《实证哲学概观》，第102页。

[②] 孔德：《实证哲学概观》，第101页。

学说是一种破坏，它违反了自然规律：首先，它主张剥夺私有财产；其次，它不是提倡和平友爱，使利己、利他两种力量平衡，而是散布仇恨的种子，造成人与人之间的不和，等等。而实证主义则恰恰相反，它肯定私有财产制度，主张人与人之间团结友好、互相合作。他得出结论说："因此实证主义并不害怕共产主义，相反，它将为工人中的多数共产主义者接受……人们将会看出，实证主义所提出的社会问题的解决，远胜于共产主义的解决。"① 由此可见，他的"阶级调和论"的矛头是指向社会主义与共产主义的。

孔德声称要建立实证哲学、实证政治，实证社会学，来"拯救""革新"社会。他强调实证主义既包括哲学，又包括政治。"实证哲学是基础，实证政治是结果。"② 可见，他的哲学并非空谈，而是为资产阶级政治服务的。

（2）家庭

孔德认为，利己心和利他心的一致与和谐并非空想，家庭就是达到这两者和谐的一种形式。首先，他认为，社会的细胞不是个人，而是家庭。家庭是社会的缩影，是社会的小小典范，人们可以从家庭中看到社会的美好前途。家庭是利己、利他思想最和谐的体系，因为家庭关系是两性关系，亲子关系，兄弟姐妹的关系。这种关系从利己出发，因爱自己而爱对方，利己和利他可以和谐地结合起来。③ 这种观点的实质是把社会关系等同于血缘关系或生物关系。其次，孔德认为，家庭关系能体现人与人之间的服从关系。他相信人与人之间的关系是不平等的，两性关系、亲子关系、兄弟姐妹关系就体现了这种不平等。④ 这种不平等是由于体力、智力、性格上的差异所引起的。例如两性关系中，女性在体力、智力、个性上都不如男性，所以女性要服从男性。孔德认为，如果社会关系能与家庭关系一样，达到服从和被服从的关系，那么社会就能达到和谐。孔德的这种观点美化了资产阶级家庭关系。马克思主义认为，家庭在阶级社会中必然打上阶级关系的烙印。家庭关系不能离开社会关系。封建家庭的关系体现了

---

① 孔德：《实证哲学概观》，第167页。
② 孔德：《实证哲学概观》，第1页。
③ 孔德：《实证哲学概观》，第104—105页。
④ 孔德：《实证哲学概观》，第106页。

等级关系，资产阶级家庭的关系则是金钱关系。孔德的思想还反映了当时法国的特点。当时法国是工人运动的中心，大资产阶级和封建贵族勾结在一起对付工人。孔德宣扬阶级合作，宣扬服从，正是适应当时大资产阶级的政治需要。在这点上，他与他的后继者穆勒和斯宾塞的实证主义有异。穆勒和斯宾塞的著作都反映了英国的特点。英国资产阶级竭力要发展资本主义，因而体现了较多的自由竞争的思想。

（3）社会

孔德认为，家庭是社会的细胞，社会是一个有机体（Organic）。构成家庭的力量是爱，构成社会的力量是合作。社会各部分的分工、合作，构成社会有机体。孔德主张用生物学的观点解释社会。他批评法国的孔多塞，认为他的社会理论忽视了生物学。孔德推崇18世纪末19世纪初的生物学家毕夏（Bichat）。毕夏提出人体有21种组织（软骨、硬骨、肌肉、韧带等）。不同的组织构成不同的器官（胃、心、脾等），各种器官构成各种系统（消化系统、循环系统等），各种系统构成生物有机体。孔德认为，社会是远远复杂于生物的高级有机体，它具有多种多样的集团、阶级和机构，需要更多的平衡与和谐，需要有更好的分工和合作。[①] 孔德宣称，人类社会已经发展到了高度发展的工业社会，在这个社会中，利己心和利他心必须高度结合。发扬利他心（爱）以调节利己心是这个社会的重要原则。

孔德极力宣扬阶级调和论。他抹杀资产阶级与无产阶级的根本对立，断言不同的阶级产生于不同的分工。各阶级要安于职守，互相合作。他说，实证主义的任务就是要调和贫者与富者的矛盾以达到二者的和谐。他妄称，"实证主义能使贫者满意，又能使富者信任"[②]，叫嚷哲学家应到工人中去宣传实证哲学，以麻痹工人阶级的阶级意识；并说：哲学家没有工人就没有力量，工人没有哲学家就没有方向。他自诩是"工人之友"。他说实证主义有一个格言："爱（Love）、秩序（Order）和进步（Progress）"。他说"进步"是社会的目的，"秩序"是社会的基础，"爱"是社会的原则；没有爱就没有"秩序"，没有"秩序"就没有"进步"，没

[①] 参看孔德《实证哲学概观》，第362页。
[②] 孔德：《实证哲学概观》，第165页。

有"进步"就没有"幸福"。① 总之，他要无产阶级放弃斗争，"爱"他们的剥削者：资本家。

(4) 国家

孔德断言，为了达到和平与和谐，社会需要有一定的机构——国家和政府。孔德抹杀了国家的阶级本性。在他看来，国家不是统治阶级的暴力工具，而是平衡各集团利益、调和各阶级矛盾的政治力量。它是"超越"阶级之上主持"公道"的，因而对国家、政府只能改进，不能推翻。孔德以此极力反对暴力革命。

至于国家、政府调和阶级矛盾的方法，孔德认为有二：首先是精神手段或思想统治：向工人阶级宣传实证哲学和人道教以激发工人的"同情心"；② 其次是物质手段或暴力统治：使用军队、宪兵，对反抗者实行镇压。这里他就不再讲"爱"而只讲镇压了。

孔德认为，社会的和平与和谐必须通过物质手段和精神手段来实现，因而国家也必须有两种政权：世俗政权和精神政权（教会）。前者对人民实行暴力统治，后者对人民进行精神统治。

孔德反对"国家不干涉个人生活"，主张劳动人民应在教会和政府的严格监视下行使自己的"社会职能"，即履行为资本主义效劳的义务，而不应有各种权利。他写道："人权是……形而上学为了跟神学的权威作斗争而提出来的一种幻想。因此，当有人试图使人权具有真正的实质性的作用时，它的反社会的性质就立即暴露出来了……在今天关于人权的思想已一去不复返了，每个人对他人都负有义务，而没有任何上述的权利……即除了尽自己的义务外，并无任何权利可言。"

（三）实证主义宗教观——人道教

孔德称他的哲学是"科学"的哲学，可是他却热衷于建立新的宗教——人道教。孔德认为，除了世俗的统治之外，还要建立人道教，以加强对人民的思想统治。

孔德公开声称，他的人道教不是对天主教、基督教的完全否定，而是

---

① 参看孔德《实证哲学概观》，第7页。
② 孔德：《实证哲学概观》，第105页。

在天主教、基督教基础上的发展。孔德认为，天主教、基督教在历史上是有"功绩"的，它们的"爱"的思想促进了社会的"进步"。他说，他的人道教就是对这种"爱"的思想的发展。"就是以人类之爱代替上帝之爱"。① 他认为，天主教、基督教不是真正的、完全的宗教，而只是一种暂时的宗教，只有他的人道教才是真正的、完全的、永恒的宗教。② 孔德宣称他的宗教提倡人道（Humanity）。人道是人的崇高品质。"人类之爱是人的全部责任"。③ 人道教信仰的对象是"人类"是"过去、现在、将来的人类"，是一个人类的"大我"。人道教提倡崇拜人类，崇拜人类生活于其上的地球，崇拜人类生活于其间的太空，崇拜"万物之灵"。

为了宣扬人道教，孔德主张必须建立人道教的宗教制度，并且用宗教信仰的态度来信仰"爱"、崇拜"万物之灵"。他主张设置洗礼、礼拜、祈祷、圣餐等宗教仪式和僧侣制度。他还明确规定了应该有多少各种级别的神甫，他们应有多少工资。他还编制了一个实证主义的日历，其中规定，每个月和每个星期应该纪念某一位"实证主义的圣人"，而在这些"圣人"的名单中，有摩西、穆罕默德、柏拉图、奥古斯丁、托马斯·阿奎那以及伽利略、牛顿等等。他俨然以"教主"自封。这种人道教当时在法、英和南美曾一度流行，现在在巴西还有人道教教堂。

在孔德的哲学中也有某些进步的思想，那就是他反对侵略战争和殖民主义。他认为美国白种居民野蛮地对待印第安人和黑人使整个西方蒙受了耻辱和罪恶，而人类的"道德的复归"将最终消灭殖民主义与战争。

马克思对孔德的哲学曾作过简短而深刻的评价，他说："我现在顺便研究孔德，因为对于这个家伙，英国人和法国人都喊得很厉害。使他们迷惑的是他的著作简直像百科全书，包罗万象。但是这和黑格尔比较起来，却非常可怜（虽然孔德作为专业的数学家和物理学家要比黑格尔强，就是说在细节上比他强，但是整个说来，黑格尔甚至在这方面也比他不知伟大多少倍），而且这种腐朽的实证主义是出现在1832年。"④ 恩格斯则评价它说："孔德的全部天才思想都是从圣西门那里剽窃来的，但是他在分类整

---

① 参看孔德《实证哲学概观》，第385页。
② 孔德：《实证哲学概观》，第357页。
③ 孔德：《实证哲学概观》，第385页。
④ 《马克思恩格斯通信集》第3卷，第393页。

理时用他个人所特有的方式把这些思想糟蹋了；他脱去了附着这些思想上面的神秘主义的外衣，同时却把这些思想降到更低的水平，尽自己的力量按庸人的方式把它们加以改作。"①

二 约翰·穆勒的实证主义

把孔德的实证主义哲学思想最早从欧洲大陆传播到英国，并与英国经验主义传统相结合的是约翰·穆勒。

约翰·穆勒（John Stuart Mill, 1806—1873）是英国著名经济学家、心理学家和哲学家詹姆士·穆勒（James Mill, 1773—1836）的儿子。大穆勒在哲学上是休谟不可知论的信徒，在心理学上则是一个联想主义者。小穆勒自幼受其父亲的哲学和心理学思想的影响，以及其父的挚友边沁（Jeremy Bentham, 1728—1832）的功利主义伦理学观点的影响。他14岁时留学法国，跟从边沁的学生奥斯汀学习法律。在逗留巴黎期间曾听过孔德讲授哲学，并接受了孔德实证主义思想的影响。回国后，在英国东印度公司长期任高级职员，该公司撤销后，他就专门从事著述。1865—1866年曾当选为下议院议员。1873年死于法国的亚威农。

约翰·穆勒的著作甚多，哲学方面的主要著作有《威廉·汉密尔顿爵士的哲学批判》（1843）、《孔德与实证哲学》（1865）、《逻辑学体系》（1843）、《功利主义》（1861）等。

（一）实证主义哲学思想

约翰·穆勒的哲学是孔德的实证主义哲学的进一步阐发。孔德提出了实证主义的原则，穆勒则发挥了这个原则。他用联想主义心理学来解释孔德的实证主义思想，从而把联想主义心理学与实证主义哲学结合起来，这是他的哲学思想的特征。

联想主义是西方心理学的一个古老流派，它用"联想"来解释人的内心的各种复杂心理活动，原属经验主义哲学的一个组成部分。英国主观经验主义者休谟就是一个联想主义者。他否认知识（如因果关系）是客观实

---

① 《马克思恩格斯书信选集》，人民出版社1962年版，第527—528页。

在的反映，而把它解释为主观观念的联合或联想。约翰·穆勒就是用这种理论来解释和"补充"孔德实证主义哲学思想的。

1. 物是感觉的恒久可能性

根据孔德的实证主义原则，科学只能讨论感觉经验中的"物"，而不能讨论感觉经验之外是否有物的存在，这无异于否定了物的客观存在。但是如果物仅是感觉的复合，那么任何物只有当它被人们感知时，它才存在，否则（如闭上眼睛），它就不存在了。这显然是荒唐的。为了逃避这种诘难，穆勒对贝克莱关于"物是感觉的复合"的命题做了联想主义的"补充"或"修正"，即把它改为"物是感觉的恒久可能性"。穆勒认为，任何物，譬如桌子上的这张白纸，它不仅是我在书房里，看到它时的那些"白""长方"等感觉的复合，而且是只要我走进书房，瞧这张桌子，就会出现这种"白"和"长方"等"感觉的恒久可能性"。因而他认为，物原不是存在于经验之外的，人们所以会普遍产生"它客观存在着"的观念，是由于上述那种"可能性"所引起的。每当人们走近这张桌子，瞧这张桌子的桌面，总会出现关于上述白纸的感觉的复合。于是这就使人们在心灵上，在上述两种观念之间，产生一种稳固的联想，从而以为白纸不是存在于我们的经验中，而是客观地存在于经验之外的桌子上了。

总之，穆勒认为，物并不是客观存在的，存在的只是"感觉的恒久可能性"。他写道："如果有人问我相信不相信物质，我就反问他，承认不承认这个关于物质的定义，如果承认，我就相信物质；否则，我就不相信。"①

2. 规律是"心理的联想"

穆勒还用联想主义心理学的观点来否认因果性和规律性的客观性。他同意孔德的观点，认为规律并不是客观事物内部所固有的普遍、必然的联系，而是人的经验中的东西，是人的感觉之间的先后关系和相似关系。那么，人们怎么会产生"客观规律"的观念的呢？他认为，这也是心理的联想所引起的。由于在经验中，一种感觉与另一种感觉之间总是存在着某些先后关系和相似关系，于是人们就产生一种联想，以为它们不是主观感觉之间的联系，而是一种经验之外的客观的必然的联系了。穆勒由于把规律归结为感觉之间的先后关系和相似关系，又否认社会现象中有这种先后或

---

① 穆勒：《威廉·汉密尔顿爵士的哲学的批判》，1869 年俄文版，第 187 页。

相似的重复关系，因而他否认社会规律。他说，社会没有规律，因为"在社会现象中，没有两种完全相似的情况"。① 他的这种观点对后来新康德主义等流派有一定的影响。

穆勒还以同样的观点否认客观因果性。他断言，根本不存在"客观的"因果性，存在的只是经验中的感觉的先后关系。由于在我们的经验中，"摩擦"的感觉后面总是跟随着"热"的感觉；"火"的感觉后面总是跟随着"明亮"的感觉等，因而在人们心理上产生一种联想，以为前后两者之间存在着客观作用与被作用的因果关系，从而把前者称为"原因"，后者称为"结果"。其实，这都不是真实的，它们都只是主观心理上的联想的产物。

应该指出，把因果性、必然性归结为心理的联想的主张，在穆勒之前休谟早已提出来了。穆勒只是把这种见解进一步扩大化。他不仅把因果性、必然性，甚至把整个客观物质世界及其规律都说成是心理联想的产物。穆勒的这种见解的荒谬性是不言而喻的。正如列宁指出的："不管我们说物质是感觉的恒久的可能性（依照穆勒）或者说物质是'要素'（感觉）的比较稳定的复合（依照马赫），我们总是停留在不可知论和休谟主义的范围之内。"② 因而，归根到底，它只是贝克莱主观经验主义的变种。

（二）归纳主义的逻辑学

在逻辑学方面，穆勒是一个归纳主义者。他的归纳主义的逻辑学是建立在上述实证主义（主观经验主义）的哲学基础上的。

众所周知，西方逻辑史上长期存在着归纳主义与演绎主义两大派。归纳主义派片面夸大归纳法的作用，否定或贬低演绎法；演绎主义派则反之，他们片面夸大演绎法而否定或贬低归纳法。西方哲学史上，英国的经验主义者多属归纳主义派，大陆的理性主义派则多属演绎主义派。作为实证主义哲学家的穆勒，像其他英国的经验主义者一样，也坚持归纳主义。

1. 贬低演绎法

穆勒肯定归纳逻辑是科学的逻辑。因为他认为，任何新知识都来自经

---

① 穆勒：《逻辑体系》第 1 卷，1914 年英文版，第 798 页。
② 列宁：《唯物主义和经验批判主义》，人民版社 1968 年版，第 98 页。

验事实的归纳,没有归纳法,就不可能有新知识。他贬低演绎法,认为演绎法并不是科学发现的逻辑(但并未完全否定演绎法)。① 其理由如下:

(1)演绎推理从内容方面说,都是同义反复,其结论本来就包含在其前提之中。如"凡人皆死",无非是"柏拉图必死""苏格拉底必死"等的总称(概括);因而从它(凡人皆死)推出"苏格拉底必死"或"柏拉图必死",就无异于说,因为"苏格拉底必死"和"柏拉图必死",所以"苏格拉底必死""柏拉图必死";这里并没有告诉人们任何新内容。

(2)演绎主义在形式上犯了"窃取论据"(或称"丐辞"Petition de principe)的错误。因为演绎推理的结论正确必须以其前提的正确为保证。而要论证其前提的正确,又必须以另一个前提的正确为保证……如此就会不可避免地陷入"无穷回归"的困境;除非"窃取"一个没有论证过的论据来作其论据。

2. 论证归纳法

但是穆勒像其他归纳主义者一样,面临着演绎主义派对归纳主义的诘难。演绎主义者们认为,归纳法不是科学的逻辑。科学的逻辑必须给人以确定可靠的知识,而归纳法却不能。因为归纳法是从过去推知未来,从有限推知无限的方法。过去经验的多次重复,如何能保证未来的必然重复呢?早在穆勒以前,休谟就用联想主义心理学的观点来论证归纳法。他认为归纳知识的必然性虽没有逻辑根据,但具有心理学根据,即这种必然性不是来自经验事实的归纳,而是来自心理的联想所产生的信念。如前所述,穆勒在这个问题上是同意休谟观点的。但是他觉察到,这只能说明:"必然性"知识的由来,却不能保证它的可靠性。为了解决归纳逻辑的可靠性问题,穆勒创立了"归纳五法"他认为通过他的这种归纳方法,就能得到可靠的新知识。②

3. 归纳五法

穆勒所创立的归纳五法由下列五种方法构成:

(1)合同法(The method of Agreement):如果现象 A 的发生,总是与现象 B 相关联,并且在任何情况下都不改变,则 A 与 B 之间有可靠的因果

---

① 参看穆勒《逻辑体系》第 1 卷,第 518 页。
② 参看穆勒《逻辑体系》第 1 卷,第 480 页。

联系。如戴仑发现物体发声总是与其周围的空气振动相联系，从而确定物体发声的原因是空气振动。

（2）差异法（The method of difference）：如果 A 现象发生，X 现象相应发生；A 现象不发生，X 现象就不发生，则 A 现象与 X 现象之间必有可靠的因果关系。如巴斯特的著名液体发酵试验。他把大小、质量完全相同的两瓶同类液体置于相同的温度下，一瓶瓶口封闭与空气绝缘，一瓶瓶口开启与空气相通。结果，经若干时间后，后者发酵，前者则否。由此他肯定空气中细菌的作用是液体发酵的原因。

（3）同异并用法（Joint method of agreement and difference），即上述两种方法的合用：如 A、B、C 等喉症患者因及时注射血清而痊愈；D、E、F 等喉症患者注射相同血清，但因不及时而失治。则由此断定，注射血清及时与否是喉症治愈与否的原因。

（4）共变法（The method of Concomitant Variation）：现象 X 在只有条件 A 发生变化而其他条件都无变化的情况下，它才与 A 发生相应的变化，则 X 与 A 之间必有可靠的因果关系。如波义尔发现，在温度相同的条件下，气体的体积的变化与其所受的压力的变化成反比，从而发现了著名的波义尔定律。

（5）剩余法（The method of Besides）：如果根据已经知道的全部条件，都不足以说明现象 X 变化的原因，则必有其他某一或某些条件是现象 X 变化的原因。如科学史上海王星的发现，就是运用此法。科学家们发现天王星轨道有不符合引力理论的偏差，法国人勒维与英国人亚当就推测天空中必有某一尚未发现的行星，其引力导致天王星摄动的发生，后来果然发现海王星。

穆勒的归纳五法是对培根以来科学家们运用归纳方法的成果的总结，它发展了归纳逻辑。但是这并没有在理论上根本解决归纳逻辑的可靠性问题。[①] 这个问题至今仍苦恼着西方的科学哲学家们。其实，它并不是任何归纳主义者所能解决的。正如恩格斯所指出的，只有把归纳法与演绎法辩证地统一起来考察，它才得以正确的解决。

---

① Cf. William Stanley Jevons, *Pure Logic and Other Minor Works*, London：MacMillan, 1890, p. 295.

（三）功利主义的伦理观

在伦理观方面，穆勒继承并发展了边沁的功利主义的学说。

1. 善与恶

西方伦理学史上长期存在着经验主义与唯理主义的对立。唯理主义认为善与恶的伦理观念是先天的，人之所以异于禽兽，就在于有先天的善恶观念。穆勒与唯理主义者相反，主张一种经验主义的善恶观。他认为善恶观念是经验的，它们是植根于人的感觉之中的。不同的色香味声等感觉在人的心理上会产生不同的效果；有的使人快乐，有的令人痛苦。人们本能地追求快乐的感觉，得到了它们，肉体与精神得到满足，就感到幸福，这就是善；人们逃避痛苦的感觉，逃避不了，肉体与精神受到摧残，就感到不幸，这就是恶。他写道，"幸福就是得到快乐和免除痛苦，不幸福就是受到痛苦和丧失快乐"，"除了有利于取得快乐和免除痛苦外，人没有本来要美德的欲望或动机"。[①] 总之，他认为善恶观念无非是快乐与痛苦感觉在人的心理上所构成的联想而已。不言而喻，这是一种资产阶级吃喝玩乐的伦理观。但是如果说得如此露骨而不加掩饰，就会遭到人们的谴责，因而穆勒不得不在理论上做了如下两方面的"补充"：

首先，他追随边沁，提倡"最大多数人的最大幸福"的伦理学原则。他宣称，个人对快乐的追求固然是善，但是它必须以不违背"最大多数人的最大幸福"为前提，否则，它就不是善，而是"恶"了。他写道："功利的原则，就是边沁所说的最大的原则。"[②]

但是，穆勒把"最大多数人的最大幸福"与稳定资本主义的社会制度及其秩序等同起来。在他看来，个人幸福的追求，只要无害于资本主义社会制度及其秩序，就是善；否则就是恶。因而，它具有明确的资产阶级的阶级性。

其次，他主张，善不仅有量的差别，而且有质的差别。在穆勒以前，边沁主张善只有量的差别，没有质的差别，即认为，只要获得的快乐的量愈多，善就愈大。穆勒不同意这种观点。他认为，善不仅有量的差别，而

---

① 参看穆勒《功用主义》，商务印书馆1962年版，第7、40页。
② 参看穆勒《功用主义》，第3页。

且还有质的差别,它们是有高低之别的。他认为精神的快乐是高级的善,肉体的快乐是低级的善;而两者相比,前者贵重于后者。因此他说:"一个不满足的人,比一头满足的猪要好;做一个不满足的苏格拉底比做一个傻子要好。"① 但是他把追求"权力""荣誉"和"社会地位"都统统归属于满足精神快乐的高级的善,并把"金钱"说成是获得和保持这种"高级的善"的必要手段,从而鼓励人们对资产阶级的权力、荣誉和金钱的追求。他说:"要钱、要权都是好的,都是幸福,都是善。"② 这再一次暴露了他的伦理学说的资产阶级实质。

2. 动机与效果

判断一个人行为的善恶,应根据动机还是效果,唯理主义与经验主义各自做出了不同的、片面性的回答。唯理主义认为,只应看动机不应看效果;经验主义则认为,只应看效果,不应看动机。穆勒主张并论证了后一种观点。其理由是:(1)动机是内在的、不可捉摸的,如果只看动机,不看效果,那就失去了判别行为的善恶的事实根据。(2)任何行为的动机都是自私的。如果不根据效果,就无法区分善恶。③

3. 良心与社会感情

穆勒认为,社会必须赞扬人们的善行,制裁和谴责恶行。那么应该如何制裁呢?他认为可以有法律的制裁和道德的制裁;而道德制裁又可分为外力制裁和内心制裁。所谓外力制裁就是内心以外的力量的制裁,如社会舆论的制裁与宗教的上帝惩罚或因果报应的制裁;所谓内心的制裁,就是自我良心的谴责。穆勒所说的"良心"不同于康德的先验主义的"良心"。他认为良心是后天的,是一种社会感情所引起的心理联想。他写道:"良心是一个复杂的现象……它起源于同情、爱悦,尤其是恐惧等的联想。"④ 有人据此称他的这种观点为唯物主义,这是不正确的,因为他的这个观点是建立在主观经验主义的理论体系之上的。

4. 伦理学与宗教

传统的基督教伦理观认为,人的善恶观念是上帝规定的。穆勒的功利

---

① 穆勒:《功用主义》,第10页。
② 穆勒:《功用主义》,第39—40页。
③ 穆勒:《功用主义》,第19—20页。
④ 穆勒:《功用主义》,第30页。

主义的伦理观则与之不同。为此,有人谴责他的这种功利主义的伦理观将会导致人们不信仰上帝。他对此做了辩解。他声称,他的功利主义伦理观是与基督教教义彼此相容的,因为他认为上帝是仁慈的,个人的快乐和幸福归根到底都是上帝恩赐的。他写道:"功利主义非但不是主张消灭上帝的学说,恰恰相反,它的宗教性比其他任何主义都要深刻。"①

穆勒的功利主义思想对后来的实用主义有直接的影响,实用主义把它的功利主义扩大化了。

三 斯宾塞的实证主义

继约翰·穆勒之后的另一名著名英国实证主义哲学家是赫伯特·斯宾塞。

赫伯特·斯宾塞(Herbert Spencer,1820—1903)生活于19世纪英国自由资本主义向帝国主义转化的时期,是英国实证主义的集大成者。他出生于英格兰中部的一个乡村教师的家庭,他的父亲对数学、物理学等自然科学颇有修养。斯宾塞从小跟随父亲学习,17岁后到英国铁路公司任土木工程技术人员,后来兴趣逐渐转向哲学和社会科学,为各报刊撰写文章,曾任《经济学》杂志副主编。他的著作甚多,主要有《社会静力学》(1850)、《进化的假说》(1852)、《心理学原理》(1852—1855)、《综合哲学》(1858)、《第一原理》(1860—1862)、《生物学原理》(两卷,1864—1867)、《心理学原理》(两卷,1870—1872)、《社会学研究》(1873)、《社会学原理》(两卷,1876—1896)、《伦理学原理》(1879—1893)等。其中最主要的著作是《第一原理》和《社会学原理》,前者系统地阐述了他的哲学观点,后者阐述了他的社会学思想。

斯宾塞自称他的哲学为"综合哲学"。他从力学、生物学、社会学等各方面,系统地论述了实证主义观点。他通过"力的一元论"露骨地宣扬不可知论和主观唯心主义观点;用庸俗进化论、均衡论反对唯物辩证法,特别是辩证法的对立统一的规律;并用这种庸俗进化论和均衡论解释社会现象,从而使他的社会学说成为反动的社会达尔文主义的重要思想基础。

---

① 穆勒:《功用主义》,第22页。

（一）不可知的实在论

1."实在"不可知

斯宾塞坚持孔德的实证主义观点，但在宣扬不可知论方面比孔德走得更远。孔德说："我们认为，探索那些所谓始因或目的因，对于我们来说，乃是绝对办不到，也是毫无意义的。"① 斯宾塞十分赞赏孔德的这种见解，也认为，人的知识不能超出经验范围之外。他否认自然界和社会发展的客观规律，而用"现象的实际规律"代替客观规律。他所说的"现象的实际规律"就是孔德所说的："感觉之间的不变的先后、相似关系。"斯宾塞直言不讳地指出，人所认识的只是事物的现象，而现象后面有一个不可知的绝对的"实在"，因此他自称是"不可知的实在论者"。

斯宾塞歪曲和利用当时自然科学的成就，以论证他的"不可知的实在论"。在斯宾塞生活的时代，牛顿力学以及能量守恒和转化定律已经深入人心。斯宾塞利用自然科学的成果提出所谓"力的恒久性"的观念，以此论证他的不可知论。他认为一切物质运动及其时间、空间都可归结为"力"，它们都是"力的经验的派生物"，因而"力"是"一切终点的终点"，"其他意识形式可以从力的经验中得到，但力的经验不能从其他任何东西中获得"。② 力是"恒久的"，是"无始无终、无条件的"，它是"对经验进行科学组织的基础"，从而也就是一切知识的基础。但是，它却是不可知的。

为什么"力"是不可知的呢？他认为，人们要认识它，必须依靠感觉。但是同样的力，作用于不同的感官，可以产生不同的感觉。因而感觉不是力的映像，而只是力的符号。因而斯宾塞认为，科学的任务不是认识客观世界，因为人的认识能力根本无法超越经验的范围，根本无法认识"外在的实在"；它的任务是记录整理感觉、经验；记录、整理这些"不可知的实在"的"符号"。使它们条理化、系统化，从而找出它们的先后和相似的联系而已。他写道："那个永远不可思议，不能设想其时空界限的力，对我们产生一定的效应。这些效应具有某些相似性，

---

① 孔德：《实证哲学教程》，第30页。
② 斯宾塞：《第一原理》，1895年英文版，第169页。

其中最一般的相似性，我用物质、运动和力的名字来加以分类。在这些效应中还存在着相似性的联系，其中最恒久的联系，我们称之为最确定的定律……当科学这样做时，它不过是把我们的经验系统化，而并没有扩大我们的经验的限度。我们并不能比以前说出更多的东西……必须记住……用物质、运动、力来解释所有的现象时，我们不过是把复杂的思想符号约简为最简单的符号；而当把方程约简为最简形式时，它们仍然是符号。"①

2. 调和科学与宗教

斯宾塞用他的不可知的实在论来调和科学与宗教的对立，公开为宗教信仰保留地盘。他断言，认识可分为不可知的和可知的两部分。不可知部分是指绝对的或无条件的部分，那就是"实在"。它的性质永远不可能在意识领域内得到，永远在精神的把握之外；而可知的部分则是指相对的或有条件的部分，它是感官所接受的现象即经验。他认为不可知部分是宗教的领域；可知的部分是科学的领域。他说："永远存在着两种彼此对立的精神活动方式，将来像现在一样，人类永远不会只被已确定的现象及其关系所占据，而必然还会被不确定的东西所占据。因此，如果知识不能使意识一体化，如果精神总是存在着超越知识的可能，那么就永远不会没有宗教的地盘。因为宗教与其他东西相区别之处就在于它的主体是超越于经验领域的东西……所以我们可以肯定，各种宗教尽管没有一种是确实真的，但是它们仍然是真理的预兆。"② 斯宾塞就是这样用他的"不可知的实在论"来论证宗教的"合理性"和"永恒性"的。

斯宾塞还宣称，历史上科学反对宗教，以及宗教压制科学的事件发生，都是出于双方的误解，出于人们不了解科学与宗教的一致性。他说："科学只有当它仅满足于肤浅的解答时，才会跟真正的宗教冲突"，随着它的进步，科学与宗教就日益"调和"。他还认为，不同的宗教之间以及同一宗教的不同教派之间的斗争也是出于误解。他的结论是："宗教和科学虽然看来似乎彼此对立，实际上是可以调和的，因为它们只是表达了同一

---

① 哈特马：《近代哲学》，第285页。
② 斯宾塞：《第一原理》，1895年英文版。

事实的相反的两个方面。"① 他号召科学与宗教，不同的宗教以及同一宗教的不同教派应消除异见，互相结合，从而表达了资产阶级既需要科学发展生产，又需要宗教麻痹劳动人民的愿望。它对现代西方哲学中的某些流派的宗教倾向有直接的影响。

（二）机械的均衡论

早在斯宾塞以前，拉马克的进化论思想已经流行。斯宾塞极其推崇进化论，他在其著作中连篇累牍地"阐述""注释""发挥""进化论"思想，到处使用"进化"这个术语。但是他对进化论却做了"均衡论"的曲解。

他从上述"力的恒久性"理论出发，断言由于神秘的不可知的"力"的作用，一切事物都处在不停的变化中。它们都"在不知不觉中出现，又在不知不觉中消失"。他认为前者就是"进化"；后者就是"消亡"。② 他以机械论观点解释进化，断言"进化"就是分散的粒子"集合起来，导致力的平衡与运动的消失"。③ 所以他说："在所有的情况下，都存在着导向平衡的进化过程。"④ 又说，从"力的恒久性"出发，不仅可以得到普遍进化的结论，而且还可以得出普遍均衡的结论。因为"进化本身就是按均衡的方式进行的，对立力量的普遍共存必然导致普遍的和谐，以致最终导致均衡的建立"⑤。他断言不论天体、生物或人类社会的进化，其结果必然导致平衡的建立。他举例说，天体（如太阳系）演化的过程就是大量分散于空间的尘埃物质集起来，形成各个复杂的星体，以致形成整个系统的平衡。生物的进化也是这样，首先是把分散的物质集结起来，而后形成各个复杂的器官之间的平衡；社会的进化也是如此，"它的发展就是通过不断保持下列的平衡而实现的，那就是人口与物质生产方式之间的平衡、出生率与死亡率之间的平衡、供与求之间的平衡、生产与分配之间的平衡、社会结构与社会功能之间的平衡、迁移与定居之间的平衡，激进主义与保守

---

① 斯宾塞：《第一原理》，1895 年英文版。
② 斯宾塞：《第一原理》，1895 年英文版。
③ 斯宾塞：《第一原理》，1895 年英文版。
④ 斯宾塞：《第一原理》，1895 年英文版。
⑤ 斯宾塞：《第一原理》，1895 年英文版。

主义之间的平衡、个人主义与社会主义之间的平衡,进步和稳定之间的平衡,等等"①。

应该承认,不论在无机界、有机界,还是在人类社会的发展过程中,都存在过对立面的暂时稳定或相对均衡。但是,稳定、均衡是相对的,运动是绝对的,斯宾塞把前者绝对化了,他的均衡论是一种反对辩证法的机械论,由它必然会导出各种维护资本主义制度的保守主义结论来。他多次反复强调社会各阶级、各政党、各种力量之间的平衡的必要性。他把英国的"光荣革命"说成是"有节奏地、和谐地实现社会进化的典型",并主张"通过不知不觉的点滴改良"以实现"社会的进步",这些言论都为后来的社会改良主义者奉为圭臬。

斯宾塞不仅公然宣扬机械的均衡论,而且公然宣扬机械的循环论。他认为一切事物的演变并非只是进化,它是一个进化与退化交替的过程。一切事物当其进化到终点,即建立了平衡以后,就开始退化而解体,而其解体过程的快慢全赖于以前所建立的均衡是否巩固。他认为,每一个星体,每一个生物有机体,或人类社会都是如此。斯宾塞的这种循环论不仅否认了历史发展的总的进步,并且美化资本主义社会。他吹嘘资本主义社会是绝对平衡的社会,它的秩序或平衡的破坏,必将导致整个人类社会向原始野蛮社会的倒退。从这种理论出发,他污蔑共产主义是"未来奴隶社会的恢复"。②

(三) 生物社会学

斯宾塞的社会学主要是以生物学的观点进一步阐发孔德所开创的实证主义社会学思想,其实质是生物学的社会学或达尔文主义的社会学。

1. 社会有机体论

斯宾塞认为社会是个有机体,在本质上是与生物有机体一样的。这是因为两者在下列四个方面是相同的:(1) 整体性地成长;(2) 随着成长而机构复杂化;(3) 各部分相互依赖;(4) 整体的生命比部分的生命要长得

---

① 斯宾塞:《第一原理》,1895 年英文版。
② 参看拉法格《思想起源论》,生活·读书·新知三联书店 1963 年版,第 15 页。

多。① 但是他认为，社会是一个"超有机体"，即它是各阶级、各部门、各机构的高度结合。它比生物有机体更高级，需要更高度的平衡。② 他在社会学中继续鼓吹上述均衡论，宣扬资本主义社会是个"完善的社会"，"实现了高度的分工与合作"的社会，因而它需要高度的平衡。

斯宾塞把人类社会与生物相类比，认为两者在本质上是相同的。生物有机体有三大部分：（1）营养；（2）分配与循环；（3）调节。社会组织也有这三大部分：（1）营养（生产）；（2）分配与循环（商业、交通、银行）；（3）调节（管理机构、统治机构和政府）。③ 据此，他又把社会成员分为三等：第一，从事生产职能的工人和农民；第二，从事"分配与循环"职能的商人、企业家和银行家；第三，从事"调节"职能的政府管理人员、官吏。他断言这三种人同时并存是由社会有机体的本性决定的，谁企图消灭资产阶级，谁就是企图破坏社会有机体。他鼓吹这三种人之间要互相合作，各司其职，以维护资本主义的平衡和秩序。他叫嚷工人对资本家不能有"过分"的要求，最多只能请求改善一些生活，而罢工，由于会破坏社会的平衡和秩序，必须绝对禁止。斯宾塞极力反对马克思主义的革命学说，认为这种理论破坏社会有机体的"平衡"只能使社会"退化"。

2. 社会达尔文主义

斯宾塞把达尔文生物学中的"生存竞争"学说运用于社会领域，认为社会进化过程与生物进化过程是一样的，也要通过生存竞争，使适者生存，不适者淘汰。在人与人之间、民族与民族之间、国与国之间都必须进行生存竞争。他把人类社会分为优等民族、劣等民族，妄言人类要繁荣发展，就应扶植和发展优等民族，淘汰劣等民族，而盎格鲁萨克逊民族是天然的优等民族，应成为世界的当然统治者。他的这种理论是为英国的殖民主义和种族主义作辩护的弱肉强食的理论。

3. "进化论"的功利主义伦理观

斯宾塞在《伦理学原理》一书中论述了他的功利主义的伦理学观点。英国实证主义者穆勒提出的功利主义的伦理观认为：凡快乐的就是善，反

---

① 斯宾塞：《社会学原理》，1914年英文版，第二卷，第2章。
② 斯宾塞：《第一原理》，1895年英文版。
③ 斯宾塞：《第一原理》，1895年英文版。

之就是恶。他把这称为快乐主义的功利主义。斯宾塞继承了穆勒的功利主义观点，认为对人类进化有利的就是善，反之就是恶。追求自己利益而不损害他人（即资产阶级）的利益就叫"正义"，既有利于自己又有利于社会（即资本主义社会）的就是"仁爱"。斯宾塞还用他的进化论思想论证功利原则，认为人类社会的善恶、正义、仁爱应以进化论为标准。由于优等民族淘汰劣等民族有利于人类进化，所以它是一种"善"。

列宁对斯宾塞这一类的生物社会学理论做了批判。他说："再没有什么事情比在危机、革命、阶级斗争等现象上贴上'唯能论的'或'生物社会学'的标签更容易了，然而也再没有什么事情比这种勾当更无益、更烦琐和更呆板了。"①

斯宾塞是一个代表19世纪下半期英国资产阶级利益的哲学家和社会学家。他的大部分著作，特别是社会学方面的著作都发表于1870年以后。众所周知，英国的资本主义自19世纪70年代开始就由自由竞争阶段走向垄断阶段。斯宾塞的思想就是这个过渡阶段的英国资产阶级意识形态的反映。斯宾塞一方面鼓吹在国内自由竞争；另一方面宣扬在国外进行殖民主义侵略。他的实证主义哲学和社会达尔文主义的社会学在西方资本主义世界中得到资产阶级学者们的高度评价。他的实证主义以及均衡论，庸俗进化论的观点为西方资产阶级哲学家所赏识。后来的新康德主义、马赫主义和现代的新实证主义各流派都接受了他的哲学思想的影响。他的社会学思想对后世影响尤深。西方社会学的生物学派就直接渊源于他的社会学理论。因此他被现代西方社会学家们，特别是英国的社会学家们推崇为"社会学的伟大先驱之一"。

斯宾塞的思想还得到许多西方资产阶级政治家的赏识和推崇。英国保守党领袖、著名资产阶级政治家丘吉尔就自称是斯宾塞的信徒。

---

① 《列宁全集》第14卷，第346页。

第二章 意志主义

意志主义是一种把自我的主观意志和感情非理性主义化,并把它歪曲夸大为宇宙的本原和万物的本质的一种唯心主义哲学流派。它产生于19世纪的德国,流行于19世纪下半期和20世纪初的德、英、法和北欧等国。跟实证主义一样,意志主义的产生和流行是与资产阶级失去了革命性并日益垄断化这个历史条件密切相关的。从表面上看,它与实证主义是彼此对立的,后者标榜"理性"和"科学",而它公开反对理性,否定科学。但是在本质上却都站在资产阶级立场,为维护资本主义制度,反对人民革命而宣扬唯心主义,反对唯物主义。如果说实证主义表现了反动资产阶级意识形态的欺骗性和虚伪性的外貌,那么意志主义则赤裸裸地表现了资产阶级的反动性与野蛮性的本质。正由于此,它跟实证主义一起,随着资本主义走向垄断阶段而发展成为具有广泛影响的现代西方的两大哲学思潮。它是现代西方人本主义哲学思潮的开创性流派,是德国古典哲学(辩证法和理性主义)的反动。后来的人本主义思潮各哲学流派,如生命哲学、现象学、存在主义等无不直接受它的影响。现代人本主义思潮有两大特征:一是把人(自我)当作世界的本体——故称人本主义;二是把人(自我)归结为非理性的意、情、欲,而与传统的理性主义相对立,故又称非理性主义。作为这个思潮的开创性流派的意志主义兼有这两个特征。它的创始人是叔本华,其他代表人物有哈特曼(Eduard von Hartmann,1842—1906)、尼采等。叔本华创立了生存意志主义,尼采的权力意志主义则是它的发展。

一 叔本华的生存意志主义

奥瑟·叔本华(Authur Schopenhauer,1788—1860)是意志主义的创始

人。他出生于德国的但泽（今属波兰，更名为格但斯克）一个银行家家庭，自幼性情孤僻，妄自尊大。早年在哥廷根大学学医学和哲学，获博士学位后在魏玛、德累斯顿研究印度哲学和佛学，后在柏林大学任教，讲课中反对费希特、黑格尔等人的德国古典哲学，企图另立门径，但听者寥寥，后闭门从事著述，又遭学术界冷遇。直至1848年后他的学说才被重视而流行。他的主要著作有《作为意志和表象的世界》（1819）、《论自然意志》（1836）、《伦理学的两个根本问题》（1841）等。

叔本华的哲学思想，正如恩格斯指出的，是适合于市侩思想水平的旧哲学体系的糟粕的杂凑。[①] 他自称是康德哲学的继承者和完成者，但实际上只吸收了康德哲学中的主观唯心主义成分，同时还吸收了费希特关于主体与客体的同一学说。众所周知，康德把世界分为"物自体"和"现象"两大部分。在认识中他把"物自体"理解为客观物质世界，而当他从认识论转至伦理学时，他的"物自体"就变成了"上帝""不死的灵魂"和"自由意志"。康德断言：存在一种来自上帝规定的"永恒"的"绝对命令"，而人们是否执行它，必须假定自我意志有绝对的自由。费希特则主张"自我"创造"非我"，即"自我"创造客观世界的主观唯心主义。上述康德的绝对自由的"自我意志"与费希特的自由创造客观世界的"自我"，都是叔本华的意志主义的理论来源。不过不仅于此，他还吸取了柏拉图的理念论以及东方宗教，尤其是佛教中的神秘主义和悲观主义思想。因此，叔本华哲学思想的产生和流行表明了德国资产阶级古典哲学的终结和人本主义思潮的出现。

叔本华的意志主义在19世纪40年代以前的德国默默无闻，直至40年代以后才被重视而流行。这是由于19世纪40年代以前的欧洲正处于反革命复辟时期，德国的封建地主政权尤为反动，它跟英、俄、奥等反动封建势力勾结一起，结成"神圣同盟"，镇压革命力量。而德国的资产阶级还十分幼弱，它无力与封建贵族相对抗。但又企图谋求经济上的逐步发展。因而在哲学界，反映当时德国资产阶级两面性的黑格尔哲学得到广泛流行，而叔本华的悲观主义的意志主义不为社会所欢迎。但是，自40年代以后，情况有了显著的变化。德国资产阶级在1848年的革命中遭到失败，并为在革命中表现出

---

① 参看《马克思恩格斯选集》第3卷，第467页。

巨大政治力量的无产阶级所吓倒。从此它对自己的前途完全丧失信心而陷于绝望的痛苦之中，乃不得不从叔本华的悲观主义哲学中去寻找精神安慰，而使叔本华哲学广泛流行起来。德国著名马克思主义者梅林在评论德国资产阶级的这种态度转变时写道："叔本华的悲观主义哲学的论据是如此可怜，以至资产阶级在还有一丝勇气时，对它讥笑不已。而只有当资产阶级在50年代中受到官僚封建反革命势力的迎头痛击后，才感到它的合适。因为这时资产阶级已完全无意于政治，而甘愿让自己受那种在意志完全被摧毁时所出现的'神志清醒'和'精神宁静'的诱人景象所欺骗。"①

（一）生存意志主义的本体论

1. 世界是我的表象

"世界是我的表象"，② 这是叔本华的《作为意志和表象的世界》一书的第一句话，也是他的哲学的出发点。他自认这一命题来自康德，但又否认康德的"物自体"的客观存在，认为那是多余的累赘，世界仅仅是我的表象，别无他物。这实际上是从康德走向了贝克莱。叔本华自己并不否认这一点。他认为贝克莱的"物是感觉的复合"的理论是哲学上的一大贡献。

叔本华认为对于"物是我的表象"这个命题是无须论证的。人们随时都能清楚明白地感知到它。他说我们仰天看到火红的、圆圆的太阳，它是我们的表象即是我的感觉的复合；我们俯身抚摸大地，大地是大的、硬的、冷的，这也是我的表象即我的感觉的复合；天地间的万物都是我的表象，即我的感觉的复合；这都是无可怀疑的。反之，如果把它们说成是表象之外的客观存在的"物自体"，那就是毫无根据的"武断"。他认为：我们所知道的"并不是太阳、地球，而永远只是看见太阳的眼睛，摸到地球的手；他周围的世界只是作为表象而存在，也就是说，只是存在于对另一种东西的关系中，这种东西就是表象者也就是他自己"。③ 又说："……一切存在物，即整个世界，只是观察者的观察物，简

---

① 梅林：《文学批评论文集》，1943年俄文版，第500页。
② 叔本华：《作为意志和表象的世界》，转引自洪谦主编《西方现代资产阶级哲学论著选辑》，商务印书馆1964年版，第5页。
③ 叔本华：《作为意志和表象的世界》，第5页。

言之就是表象——没有比这更无疑问,更不依赖于一切其他东西,更不需要证明的真理了。"①

叔本华认为,从"世界是我的表象"这个"千真万确的"命题中可以导出另一真理,那就是"自我"是存在的;因为表象必须有主体,一切表象是我的表象,没有我就没有表象,而自我的本质就是"意志"。他认为,如果说康德所说的表象背后有一个"物自体"存在的话,那么它绝不是"物",而是"自我的意志"。

2. 世界的本质是生存意志

叔本华认为世界是自我的表象,他所说的自我不是生物的自我,而是心理的自我,不是理性的自我,而是非理性的自我,即是一种盲目的欲望冲动。近代资产阶级的传统哲学把人的本质归结为"理性",认为人是理性的动物,理性把人和动物区别开来。叔本华一反传统观点,把人的本质归结为一种非理性的、盲目的欲望冲动,这在哲学史上是一个重要的转折,这个转折使他成为现代西方非理性主义思潮的先导。

那么,自我是一种什么欲望冲动呢?叔本华认为它是一种求生存的欲望冲动,即生存意志。它的基本要求是获取食物以求生存,发展自身以求美好的生活,战胜他物以求延续生命。因此,自我的本质就是那种求生存的意志,生存意志不仅是其他欲望的基础,亦是整个世界的基础。他说:"意志是世界的物自体,是世界的内在内容,是世界的本质、生命。可见的世界、现象只不过是意志的镜子。因此生命不可分割地伴随着意志,有如影之随形,有意志,也就有生命、有世界。"②

叔本华认为,宇宙间的一切都是表象,都是自我的生存意志的表现。他认为:我的躯体也是自我意志的表现。这是因为,首先,自我的躯体受自我意志的支配,如我吃、我穿、我喝、我求爱、我工作、我争权夺利等,我的躯体的一切活动都受自我的生存意志支配,是自我的生存意志的表现。他写道:"我们的身体的行为只不过是客观化了的意志的活动。"③

---

① 叔本华:《作为意志和表象的世界》,第6页。
② 叔本华:《作为意志和表象的世界》,第12页。
③ 叔本华:《作为意志和表象的世界》,第10页。

第二章　意志主义

其次，我的躯体不仅是自我的生存意志的表现，而且是自我的生存意志的外化或创造物。如我要活下去就必须能看，要能看到各种东西，否则就无法生存；眼睛就是这种生存意志的外化或创造物。我要活下去就要听，我必须能听到各种声音，这种强烈的求生存的欲望就促使我产生眼睛；眼睛是生存意志的外化或客观化。我要求生存就必须能吃，吃的生存欲望就产生嘴；同样，咬的生存欲望就产生牙；消化的生存欲望就产生胃等。总之，我的身体的一切组织和器官都是生存意志的外化和创造物。他写道："身体无非是意志的客观化"，"无非就是我的那个变得可以看得见的意志本身"。又说："牙齿、听觉和肠胃是客观化的饥饿，生殖器是客观化的性欲，抓东西的手，跑得快的脚则是适应着意志的一些比较间接的欲望，这些欲望也是显示意志的。"①

叔本华认为，不仅人的躯体及其活动，动物的躯体及其活动也是生存意志的表现和创造物。动物的各种活动都受生存意志的支配。弱肉强食就是生存意志的表现。动物的躯体也是生存意志的外化或客观化。如老虎要捕食就必须有锐牙和利爪，锐牙和利爪就是老虎的生存意志的客观化。牛羊要抵抗其他动物的侵犯，就必须有尖角，尖角就是牛羊生存意志的外化。其他如鱼有腮，鸟有翅等都是如此，都是它们的生存意志的外化。他写道："动物的一切机能，都不过是一种意志的表露。"②

叔本华认为，植物也是如此。植物往上长出高大茂密的枝叶是为了争阳光，求生存；向下长出深深的根须是为了争水分、争养料、求生存；这些都是植物的生存意志的外化和表现。

叔本华认为，不仅动物、植物，就是无机物也不例外。例如：无机物的化合和分解，是无机物生存意志的表现；火上升，石下落；明月西沉，大江奔流等都是无机物的生存意志的表现。

总之，叔本华认为宇宙的一切都是生存意志的外化或表现。

叔本华还吸取了柏拉图的客观唯心主义的理念论的思想。他妄言宇宙的生存意志创造或外化为万物时是通过理念来实现的，各种抽象程度不同的理念是生存意志外化为万物的中介。生存意志先产生理念，然后外化为

---

① 叔本华：《作为意志和表象的世界》，第10、12页。
② 叔本华：《作为意志和表象的世界》，第11页。

时、空中的具体的表象即万物。因而他同意柏拉图的观点：万物是理念的摹本或幻影。他写道："意志的客观化有许多确定的等级，通过它们的本质逐渐清晰而完备地表现于表象，即把自身表现为客体。我们把这些等级看作柏拉图的理念……这些理念在无数个别的东西上表现其自身，它们与后者的关系是原型与摹本的关系。"又说："我们同意柏拉图的见解，他认为真实存在的只是理念，空间和时间中的事物，即个人的实在世界不过是虚假的、梦幻般的存在。"

从上述观点出发，叔本华认为：生存意志与表象世界的关系是本质与现象的关系，生存意志是本质，表象世界是假象。它们的区别如下：

（1）表象世界的表象是"多"，是千差万别，而生存意志是"一"，是不可分割的总体；表象世界的千差万别都是同一生存意志的不同外化或不同表现而已。

（2）表象世界是变化，是不稳定、相对的；而生存意志是永恒、不变、绝对的。

（3）表象世界的各种表象处于时间和空间的互相关系中，它们是彼此制约、不自由的（服从因果律或充足理由律），生存意志是处于时间的空间之外，不受任何因果性、必然性约束，是绝对自由的。

（4）表象世界是生存意志的假象，因而是虚假的；生存意志是本质的，因而是真实的。

（二）非理性主义的认识论

在认识对象问题上，叔本华首先认为：人们应该认识的是作为本质的生存意志，而不是作为假象的表象世界。

在认识途径问题上，叔本华认为：对于生存意志的认识或把握不能运用理性思维，理性思维所剖析的只是处在时空中服从充足理由律的表象世界，而不能认识世界的本质——自由的生存意志。因为，"意志是主人，理性是奴仆"，理性不过是意志的工具，它听命于意志，为意志服务。意志的根本要求是生存，理性的任务便是满足生存：寻求食物，适应环境，满足身体的需要等等。而且，意志永不疲惫地冲动，理性则会衰竭；意志常常愚弄理智，理智则永远蒙骗不了意志。因此，他认为运用理性思维犹如一个关在堡垒外面，辗转周折但找不到入口的人一样，不论他如何努力，也不可能知道堡垒内部的真理——生存意志。

叔本华断言认识或把握生存意志只能依靠生存意志本身，即依靠意志的自我反省即"内省"（自我体验），这是一种非理性、神秘的"直觉"（无须理性思维的直接的领悟）。他写道："如果人们提高精神力量，放弃对事物的习惯性看法，不再按充足理由律去探究事物的相互关系（这些事物的最终目的总是对自我意识的关系）；也就是说，人们不再考察事物的'何处''何时''何以''何用'，而仅仅考察它是'什么'。这时已不是抽象思维和理性概念盘踞意识，而是把人的全部精神力量献给直观、沉浸于直观……完全把自我消溶于对象之中……人们不再把直观者与直观本身分开，二者融合为一……他已是纯粹的、无意识的、无痛苦的、无时间的认识的主体。"

叔本华从贬低理性、抬高直观或直觉进而贬低科学，抬高艺术。他认为科学是理性的事业，它只能认识时空中的表象（假象），是为自我意识服务的工具，是低级的；而艺术运用的是天才的直观，它能"摆脱时空和因果性的桎梏"深入事物内部的"生命"，使自我与对象"溶一"，它是高级的，艺术品就是这种高级的天才认识的"复制品"。他写道："这种内省的能力是天才地把如此认识的东西，又在一个别出心裁的作品中复制出来，这种复制就是艺术品。"

叔本华宣扬天才论，他把人分成三等，一是凡人；二是人才；三是天才。他妄言，"凡人"是愚昧的，"人才"具有理性的智慧，但缺乏非理性的直觉，二者都不能认识生存意志。只有少数的"天才"人物，才具有神秘的纯粹的直觉，以领悟和把握作为世界本质的生存意志的真谛。

（三）悲观主义的人生观

叔本华从上述生存意志哲学出发，得出人生就是苦难的悲观主义人生观。

1. 人生就是苦难，世界就是地狱

叔本华认为，人的本质就是自我的生存意志的冲动，生存意志就是一种生存的欲望，而欲望的本身就是不满足或匮乏感，其本质就是痛苦。欲望是罪恶的源泉。因欲望而产生争夺，产生尔虞我诈、弱肉强食，产生残暴和欺诈，产生一切苦难。欲望的结局是痛苦。欲望如果得不到满足，就

产生痛苦；得到满足，就感到无聊、疲惫。如酒后的头痛、兴奋后的疲乏等其结局还是痛苦。欲壑难填，旧欲满足后立即产生新欲望即新的空虚、缺乏、疲惫、新的痛苦。因此，叔本华写道："任何满足，或通常所谓的幸福，真正说来，永远只是消极的，绝对不是积极的。愿望，即欠缺……随着满足的到来，愿望和快乐也就完结了……而且任何愿望都是痛苦，它使我们不得安宁，感受一种难以忍受的无聊，更使我们的生存成为沉重的负担……摆脱了旧烦恼，又立即陷入新的烦恼，它给予我们的永远只是欠缺和痛苦。"① 因此，他的结论是："生命，整个儿地根本地就是痛苦，它是和痛苦不可分的"，"每一部生命史就是痛苦史"。

叔本华自供他的这种悲观主义人生观深受东方佛学的影响，东方佛学认为人生就是苦海。

叔本华也把人生比喻为一种苦难、一种原罪、一场悲剧。他认为，每个人在这场悲剧中都是命中注定的悲剧演员，他把人生比喻为一个肥皂泡，它是空空的，人们却争着要把它吹得大大的，其结果是幻灭。他还把人生比喻为一场"噩梦"，认为夜梦是短梦，人生是长梦，二者无本质区别。他写道，"人如泡影""我发现我们这些人，不管是谁，都无非是一些梦幻和泡影"。②

2. 人生苦难的解脱："意志转向"

叔本华说人若要从苦难中解脱出来，就必须彻底否定生存意志。他写道："纯粹没有意志的认识……总是唯一纯粹的幸福，在它之前既不会有痛苦，也不会有需要，在它之后也肯定不会有后悔、痛苦、虚无和麻烦。"不过他认为，这不能通过"自杀"或"患精神病"来达到，因为这只能得到更大的痛苦。他认为真正可取的方式是"意志转向"，即把自己的欲望，生存意志束之高阁，避免它们实际地接触任何东西，力求在内心中对一切事物保持冷漠的态度。

叔本华认为"意志转向"的第一种方式是从事哲学创造。哲学是理智活动，理智虽不能支配意志但可以限制意志。理智能和缓意志，知识可镇静欲望。他称此为"哲学洗涤意志"。但是这只能减缓痛苦，而不能消灭痛苦。

---

① 叔本华：《作为意志和表象的世界》，第8页。
② 叔本华：《作为意志和表象的世界》，第8页。

叔本华认为"意志转向"的第二种方式是从事艺术创造。他断言艺术具有伟大的功能，它能使自我忘却物质利益，从欲望的奴役中解脱出来，达到纯粹的无欲的思考，以摆脱烦恼和痛苦。他认为艺术创造所凭借的不是理性而是直觉，自我通过直觉以体验意志，把自我全身心投入对象之中，以达到主体与客体交融，自我与对象合一的暂时的"无我"境界。但是他认为这种方式不是人人都能求得，而只有少数"天才"才能做到的。

叔本华认为"意志转向"的第三种方式是信仰宗教，尤其是佛教。这是最普遍，最有效的方式。他断言：印度人、东方人的思想比欧洲人深刻，佛教比基督教深刻，他们不是以理智外在地剖析事物，而是凭直觉内在地融合事物。因此彻底解脱痛苦，达到人生最高境界的就是佛教的"涅槃"，在那里一切意欲彻底泯灭，绝无所求，无所求就无所缺乏，也就无所谓痛苦与苦难了。他写道："当认识达到生存意志的否定，意志的要求也就结束了"，"这就变成了意志的安定剂"，"意志就自由地扬弃自身"。又说："自愿完全禁欲，是苦行的第一步，也就是否定生存意志的第一步。它以这种方式否定了那种超出个人生命对意志的肯定，同时也以此宣告了：随着这个身体的生命的结束，身体所显露的意志即行消亡。"[①] 叔本华把"涅槃"境界描绘得十分神秘，妄言在那里再没有主体与客体之分，也没有生存与死亡之别，那是一个极妙的"虚无"境界，在那里你可以在虚无中得到万有，因为一切皆无也就是一切皆有了。

叔本华的悲观主义哲学是资产阶级极端个人主义的人生观的绝妙写照。资产阶级个人主义以自我为中心，唯利是图，妄图占有一切。但欲壑难填，它永远得不到满足。当它顺利发展时就得寸进尺，肆无忌惮；而当它遭受挫折或严重失败时就灰心丧气，陷入完全绝望和彻底的空虚之中，以致根本否定人生的意义和宇宙存在的意义，把自我的痛苦、空虚和绝望夸大为全人类以至整个宇宙的痛苦、空虚与绝望；把自我的沉沦和泯灭归结为全人类以至整个宇宙的沉沦和彻底毁灭。这就是叔本华悲观主义的人生观和世界观的实质所在。因而在 1848 年德国资产阶级革命失败时，它被资产阶级视为精神安慰品而广泛流行。而到了 19 世纪 60 年代末 70 年代

---

① 叔本华：《作为意志和表象的世界》，第 14 页。

初,当德国政治形势有了新的转机,资产阶级转败为胜而取得政权、并走上扩张、侵略道路时,它就逐渐失宠,而被富有侵略精神的一种"新"的张牙舞爪的意志主义——尼采的权力意志主义继承和取代了。

二 尼采的权力意志主义

尼采从事哲学活动在19世纪70年代以后。当时欧洲资本主义正由自由竞争走向垄断阶段。德国在铁血宰相俾斯麦的领导下取得了普法战争的胜利,实现了自上而下的统一。叔本华理论所反映的当年的革命失败后的余痛已经完全消失,后起的、日益垄断化、帝国主义化的德国资产阶级具有独特的贪婪性和侵略性。尼采哲学正是当时德国大资产阶级张牙舞爪,穷兵黩武,力图帝国主义化,军国主义化的意识形态的反映。他继承、改造并发展了叔本华的生存意志,创立了具有明显反动性和侵略性的权力意志主义。

弗里德里希·威廉·尼采(Friedrich Wilhelm Nietzsche,1844—1900)出生于德国的一个牧师家庭,其祖先是波兰贵族,他常以此自耀。他自幼聪慧,但性情孤僻、狂妄自大;早年在波恩大学学习神学和古典语言学,后进莱比锡大学学习哲学,获博士学位;1868年被瑞士巴塞尔大学聘为古典语言学教授,后因病退职,闭门从事哲学著述;1889年患精神病直至1900年死于魏玛。

尼采的主要著作有《悲剧的产生》(1872)、《人性,太人性了》《曙光》(1881)、《愉快的知识》(1882)、《查拉图士特拉如是说》(1883—1891)、《善恶的彼岸》(1886)、《道德体系论》(1887)、《反基督教》(1889)、《请看此人》(1808)、《权力意志》(1895)等。

尼采的哲学思想的演变可以分为三个阶段:

1. 1870—1876年:尼采深受叔本华哲学思想的影响。后感到叔本华的哲学太消极悲观了,乃学习孔德、穆勒的实证主义。

2. 1877—1882年:尼采哲学思想的实证主义阶段。他学习实证主义,但感到实证主义哲学不能解决人生问题,因而又回到意志主义。

3. 1883年以后:尼采改造叔本华哲学思想,建立了自己的权力意志主义。

尼采对叔本华的哲学思想做了两点重要改造。1. 把叔本华的生存意志改为权力意志。2. 把叔本华的消极的悲观主义改造为"积极的"行动主义。

尼采的哲学思想经常是通过神话、隐喻的格言和零散的警句等形式表达的，看来缺乏完整的体系。但是有两个基本观点贯穿于其全部学说，那就是："追求权力的意志"和"重新估价一切价值"。

（一）权力意志主义的本体论

1. 世界是我的表象

跟叔本华的哲学一样，尼采的哲学也是从批判康德哲学开始的。他认为康德的"物自体"是多余的东西，应予以抛弃；剩下可以肯定的是："世界是我的表象。"他认为这是正确的，无可怀疑的。

他从此还导出另一个结论："自我是存在的。"他认为既然"世界是我的表象"是正确的，那么，自我的存在也必然是无可怀疑，因而也是无须证明的。

2. 世界的本质是权力意志

那么，"自我"是什么呢？他宣称，他所说的"自我"既非物理学上也非生物学上的"自我"，而是自我的"生命"或"意志"。这是一种盲目的、非理性的、永动不息的生命或意志。但是他认为，这不是叔本华所说的"生存意志"，而是"权力意志"，是一种贪得无厌的权力欲望，和应用权力进行创造的本能，它企图占有、统治一切。这种权力意志具体说来可分四个方面：（1）"追求食物的意志"；（2）"追求财富的意志"；（3）"追求工具的意志"；（4）"追求奴仆的意志"。[①]

尼采断言世界万物的千变万化都是权力意志的创造和表现。他认为原子在本质上不是物质，而是权力意志。原子辐射就是权力意志的表现。他说："实质上有着的只是暴力意志和保卫自己免受暴力侵犯的意志……每一个原子对一切存在都产生作用。我们如果取消权力意志的辐射，那么，我们也就取消了原子。"[②] 他认为，无机物的分解和化合也是权力意志的斗

[①] 尼采：《权力意志》，转引自洪谦主编《西方现代资产阶级哲学论著选辑》，商务印书馆1964年版，第17页。

[②]《尼采文集》第9卷，1910年俄文版，第298页。

争。生物界的同化异化是权力意志,物种之间的弱肉强食,生存竞争更是明显的权力意志。人类社会中,你抢我夺、明争暗斗也表现了权力意志。他写道:"我发现哪里有生命,哪里就有追求权力意志,即使在奴仆的意志中,也有想成主人的意志。"

总之,权力意志是世界的本质。他写道:"世界是……一种无所不在的力量……一个奔腾泛滥的力量的海洋,永远在流转变化、永远在回流、无穷岁月的回流……是一种不知满足、不知厌倦、不知疲劳的权力意志。"因此,"这个世界就是权力意志——岂有他哉!你们自己也是这个权力意志,岂有他哉!"又说:"你们愿意给这个世界一个名字吗?愿意给你们的一切疑难一个解决吗?愿意给你们、给你们这批最固执、最顽强、最狂妄、最不愿见天日的东西以一盏明灯吗?——这个世界就是权力意志,岂有他哉!"①

像叔本华一样,尼采断言:表象世界与权力意志的关系就是本质与假象的关系。因而现实的表象世界的各种现象都是虚假的、空幻的。他写道:"我们生活在幻想的世界里,是一个上下颠倒,里外翻身,空虚而又充满了明晰的梦境的世界里。"② 又说:"我们已经消灭了真实世界,那么我们手里还剩的是什么世界?是表面世界吧?不!不!我们消灭了真实世界,在连同一起彻底干净地消灭了表面世界。"③

(二)非理性主义的认识论

1. 认识是权力意志的工具

像叔本华一样,尼采宣扬非理性主义的认识论。他否认理性思维,认为理性不是认识世界的武器,而只是权力意志为了达到一定的有用目的而任意使用的工具。他写道:"认识仅仅是权力意志的一种","创造性的假设","它是权力意志的使用工具"。④ 权力增长到什么程度,认识就达到什么程度。

尼采从否定理性出发而曲解科学。他否定科学是客观规律的反映,而

---

① 尼采:《权力意志》,第 24 页。
② 《尼采文集》第 3 卷,第 56 页。
③ 尼采:《偶像的黎明》,载《尼采作品集》第 10 卷,1906 年德文版,第 258 页。
④ 尼采:《权力意志》,第 16 页。

把它说成是权力意志的任意创造物和驯服工具。他认为，科学知识不是别的，只是科学家从主观需要出发，解释现象的权力意志的产物，是人们控制、占有、支配自然的权力意志的表现。他写道："不是'知道'对象，而是把对象系统化——按我们的实际需要的程度把秩序和形式加到浑然一体的自然上。在形成理性的逻辑和范畴中，起决定作用的是我的需要。"

尼采不但歪曲科学，并且反对科学。他不把工业社会的弊病归因于资本主义剥削制度，而归因于科学和理性。他断言科学和理性扼杀了生命意志，扼杀了精神生活，他在自传中写道："由于这种'非人格化'的机械和机械主义，由于工业的'非人格化'，由于错误的'分工'经济，生命便成了病态的了……作为达到文化之手段的现代科学活动，产生了野蛮化。"尼采对科学的仇视表明了他对进步的仇视。

2. 强权真理论

尼采宣传意志主义的真理论。他否认真理的客观性，断言世界的本质就是权力意志，权力意志是任意、盲目的，对于权力意志说来，真理是没有的，它只是为了满足权力意志的需要而虚构出来的东西，因而承认真理的本身就是一种错误。他妄言：人们为了获得权力可以不择手段，因为对于权力意志说来，应该讲的不是"真理"，而是"评价"，评价一种行为对实现权力意志是否有"价值"或"效用"，有用的就是真理，否则就是错误。他写道："必须把某物看成是真的，而不是某物是真的。"所谓"真理"无非是主观的信念，是对某种判断的确信和评价。"我相信某物是这样"，这个评价就是真理的本质。所以真理不是像以往哲学家所说的那样意指"本来如此这般"，而只是表明"应当如此这般"。他又说："真理就是这样一类错误：要是没有它，某一些生物就活不成。对于生命说来，价值才是最终决定的东西。"[1] 他认为："'真理的标准'是对生物的生存'有利''无利'，而非'实在'不'实在'。""真理的标准就在于提高权力感。"[2] 权力在谁手里，真理也就在谁的手里；谁的权力愈大，谁拥有的真理也就愈多。总之，"有用就是真理"，"强权就是真理"，这就是尼采的结论。他的这种理论对后来的实用主义有很大的影响。

---

[1] 尼采：《权力意志》，第15页。
[2] 尼采：《权力意志》，第15、19页。

（三）"非道德主义"的伦理观

1. 非道德主义

尼采从权力意志主义出发，把垄断资产阶级的阶级本性歪曲为整个人类的本性。他断言人性是恶的。他说，"人性恶"，"人是野兽"。"人是一堆纠缠在一起的恶蛇，他们很少能相安无事。"① 因为他认为人的本质就是"权力意志"，就是"你抢我夺""争权夺利"。

尼采公开宣扬资产阶级利己主义，反对利他主义。他说：生命与利他主义格格不入，因为它的基础就是粗野的利己主义：侵略的利己主义与防御的利己主义。

尼采公开承认：他的权力意志主义实质上就是个人主义，是一种赤裸裸的，毫无掩饰的、疯狂的个人主义。他说：个人主义是一种羞羞答答的或不够自觉的意志主义，而意志主义则是一种赤裸裸的自觉的个人主义，因为个人主义也是一种权力欲的表现，不过不是"超人"的而只是"庸人"的权力欲的表现，而他的意志主义则是"超人"的权力欲的表现。②

尼采公开从垄断资产阶级立场出发，宣扬剥削人、虐待人。他说：剥削人，虐待人并不是一种不道德的行为；相反却是促进人类发展所不可缺少的事情。因为权力意志是推动社会发展的动力。他写道："剥削人吧！虐待人吧！要以此逼得人们走投无路、山穷水尽，要煽动人跟人作对，民族跟民族作对，而且要永远这样做。只有用这种方法才能点燃起精力的火焰，爆发出天才的光芒，发挥出发野的意志，使人类犹如一匹骏马，在骑士的马刺的踢刺下，突然脱缰而去，驰之另外一个广阔无边的境域。"③

尼采公开宣扬非道德主义。他声称："我是第一个非道德主义者。"他歪曲达尔文的进化论，断言生命就是权力欲，就是彼此侵犯，就是弱肉强食；否定它们就否定了生命，否定了通过生存竞争而实现的自然进化和社

---

① 《尼采文集》第 1 卷，第 30 页。
② 尼采：《权力意志》，第 20 页。
③ 《尼采文集》第 3 卷，第 169—170 页。

会进化，也就否定了一切。他主张可以不惜采用一切手段去争权夺利，侵略别人。他说：没有什么正义与不正义。"弱肉强食"是权力意志的表现。不能责怪强者奴役弱者，正如不能责怪猛禽捕食羔羊一样。要是有人责怪这种猛禽，说它们不讲正义，那它们完全有权答复："我们丝毫也不仇恨羔羊，我们反而很喜爱羔羊；天下再也没有比羔羊的肉更鲜美可口了。"[1]他的口号是"一切都是假的，什么都可以做"[2]。他认为善恶的唯一标准是能否"增加权力感"，能增加权力感的就是"善"，反之就是"恶"。他写道："何者为善？一切那些能增强人的权力感，权力意志，权力本身的东西。何者为恶？一切那些由软弱而生的东西。何者为幸福？权力在增长着的感觉，抵抗被压迫时的那种感觉。"[3] 他妄言，他的这种见解，不仅是一种理论，而且是历史事实。他写道："作为一种理论而言，这可以说是新的，但作为现实来说，这是全部历史的基本因素。"[4]

尼采的这种反动道德理论，像他的"强权真理论"一样，暴露了它所代表的垄断资产阶级的反动嘴脸。马克思主义教导我们，道德是有阶级性的，不同阶级有不同的道德，利害很本对立的阶级，它们的道德观则是根本对立的。无产阶级以劳动为善，剥削、掠夺、奴役为恶；垄断资产阶级恰恰相反，他们以剥削、掠夺、奴役为善，劳动为恶。尼采的这种反动道德观，最好地说明了马克思主义上述道德理论的完全正确。不过，应该进一步指出的是：不能因此而得出道德相对主义或道德虚无主义的结论。因为马克思主义告诉我们，道德是上层建筑的一部分，它是反映经济基础，并为经济基础服务的。它的权衡进步与反动的客观标准，在于是否能促进社会的发展，凡是符合历史发展进程，能促进社会发展的道德观，如当今无产阶级的共产主义的道德观，是进步的道德观；反之，垄断资产阶级的道德观，由于它阻碍人类社会历史的进一步发展，是反动的道德观。荒唐可笑的是尼采把他的这种弱肉强食的道德哲学歪曲为符合达尔文进化论的进步道德哲学，其实，这正好说明它是一种妄

---

[1] 《尼采文集》第9卷，第122页。
[2] 尼采：《权力意志》，第18页。
[3] 尼采：《反基督教》，转引自杜任之编《现代西方著名哲学家述评》，生活·读书·新知三联书店1980年版，第7页。
[4] 《尼采文集》第2卷，第222页。

图把文明的人类社会倒退到野蛮的原始社会,以至洪荒的禽兽时代的极端反动的道德哲学。

2. 重新估价一切价值

从上述观点出发,尼采提出了"重新估价一切价值"的主张。他妄言"正义""善良""同情怜悯""仁慈""爱"等传统的价值观念是弱者的价值观念。它们都是弱者为了免受强者的侵犯,并伺机改变地位以侵凌强者而蓄意制造出来的诡计。它们抑制了权力意志的发展和人类社会的进化"。他写道:"我是第一个由于发觉虚伪之为虚伪而发现真理的人","因为到目前为止,谎言是被称为真理的"。又说:"'德行','义务','自在之善',这一切毫无个性的、普遍通用的善行,完全是痴人说梦,只表明生命的没落、最后一息生气的消失。"[①] 他叫嚷要彻底抛弃一切弱者的传统价值观念,另立鼓励侵犯、崇尚奴役的强者的、权力意志主义的价值观念。尼采的"重新估价一切价值"的口号道出了一个真理,那就是资产阶级当从进步转向反动,并走上军国主义道路时,他就抛弃早期资产阶级曾经高举过的"维护进步人类道德传统"的虚假旗帜和"自由""平等""博爱""人道主义"等虚伪口号。因为这些早期资产阶级用来反对封建主义,蒙蔽人民群众的东西,现在都成了它推行强权主义的障碍,它不再需要这些遮羞布了。不过应该指出的是,由于人民革命力量的强大,现在西方的垄断资产阶级不得不又重新拣起这些遮羞布。

尼采从反对传统道德、价值观念出发反对基督教。他说,基督教所宣扬的"博爱""容忍"的道德观是上述传统的弱者的道德观,它使优秀的欧洲民族丧失权力意志而堕落。他还进而反对上帝。他说:上帝是不存在的。基督教宣扬行善能获得上帝的恩赐,反之会遭受上帝的惩罚,这都是胡言妄语。它只能使人类养成依赖性、丧失斗志而退化。他叫嚷"打倒偶像,打倒上帝""上帝死了"等等。尼采反对上帝是由于垄断资本家及其头目们需要把自己塑造为"上帝"。

尼采以"愤世嫉俗"的姿态否定传统价值观念,以"深恶痛绝"的言辞反对基督教和上帝,这曾迷惑过一些人,但是尼采实际上是从极右的反动立场出发的,其真正目的在于鼓吹侵略和奴役,这是十分明显的。

[①] 尼采:《反基督教》,1907年俄文版,第20页。

(四) 超人哲学的社会政治观

尼采的权力意志主义是为他的反动的社会政治理论服务的。他的社会政治理论的核心是"超人哲学",它是建立在"社会不平等原则"基础上的。

1. 社会不平等原则

尼采站在垄断资产阶级立场上,从权力意志主义理论出发,提倡"社会不平等原则"。他认为,人类社会在本质上是不平等的。因为,如前所述,社会的本质就是权力意志,就是强者统治弱者,强者占有弱者;其本身就是不平等。因而只有不平等才是促进社会发展的"进步"因素。他说:古希腊的文明就是建立在不平等的奴隶制基础上的。大量被统治的奴隶创造物质财富,少数天才的统治者创造精神财富,从而出现了灿烂的古希腊罗马文化;中世纪文明也是建立在不平等的农奴制的基础上的。没有农奴与统治农奴的不平等,就没有中世纪的文明。近代的文明也是如此,它是建立在资本家与工人的不平等的基础上的,没有这种不平等,就没有近代文明,人类社会就不能前进;相反会导致倒退和毁灭。所以他说:"奴隶制的各级从属制度是高级文明的基本条件。"①"我们必须硬起心肠提出这个听起来残忍的真理:奴隶制是文化的实质……本来就已经够苦的人们的苦难还必须加重,以便使少数威风凛凛的人能创造出艺术的世界。"②他批判卢梭的"平等原则"是为弱者辩护,为群氓效劳的原则,是"社会倒退"的原则。他写道:"平等,这是狂妄!""人人平等这才是最不能容许、最不正义的事情,如果这样的话,伟大人物就得渺小下来。"

为了替垄断资产阶级的反动统治作论证,尼采从上述不平等原则出发,提倡专制主义,反对民主主义。他公开宣扬对人民群众实行残酷的专政,他写道:"上等人必须向群众宣战!""到处都是庸碌之辈,成群结队,图谋主人!一切使人弱不禁风的东西,抬高'民众'或抬高'女性'的东西,全部都在为普选效劳,也就是为下等人的统治效劳。我们必须对他们采取报复手段。"③他十分仇视并恐惧社会主义,妄言:如果对"群氓"不实行残酷的

---

① 《尼采文集》第 9 卷,第 25、212 页。
② 《尼采文集》第 1 卷,第 170 页。
③ 尼采:《权力意志》,第 22 页。

专政，社会主义者"便会在欧洲许多地方采取暴力，发动进攻，未来百年的社会就会随时随地受到断肠的'绞痛'。巴黎公社与这种绞痛相比，只可说是轻微的'消化不良'"①。尼采的这类反动理论赤裸裸地暴露了它所反映的垄断资产阶级的反革命本性，它是后来法西斯主义的理论渊薮。

尼采从上述不平等原则出发，极力宣扬各种社会的不平等。

首先，他宣扬人与人之间的不平等，宣扬强者与弱者、统治者与被统治者、上等人与下等人、英雄与群氓之间的不平等。他认为由于各人的权力意志的强弱不同，人与人之间有强者与弱者、统治者与被统治者、上等人与下等人、英雄与群氓之分；前者统治后者是天经地义的，是世界的本质——权力意志决定的。他公开宣扬等级制度。他认为社会应该有三个等级：第一级是少数出类拔萃、发号施令的统治者；第二等级是前者的卫护者和命令执行者；第三等级是天生受人统治的"群氓"。他写道："等级制度是生命物质的最高规律。必须分出三种等级，以维持社会的存在和最高等级的存在。法权的不平等是法权存在的条件。"② 又说："我殷切期望的是在普遍实行普选制的今天重新恢复等级制度。"他诬蔑人民群众都是"群氓""垃圾""草芥""牲畜""生命与面包上的蛆虫"等等，他说一个充实的、雄厚的、伟大的、完全的人要胜过无数残缺不全、鸡毛蒜皮的人。③他叫嚷对待人民群众"要像对待蚊子一样毫无内疚地消灭他们"④。

其次，尼采宣扬种族与种族之间的不平等。

尼采认为，不同民族由于有强弱不同的权力意志，因而有优劣之分。权力意志强的优等民族天生应该统治权力意志弱的劣等民族，这是弱肉强食的必然表现。他认为白色人种优于有色人种，白色人种中雅利安人种、人种优于其他人种，他吹嘘雅利安人种是"金发野兽"；他宣扬大日尔曼主义，妄言"伟大的德意志将执欧罗巴合众国之牛耳"⑤；从而为德国垄断资产阶级推行殖民主义，妄图霸占全世界效劳。

---

① 《尼采文集》第9卷，第78页。
② 尼采：《反基督教》，第138—140页。
③ 尼采：《权力意志》，第21—22页。
④ 《尼采文集》第9卷，第25页。
⑤ 《尼采文集》第2卷，第189—191页。

最后，尼采宣扬性别之间的不平等。

尼采断言妇女的权力意志弱，男人的权力意志强；男人统治妇女是"天经地义"的事情。他断言男女天性不同：男人好强，妇女温和；男人以好斗为美德，妇女以温顺为美德；男人以"我要"为幸福，妇女以"他要"为幸福。男人的任务是统治、占有对方，女人的任务是安慰、抚爱对方，他把妇女说成是男人的"工具""坐骑""玩物"。他写道："一个真正的男子需要两种东西：那就是危险和消遣。为此他便需要女人，因为女人是最危险的玩物。"他甚至狂妄地叫嚣："当你接近女人时，别忘掉带你的鞭子！"① 妇女是伟大的社会力量，在阶级社会中阶级的压迫必然体现于对妇女的压迫。尼采对妇女的鄙视、污蔑和仇恨，体现了垄断资产阶级对广大被剥削阶级和人民群众的鄙视、污蔑和仇恨。

2. "超人"统治论

尼采宣扬的"超人"哲学是他的学说中的一个重要内容。他歪曲达尔文的进化论，认为体现权力意志的物种从低等生物到高等生物以至于人的发展，并没有止境，今后还将进化出一种"超人"。他说，"一切生物迄今都创造了某种超出自己的东西"，人也必然进化到超人，"超人"高于人犹如人高于动物一样。因为"人只是动物与超人之间的一根过渡的绳子"②，在"超人"眼里"普通人"就像"牲畜"一样"愚蠢""荒谬""可笑"。他写道："猿猴对于人是什么？一种可笑或羞耻之物：人对于超人也是如此，一种可笑或羞耻之物。你们曾经由蠕虫变到了人，但是在你们身上还有许多蠕虫的本性。从前你们是猿猴，但是现在人类比任何猿猴都有更多的猴性。"③ 总之，他认为"超人"是人类天生的统治者，是宇宙的真正"精华"：目标不是"人类"而是"超人"。④

尼采对"超人"做了如下的描绘：

"超人"是"天才"，是"真正的精华"。

"超人"有极大的权力欲，他疯狂地企图占有一切，统治一切。他为人类立法，他的言论意志就是法律。他肆无忌惮，"不知道什么是义务和

---

① 尼采：《查拉图斯特拉如是说》，文通书局 1949 年版，第 56、61 页。
② 尼采：《查拉图斯特拉如是说》，第 5 页。
③ 尼采：《查拉图斯特拉如是说》，第 5 页。
④ 尼采：《权力意志》，第 23 页。

责任"①。"超人"是残暴的。他为实现权力意志不惜一切手段，不受任何良心责备。他与"凶禽狂兽"无异，他是"华丽的金发野兽"，是"元凶"。他们对待一切愚民犹如"狂风暴雨"，②"他可以毫不动心、毫无愧心、毫无限制地牺牲别人，使这些人为了他们遭受践踏，降为不完全的人，降为奴隶，降为工具"③。

超人爱好冒险，以冒险为乐；他专选择强者与之斗争，他在最好的朋友中寻找最恶的敌人。

超人最孤独。他傲视一切，鄙夷人民，远离群众，"他绝不是爱集体的燕雀"，而是"张牙舞爪、独往独来的雄鹰"，他"不能有任何朋友"。④

超人是狂人。"他本身就是疯狂。"⑤ 尼采极力崇拜凯撒和拿破仑，认为他们是"力量和高贵的理想"。是"非人和超人的结合"，是统治者的榜样。⑥

尼采心目中的超人，实际上就是他心目中的垄断资产阶级的最反动领导人的典范。他宣扬对超人的崇拜，实际上是宣扬对垄断资产阶级的反动领导人的崇拜；他对超人的神化，实际上是对垄断资产阶级的反动领导人的神化。如果把他的这种超人哲学跟他反对上帝的主张联系起来，那就看得更清楚了。原来他主张以对"超人"的崇拜代替对上帝的崇拜，以对"超人"的盲目服从代替对上帝的盲目服从。这体现了正在军国主义化中的德国垄断资产阶级已经不能满足于虚伪的宗教欺骗，而妄图实现赤裸裸的专制独裁统治的反动心愿。

3. 鼓吹侵略战争

尼采是一个好战分子或战争狂人。他对战争，特别是侵略战争做了极度的美化和歌颂。他妄言战争是神圣的，这是因为他认为战争是权力意志的表现。他写道："最强、最高的生命意志并不表现在可怜的生存竞争中，而是表现在作战的意志中，表现在权力和优势的意志中。"他写道："生命

---

① 《尼采文集》第9卷，第161页。
② 《尼采文集》第1卷，第249页。
③ 《尼采文集》第2卷，第220页。
④ 尼采：《查拉图斯特拉如是说》，第47页。
⑤ 尼采：《查拉图斯特拉如是说》，第8页。
⑥ 参看《尼采文集》第1卷，第29页。

是战争的结果，社会是战争的手段，任何认为和平比战争可贵的说法都是违反生物原则的。"① "只有在充满敌意的地方才能结出累累的果实……拒绝战争也就是拒绝生命。"② 他妄言战争能淘汰"劣等民族"，实现"优等民族"对"劣等民族"的统治，促进社会的"进步"。他写道："我们至今不知道另外还有什么方法能像一切伟大的战争那样有力地、可靠地给正在衰落下去的民族灌输那种粗犷的憎恨，那种杀人不眨眼的冷静，那种周密地组织大举消灭敌人的狂热，以及那种对待巨大损失，对待自己的生死、亲人的存亡毫不动心的骄傲的气概……"③

尼采露骨地为侵略战争辩护，充分暴露了他为德国垄断资产阶级发动侵略战争，掠夺世界殖民地效劳的反动嘴脸。

4. 历史循环论

尼采从反动的垄断资产阶级立场出发，否定人类进步，主张社会倒退。他断言，如果说社会在进步中，毋宁说它是在退步中。他写道："'进步'，不要犯错误了！时间在向前奔跑好像一切都是向前的。这连头脑最清楚的人也受其诱惑，其实'人类'并不向前运动……人并不比动物前进一步；文明人同阿拉伯人或科西加人相比，是软弱的退化者。"④

尼采提倡历史循环论，他歪曲赫拉克利特关于方物绝对而永恒循环的观点，提出权力意志永恒轮回的理论。他说，历史是没有意义，无目的，还原是不可避免的。历史的无限性就在它的永远反复，不断轮回。他的这种历史循环理论的"根据"是他的权力意志论。他断言权力意志是绝对自由的，它没有逻辑，没有秩序，没有规律，因而它在无穷的组合中必然会出现重复。这反映了垄断资产阶级对自己前途的没有信心。

总之，尼采哲学的反动性是不言而喻的。他提倡权力斗争，宣扬非道德主义，鼓吹奴役和侵犯，歌颂阴谋家、野心家。它反映了德国垄断资产阶级的反动利益，后来为德国的法西斯主义所继承；希特勒分子把尼采当作自己的理论家之一而加以吹捧，并声言他的许多思想在第三帝国得到了实现。同时，尼采站在反动的垄断资产阶级立场上从反面揭示了基督教伦理和"自

---

① 《尼采文集》第9卷，第66页。
② 尼采：《偶像的黎明》，第262—263页。
③ 《尼采文集》第3卷，第277页。
④ 《尼采文集》第9卷，第56页。

由、平等、博爱"等口号的虚伪性，揭示了西方社会的精神文化上的严重危机。这些又都对后来西方的人本主义思潮各流派有直接的影响。

综上所述，意志主义不论是叔本华的生存意志主义或尼采的权力意志主义，它们在阶级属性上属于德国资产阶级的意识形态。叔本华的生存意志主义是德国资产阶级极端个人主义的悲观失望时的形态，而尼采的权力意志主义则是德国资产阶级正走向垄断阶段，张牙舞爪，妄图统治全世界时的世界观。意志主义的认识论根源是对人的意志或欲望的无限膨胀和扩大。意志是人的意识活动的一个重要因素，它是一种选择目标，确定行动的决心，是人的意识能动作用的重要表现。但是作为意识活动的一个因素的意志，它与意识活动的其他因素一样，是第二性的，是社会存在的反映。不同社会历史条件下的人，有不同的意志，属不同阶级的人，有不同的意志。就是被叔本华、尼采哲学化了的"生存意志"和"权力意志"，看来似乎是叔本华、尼采的自由创造，实际上也不过是不同历史时期下的德国资产阶级的社会阶级地位的反映而已。叔本华、尼采颠倒了人的意志与社会存在的关系，把意志夸大为第一性的、世界的本原，这就陷入了唯心主义。

叔本华、尼采的意志主义的错误，还在于贬低理性，抬高欲望。意志以理性为指导，丧失理智的意志是狂人的意志，欲望受意志（依据道德和法等社会规范）的制约，不受意志约束的欲望是禽兽的欲望。叔本华、尼采抹杀理性，鼓吹放纵意志和欲望，这就使他们的反动的意义主义具有明显的疯狂性和野蛮性。

第三章　新康德主义

新康德主义产生于19世纪60年代的德国；70年代后广泛流行，并流传到英、法、意大利等国；20世纪20年代后逐渐衰落，为新黑格尔主义所替代。新康德主义与尼采哲学流行的历史条件大致相同。不过尼采哲学是正在军国主义化的德国大资产阶级的飞扬跋扈的世界观，而新康德主义则反映了德国自由资产阶级的欺骗性和虚伪性。

众所周知，康德哲学是调和唯物主义与唯心主义、辩证法与形而上学的复杂体系。它的这种复杂性反映了早期德国资产阶级的要求革命与妥协于封建政权的两面性。它在19世纪上半期流行于德国，自1848年德国资产阶级革命失败后，资产阶级因丧失革命勇气而抛弃了它。19世纪60年代以后，德国资产阶级在铁血宰相俾斯麦领导下，统一德意志，取得政权，并逐渐走上军国主义化道路。与此同时，马克思主义空前流行，工人运动蓬勃发展，工人政党建立，工人阶级在党的领导下开展罢工运动，对资产阶级的统治频频发动冲击。资产阶级为了巩固政权，镇压革命力量，发展资本主义，除了需要公开反动的尼采哲学外，还需要富有虚伪性的哲学，以欺骗革命人民与马克思主义相对抗。但是，失去了创新精神的资产阶级哲学家已无能力创立新的学说，他们不得不从旧理论仓库中拣出康德哲学。不过这不是康德哲学的恢复。它吸取的是康德哲学中的主观唯心主义、不可知主义、信仰主义的糟粕，并歪曲当时数学、物理学、神经生理学等自然科学的新成就，制定出一种以"科学"为伪装的精致的唯心主义——新康德主义。它曾一度影响工人运动，成为第二国际右翼的"官方哲学"。

新康德主义的支派甚多，早期影响较大的是生理学派，70年代后则是马堡学派和弗赖堡学派。它们的共同特征是打着"回到康德去"，即恢复康德哲学的旗号，阉割康德哲学中的唯物主义和辩证法因素，使它彻底唯心主义和形而上学化。

一　朗格的新康德主义

1865年，耶拿大学教授李普曼（Otto Liebmann，1840—1912）提出"回到康德去"的口号，标志了新康德主义的诞生。它的早期代表人物有朗格、赫尔姆霍兹（H. L. F. Helmholtz，1821—1894）等，其中以朗格最负盛名。因为他的理论不仅对后来的新康德主义有深远影响，而且对伯恩斯坦等第二国际的修正主义理论也有直接的影响。

弗莱特里奇·朗格（Friedrich Albert Lange，1828—1875）出生于德国的苏林根。他的父亲是一个著名的圣经注释家。早年他随父亲侨居瑞士，后在苏黎世和波恩大学学习，得博士学位；曾参加过1848年的革命运动；50年代在波恩大学与杜易斯堡文科学校任教，讲授唯物主义史；60年代辞去教职，积极参加政治活动，并从事社会、经济问题的研究，曾任《莱因鲁尔日报》编辑多年，发表过不少宣传资产阶级改良主义的文章，一度还混入工人运动；70年代后重返讲坛，在苏黎世大学和马堡大学任哲学教授。他的主要著作有《唯物主义史》（1873—1875）和《论工人问题》（1865）等。他在前一部书中系统地论述了新康德主义哲学观点；在后一本书中，宣扬社会达尔文主义以对抗马克思主义。

（一）生理学的康德主义

朗格哲学的主要特征是曲解当时实验生理学的成就，主要是弥勒的实验生理学的成就，以心理、生理学唯心主义理论论证他的新康德主义学说。由于他与同时代的其他一些新康德主义者如赫尔姆霍兹等人都有这个共同的特征，因而人称他们为新康德主义的生理学学派。

弥勒（Johannes Müller，1801—1858）是当时德国的著名生理学家。他通过实验表明：以同一物体，如电流刺激人的不同感觉器官，可以产生不同的感觉，如刺激眼睛，可以产生光觉；刺激耳朵，可以产生声觉；刺激皮肤，可以产生痛觉等等；而不同的物作用于同一感官，却可以产生相同的感觉，如不论以力或电流刺激人的眼睛，都会产生相同的光觉等。朗格曲解弥勒的这些实验结果以论证他的新康德主义理论。他叫嚷上述生理学的成就"驳倒"了唯物主义的反映论，证实了普罗塔哥拉关于"人是万物的尺度"的命题的"正确"；因为，他断言，它们证明了感觉的内容并非由外界作用物所规定，而是由"感官自身的构造规定的"。他写道："使唯物主义者们十分烦恼的是存在着一个十分精确的科学研究领域：感官生理学。它的成就否定了绝对的现实世界无可怀疑的唯物主义观点，而确证了普罗塔哥拉关于'人是万物的尺度'这个古老原理的正确。它证明：我们的感性知觉的性质完全是由我们的器官的结构决定的。"① 朗格的这种论证是荒谬的。诚然，感觉并不是绝对可靠的，它可能给人以假象或错觉，但是这是可以通过感性认识与理性认识的结合，并通过实践加以检验和纠正的。

朗格从上述观点出发进而论证了康德关于"物自体"不可知的学说。他断言：既然不是现实世界决定我们的感觉内容，而是我们的感官结构决定现象世界，那么，不同的人由于有不同的感官结构，就会有不同的世界；同一个人，由于有多种不同的感官结构如眼睛、耳朵等，也就可以有多种不同的现象世界。"例如耳朵的世界与眼睛的世界就是不一样的。"② 因而唯物主义所坚持的绝对的现实世界，也就成了康德的"物自体"了。这样，他就把康德的"物自体"解释成为仅仅是人的认识的极限概念（Grenzbegriff），他比喻说：人与物自体的关系犹如池中的鱼与池界的关系。鱼只能在池界之内漫游，不能超越池界之外；人的认识也只能局限于现象界，而不能超越于现象界之外。

朗格否认时间和空间的客观性，坚持时间和空间的"先验性"。他同意康德关于时、空先验性的观点。但是，他把康德所说的时空的意识形式的先验性改变为"认识主体的心理—生理的组织的先验性"，即他认为，时空形式不是先验地存在于人的意识之中的直观形式，而是由"人的心理—生理的组织先验地赋予经验的"。

朗格还否认因果性、必然性的客观性，坚持"因果性""必然性"等范畴的"先验性"。他反对休谟关于因果性发源于经验（即来源于经验的多次重复）的经验主义观点，而认为康德关于因果性、必然性的先验性的

---

① 朗格：《唯物主义史》第 2 卷，1915 年德文版，第 3—4 页。
② 朗格：《唯物主义史》第 2 卷，第 159 页。

观点是正确的。但是他不同意康德把因果性、必然性归结为纯粹理性的范畴，即把它们解释为先天地存在于理性之中的思维形式的见解，而认为它们是根植于我们的心理—生理的组织之中，即是人们的心理—生理组织所给予经验的。因而他主张把康德哲学"生理学化"，"把康德的纯粹理性的理论转译成为生理学的理论"。①

朗格还从上述因果性的观点出发，否认康德的"物自体"的客观存在。众所周知，康德的哲学动摇于唯心主义与唯物主义之间，而承认"物自体"的客观存在是康德哲学中的唯物主义因素。朗格则从唯心主义立场出发，"纯化"康德的哲学。他否认"物自体"的客观存在，认为它是康德哲学的"累赘"。因为他断言，人们根本没有任何根据能肯定它的存在。那么人们怎么会产生"物自体"的观念的呢？他的回答是：这是由于上述因果性、必然性等先验的观念所引起的。他解释说，人们由于不理解因果性范畴的先验性，误认因果关系是经验之外物与物之间的关系，因而也就误认经验之外有"物自体"存在了。他写道："我们的整个现象世界是依存于我们的器官的。现象和物自体的对立是我们自己依照对因果关系的类比而设置的。"②

由于否定"物自体"的客观存在，朗格就从康德的二元论立场向右转到贝克莱、休谟的主观唯心主义的立场。他公然荒谬地把客观物质世界解释为人的主观表象。他说：肯定物质世界（原子）存在只是一种"教条"，"世界只是我的表象的世界"，"我们的身体也只是我们的观念"。不过他认为："世界不仅是我的表象，而且也是我们的表象。"他说：由于世界是"我"的表象，所以它是"主观"的；由于世界是"我们"的表象，所以它又是"客观"的。因而他妄言，"世界的客观性"不在于它的客观实在性，而在于人们的认识的"共同性"或"普遍性"。③ 朗格所以把世界说成不仅是"我"的表象，而且是"我们"的表象，其目的在于逃避唯我论。但是这是徒劳的，正如列宁所指出：只要把"世界归结为人的表象"，它就是一种主观唯心主义，而主观唯心主义在逻辑上必然导致唯我论。

---

① 朗格：《唯物主义史》第 2 卷，第 57 页。
② 朗格：《唯物主义史》第 2 卷，第 35 页。
③ 朗格：《唯物主义史》第 2 卷，第 4、342—343 页。

（二）伦理的社会主义

朗格极力反对唯物主义，但又不敢公然彻底地否定唯物主义。他断言：唯物主义作为一种世界观是"错误的"，因为人们根本无法断定客观物质世界的存在。但是，他又假惺惺地说：唯物主义作为一种"科学研究的精神"，或科学的"假设"却是可取的，因为它强调实事求是，不许有任何虚构或幻想，而科学正需要这种精神。他写道："唯物主义的假设为新的发现提供了最多的机会"，"最极端的唯物主义者在这些领域内也比幻想家和思想混乱，意志脆弱的人们好得多"。但是他又断言，这种"唯物主义"精神只能适用于自然科学，而不能适用于社会科学以及美学、伦理学等价值的领域。因为那里需要的是虚构和幻想，以便以此来建立社会未来的理想和制定伦理的准则。① 朗格的这个论调是针对马克思主义而发的。因为他妄言：马克思主义的历史唯物主义，虽然对"资本主义社会的虚伪性及其奴役性"有一定的揭露，但是它"不能担负起"建立未来人类社会的理想的职责，而这需要的是他的新康德主义哲学。

朗格自称是"社会主义者"。他鼓吹新康德主义与社会主义相"结合"，他断言只有这种结合才能为人类的未来建立起理想的"社会主义"；他还断言未来的"社会主义"与客观物质生活条件无关，而与"人心中的伦理观念"紧密相关。因为人的伦理观念或康德的"绝对命令"是先验地根植于人的心理—生理组织内部的。他的这种唯心主义的"伦理社会主义"思想对后来的新康德主义各流派有重要的影响。

朗格反对社会革命，鼓吹改良主义。他妄言，社会变革只会"破坏""毁灭"社会文化，使人类历史沦于"黑暗"和"停顿"，他主张通过提高人类的伦理观念，以促进"人类的团结"来建立"理想社会"。他写道："为了避免变革而造成人类社会黑暗和停顿，就只有采用一种方法，这种方法……就是及时克服唯物主义，并消除人民之间的分裂……只有观念和牺牲才能拯救我们的文化，并使人类从毁灭性的自相残杀的革命道路上转变到幸福的改良道路上来。"② 不言而喻，这实际上是为维护资本主义制度效劳。

---

① 参看朗格《唯物主义史》第2卷，第331页。
② 参看朗格《唯物主义史》第2卷，第328页。

朗格还宣扬社会达尔文主义。他叫嚷："自然淘汰和生存竞争是两个强有力的发展动力"，"它们促进强者的发展与弱者的毁灭"，"因而在世界史上起着重要的作用"。他宣扬马尔萨斯的人口论，断言"贫穷和饥饿是人口增殖的调节，这是一个悲惨的经济学法则"①。他鼓吹工人通过"节制生育"以"提高文化水平"，认为只有这样才能依照马尔萨斯的人口过剩规律，以限制工人人口的增长，并依照生存斗争规律以提高工人的"生存斗争"能力。马克思揭露了朗格的这种谬论。他写道："朗格先生有一个伟大的发现：全部历史可以纳入一个唯一的伟大的自然规律。这个自然规律就是'Struggle for life'，即'生存斗争'这一句话（达尔文的说法这样应用就变成了一句空话），而这句话的内容就是马尔萨斯的人口律，或者更确切些说，人口过剩律。"② 恩格斯则指出，它"是马尔萨斯主义和达尔文主义的混合物"③。

二　马堡学派的新康德主义

朗格等人的早期新康德主义理论为后来的马堡学派与弗赖堡学派所改造和阐发。马堡学派着重在自然科学——先验逻辑和数学唯理主义方面，弗赖堡学派着重在社会历史方面改造，发展了他们的学说。

马堡学派因发源于马堡，其成员多执教于马堡大学而得名。它与早期生理学派的主要理论区别在于，生理学派以"先验心理"解释康德哲学，即把科学知识的规律性和必然性的来源，归结为"主体的心理—生理组织"；它则以"先验逻辑"解释康德哲学，即把科学知识的规律性和必然性归结为"先验逻辑"，因此人们又称它为"先验逻辑学派"。它的创始人是柯亨，其代表人物有那托普（Paul Natorp，1854—1924）和卡西勒（Ernst Cassirer，1874—1945）、施坦丁格（Franz Standinger，1849—1921）等人。他们中有许多人是数学家、逻辑学家或物理学家。

海尔曼·柯亨（Hermann Cohen，1842—1918）是德国的著名数学家和

---

① 朗格：《唯物主义史》，第 327、260 页。
② 《马克思恩格斯全集》第 32 卷，第 671—672 页。
③ 《马克思恩格斯全集》第 32 卷，第 671—672 页。

哲学家，曾任马堡大学哲学教授。他的主要哲学著作有《康德的经验学说》（1871）、《康德的伦理学的基础》（1871）、《康德的美学基础》（1889）、《纯粹认识的逻辑》（1902）、《纯粹意志的伦理学》（1904）、《纯粹感受的美学》（1912）等。在前三本书中他对康德哲学做了"新"的解释。在后三本书中他对自己的哲学观点做了系统的阐发。

（一）纯粹认识的逻辑

1. "物自体"就是"经验本身"

柯亨断言先验逻辑的方法是康德哲学的中心思想。但是，他认为，康德并没有把这种方法贯彻到底，这首先表现在肯定"物自体"的学说中。因此，为了彻底贯彻康德的上述方法，他追随朗格之后，否定物自体的客观存在。不过他与朗格不同，朗格用生理学唯心主义否定"物自体"，而他主要是通过揭示康德哲学体系中的内在的逻辑矛盾以否定"物自体"的客观存在。众所周知，康德肯定"物自体"存在于经验之外，并肯定经验是"物自体"作用于意识的产物。但是他又否定时间、空间、因果性、必然性等的客观性，把它们归结为意识的先天形式。然而"外"是空间概念，"作用"是"因果性"概念。如果"物自体"与空间无关，它又怎样能在经验之"外"呢？又如果"物自体"在"因果作用"之外，它又怎么能"作用"于意识呢？这些都是康德哲学体系中的矛盾所在。要解决这些矛盾只有两条道路：一是向左转，抛弃其先验主义因素，走向彻底的唯物主义；二是向右转，抛弃其中的唯物主义因素（物自体）转向彻底的唯心主义。柯亨选择的是后一条道路。他抛弃康德的"物自体"，使康德哲学彻底唯心主义化。不过与朗格一样，他在形式上并没有完全否弃"物自体"这个词，而只是把它解释为"经验的东西"或"认识的极限"。他说"物自体"不在经验之外，"它是经验本身"，它不过是一种"观念"，等等。[①]

2. 感觉是"模糊的意向"

柯亨不但否认"物自体"与意识的对立，把"物自体"归结为自我意识；并否定感觉与思维的对立，把感性认识的作用归结为思维的作用，从而构成了一科"纯粹思维的认识论"或"纯粹认识的逻辑"。

[①] 参看柯亨《康德的经验学说》，1918 年德文版，第 638—643 页。

众所周知，康德肯定感性经验的认识价值，认为感性经验来自"物自体"，它为认识提供杂多的材料，理性则以先天的认识形式（范畴）统摄这些杂多的材料，而构成系统的科学知识。柯亨反对康德的这种见解。他认为，感性经验不来自经验之外，它是意识自身的东西，而认识的过程始终是思维的过程，感觉并不起任何认识作用。因为他认为，在人的认识过程中起作用的不是杂多的感觉，而是统一的知觉。人们从来没有单一、纯粹的感觉，而只有作为多种感觉统一的知觉：如我们从来没有感觉到过单纯的红，而只能感觉到苹果或太阳的红等等。而知觉是思维的创造物，没有思维的主动性和创造性，没有它把因果联系等范畴引进知觉，人们就不可能有任何知觉。他写道："感觉嘟嘟囔囔地说不清楚，思维才创造出统一的词。感觉只意味着一种模糊的意向，它指向何处？这首先由思维来说明，思维才给这种意向指出目标和方向。"①

柯亨不仅否定感觉的认识作用，并且否认感觉与思维的本质区别。他认为，既然感觉与思维一样，并非"物自体"作用的结果，而是意识自身的产物，既然感觉离不开思维的作用，那么感觉与思维两者并没有根本的对立，它们在本质上是同一的，也就是说，它是从属于思维的。柯亨的追随者那托普对此解释得更明白。他说："'直观'就不再作为异于思维的因素在认识中与思维分庭抗礼，互相对立了，相反地，它就是思维……"②

柯亨的这种理论是错误的。马克思告诉我们：感性认识与理性认识是辩证统一的，但不能因而否认感性认识的作用，以及它与理性认识的本质区别。感性认识是理性认识的来源和基础。没有感性材料，就不可能有理性思维，因而否定感性认识，实际上就否定了理性思维和科学知识的客观来源与基础，其结果必然导致唯心主义。

3. 自然界是"纯粹思维"的"创造物"

从上述观点出发，柯亨断言，科学认识的过程，既不是反映客观实在的过程，也不是对来自"物自体"的感觉材料的制作过程，而仅是纯粹思

---

① 柯亨：《纯粹认识逻辑》，1912年德文版，第469页。
② 那托普：《康德与马堡学派》，转引自洪谦主编《西方现代资产阶级哲学论著选辑》，商务印书馆1964年版，第21—22页。

维按照先验的逻辑主动创造的过程。思维不仅按先验的逻辑创造认识对象的形式，而且还创造认识对象的内容。纯粹思维按先验的逻辑创造了"热"，创造了"声"，创造了"电"，创造了"磁"，创造了所有科学认识的对象，创造了一切存在物。因此他说："存在物的基础全在于思维。"①"思维并不产生于本身之外的某个地方，纯粹思维应当从其本身中产生可以认识的东西。"②

柯亨通过曲解当时数学和物理学的成就以论证他的这种唯心主义观点。他断言：近代科学的研究表明，不论热、电、光、磁等等自然现象，归根到底都只是一些运动的形式。在近代物理学中它们都通过微分方程来表示，因而它们都可以归结为一些数学方程。他进而断言：不是客观对象、自然界、自然规律表现（反映）于数学方程之中，恰恰相反，而是数学方程创造了一切科学认识的对象，创造了整个"自然界"。柯亨及其学派还反复强调，他们所说的"自然界"不是唯物主义所理解的客观的自然界，而是"印刷出来的书籍中的自然界。"这样，柯亨就完全陷入了古希腊哲学家毕达哥拉斯的数的唯心主义立场。不过毕达哥拉斯是客观唯心主义者，他把数说成构成世界的客观的本原。而柯亨则是主观唯心主义者，他把数（数学方程）归结为自我思维的自由创造物。③ 不言而喻，这是一种荒谬的主观唯心主义理论。

由于柯亨断言认识是自我的思维按理性的先验逻辑创造对象世界，而认识是不断发展永无终极的，因而他认为作为认识对象的世界并不是独立于思维之外，固定不变，而是随着人们知识的变化、发展而变化、发展的。他认为：古代并没有原子、电子，只有当人们"认识"了原子、电子后，即思维"创造"了原子、电子后，才有了作为认识对象的原子和电子。因此作为 19 世纪人们的认识对象的原子、电子，与作为今日人们的认识对象的原子、电子，以及作为今后人们的认识对象的原子、电子都是各不相同的。它们的内容是随着人的思维的创造而不断变化的。并且这种变化永无"终极"，因而在这个意义上可称它们为"物自体"。柯亨完全颠倒

---

① 柯亨：《康德的经验学说》，第 16 页。
② 柯亨：《纯粹认识的逻辑》，第 13 页。
③ 参看柯亨《无穷小方法原理及其历史》，1883 年德文版，第 135 页。

了认识与认识对象的关系。他否认客观对象的变化决定人的认识的变化，而妄言人的认识的变化规定"客观对象"的变化。这是一种露骨的主观唯心主义。

柯亨及其追随者们，由于把认识对象及其理论归结为纯粹思维的创造物，因而他们否认科学理论的内容的客观实在性，而把它们归结为一种便于"促使科学知识系统化"的"暂时的假设"。在他们看来，牛顿时期的"以太"只是一种"暂时的假设"，爱因斯坦时期的"场"也是一种"暂时的假设"。① 它们都没有任何客观内容，而不过是用以构成科学知识系统化的一些调节性的工具而已。在这个问题上他们接近实用主义的工具主义观点。柯亨的追随者卡西勒就公然同意杜威的实用主义或工具主义的真理观。他说：正如杜威所认为的那样，真理只不过是一种假设，"它只能够在思想上把零散的感性材料组织起来和按照统一的格式编织起来，它才有意义"②。

4. "先验的方法"

柯亨及其马堡学派在上述认识论基础上建立了自己的方法论——"先验方法"。他们认为，既然已有的科学文化是人的思维按理性的先验逻辑创造出来的，在这些被创造的科学、文化中体现着人的理性的先验逻辑，因而人们不应从客观世界，而应从这些已有的被创造的科学文化知识中去找出那种支配人们创造科学文化活动的纯粹理性规律或纯粹先验逻辑。他们称这种方法为"先验方法"，并把它归结为两点：（一）从已有被创造的科学、文化的事实出发；（二）从这些事实中找出支配人的创造科学、文化活动的规律。③

柯亨及其马堡学派十分强调这种先验方法。那托普说："柯亨把先验方法的思想理解为康德的中心思想，认为他的其他一切思想都可以联系到这个思想上，都可以根据这个思想去加以理解，做出评价。因此在他的陈述中，总是把决定性的重点放在先验方法上。"④ 他们还把这种先验方法推崇为自己哲学的基础和出发点。那托普写道："我们全部哲学研究的固定

---

① 参看柯亨《纯粹认识的逻辑》，第439页。
② 卡西勒：《认识和现实》，1910年俄文版，第412—413页。
③ 那托普：《康德与马堡学派》，第72页。
④ 那托普：《康德与马堡学派》，第69页。

的出发点，不变的指导思想，正如大家所说那样，是'先验方法'。"①

柯亨及其马堡学派以这种先验方法反对心理主义。他们认为，心理主义把知识的基础归结为人的心理，而心理是主观多变的，无规则可循的，因而心理主义的方法是一种没有任何客观根据的主观主义的方法。而他们的"先验方法"却具有严格的客观性。这是因为"它作为一种内涵的方法，只能在这种客观的塑造活动本身之内，只能在那种永远寓于作品之中、从来就不孤立的创造人类文化生活的行动里面，去追索客观塑造活动的规律……"，从而使它"与心理主义判然不同"，"得以完全避免各种形式的主观主义的危险"。② 应该承认，马堡学派的这种理论内含着一定的合理因素，那就是科学文化等意识形态确实体现着思维逻辑。因此，通过对科学、文化及其发展历史的研究，确能找到思维的逻辑以及科学、文化等意识形态发展的规律。但是这些逻辑和规律，并不如马堡学派所认为那样是先验的、纯理性的东西，归根到底，它们是客观存在的反映。列宁说："逻辑形式和逻辑规律不是空洞的外壳，而是客观世界的反映。"又说："当逻辑的概念还是'抽象的'，还具有抽象形式的时候，它们是主观的，但同时它们也反映着自在之物。"③ 因此，如果否定存在决定意识这个唯物主义根本原则，那就否定了思维逻辑以及意识形式发展规律的客观根源，必然陷入唯心主义的先验主义或信仰主义（最后把它们归结为上帝的恩赐）。

（二）"伦理的社会主义"理论

柯亨在他的《纯粹意志的伦理学》一书中论述了他的"伦理社会主义"理论。

柯亨认为，人们可以从两种不同的角度去考察社会：一是从商品流通的角度即经济的角度去考察社会。由于在经济领域中因果律起着作用，因而通过对这个领域的研究可以建立起唯物主义的社会主义；二是从目的的角度去研究社会。由于目的属于精神的领域，因而通过对这个领域的研究，就能建立起"伦理的社会主义"。

---

① 那托普：《康德与马堡学派》，第 71 页。
② 那托普：《康德与马堡学派》，第 73、83 页。
③ 列宁：《哲学笔记》，人民出版社 1974 年版，第 192、223 页。

柯亨断言，社会主义主要不是属于经济方面，而是属于伦理方面的。由于马克思生活于"经济动荡的时代"，当时人民的生活十分困苦，"肚子问题"就成了社会生活中的重要问题。马克思对经济问题的研究，对于未来社会的研究有一定的贡献。但是社会主义主要的是精神生活的问题或"纯粹意志"的问题，即伦理的问题，因而马克思不能认识到"伦理原则"对社会主义的"重要性"。马克思的学说虽充满"道德"的激情，却缺乏"伦理的依据"。他断言：未来理想的"社会主义"绝不是马克思所论述的那种推翻私有制、建立公有制的社会主义，而是他的新康德主义的"伦理的社会主义"。

那么什么是柯亨所说的"伦理的社会主义呢"？柯亨认为，康德是他所宣扬的"伦理社会主义"的创始人。康德最早提出了"伦理社会主义的原则"这个原则就是："你应当这样行动，无论在什么时候，无论对你自己或别人，都要把'人'当作目的，而绝不把它看成手段。"① 他解释康德的这个原则说，人不同于物，物具有"市场价值"，它可以用来作为达到某种目的的手段加以使用，而人具有至高的尊严（Wurde），他永远只是目的，而不是手段。他极力推崇康德的这个原则，说不是马克思的经济学说，而是康德的这个原则才是"包含了现代和未来全部世界历史的道德纲领"②。他断言只是这个原则，而不是马克思的消灭私有制的原则，才是"不再把人当作手段要使"的"道德人的交往团体的社会主义社会"或"伦理的社会主义社会"的原则。

柯亨的"伦理的社会主义"理论不仅是错误的，而且是有害的。马克思主义的社会主义理论所以是正确、科学的，是由于它是建立在对社会物质生活条件的科学分析的基础上的。社会主义是社会历史发展的规律性的结果。柯亨否认社会主义的客观物质基础，实际上就否定了社会主义必然实现的客观规律性，这就使工人阶级对社会主义丧失信心，从而给工人运动带来危害。

康德的伦理学只讲动机，不讲效果。柯亨忠实于康德的这种观点，并从此出发反对以废除私有制，解放无产阶级为目的的马克思主义的科学社

---

① 柯亨：《纯粹意志的伦理学》，1921 年德文版，第 303 页。

② 柯亨：《纯粹意志的伦理学》，1921 年德文版，第 615 页。

会主义理论，污蔑它是"功利主义"。

但是柯亨及其追随者们像其他资产阶级学者一样，他们把资产阶级的阶级本性普遍化、永恒化，从而深信人类的本性是自私的。因而他们对于"伦理的社会主义"的实现根本没有信心，而把它说成是一种"美好"的、人们应该不断追求但又永远不可能实现的空中楼阁——"物自体"。柯亨说，社会主义"永远不可能成为事实"，它是一种"永远不能完成的任务"。它仅意味着"永远不停顿地无限地趋向于纯粹意志"。[①]由于柯亨在口头上侈谈"社会主义"，而在实际行动上反对社会主义，因而人们称他的这种理论为"讲坛社会主义"。柯亨的这种"讲坛社会主义"对后来伯恩斯坦等第二国际的修正主义有重大的影响。后来第二国际的某些修正主义者就是依据柯亨的这个观点建立起他们的修正主义理论的。

三　弗赖堡学派的新康德主义

弗赖堡学派又名巴登学派，它是与马堡学派同时流行的另一个新康德主义学派。它因发源于巴登的弗赖堡大学而得名。由于巴登位于德国的西南部，有时人们又称它为西南学派。该学派着重从社会历史观方面、从价值观方面阐发朗格等人的早期新康德主义的思想，因此又被称为价值学派。它的创始人是文德尔班，其他代表人物有李凯尔特、闵斯特贝尔格（Hugo Münsterberg, 1863—1916）等人，其中尤以李凯尔特最负盛名。他们的观点虽小有差异，但在基本上是一致的。

威廉·文德尔班（Wilhelm Windelband, 1848—1915）是德国著名的哲学家，早年在耶拿大学、柏林大学和格廷根大学求学，受教于费舍（Kuno Fisher, 1824—1907）和洛采（Rudolph Lotze, 1817—1881）；后在苏黎世、弗赖堡和斯特拉斯堡等大学任教；晚年任海德堡大学教授。他的主要哲学著作有《序论》（1884）、《历史和自然科学》（1894）、《论意志自由》（1904）、《论范畴的体系》（1900）、《哲学概论》（1914）等。

亨利希·李凯尔特（Henrich Riekert, 1863—1936）是文德尔班的直接

---

① 柯亨：《纯粹意志的伦理学》，第309、314页。

继承者,他于1891年开始在弗赖堡大学任教师,1916年继承文德尔班在海德堡大学的讲席。他的主要哲学著作有《认识的对象·先验哲学导论》(1892)、《自然科学概念形成的界限》(1902)、《历史哲学问题》(1905)、《哲学体系》(1921)等。

(一) 心灵创造认识对象

文德尔班、李凯尔特等弗赖堡学派的成员们与柯亨等马堡学派的哲学家们一样,他们通过否定"物自体"的客观存在,以使康德哲学彻底唯心主义化。文德尔班断言:经验之外并无"物自体"存在,认识对象不过是人的心灵的创造物。他写道:"心灵创造认识对象……创造出自我的世界。"因而"对象并不是心灵之外的实在物"①。李凯尔特说:"离开了意识,就没有存在",又说,哲学无权讨论经验之外是否有"物自体"的问题,"谁要是把关于外部世界、'物自体'的问题作为哲学问题,谁就表明自己根本不懂得认识论"。② 从这种观点出发,他们极力反对承认客观物质世界的唯物主义。他们污蔑唯物主义是"独断论",是一种盲目迷信"神秘"的"超验世界"的"教条"。

在认识论方面,弗赖堡学派坚持主观唯心主义观点。他们断言,认识不是对客观实在的反映,而只是主观心灵的创造,即处理意识内部表象与表象之间的关系,以便使认识逻辑化和系统化的活动。因而他们断言"真理并不是表象与实在相符合。而是表象与表象相一致"③。他们极力反对唯物主义的反映论,污蔑反映论"是一种最粗陋、最顽固的"见解,④ 妄说,"谁要是把认识世界理解为反映世界,谁就否定了科学"⑤ 等等。

文德尔班与其他新康德主义者们一样,还极力反对辩证法。他们污蔑辩证法"是一种荒诞无稽的把戏";而矛盾,他们认为,不可能存在于自

---

① Wilhelm Windelband, *An Introduction to Philosophy*, translated by Joseph McCabe, London: T. F. Unwin Ltd., 1921, pp. 199 – 200.
② 李凯尔特:《认识的对象》,1915年德文版,第20页。
③ Wilhelm Windelband, *An Introduction to Philosophy*, translated by Joseph McCabe, London: T. F. Unwin Ltd., 1921, p. 172.
④ Ibid..
⑤ 李凯尔特:《自然科学概念形成的界限》,载《现代资产阶级哲学批判》,第14页。

然界，而只是存在于思维中的一种逻辑混乱，或者，如康德所指出那样，乃是理性企图超越其认识界限以认识"物自体"而引起的东西。

（二）价值学说

强调"价值"学说是弗赖堡学派的重要理论特征。文德尔班说，哲学从来就有两个方面的任务：（一）是寻求宇宙知识；（二）是探讨人生价值。前面一个任务已被各门自然科学所瓜分了，现在剩下的只有"价值"问题。弗赖堡学派的哲学家们如文德尔班、李凯尔特等人，把世界分为"事实世界"与"价值世界"两个部分。他们所说的"事实世界"就是表象（现象）世界，或经验世界；而"价值世界"则是人的主观意志（本体）的世界。他们认为，在表象世界中有许多表象依据"因果性""必然性"等先验的范畴互相联系，彼此依属着，对这个领域的研究就产生事实命题或知识命题，关于它们的判断都属逻辑判断。如"这朵玫瑰花是香的""那个苹果是圆的"等等，它们所表述的就是"玫瑰花""苹果"等表象与"香""红"等表象的依属关系。人们在做出这类判断时，只是表述了自己的经验世界中的经验事实，并不涉及个人的意志、爱好和感情。

但是"价值世界"则与"表象世界"根本不同。在价值世界中也涉及表象，但是，在这个领域中，表象不是依据"因果性""必然性"等先验范畴相互发生关系，而是依据"价值规范"与认识主体的意志和感情发生关系。因而对于它们的研究，所涉及的不是知识问题，而是认识主体的意志和感情问题，即人对于认识对象的评价与态度问题；因而有关它们的命题都不是知识命题，而是价值命题，如"这朵花是美的""那种行为是丑恶的"等等。它们不是"客观地"表述"表象与表象的事实关系，而是依据个人的意志、爱好和感情对经验事实做出评价或表明态度，因而它们不具有逻辑意义或知识意义，而只具有伦理学上或美学上的价值意义和"实践"意义。

文德尔班认为，"事实世界"和"价值世界""事实命题"和"价值命题"虽然彼此区别，但是并非毫不相关，而是互有联系的。它们的关系是：后者高于前者，前者从属于后者。这是因为事实命题只是关于"真"的命题，而"价值命题"还包括"善"与"美"的问题。他还认为"真"既关系到对事实的认识，也关系到对事实的"评价"，因而它是这两个世界之间的桥梁,正是它把这两个彼此区别的世界联系起来了。文德尔班写道:"认识问题本身就具有某些价值性质的东西,这些东西引起由理论问题到实践问题的过渡。因为在认识论中,我们研究观念的真理价值,研究它们的定义,研究它们如何变成心理学上的价值问题……因而在肯定和否定的判断中,都存在着伦理学和美学判断中的肯定或否定的因素。"① 因而文德尔班认为,知识问题归根到底也是与价值相关的问题,它们也是受价值观念的支配或影响的。文德尔班等人还认为,既然不论事实(知识)命题与价值命题都或多或少地涉及价值问题,而"价值"(不论在肯定方面或否定方面)并不是对象本身的固有特性,而只是相对于评价者的心灵而言的,也就是说它们依据个人的意志和感情而决定的。而个人的意志和感情是主观的、变化的,因而一切判断或命题,不论事实命题或价值命题也都是主观的和相对的。②

不过文德尔班并不甘心陷入相对主义。为了逃避相对主义,他求助于康德的实践理性的学说。他提出了一种"普遍价值"(Allgemeing Ultiger)理论。他断言人人具有一种先天的"普遍意识",其中具有先验的"普遍价值"。这种先验普遍价值也就是康德作为最高道德原则的"绝对命令"或"良心"。它是人们评价"价值"的共同准则。他写道:"存在着一种伦理学规则,它凌驾于个人感情之上,众所公认的准则就是它的准则。个人的决定必须服从于它,并与它相一致。这就是良心,它是一般意识在个别人中的声音,从它那里我们可以引出人人必须遵守的规则。"③

文德尔班十分强调"普遍价值"的意义。他断言,正是由于这种先验的"普遍意识"和"普遍价值",才构成人与人之间的行为的协调,从而保证了人类社会的存在和发展。因而他把他的这种"价值理论"说成是整个哲学的基本内容或核心,他说:"哲学绝不能脱离价值的观念,它始终受价值观念的强烈的影响。"④ 李凯尔特说:"哲学的目的就在于研究这些作为价值的价

---

① Wilhelm Windelband, *An Introduction to Philosophy*, translated by Joseph McCabe, London: T. F. Unwin Ltd., 1921, pp. 216–217.
② Ibid., p. 215.
③ Ibid., p. 214.
④ Ibid., p. 40.

值，探讨它们的意义，以便把它们纳入一切价值的普遍的、目的论的联系中。"① 从这种观点出发，他们把哲学称为"普遍的价值的学说"②。

但是，众所周知，康德的伦理学是信仰主义的伦理学。他所说的"绝对命令"不过是"上帝"的"绝对命令"。作为康德哲学信徒的文德尔班等人，也逃不脱这种归宿。他们追随康德之后，公然承认他们所说的"普遍意识"与"普遍价值"归根到底不过是"上帝""绝对意志"而已。文德尔班说："我们坚信存在着一种估价人类行为的绝对标准……这种坚信是建立在具有超越理性秩序的特权这个假设上的。即这种秩序只不过是一个较高的实在心灵的内容……它就是那个最高的理性，即上帝的内容。"③

文德尔班的道德理论的错误在于不能正确理解道德规范与科学知识的真正联系与区别。文德尔班把"事实命题"（科学命题）与"价值命题"（道德命题）区分开来是正确的。因为科学命题不具有阶级性，道德命题具有阶级性。不同阶级由于处于不同的社会地位可以有不同的道德规范。但是文德尔班把科学命题与道德命题这二者绝对地对立起来则是错误的。道德规范由于具有阶级性，它与一定的阶级利益、阶级意识和阶级感情相联系，但不能因而否定道德规范与客观实在的联系，而把它归结为完全属个人感情的东西，或先验的东西。因为道德规范，作为上层建筑的因素之一，它是与客观社会物质生活条件紧密相关的，它是客观社会经济基础的反映。因而对于道德规范的评价，不是如文德尔班所认为那样，是纯粹主观的或先验的，而是有其客观准则的。这个客观准则就是视其是否符合社会的规律性发展。凡是符合社会历史进程的道德规范就是进步的道德规范，反之就是反动的道德规范。文德尔班由于否定这个评价道德规范的客观准则，从而不能不使他的道德理论时而倒向主观主义，时而倒向先验主义，并最终倒向宗教神学。

（三）"描述的"社会历史科学

否认社会历史规律是弗赖堡学派理论的另一个重要内容，这是与他们

---

① 李凯尔特：《历史哲学》，1908 年俄文版，第 147 页。
② 文德尔班：《近代哲学史》第 2 卷，俄文版，第 387 页。
③ Wilhelm Windelband, *An Introduction to Philosophy*, translated by Joseph McCabe, London：T. F. Unwin Ltd., 1921, p. 216.

的上述"价值"学说密切相关联的。文德尔班等弗赖堡学派的哲学家们认为，跟"事实世界"和"价值世界"相对应，经验科学也可分为自然科学与社会历史科学两大类。他们断言，自然科学是关于"事实世界"的科学，它的研究对象是"事实世界"，它所表述的命题是关于表象与表象之间的从属关系的命题，而这些关系是"因果性""必然性"等先验范畴所赋予的，因而自然科学的知识不仅具有抽象性，而且具有"规律性"和"必然性"；但是社会历史科学与自然科学不同，它是关于"价值世界"的科学，它的研究对象是"价值世界"，它所表述的是表象与认识主体之间的关系，即认识主体对对象的评价，因而它不具有抽象性和规律性，而只具有个体性或具体性。文德尔班写道："历史的批判在对它所陈述的东西加工制作的时候，尽管需要进行一些非常细致复杂的概念工作，但是它的最终目的永远在于从大量素材中把过去的真相栩栩如生地刻画出来。它所陈述的是人的形貌、人的生活，及其全部丰富多彩的特有的形成过程。它应该把这些描绘得一丝不苟，完全保存其生动的个性……至于自然研究就截然不同！它的出发点尽管也是很富于直观性的，但是它的认识目标都是理论，归根到底都是一些关于运动规律的数学公式。它以严格的柏拉图方式把有生有灭的个别事物当作空虚无实的假象抛开，力求认识合乎规律、无始无终、常住不变地支配一切现象的必然性。"[1] 李凯尔特也说："自然科学的研究力求一致，而历史的研究绝不可能。"为了强调社会历史科学的描述性的特点，他们把社会历史科学歪曲成为"描述的"（idiographisch）科学。

从上述观点出发，文德尔班等人竭力否认社会历史的发展规律。他们断言，由于社会历史是由个别、偶然、具体的事件构成的，它们之间没有任何"共同性"和"重复性"。因为历史上从来没有过两个完全相同的事件，因而在社会历史领域中是没有任何规律可循的。李凯尔特写道："历史概念，就其特殊性与个别性而言，它是只发生一次事件的概念，它与普遍规律的概念是对立的。"[2] 又说：历史的特征是偶然、单一、具体，因而肯定"历史发展的规律，其本身就是一种语词的矛盾"。

---

[1] 文德尔班：《历史与自然科学》，转引自洪谦主编《西方现代资产阶级哲学论著选辑》，商务印书馆1964年版，第60页。

[2] 李凯尔特：《文化科学与自然科学》，1921年德文版，第18页。

文德尔班等人断言,社会历史科学的任务与自然科学的任务不同。自然科学的任务在于寻求规律,社会历史科学的任务则是描述、评价具体的社会历史事件。而评价是对事件的"价值"的评价,因而社会历史科学是关于"价值"的科学。文德尔班说:"任何事件只有与价值发生关系时才能成为事件。"① 李凯尔特说:"历史科学不仅应把现在、将来与过去联结起来,而且还应该对过去做出评价。"② "没有价值,就没有任何历史科学。"③ 如前所述,由于他们断言人不仅具有个人意识,而且具有先验的"普遍意识"和"普遍价值",即康德所说的"良心"或"上帝"的"至上命令",它们才是评价社会历史事件的普遍性"规范"。因而在他们那里,社会历史科学最终成了宗教神学的附属品。应该指出,文德尔班等人所说的先验的"良心",不过是资产阶级道德规范的别名,而他们所谓"上帝"的"至上命令",归根到底也不过是资产阶级统治集团的"统治意志及其命令"罢了。

弗赖堡学派的上述理论的矛头是针对马克思主义及其科学社会主义理论的。他们污蔑历史唯物主义肯定社会发展规律是"迷信"。他们歪曲、污蔑历史唯物主义"把全部历史变成经济史,然后又变成了自然科学,"④ 因而是抹杀历史、抹杀历史科学,是一种"庸俗经济学说"。他们污蔑马克思主义的"科学社会主义"缺乏"价值"根据或伦理学根据,仿佛是"用胃的理想代替了脑和心的理想","把人类的全部发展归结为只不过在食槽旁争一个位置的斗争"。⑤ 他们叫嚷"不是历史唯物主义"而是他们所宣扬的新康德主义"才是建立社会主义政治纲领的哲学基础"⑥。弗赖堡学派的这种"伦理社会主义"理论与马堡学派的"伦理社会主义"理论一起,成了后来第二国际修正主义者们的"伦理社会主义"的理论渊源。

文德尔班等人的社会历史观点是错误的。

---

① Wilhelm Windelband, *An Introduction to Philosophy*, translated by Joseph McCabe, London : T. F. Unwin Ltd. , 1921, p. 278.

② 李凯尔特:《历史哲学》,第 124 页。

③ 李凯尔特:《文化科学与自然科学》,第 91 页。

④ 李凯尔特:《文化科学与自然科学》,第 159、132 页。

⑤ 李凯尔特:《文化科学与自然科学》,第 159、132 页。

⑥ 李凯尔特:《历史哲学》,《序言》。

首先，他们把社会历史知识与自然科学知识区别开来是正确的，因为社会历史知识具有阶级性，自然科学知识不具有阶级性。但是他们把二者绝对地对立起来则是错误的。因为社会科学知识与自然科学知识一样，也具有客观内容，它们与自然科学知识一样，都在于反映客观规律，如果反映正确，就是真理；反之就是谬误。文德尔班等人否认社会历史知识的客观内容，把它们说成是纯粹个人意志或感情的产物，这就从根本上否定了社会历史知识中的真理与谬误的区分，陷入了相对主义。

其次，文德尔班等人否定社会历史发展的规律是错误的。文德尔班等人认为：自然科学所研究的自然现象中具有一般性和重复性（他们认为这些都是先验范畴所赋予的），因而自然科学是关于抽象的规律的科学；社会历史科学所研究的是个别、具体的事件，它们没有普遍性和重复性，因而社会历史科学是关于描述和评价的科学。这是不正确的。社会历史科学与自然科学一样，其任务都在于反映客观规律，因为社会现象与自然现象一样，都具有普遍性和重复性。如生产关系必须适合生产力性质的规律，就是适用于一切社会历史形态的普遍规律。它们在一切社会历史形态中都重复地起作用。

最后，文德尔班等人把评价社会历史事件的标准最终归结为先验的"普遍意识"或"良心"，这也是错误的。评价社会历史事件与评价道德规范一样，是有其客观准则的，但这不是先验的"普遍意识"或"良心"，而是历史发展的进程或规律，即凡是符合历史发展进程，促进社会历史发展的事件就是进步的事件，反之就是反动的事件。如前面所指出，文德尔班等人所鼓吹的先验的"普遍意识"也是不存在的，它们不过是资产阶级的"阶级意识"的普遍化、永恒化和先验化而已。

四　新康德主义对第二国际修正主义的影响

新康德主义的哲学思想对第二国际修正主义有重大影响，后者就是在前者的哲学思想的哺育下成长起来的。

朗格等新康德主义者们不仅以自由资产阶级的立场极力宣扬新康德主义，他们并进入工人运动内部，腐蚀工人阶级的革命意识。马堡学派的那托尔普、施但丁格等人还进入社会民主党内，鼓吹以新康德主义代替马克思主义。特别自19世纪90年代以后，第二国际修正主义头子伯恩斯坦，与德奥社会民主党内的修正主义分子施密特等人都成了新康德主义的信徒。他们把党的刊物《前进》杂志、《新时代》杂志等变成为宣扬新康德主义的阵地，妄图把新康德主义打扮成为第二国际与德奥社会民主党的官方哲学。伯恩斯坦还写了臭名昭著的《社会主义的前提和社会民主党的任务》一书，公然喊出"回到朗格那里去"的口号，竭力企图以新康德主义"修正"马克思主义。

第二国际的一些修正主义者们，首先以新康德主义的主观唯心主义与不可知论反对马克思主义的辩证唯物主义，他们鹦鹉学舌般地叫嚷：人的认识无法断定"物自体"存在，"唯物主义这个名词已经陈旧了"，"唯物主义只不过是一个假定的概念"，[①]"纯粹或绝对的唯物主义，正如纯粹或绝对的唯心主义一样，是一种唯灵主义"。[②]

其次，伯恩斯坦等修正主义者们竭力以新康德主义的形而上学理论反对马克思主义辩证法。他们蓄意把马克思主义的唯物辩证法与黑格尔的唯心辩证法混同起来，胡说马克思和恩格斯吸取黑格尔哲学体系中的辩证法思想，是马克思主义的"最致命之处"[③]。他们否定矛盾的客观性，把它解释为逻辑混乱，并断言它是人们以唯物主义的观点"妄图"认识"物自体"的产物。[④]

最后，他们以新康德主义的社会伦理学说反对马克思主义的历史唯物主义与科学社会主义的理论。他们追随于文德尔班等人之后，公然否认社会历史发展的规律性，否认可以预言社会历史的未来。他们接受新康德主义的"伦理社会主义"的观点，断言社会主义不是建立在唯物主义基础上，而是建立在唯心主义的基础上的。因为社会主义不属于经济的领域而属于"意志"的领域或"伦理"的领域。他们称"社会主义"为"批判的社会主义"以示他们的"社会主义"不是以马克思主义的历史唯物主义为理论基础，而是以康德的"批判的唯心主义"为理论基础的。他们反对

[①] 伯恩斯坦：《社会主义中的实在因素和理想因素》，俄文版，第6页。
[②] 伯恩斯坦：《社会主义问题》，转引自《反对哲学中的修正主义》，第7—8页。
[③] 伯恩斯坦：《社会主义的前提和社会民主党的任务》，生活·读书·新知三联书店1958年版，第23页。
[④] 参看伯恩斯坦《关于社会主义的历史和理论》，俄文版，第161页。

马克思主义的无产阶级革命与无产阶级专政的学说，主张向工人阶级灌输模糊不清的小资产阶级幻想——"永恒超阶级的社会主义正义"和其他小资产阶级道德原则，妄图以此把工人运动引向改良主义的道路。他们叫嚷社会主义的原则只是一种出于人们"善良意志"的信仰，它是实践所永远达不到的，从而把工人运动的最终目标——社会主义、共产主义——描绘成一种康德的彼岸世界的物自体——一种"永远无法实现"的"空想"。伯恩斯坦写道："我无论在什么时候，对于未来总不会具有一般原理以上的兴趣，无论怎样的'未来记'对我都是不堪卒读的。而现在和最近未来的任务，对于我的思索和努力却是非常要紧的事。"① 列宁批判它说："'最终目的算不了什么，运动就是一切'，伯恩施坦的这句风行一时的话，要比许多长篇大论更能表明修正主义的实质。临时应付，迁就眼前的事变，迁就微小的政治变动，忘记无产阶级的根本利益，忘记整个资本主义制度、整个资本主义演变的基本特点，为谋取实际的或可以设想的一时的利益而牺牲无产阶级的根本利益——这就是修正主义的政策。"②

列宁对伯恩斯坦等第二国际修正主义背叛马克思主义而投身新康德主义的行为还做了如下的评论："在哲学方面，修正主义跟在资产阶级教授的'科学'的屁股后面跑。教授们要'回到康德那里去'，修正主义就跟在新康德主义者后面蹒跚而行。教授们重复僧侣们已经说过一千遍的、反对哲学唯物主义的滥调，修正主义者就傲慢地微笑着，嘟哝着（按最新出版的手册逐字逐句地嘟哝着），说唯物主义早已被'驳倒'了。教授们蔑视黑格尔，把黑格尔当作一条'死狗'来对付，耸肩蔑视辩证法，而自己却又宣扬一种比黑格尔唯心主义还要浅薄和庸俗一千倍的唯心主义；修正主义者就跟着他们爬到从哲学上把科学庸俗化的泥潭里面去，用'简单的'（和平静的）'进化论'去代替'狡猾的'（和革命的）辩证法。"③ 列宁的这段话对吹捧新康德主义的伯恩施坦等第二国际修正主义的丑恶嘴脸做了最好的揭露。

---

① 伯恩斯坦：《社会主义的前提和社会民主党的任务》，第 5 页。
② 《列宁选集》第 2 卷，第 7 页。
③ 《列宁选集》第 2 卷，第 3 页。

第四章　马赫主义

马赫主义被称为实证主义的第二代。它产生于 19 世纪 70 年代，流行于 19 世纪最后三十年及 20 世纪初，因而与尼采哲学和新康德主义大体同时。这是资本主义走向垄断阶段的年代，也是自然科学发生深刻变革的年代。当时在自然科学中居于带头地位的物理学，正处于从古典物理学向现代物理学过渡的时期。许多物理学新实验表明了牛顿力学真理的相对性。它不能解释许多有关光、电、磁等新发现的物理现象。但是，受形而上学世界观严重束缚的许多自然科学家把牛顿力学看成是不可怀疑的绝对真理，以致因无法解释上述新现象而陷入极度的思想混乱。绝对主义真理观严重地阻碍了科学的发展。马赫主义就是一种以孔德的实证主义观点歪曲当时自然科学现状的哲学。它把当时自然科学发展要求对形而上学观点的否定，歪曲成为对承认物质世界客观存在的唯物主义观点的否定，把要求对绝对主义真理观的否定，歪曲成为对肯定相对真理与绝对真理辩证统一（即相对真理中具有绝对真理的成分）的辩证法的否定；从而以"现代科学的哲学"为标榜，宣扬一种主观唯心主义和相对主义的哲学。列宁说："少数新物理学家，在近年来伟大发现所引起的旧理论的崩溃的影响下，在特别明显地表明我们知识的相对性的新物理学危机的影响下，由于不懂得辩证法，就经过相对主义而陷入了唯心主义。"[①] 马赫主义就是这样一种唯心主义哲学。如果说实证主义着重歪曲了生物学成果，那么它的第二代马赫主义的理论体系则是建筑在歪曲物理学的成果的基础上的。

"马赫主义"以其创始人奥地利物理学家马赫而得名。它的另一个创始人是德国哲学家阿芬那留斯。他们俩素昧平生，但是在相同的历史条件

---

① 列宁：《唯物主义和经验批判主义》，第 359 页。

下，从相同的立场出发得出了相同的结论。阿芬那留斯曾写过一本题为"纯粹经验批判"的书，自称为"批判的经验主义者"。因此，马赫主义又可称为"经验批判主义"。

马赫主义在德国、奥地利产生以后，迅速在西方流行，为不少自然科学家和哲学家所接受。如法国数学家、物理学家彭加莱不仅接受了马赫主义，而且还以"约定主义""补充"了这种学说。马赫主义不仅在学术界传播，而且还渗透到工人队伍内部。由于它具有"科学"的外衣和主观经验主义、相对主义的内容，颇适合修正主义的需要，一些修正主义者就提出用马赫主义"修正"马克思主义，从而对工人运动的发展造成了不良的影响。为此，列宁写下了著名的《唯物主义和经验批判主义》一书，批判了马赫主义。此后马赫主义本身江河日下，逐渐销声匿迹。但它的理论直接影响了实用主义、逻辑实证主义和逻辑实用主义等现代西方哲学的许多流派。

一　马赫的马赫主义

恩斯特·马赫（Ernst Mach，1838—1916）奥地利著名的物理学家、生物学家、心理学家、哲学家。他出生于切尔利斯—图尔斯（现属捷克）的一个知识分子家庭，年轻时在维也纳大学学习数学和物理学，获博士学位；后在格拉兹大学、布拉格大学任数学、物理学教授；1895年回维也纳大学任哲学教授，并主持"归纳科学哲学讲座"；1897年患病瘫痪，1901年辞去教授职务，同年被任命为奥地利议会贵族院议员；1913年迁居德国，1916年去世。

马赫是一位很有造就的自然科学家。他在声学、热力学、光学和科学史等方面都有一定的贡献，他在哲学方面的主要著作有《力学及其发展的历史批判概论》（1883）、《感觉的分析》（1886）和《认识与谬误》（1905）等。

（一）世界要素说

马赫接受了孔德的实证主义原则。他强调实验与观察，要求重视科学提供的经验材料，但是却认为人的认识不能超出经验之外，感觉经验是我们认识的界限；并从此出发，同意贝克莱关于"物是感觉的复合"的荒谬结论。在19世纪70年代以前，马赫一直是一个公开的贝克莱主义者。1883年，马赫在其《力学》一书中，开始用"要素"的概念代替"感觉"的概念；把贝克莱关于"物是感觉的复合"改为"物是要素的复合"。马赫所以做如此修改，其目的不仅是为了逃避唯物主义对其唯我论的批判；还在于以"科学"为伪装，掩盖其主观唯心主义的实质。因为把科学研究的对象——"物"归结为主观感觉，这太与科学精神相悖了。而"要素"（element）也可译为"元素"，当时自然科学家们都承认万物由元素组成，这样就比较能与科学精神相"一致"。不过马赫所说的"要素"或"元素"不是指自然科学家们的物质的"元素"或原子，而是指色香味声等主观的感觉要素。马赫长期拒绝承认原子的客观实在性，认为它仅是解释经验现象的一种假设。

但是马赫没有公然承认他的"要素"是主观的东西，而声称它既不是物理（客观）的，也不是心理（主观）的，而是"中性的"。这种"中性要素"从物理的角度去考察是"物理的"，从心理的角度去考察是"心理的"，而归根到底则是"中性的"。他解释说，例如一支粉笔，从物理的角度，即从它与其他事物的相互关系去考察，它在阳光照耀下是白的，在豆油灯光下是黄的；这些"白""黄"等都是"物理要素"，从这意义上讲，粉笔就是"物理要素"的结合；如果从心理的角度，即从它与人的感官的相互关系去考察，如它白得很刺眼，黄得很悦目等等，则这种"白""黄"等就是"心理要素"，从这个意义上讲，粉笔就是"心理要素"的结合。但是，他断言，这两种说法都是片面的，唯一正确、全面的观点应该是：它既非物理的，也非心理的，而是中性的。马赫称此为"中性一元论"，并妄言历来的唯心主义和唯物主义都是错误的"二元论"，只有他的"中性一元论"才消除了这种对立。它是超乎唯物主义与唯心主义之上的唯一科学的哲学。[①] 但是马赫的这种诡辩是徒劳的。当人们诘问他的"中性要素"是否存在于主观感觉之外时，他明确地回答：它只局限于感觉经验范围之内。因而归根到底，它仍然是贝克莱的主观感觉。马赫直言不讳地写道："感觉不是'物的符号'。而'物'

[①] 参看马赫《感觉的分析》，商务印书馆1976年版，第96页。

倒是具有相对稳定性的感觉的复合的思想符号。世界的真正要素不是物，而是颜色、压力、空间、时间这些我们称之为感觉的东西。"① 不言而喻，这是一种地地道道的唯我论。

马赫不仅否认"物质"的客观实在性，而且还否认"运动""时间""空间"的客观实在性，并把它们归结为感觉要素的复合。在《力学》一书中，他把时间和空间分为两类：一是"感觉的、生理的时间和空间"；二是"抽象的、概念的时间和空间"。他认为感觉的空间是由主观感觉中的感觉群的相互依存和相互区别构成的。它的特点是：1. 有限的；2. 不稳定、不均匀的；3. 根据人的感觉、年龄，心理条件的差异而变化的。他认为抽象概念的空间，则不是感觉经验中的东西，而是人的智力进步，科学发展的产物。它的特点是：1. 无限的；2. 稳定均匀的；3. 人们共同的，它是人们为了解释大量的感觉经验的需要而制造出来的东西。因此没有绝对的永恒不变的"概念的空间"和"概念的时间"，它们都是随经验的变化而变化的。他以此出发批判了牛顿的绝对时空论。众所周知，牛顿的时空观是唯物主义的，因为他坚持时空的客观性，否认它们是人的主观的产物。但是他的时空观是形而上学的。因为他否认时空与物质的联系，把它们看成是一种脱离物质，不受物质影响，不随物质的变化而变化的永恒不变的均匀流逝（时间）或空无（空间）。马赫否定牛顿的时空观的形而上学性或绝对性，认为没有永恒不变的绝对的时空，这是正确的。因而有人认为他是相对论的先驱。因为相对论证明了没有与物质无关的绝对的时空，时空是随物质的运动速度和质量大小的变化而变化的。但是他否认时空的客观性，把时空归结为主观的产物则是错误的。因为相对论证明了时空是客观物质存在的形式这个唯物主义观点的完全正确。正是由于马赫站在主观唯心主义和相对主义立场上，否认时空的客观性及其相对中的绝对性，因而他非但不能得出爱因斯坦相对论的结论，反而走向了科学的反面。

（二）函数关系论

马赫认为，世界是感觉经验构成的，在经验的世界中只有或然性、相

---

① 马赫：《力学》，1897年德文版，第473页。

对性而没有必然性。经验只能告诉我们过去，并不能告诉我们未来；只能告诉我们可能性，不能告诉我们必然性。经验是变化的，欧氏几何认为两点间直线最短，在非欧氏几何中却变成两点间曲线最短了。所以自然界没有必然性，必然性只是人们在科学实验中、生活中一种有用的假设。因此马赫说："我们必须从逻辑的必然性出发，期待每个行将发生的具体事实都会和这概念相符合。但是这里面并不包含有自然的必然性。"①

马赫否认因果律的客观存在，认为"在自然界中，既没有原因也没有结果"。②

首先，他接受了休谟对因果联系的批判，认为事物的因果联系是人们的心理作用产生的。人们的感觉复合成世界，而感觉之间只有先后关系而无因果联系。所谓摩擦生热，是由于摩擦的感觉和热的感觉总是一个跟着另一个，先后依次出现，于是人们产生一种心理联想，把摩擦和热说成有一种因果联系。所以因果联系是人们将自己的心理联想加之于经验世界的。它实际上是"万物有神论"的一种残余，因而是完全多余的，不必要的。

其次，他认为承认因果联系就会导致承认"物自体"这个"怪物"，人们所以会产生"物自体"的观念，就是因果联想而引起的。譬如我们看到一个尖端 S 并不会产生痛感。当尖端 S 触到我们的身体（KLM）时就产生了痛的感觉（αβγ），于是人们就想象了 S→KLM→αβγ 的因果联系，认为 αβγ 的结果是由 S 这个客观物体的原因造成的，于是就产生了"物自体"的迷信。实际上 S 并非客观存在，而只是我们感觉的复合。

再次，马赫认为，因果联系不仅是多余的，而且也是思想片面性和简单化的产物。他举例如下：

太阳 S 照射到物体 K 上，于是 K 发热。因果律者就认为太阳 S 是物体 K 的温度上升的原因，这把感觉群的复杂关系简单化了。马赫说：在 S 和 K 中间还存在许多中间环节：介质 A、B 等。譬如阳光要经过宇宙空间，宇宙空间有场；还要经过电离层，大气层等才能照射到物体 K 上。并且太阳、物体和各种介质本身也处于复杂的关系中，因果联系不能反映这种复

---

① 马赫：《感觉的分析》，第 73 页。
② 马赫：《力学》，第 474 页。

杂性。马赫的这种看法是对因果关系的歪曲。辩证唯物主义的因果律实际上是建立在普遍联系的客观规律性之上的。恩格斯说:"只有从这个普遍的相互作用出发,我们才能了解现实的因果关系。为了了解单个的现象,我们就必须把它们从普遍的联系中抽出来,孤立地考察它们,而且在这里不断更替的运动就显现出来,一个为原因;另一个为结果。"① 马赫把客观世界的普遍联系归结为感觉的联系是主观唯心主义的;而他把普遍联系与因果联系绝对对立起来,因肯定普遍联系而否定因果联系则是一种形而上学的观点。

马赫认为科学是描写经验事实之间的依存关系的,客观的因果关系是不存在的,因此他提出用数学上的函数关系代替因果关系。因为,他认为:"函数概念能按照研究事实的需要而任意加以伸缩。这样,过去对原因概念提出的怀疑就完全可以消除了。"② 马赫提出用函数关系代替因果联系的思想,对西方许多哲学流派有很大影响,新康德主义者那托普也宣扬这种思想。但是这种理论是错误的。

所谓函数关系是描述现象间的依存关系。它的基本关系式为:$y = f(x)$。自变量 x 的变化,引起变量 y 相应的变化。有些因果关系可以用函数关系表示,譬如:作用力(f)引起物体加速度(a)的变化可以用函数关系式 $f = ma$ 表示。但是并不是所有的函数关系都表示因果关系,如 $C = 2\pi R$。圆的周长(C)与半径(R)只有函数关系即依存关系,而没有因果关系。而且,函数关系只能描述现象的关系,而不能解释它。马赫所以用函数关系代替因果关系,其根本目的就在于打着科学的旗号否定事物的相互关系的客观性。列宁深刻地指出:"划分哲学派别的真正重要的认识论问题,并不是关于我们对因果联系的记述精确到什么程度,这些记述是否能用精确的数学公式来表达的问题,而是这样一个问题:我们对这些联系的认识的泉源是自然界的客观规律性,还是我们心的特性即心所固有的认识某些先天真理等等的能力。"③ 马赫的函数关系论就是一种否定因果关系客观性的主观唯心主义的理论。

---

① 《马克思恩格斯选集》第3卷,第552页。
② 马赫:《感觉的分析》,第74页。
③ 列宁:《唯物主义和经验批判主义》,第152页。

（三）思维经济原则

马赫认为，科学不是对客观世界及其规律的正确反映，而是对感觉要素的函数关系的模写。物理学是对 A、B、C（一般物理要素）及其函数关系的模写；感官生理学是对 A、B、C 和 K、L、M（构成感官的物理要素）关系的模写；而"真正的心理科学"是对 α、β、γ（心理要素）函数关系的模写。

马赫十分"崇拜"达尔文的进化论，并把进化论引进他的关于科学认识的思想。他在《感觉的分析》一书中，专立一节，大篇幅地讨论了达尔文的进化论学说，认为进化论"不仅给予生物学，而且给予一切科学研究以强大的推动力"。[①] 那么进化论对于作为描写感觉要素的函数关系的科学的强大推动力何在呢？马赫说这就在于进化论表明人的思维和知识为了实际生活的需要，必须遵循经济的原则。他写道："在人的短暂的生命和有限的记忆的条件下，凡是有价值的知识只能通过最高的思维经济才能得到。对于科学本身只可将最少量劳动的追求作为它的任务；所谓对最少量劳动的追求，就是说对于事实用最少量的思维上的消费，做出尽可能完善的陈述。"[②] 这就是他的著名的"思维经济原则"。

马赫的思维经济原则实质上是他的世界要素说在认识论上的贯彻。既然，世界只是具有某种函数关系的感觉要素构成的。那么科学知识就绝不是客观实在及其规律的反映，而只是对感觉要素的一种"方便的描述"，也就是一种"经济思维"了。

首先，他断言：科学理论和科学知识是由语词、概念构成的。语词、概念只是经济简便的符号。如"苹果"，这个概念就是各种不同形状、色泽、滋味的苹果的经济思维的符号；"电"这个概念就是启动开关电灯就会发光，机器就能转动等一系列感觉现象的经济思维的符号。

其次，马赫断言，科学理论也是经济思维的产物。如数学并不是研究客观世界的数与形的关系的科学，而是经济思维的工具；力学也是描述感性经验的经济的工具，牛顿的万有引力定律就是描述各种天上运动和地下

[①] 马赫：《感觉的分析》，第 67 页。
[②] 马赫：《力学》，第 461 页。

运动的经验现象的经济思维的产物。

马赫从思维经济原则出发,得出了一切科学理论都只是"作业假设"的错误结论。他认为,对于"作业假设"来说是没有绝对的正确与错误之别,而只有方便与不方便之分的,他声称地心说与日心说都是正确的。早期天文学上采用地心说,后来改用日心说,是先前采用地心说方便、经济,后来改用日心说方便、经济的缘故。"进化论"和"目的论"、"氧化说"和"燃素说"、"原子说"和"唯能说"等都是这样,它们之间并没有正确与错误之分,而只有方便与不方便之别。这样,马赫在科学观和真理观方面都深深地陷入了相对主义的泥潭。

马赫的思维经济原则是错误的,其错误的根源在于"宣布只有感觉才是存在"的主观唯心主义的错误。[①] 应该指出,要求"经济的"科学思维并不错,科学本身要求高效率。但是只有最正确、最深刻地反映客观世界的思维才是最"经济的"思维。因为科学是客观世界的本质及其规律的反映,而不是感觉材料的单纯的描述。列宁说得好:"人的思维在正确地反映客观真理的时候才是'经济的',而实践、实验、工业是衡量这个正确性的准绳。"[②]

二 阿芬那留斯的经验批判主义

理查德·阿芬那留斯(Richard Avenarius, 1843—1896)德国哲学家,1843年11月19日生于巴黎,后在德国苏黎世大学读书,毕业后留校任教;1877年任苏黎世大学哲学教授,讲授归纳哲学,直到1896年8月18日去世。他的主要著作有《纯粹经验批判》(1888—1890)和作为该书绪论于1876年出版的《哲学——按费力最小原则对世界的思维》。马赫1883年出版的《力学》曾引证该书,并对那些和他的哲学"非常接近的"思想表示欢迎。另外还有《人的世界概念》(1890—1891)、《对心理学对象的概念的考察》(1894—1895)等。阿芬那留斯的哲学著作行文晦涩,生造术语,颇难理解。马赫曾说,为了便于理解这些术语需要编制一部"阿芬那留斯术语词典"。

[①] 列宁:《唯物主义和经验批判主义》,第163页。
[②] 列宁:《唯物主义和经验批判主义》,第163页。

(一) 原则同格论

阿芬那留斯和马赫一样，自诩超然于唯物主义与唯心主义的对立之上。他认为唯物主义与唯心主义各执一端，把"主体"与"客体"、"自我"与"非我"、"意识"与"环境"置于彼此对立、相互从属的关系中，因此"形而上学"地割裂了统一的自然的世界。阿芬那留斯说，他的哲学与这种"形而上学"反道而行，致力于恢复"真实的统一"世界的面貌。

阿芬那留斯认为，"真实的统一"世界是由"纯粹经验"构成的。他的"纯粹经验"与传统理解的"经验"不同。传统的唯物主义经验主义认为"经验"是物的反映，传统的唯心主义经验主义则认为，"经验"是主观的东西。他的"纯粹经验"既不是物理的，也不是心理的，而是超出两者之上的"第三种东西"，是"一种没有掺入任何经验的东西的经验"[1]。他断言：在这种纯粹经验构成的统一的世界中，"主体"与"客体""自我"与"环境"、"物理"和"心理"的对立消失了，二者相互依存，不可分割，处于"原则同格"中。他说："我把自我称之为原则同格的中心项；把周围的环境（无论是人还是树木）称为对立项。"[2] 中心项和对立项并不是对立的，它们同属纯粹经验。中心项离不开对立项，没有环境就没有自我；对立项也离不开中心项，没有自我也就没有环境。"两者是不可分割地同格的。"[3] 阿芬那留斯自称这是"反形而上学""反主观主义"的"素朴实在论"。但是正如列宁所指出：凡是没有进过疯人院或受唯心主义影响的正常的"素朴实在论"者，都承认环境，世界是不依赖自我、意识而客观存在的。[4] 阿芬那留斯的"原则同格"论与马赫的"中性要素"说一样，不过是贝克莱和费希特的主观唯心主义的老调重弹而已。

(二) 费力最小原则

在《哲学——按费力最小原则对世界的思维》一书中，阿芬那留斯提出了与马赫"思维经济原则"相近似的见解。他认为，正如人们在活动中为了

---

[1] 引自列宁《唯物主义和经验批判主义》，第141页。
[2] 阿芬那留斯：《人的世界概念》，俄文版，第74—75页。
[3] 阿芬那留斯：《人的世界概念》，俄文版，第146页。
[4] 参看列宁《唯物主义和经验批判主义》，第57页。

实现一定目的，总要采取费力最小的手段一样，人们在认识中也理应如此。既然认识的对象不是客观世界而是纯粹经验，那么，所谓认识就是记述（而不是解释）经验之间的关系，这种记述要遵循费力最小原则。所以哲学思维就是按费力最小原则对纯粹经验的记述。阿芬那留斯认为，概念的形成，科学理论的提出，知识的系统化等都不是对客观世界及其规律的深刻和精确的反映，而只是以最小的气力记述最复杂的经验材料。

那么，费力最小的标准是什么呢？阿芬那留斯认为那是"心理物理反应的合理性"，或"满意感"。譬如，人们把太阳描述为"恒星"，而不是称之为"一个炽热的火球"，并不是因为"恒星"更精确地反映了太阳的本质，而是"恒星"的记述使人们从心理上感到更满意。这种满意感就来自于费力最小原则。这样，哲学思维就成了不断消除人们不满意感的手段。

按照阿芬那留斯的逻辑，哲学是按费力最小原则对世界的思维，思维是对经验关系的论述，"费力最小"是人的心理上的"满意感"，于是哲学就成了关于最满意感记述纯粹经验之学，这无异于说人可以按照自己的主观意愿去建立世界的图景，这是彻底的主观唯心主义；说哲学、科学认识提供的只是按自身的原则构画的图像，而不是客观实在的映象，这是典型的不可知论。

（三）反"嵌入"说

阿芬那留斯认为，世界是由纯粹经验构成的，认识是"按费力最小原则记述经验的关系"，因此思维、意识不是大脑的机能，更不是对客观世界的反映，甚至经验之外的大脑也是根本不存在的。他说："大脑不是思维的住所、座位或创造者，也不是思维的工具或器官，承担者或基础等等。思维不是脑的居住者或主人，不是脑的另一半或另一方面等，但思维也不是脑的产物，甚至也不是脑的生理机能或一般状态。"[①] 列宁称他为"无头脑的哲学家"。

阿芬那留斯说他的观点是针对流行的心理学提出来的。流行的心理学把世界二重化为主观和客观，思维与头脑，把二者对立起来后，再把前者嵌入后者。他举例说：譬如我看到一棵树，这是中心项（自我）和对立项

---

① 阿芬那留斯：《人的世界概念》，第69页。

（树）发生了关系，实际上它们是同一个东西，即都是纯粹经验，而"流行的心理学则把这棵树当作'被看到的东西'置入人体即大脑之中，我把这种将'被看到的东西'置入人体内部的现象称为嵌入"①。阿芬那留斯宣称他不能容忍这种"嵌入"论，他要予以彻底批判。

阿芬那留斯断言唯心主义和唯物主义都是"嵌入"论，而且导致了"万物有灵论"。唯心主义主张嵌入，如客观唯心主义者柏拉图、黑格尔认为，在人的观念之外还有理念世界或绝对精神，他们把这理念和绝对精神嵌入到人脑之中，这样就把人分为灵魂和肉体，导致灵魂观念的产生。唯物主义则认为物质在观念之外独立存在，然后把客观物质嵌入人脑，而且又认为头脑也是独立于经验的客观物质，是思维的器官，这是一种"自然科学的拜物教"。阿芬那留斯表面上既反对唯物主义，又反对唯心主义，宣称两者都是"嵌入"说，都是万物有灵论的"文明形式"，其实，他是在暗中贩运主观唯心主义，反对唯物主义。

三 彭加莱的约定主义

亨利·彭加莱（Jules Henri Poincare, 1854—1912）是法国著名的数学家、物理学家、天文学家。他出生在法国南希一个中产阶级家庭，父亲是一位医生并任南希大学医学教授。1873年他以全班第一名考入巴黎高等工业学校，后转入矿业学校，1876年获博士学位，毕业后被聘到里昂大学任教；1881年赴巴黎大学任力学、天文学教授；1887年被选进科学院；1908年当选为法兰西学院院士；1912年在巴黎去世。他的主要哲学著作有《科学与假设》（1902）、《科学的价值》（1905）、《科学与方法》（1909）、《最近的一些想法》（1912）等。

列宁说彭加莱是"卓越的物理学家，渺小的哲学家"②。彭加莱在自然科学上有重大贡献：数学上，他是自守函数的创始人之一，并最早提出组合拓扑学；天文学上，他研究三体问题，曾获奥斯卡二世奖，并对土星环的结构提出科学解释；物理学上，他对光学、电磁学、热学、流体力学的

---

① 阿芬那留斯：《人的世界概念》，第124页。
② 列宁：《唯物主义和经验批判主义》，第158页。

研究都有成就。而且他在1905年出版的《论电动力学》中，差不多与爱因斯坦同时提出有关狭义相对论的一些问题。但是在哲学上，他是马赫的追随者，并以"约定主义"阐发了马赫主义。

（一）论"物理学的危机"

如果说马赫的思想产生于19世纪下半期自然科学革命的准备时期，其哲学著作大多发表在狭义相对论提出之前；那么彭加莱思想则产生在自然科学革命的高潮之中，他的著作大体发表在狭义相对论提出的同时。作为物理学家，彭加莱很早就认识到古典物理学的不足。他否定绝对空间和绝对时间的观念，这对相对论的提出和对自然科学的进展都起了一定的推动作用。但是他对这场革命的认识却是不正确的，他得出的哲学结论也是错误的。他把这场革命看作以物理学为代表的"自然科学的危机"。他在《科学的价值》一书的第八章中专门论述了这个"危机"。他说这场"危机"首先是镭的发现导致能量守恒定律的被推翻，继而其他原理也招致危险。电子的发现导致"质量守恒"的推翻。当电子高速运动时，它的"质量消失了"；同时电子、镭射线等的发现也破坏了原子论，曾被认为绝对不变的原子分裂了，"物质消失了"；因此力学的基础被破坏，原来被说成绝对真理的牛顿力学被推翻了。

彭加莱不仅把这场自然科学的革命看成是自然科学的"危机"，而且把它看成是一场唯物主义哲学的"危机"。他断言，唯物主义哲学的基础崩溃了，随之而来的是哲学上和认识论上的怀疑时期。建立在这种新的认识基础上的新哲学应该是马赫主义。

彭加莱的这种"危机"论是错误的。正如列宁在《唯物主义和经验批判主义》一书中所指出：这不是自然科学的危机，更不是唯物主义的危机，而是人类认识的深化，是一场伟大、深刻的革命。它推翻了唯心主义、形而上学的世界观，推翻了那种认为物质永恒不变的机械论的物质观，证实的恰恰是辩证唯物主义的颠扑不破的真理。

彭加莱（马赫也是这样）作为一个有贡献的自然科学家所以会在哲学领域中得出这种错误的结论，从认识论根源看，是由于缺乏辩证法思想。他不能理解真理的相对性与绝对性的辩证统一，不懂得新理论对牛顿力学的否定或现代物理学对古典物理学的否定是包含肯定的辩证的否定，是从相对真理走向绝对真理的无限道路上向前迈进的否定；而错误地、形而上学地把它看成是对整个以往人类科学成果的否定，以至客观物质世界的否定，从而走到了科学的反面。这表明了辩证唯物主义对科学研究的重要的指导意义。

（二）"约定主义"理论

在彭加莱看来，自然科学"危机"把一些过去被当作万古不变的基本原理都推翻了，这说明科学理论并不是什么"客观真理"，而是"人造"的。他认为："理论自然科学的许多最一般的原理（惯性定律、能量守恒定律等），往往很难说它们的起源是经验的还是先天的。实际上，它们既不属于前者，也不属于后者，纯粹是一些假定的前提，完全以人的意愿为转移。"[①] 他并说，这些原理是人们任意"约定"的（Convention），"是我们精神上的一种自由活动的产品"[②]。彭加莱表面上似乎否定经验主义，实际上他是以约定主义为马赫主义的主观经验主义作补充。他说："在一切可能的约定中，我们的选择是受了经验事实的引导。"[③] 科学首先只局限于经验材料的范围之内。超出经验去讨论物质的问题，正像设计制造永动机，或用根式解五次方程等一样毫无意义。世界只能是经验要素构成的，归根结底是感觉构成的。

然而彭加莱断言："感觉是不能传达的，只有感觉的关系才有现实的价值。"[④] 因为感觉总是私人的，它的内容不能互相传达，互相比较。例如人们无法知道，你的感觉中的"红"与我的感觉中的"红"是否是同一种"红"只有感觉之间的关系，才能互相传达、才有"现实价值"。但是感觉的关系是靠语言传达的，而语言只是一种约定的符号。

在彭加莱看来，物质也是约定的符号，因为"物质是恒定联系的感觉群"。如上所述，由于感觉是约定的，因而作为"恒定联系的感觉群"的"物质"自然也只是约定的。

彭加莱断言：时间和空间也是约定的。跟马赫一样，彭加莱认为有两

---

① 引自列宁《唯物主义和经验批判主义》，第559页。
② 彭加莱：《科学与假设》，商务印书馆1962年版，第2页。
③ 彭加莱：《科学与假设》，第40页。
④ 彭加莱：《科学与假设》，"前言"。

种时间和空间：一种是"表象的、感觉的"时间和空间，它们是个人的一种感觉状态，是不稳定、不均匀，因人而异，不可传达的；另一种是概念的时间和空间：它们是稳定、均匀的，是在人类智力发展的一定阶段上，因生活的需要由人类共同约定而产生的。

彭加莱有时也谈论物质、时间和空间等的客观性。但是他所说的客观性，不是感觉之外的客观实在性，而只是"约定性"。因为他认为，感觉关系一经人们以语言为符号共同约定后，它们就不再是私人的，而是共同或普遍的，因而也就是客观的了。他写道："唯一客观的现实是物与物的关系，由此产生宇宙的和谐。当然不能认为这些关系，这种和谐是在思维着和感觉着它们的人之外。但是它们仍然是客观的，因为它们是或者永远是一切会思想的人所共同的。"[①] 把客观性等同于普遍性或共同性，这显然是荒谬的。人们可以由此推论出上帝的客观性，因为上帝是人们普遍信仰的，彭加莱的信徒勒卢阿，就是这样论证上帝的。

彭加莱的约定主义是建立在语言的符号性基础之上。诚然，语言是一种符号，它具有一定的约定性，但是不能因而就可同意彭加莱的约定主义。因为语言并非人们任意约定的纯粹符号，它是人们交流思想的工具，即它是思想的符号，而思想的内容是客观的，它是客观实在及其规律的反映。

（三）科学是假设

彭加莱断言：科学研究必须运用假设，事实或实验材料可以容许不同的假设予以解释或阐明，这些假设都是心灵的自由创造。他又认为科学虽然是约定，但不是任意的。那么科学的客观性的根据何在呢？彭加莱对此的看法前后有所不同。在早先，他认为科学的客观性标准与我们对外界对象的信仰的标准是一致的。科学所以是客观的，是因为我们信仰它的对象是实在的。显然这种对科学"客观性"的看法与信仰主义对上帝客观存在的看法没有本质的区别。宗教哲学家勒卢阿就表示能接受这种看法。因此彭加莱后来放弃了这种观点，他在1902年的《科学与假设》中认为科学的约定之所以不是主观任意的，而是客观的，就在于科学家们必须把这些

[①] 彭加莱：《科学与假设》，"前言"。

公约用之以实验,而实验并不告诉我们这些公约是否是真理,只告诉我们这些公约是否有用以及用起来是否方便,我们所采用的约定总是那些实验证明是方便的约定。他说:科学的"公约并非绝对任意的,它不是由我们的私意而生;我们采用它,因为有些实验向我们指出它是便利的"。① 这种科学"客观性"的标准明显具有实用主义的性质。

彭加莱以上述观点去规定各门具体科学,一切科学都成了方便有用的约定的假说。

彭加莱断定数学是约定的假设。从数学符号到数学定理都是约定的。数学假说是一种"伪装的约定"②。它们都是人们精神力量的伟大创造,而自然界服从这种创造。几何学也是一种约定的假设,几何学从几条公理出发,推演出整个理论系统。公理本身便是约定的假设。欧氏几何公理约定两点之间以直线最短;非欧氏几何约定以曲线为最短。如若谈论二者哪一个最接近真理,哪一个更符合于客观实际,那是没有意义的,只能说哪一个方便、实用。他写道:"这并不能告诉我们某某几何最真实,而只是使我们知道某物为最方便。"③

彭加莱断言力学是约定的假设。"力学原则虽然比较直接根据于实验,但还含有几何公设的公约性。"④ 力学主要研究时间、空间与运动的关系。绝对的时空是不存在的,时空总是人们在一定时期的相对的约定。力学的一些基本定律也是约定。人们可把力学的基本定律用一种与这些约定毫不相干的语言说明,但那样就繁杂得多。正因为这些约定方便实用,人们才采用了。

物理学也是约定的假说,物理学是建立在实验基础上的,它采用的是归纳法。归纳法本身就是一种约定。它约定:某一现象出现一次则此一现象可重复出现无穷次。彭加莱在1912年的《最近的一些想法》中说:爱因斯坦的相对论和牛顿物理学都是约定的假设,之所以现在用前一种假设代替了后一种假设,是由于在解释高速运动时,前一种假设更为方便。若不嫌麻烦,你也可以用牛顿物理学解释高速运动。和一切科学一样,物理

---

① 彭加莱:《科学与假设》,第97页。
② 彭加莱:《科学与假设》,第2页。
③ 彭加莱:《科学与假设》,第1、4页。
④ 彭加莱:《科学与假设》,第1、4页。

学的假设没有真假之分，只有方便与否之别，若问物理学原理是真还是假，那就如同问米达制是真还是假一样荒唐。

四 波格丹诺夫的"经验一元论"

马赫主义出现后，不仅在科学界发生了很大的影响，而且还影响到当时的工人运动。一些修正主义者选中了马赫主义作为他们"修正"马克思主义的理论武器，这是因为马赫主义在当时有很大影响，而且它与修正主义具有相似的特点：马赫主义披着最新自然科学的外衣歪曲科学，修正主义则披着马克思主义的外衣反对马克思主义。当时提出用马赫主义"修正"马克思主义的，主要有奥地利的修正主义者和俄国的一些马赫主义者。

奥地利的修正主义的主要代表人是"奥地利马克思主义者"阿德勒（Friedrich Adler）。他当时是苏黎世大学的讲师，一再撰文号召用马赫主义"修正"马克思主义。1908 年马赫七十寿辰时，他写了《世界要素的发现——为纪念马赫七十寿辰而作》，声称马赫主义是当今自然科学所能提供的最好的世界观，它跟马克思和恩格斯的观点是一致的。他把恩格斯说成是实证主义的"先驱"，认为历史唯物主义缺乏自然科学基础，是"褊狭的专门学科"，需要用马赫主义来补充。这些观点开了西方的"实证主义的马克思主义"的先河。

在俄国，当时社会民主工党内有一批修正主义者写文章，出文集宣扬用马赫主义"修正"马克思主义，在革命队伍中造成极大的思想混乱，列宁在《唯物主义和经验批判主义》中对他们的错误观点进行了批判。俄国马赫主义在工人队伍中的主要代表是波格丹诺夫。

波格丹诺夫（Bogdanov）是亚历山大·马林诺夫斯基（Ale－xander Malinovsky, 1873—1928）的笔名。他原是职业医生，后参加俄国工人运动，1898 年加入俄国社会民主工党，一度是布尔什维克重要成员之一。1905 年革命前，他接受了马赫主义，宣扬用马赫主义修正马克思主义。革命失败后，思想进一步右转，与别人组成反布尔什维克的"召回派"，1909 年被清除出布尔什维克，1910 年组织过反党集团"前进报派"。十月革命后，在负责高等教育工作期间，他犯过发动"无产阶级文化运动"的错误。后期他创办"苏联输血研究所",由于自身输血试验失败而死。波格丹诺夫的主要著作有:《社会心理学》(1904)、《经验一元论》(1904—1906)、《生动经验的哲学》(1910)、《无产阶级文化》(1925)等。

在哲学上,波格丹诺夫在1899年前后是一个"自然科学的唯物主义者"以后,受奥斯特瓦尔德"唯能论"的影响而转向马赫哲学,1905年后便成为一个彻底的马赫主义者,建立了"经验一元论"哲学。

(一) 经验一元论

波格丹诺夫否认自己是马赫主义者。他说:"我不能承认自己在哲学上是一个马赫主义者。在总的哲学观点上,我从马赫那里采纳的只有一点,即关于经验要素对'物理的东西'和'心理的东西'的中立性的观念、关于这两种特性仅仅依赖于经验的联系的观念。"[①] 列宁说,这正像一个人否认自己是宗教徒,因为他只相信上帝一样。正是这"一点"导致波格丹诺夫哲学的错误。

波格丹诺夫接受了马赫的"世界要素说",认为世界是由中性要素构成,这就是感觉经验。经验无论对于物质还是对于精神都是中立的,所谓心理的东西和物理的东西只是经验的不同组织形式。如果经验材料依存于某个神经系统的状态,以个人的形式组织起来就表现为心理的东西;如果经验材料对所有的人都有意义,为大家所承认,亦即按社会的形式组织起来就表现为物理的东西。"物理世界是社会地一致起来的、社会地协调起来的经验,一句话,是社会地组织起来的经验。"[②] 波格丹诺夫认为,他的这种观点克服了心物二元论的对立。他声称唯物主义的物质观"已经过时",应该用"新"的物质观来代替。物质不是别的,只是"社会组织起来的经验。"这种观点的荒谬性是显而易见的。宗教的经验显然是以社会形式组织起来的,但上帝并不因此就是存在的。而且"物理世界是不依赖于人类和人类经验而存在的;在不可能有人类经验的任何'社会性'和任何'组织'的时候,物理世界就已经存在了"[③]。

---

① 引自列宁《唯物主义和经验批判主义》,第44页。
② 列宁:《唯物主义和经验批判主义》,第115页。
③ 引自列宁《唯物主义和经验批判主义》,第115页。

波格丹诺夫在这种中性经验的基础上建立起他的"经验一元论"哲学。他认为世界是经验发展的一条不断的长链。世界的基础是处于混沌状态的要素，它是中性的，分不出心理的还是物理的东西。要素的最初环节是心理经验，这是与个人联系起来的要素的表现；然后是物理经验，这是社会组织起来的要素形式；最后，从这些经验中产生出认识、精神。整个世界就是这样从感觉要素→心理经验→物理经验→认识、精神而不断发展的。波格丹诺夫说：他承认认识和精神是从物理的东西发展而来的，因此他的精神一元论和唯物主义观点并不矛盾。波格丹诺夫捂着这个链条前一部分，然后羞羞答答地声称他不是主观唯心主义者，但一旦追问物理的东西是从哪里来的，他的唯心主义尾巴便露出来了。因为他所说的"物理的东西"归根到底是主观感觉。

波格丹诺夫提出"代换说"以说明物理世界的来源，他首先举例说明人是哪里来的："'人'，首先是'直接体验'的一定的复合。然后，在经验的进一步发展中，'人'自己和别人才知道，'人'是其他许多物体中的一个物体。"① 他说人、生物以及全部物理的东西就是这样从直接经验而来，由心理的东西代换而来。首先存在的是个人的经验，或心理的东西，然后个人的经验除去个人的好恶、成见，加入社会集体经验之中就代换成物理的东西了。而心理现象却用不着任何东西代换，因为它们是"直接的结合"。列宁说这种"物理的东西是心理的东西代换"的观点，如同费希特的"世界是自我创造的非我"，黑格尔的"世界是绝对的观念"，叔本华的"世界是意志"，内在论者舒佩的"存在是意识"一样是地道的唯心主义。

波格丹诺夫对"真理"的认识也是错误的。首先，他认为真理不是主观对客观的符合，因为客观的标准是不存在的。真理只是思想形式，是社会经验的组织形式，是人所公认的东西。相对论之所以是真理，并不是因为它符合于微观世界高速运动的实际，而是因为许多物理学家都承认它。波格丹诺夫的这种观点是荒谬的，真理开始往往只被少数人所认识，"日心说"在它诞生之日只为极少数人承认，但它仍然是真理。其次，波格丹诺夫把客观真理和永恒真理混为一谈，进而否认绝对真理的存在。他认

---

① 列宁：《唯物主义和经验批判主义》，第 227 页。

为：真理只是相对的，根本没有什么绝对真理，恩格斯关于真理的相对性和绝对性统一的理论是"折中主义"。可见波格丹诺夫的世界观不仅是唯心主义的，而且是形而上学的。他不懂得绝对和相对的辩证关系。他不理解"人类思维按其本性是能够给我们提供并且正在提供由相对真理的总和所构成的绝对真理的。科学发展的每一阶段，都在给这个相对真理的总和增添新的一粟，可是每一科学原理的真理界限都是相对的，它随着知识的增加时而扩张，时而缩小"①。波格丹诺夫以相对主义作为认识论的基础就必然要陷入不可知论、怀疑主义、主观唯心主义。

（二）"社会存在与社会意识的同一"论

自然观的思想倾向必然要反映到社会历史观中。波格丹诺夫把"经验一元论"推广到历史领域，从而得出一系列历史唯心主义的结论。马克思主义的历史唯物主义的基本原理是社会存在决定社会意识，波格丹诺夫认为这个原理"已经过时"，应该用经验一元论加以补充。他认为：社会是由交往着的人组成的，而人只有依助于意识才能结合起来，开展生存斗争。所以没有意识就没有人的交往，也就没有社会存在。"因此，所有形形色色的社会生活都是意识—心理的生活……社会性和意识性是不可分离的。社会存在和社会意识，按这两个词的确切的含义来说，是等同的。"②可以看出这种"社会存在和社会意识等同论"完全是由"经验一元论"的世界发展长链中推论出来的。人的主观意识→人的行动→组织起来的生存斗争→社会生活→社会存在，这就是波格丹诺夫臆造的社会发展链。正如列宁所指出，"人们是作为有意识的生物互相交往的，但由此绝不能得出结论说，社会意识和社会存在是等同的。在一切稍微复杂的社会形态中，特别是在资本主义的社会形态中，人们在交往时并没有意识到这是在形成着什么样的社会关系"③。相反，倒是社会存在决定社会意识，社会意识反映社会存在。反映可能是对被反映者的近似正确或不正确的复写，而绝不是等同。

---

① 列宁：《唯物主义和经验批判主义》，第 126 页。
② 列宁：《唯物主义和经验批判主义》，第 323 页。
③ 引自列宁《唯物主义和经验批判主义》，第 323 页。

在波格丹诺夫看来，既然社会存在就是组织起来的人的社会意识，那么，社会发展就没有什么客观规律，因为人的意识是自由的，根本没有必然性，所以马克思主义关于社会发展规律以及阶级斗争规律等都是不存在的。他认为：因为社会意识中存在着差别和对立，所以社会关系中也存在着差别和对立。比如社会经济生活中存在着生产和消费、工业和农业的差别、对立，政治生活中存在着无产阶级和资产阶级的差别对立。这些对立和差别的解绝不是靠阶级斗争，而是靠调和或平衡，即通过有效的社会管理促使生产和消费，工业和农业构成和谐的平衡，构成社会平衡的有机体。阶级关系的对立也应该以"平衡""调和"的方式解决，这是社会发展的趋势。而阶级斗争则会破坏社会的平衡，阻碍社会的进步。不言而喻，这是一种资产阶级的"阶级调和"论。

那么，社会中为什么会存在着阶级对立和差别呢？波格丹诺夫认为这不是由于经济原因而是因为文化教育的原因造成的。资产阶级把持教育文化领域，他们接受良好的文化教育，因而能管理工矿企业，成为社会管理者；无产阶级没有机会接受文化教育，就沦为被管理者。因此要消灭阶级差别不是依靠阶级斗争、社会革命，而是依靠提高工人阶级的文化水平，一旦无产阶级的文化水平提高了，他们有能力代替资产阶级管理工厂，管理社会了，社会主义也就到来了。不言而喻这是地地道道的改良主义理论。列宁说波格丹诺夫是"资产阶级反动派的死敌"，但是他的学说却正是为这些反动派服务的。这是因为他接受了马赫主义的中心要素说，并妄图以此来"改造"马克思主义，从而否认社会存在决定社会意识，否认社会发展规律，在哲学上陷入了主观唯心主义，在政治上陷入了改良主义，在客观上为反动派效劳。这是"可悲的事实，然而的确是事实"。

第五章 生命哲学与柏格森主义

一 生命哲学

生命哲学是一种以"生命"为宇宙本原的唯心主义哲学流派。它产生于 19 世纪 70 年代，直接渊源于叔本华、哈特曼的意志主义，约与尼采哲学同时，其性质也与尼采哲学相接近。尼采强调盲目的权力意志，而它则强调盲目的生命冲动是世界的本原。生命哲学的社会根源是德国垄断资产阶级的军国主义化和世界殖民主义化的理论表现，而它的自然科学的认识论根源则是对生物学、生理学和心理学成就的歪曲。众所周知，在 19 世纪末以前，形而上学、机械论的认识论和方法论在自然科学中占统治地位。自然科学家们把物质看成是一堆僵死的、不可再分的粒子的机械集合，把运动归结为机械位移，而牛顿的机械力学则被看成是永恒不变的绝对真理。19 世纪末 20 世纪初的自然科学革命揭露了客观世界的辩证性质，粉碎了上述机械论的图景，而许多资产阶级唯心主义哲学家，则极力曲解这场伟大革命的性质。他们把机械论和形而上学的危机歪曲成为自然科学和唯物主义的"危机"，高喊"物质消灭了"等唯心主义口号，宣扬"物质转化为能"的唯能论观点，而生命哲学则把唯能论生物学化或生命化，叫嚷一切事物充满活力，生命冲动是宇宙的本原和万物的本质，妄图以反对机械论为借口，在新的自然科学成就的伪装下，恢复古代的唯心主义和神秘主义的物活论。后来的人本主义思潮的流派，如存在主义、弗洛伊德主义等都直接受它的影响。生命哲学的创始人是德国哲学家狄尔泰，其他代表人物有齐美尔和奥铿（Rudolf Eucken, 1846—1926）等。

（一）狄尔泰的生命哲学

威廉·狄尔泰（Wilhelm Dilthey, 1833—1911）德国著名的哲学家，他曾任巴塞尔大学、柏林大学、斯特拉斯堡大学哲学教授。早在 19 世纪 60 年代末，他就作为历史学家和艺术学家而开始其文学、哲学活动。后在叔本华、哈特曼的非理性主义的意志主义和新康德主义的影响下，形成了自己的世界观，创立了生命哲学。他的主要哲学著作有《精神科学引论》（1883）等。

狄尔泰认为，哲学研究的对象不应是单纯的物质，也不应是单纯的精神，而应该是把这两者联系起来的东西——生命。

狄尔泰断言，哲学的研究与精神科学（人文科学）的研究相同，而与自然科学的研究相悖。自然科学研究的对象是外在的事物。它利用理性思维的计量方式描述对象，通过假说把杂多的事物联系起来，概括出普遍规律或法则，以满足人们的功利性的需要。精神科学则不然，它的对象是历史的、社会的现实，也就是人的活动。它只具有特殊的、个别的意义。因而精神科学的任务不是描述社会的外部现象，而是探索社会现象的内在的价值。这就势必涉及人的内在的心理活动，接触到生命。他认为："人类的社会历史是人类精神的创造，因此它可以通过人的精神的自我认识而内在地被认识。人的精神的历史科学不能建立在先验的、形而上学的基础上，而必须以个体和群体的具体经验为基础。这种科学的对象不是什么'外部的客体'，而是直接以人的精神而存在的'内在'的实在。"[①] 所以他断言：生命、只有生命才是哲学的研究对象。

那么生命是什么呢？狄尔泰认为生命不是实体而是活力，是一种不可遏止的永恒的冲动，是一股转瞬即逝的流动。它既井然有序，又盲目不定；既有一定方向，但又是不能确定。因而人们无法用理性分析的方法即自然科学的方法去理解它，只能用精神科学的方法，即凭借个人内心的体验去领会、解释它。他称这种方法为"释义学"（或译为"解释学"）。因此，他断言：哲学应放弃传统的、外在观察的理性分析方法，而转向内省

[①] A. R. Caponigri, *Philosophy from the Age of Positivism to the Age of Analysis*, Indiana: University of Notre Dame Press, 1971, p. 27.

的自我体验。

狄尔泰断言:"生命"是一种能动的创造性力量,这是每一个人都能通过自我的内省而体验得到的。人们对它心领神会,而后把它表现出来,这就是知觉、思想、情感;再进而表现为语言、艺术、宗教、社会制度等等。因而他认为,社会生活现象都是"生命"的外化;同时,也都是表现"生命"这种能动力量的工具。他并以此来解释社会历史,从而把个别英雄、伟人说成不仅是精神文化的主宰,而且是整个社会历史的主宰。

不仅如此,狄尔泰还进而认为,一切自然科学的研究对象,一切外在世界的存在物:如日月星辰、山河大地等,都是"生命"冲动的外化或客观化。因而他认为,所谓自然界不是别的,无非是"生命"冲动遇到障碍所确立起来的东西,它只是"生命"体现自身的工具。

马克思主义告诉我们,"生命是蛋白体存在的形式",狄尔泰则把"生命"唯心主义化、神秘主义化了。狄尔泰的这种生命哲学后来为齐美尔所发挥。

(二) 齐美尔的生命哲学

乔治·齐美尔 (George Simmel, 1858—1910) 德国哲学家,曾长期在柏林大学任哲学讲师,后任斯特拉斯堡大学教授。早期他是一个新康德主义者,后改宗生命哲学。他的主要著作有《伦理学导论》(1892—1893)、《历史哲学问题》(1905)、《叔本华和尼采》(1907) 等。

齐美尔继承了狄尔泰的生命哲学的思想。他与狄尔泰一样,断言世界的本原是"生命",生命不是实体而是"活力",是一种不可遏止的永恒的冲动,是不断的"自我超越"。他还提出了两个新概念:"增加的生命"(Mehr Leben) 和"提高的生命"(Mehrals Leben)。前者是指"生命"在一定形成阶段的表现形式,它包括无机界与有机界、家庭、社会等;后者是指"生命"在精神阶段上所达到的"高级"实现,它包括宗教、艺术和科学等文化现象。

跟狄尔泰一样,齐美尔宣扬非理性主义认识论。他否认科学的认识论和方法论,认为研究自然现象的因果联系的自然科学不能超出现象范围之外,它们不能理解作为世界本原的整个"生命";历史科学的方法也不能解决这个任务,因为历史是个别事件的堆积,它们并没有规律性和整体性可循,只有拥有直觉和本能性预见的生命哲学家,才能把握"生命"的整体性,以领悟世界的真谛。

齐美尔的社会学理论是以他的生命哲学为基础的。他妄言"正常"社会体现了"生命的和谐",革命是对和谐的破坏。建立在个人和社会集团的生物的、心理的需要之上的各种社会不平等和剥削制度是人类的永恒不变的社会结构,任何时代只能改变其形式,而不能改变这种结构。

齐美尔从他的"生命哲学"出发宣扬社会达尔文主义和马尔萨斯主义。他妄言:生活是建立在"人对人如狼"的原则上的。支配生活的是生存竞争规律,其目的是为了生活和提高生活,为此,人们可以不择手段,凡有助于达到这个目的的行为都是道德的。不言而喻,这是为帝国主义的侵略政策效劳的。

齐美尔的生命哲学,跟尼采的权力意志论类似,它反映了德国垄断资产阶级的反动利益,受到了后来法西斯"理论家"的欢迎。

二 柏格森主义

与狄尔泰、齐美尔的生命哲学有直接的理论渊源的联系的是柏格森主义。柏格森主义因其创始人柏格森而得名。

亨利·柏格森(Henri Bergson,1859—1941)是法国20世纪上半期最著名的哲学家之一。他早年在巴黎高等师范求学,获博士学位,后来长期在巴黎高等师范的法兰西学院任教,是法国科学院院士。他的文笔优美,获1928年诺贝尔文学奖。他的主要哲学著作有《时间与自由意志》(1889)、《物质与记忆》(1896)、《笑的研究》(1900)、《形而上学导言》(1903)、《创造进化论》(1907)、《心—力》(1919)、《道德和宗教的两大根源》(1932)、《创造的精神》(1934)等。

(一) 世界的本质是生命之流

柏格森继承并发展了狄尔泰的生命哲学思想。他断言宇宙的本质不是物质,而是一种"生命之流",即一种盲目的、非理性的、永动不息而又不知疲惫的生命冲动(vital impetus)。它永不间歇地冲动变化着,故称为"绵延"(duration)。它像一条永流不息的意识长河,故又称为"意识流"。

他写道:"这是一条无底、无岸的河流,它不借可以标出的力量而流向一个不能确定的方向。即使如此,我们也只能称它为一条河流,而这条河流只是流动。"又说,"有一股连续的流,我们见到的任何流都无法与它比较,这是一种状态的连续,其中每一个状态都既预示着以后,又包含着以往","它如此生机勃勃","它就是内在的生命"。①

柏格森与叔本华、尼采一样,认为宇宙万物都是假象,它的本质是永动不息的生命之流。生命之流不断冲动、变化着;由此产生宇宙间的万物。有时柏格森直接称"生命之流"为上帝。他说:"上帝与生命是同一个东西。"上帝"就是不断的生命、活动、自由","当我们自由地活动时,我们就能亲身体验到这种创造"。

柏格森把达尔文的进化论唯心主义化,从而提出了一种唯心主义的"创造进化论",并以此来论证他的生命之流的学说。他说,达尔文认为生命在生存竞争中发展着,由于环境的不同造成生物的各种物种不同,这种观点是肤浅的。其实,生物在生存竞争中变化,正好说明是内在的生命冲动造成各种生物物种变化。

柏格森认为生命之流在永恒的运动或冲动中。它的冲动,形象地说,犹如一个同一方向(顺时针方向)旋转的永远不息的旋涡之流,它向上流卷或冲动着,而物质则是失去了生命冲动的堕落。所以生命向上冲,物质向下堕,而生物则是两者的结合。它们因生命冲动的强弱不同而表现为不同的物种。处于生命之流的旋涡中心而最有活力,冲得最高的是人的生命和意识,其外缘是各种高等动物的生命和意识,再外缘是低级动物的生命,再外缘是植物的生命,而最外边,脱离生命冲动旋涡而失去生命力,从而堕落的是物质。故物质是"生命冲动的堕落"。他有时把生命冲动比喻为冲天爆(火箭),把物质比喻为爆竹的残渣;把生命之流比喻为上升的火焰,把物质比喻为生命火焰的余烬。他写道:"如果我们的分析是正确的,那么意识,或者更正确一些说,超意识便是生命的本原。意识或超意识像火箭一样,它的熄灭了的碎片退化为物质;此外,意识是那样一种东西,它存在于火箭本身之中,渗透到碎片里面,如果把碎片点燃起来,它就能创造出机体。这种意识就是创造的需要;可是,只有在可能进行创

---

① 柏格森:《形而上学导言》,商务印书馆 1963 年版,第 68 页。

造的场合下，它才表现出来。当生命注定达到无意识状态时，它便静息下来……"有时，他又把生命比喻为喷汽。他说："我们可以设想有一个装满蒸汽而处于高压下的汽缸。汽缸某处有一个小孔，蒸汽由此喷出，喷汽在空气中几乎全部凝结为水珠下落。这种凝结和下落明显地表示出丧失了某种东西，表示一种停顿或亏空，这就是物质。"总之，他认为"生命是运动"，而"物质是运动的逆转"，"是生命冲动之堕落"，"是生命之火的余烬"，"是被纯粹生命投入空间之中的无声无息的阴影"。① 柏格森还认为，物质不过是凝固（堕落）于记忆中的一种"印象（images）"。他把物质解释为自我的诸印象的集合。他写道："在我们看来，物质是许多'印象'的总和。"② 他又说："任何实在都与意识有着相似性或联系性——在这点上我们是同意于唯心主义的；单是我们把物体称为'印象'这一点，就已经同意于唯心主义了。"柏格森所说的生命之流，既是宇宙的生命之流，也是自我的生命之流。他说："如果我把自己由边缘拉向中心，我就在存在的深处发现最一般，最长久，最绵延的东西——自我。"③ 因此，"唯一实在的东西就是那活生生的，在发展中的自我"。④ 正因为如此，他的生命哲学不仅是客观唯心主义的，而且也是主观唯心主义的。一般说来，他在较早的著作中表现出明显的主观唯心主义思想，而在后期著作中显露出浓厚的客观唯心主义思想。但是从他的整个哲学思想看来，这种主观唯心主义与客观唯心主义是不能截然分开的。

柏格森宣称精神（生命）与物质是绝对对立的。这种对立表现在以下几个方面：（1）精神或生命是永动不息的；物质是惰性的，静止不变的。（2）生命是处于时间（真时）之中，空间之外的；物质是静止于空间之中、时间之外的。（3）生命是只有质的变化（"不能在两个连续的瞬间保持自身的同一"）而没有量的位移或增减的；物质是没有质变而只有量的位移或增减的。（4）生命是连续不可分的；物质是间断可分的。（5）生命是内容丰富的统一；物质是不能统一的杂多。（6）生命于必然性之外，是绝对自由的；物质在因果性之中，是必然的。（7）生命是内在的；物质

---

① 柏格森：《时间与意志自由》，商务印书馆1958年版，第159页。
② 柏格森：《物质与记忆》，1914年法文版，第1页。
③ 柏格森：《形而上学导言》，第68页。
④ 柏格森：《时间与意志自由》，第120页。

外在的。（8）生命只能直觉，不可感知；物质可以感知，不能直觉。（9）生命是永恒的、绝对的；物质是无常的、相对的。（10）生命是本质，即"真"；物质是假象，即"假"。

这样，柏格森不仅把精神与物质绝对地对立起来，并且把时间与空间、质与量、可分与不可分、一与多、自由与必然、感性与理性、内与外、真与假、相对与绝对等也都绝对地对立起来，从而把这些辩证统一的范畴割裂成为绝对的对立，陷入了唯心主义与绝对主义。

（二）直觉高于理性

柏格森以上述唯心主义的本体论为基础，建立了他的直觉主义的认识论。

柏格森认为，既然生命是"真"，物质是"假"，那么认识的对象绝不是物质世界，而应是作为物质世界的本质的生命之流：意识和精神。

柏格森认为，理性、科学的理智的认识不能认识生命之流，只能获得作为假象的自然知识。这是因为，自然科学的基础是观察（实验）的，它只能适用于认识物质的自然界。因为作为假象的物质的自然界在空间的因果关系中是可观察（实验）的，而精神或生命之流它只在时间（真时）中而不在空间中，即处于内而不处于外，因而是不能感受或观察（实验）的。他写道："观察，只能从各个不同的观察点对事物作外在的观察"，"它永远不可能进入内部把握事物的本质"，这犹如人们"从一切可能的观察点给一座城市拍下不同的照片，尽管这些照片可以无限制地互相补充，却永远不会与我们散步于其中的那个现实的城市相同"。[1] 柏格森认为，科学认识所以不能把握真理，还在于科学认识是理性思维，而理性思维是分析的。所谓分析，就是把整体分解为各个部分，这对于处于空间中的、外在的、可分的、物质的自然界说来是可以做到的，而对于空间之外的，不可分的，内在的生命是不能做到的。他举例说："当你举起你的右臂时，你从你的内部获得关于这个运动的单纯知识，但是如果从外部来观察你的手臂运动，你的手臂是先经过一点，然后经过另一点，而且这两点之间还有其他的点，如果计算，可以永远地数下去。所以从内部着眼，'绝对'就是一个单纯的东西；但从外部分

---

[1] 柏格森：《形而上学导言》，第66页。

析……'绝对'就成了一枚永远不能用零钱算清的金币。""因此所谓分析就是把对象归结为已知要素,归结为与其自身不同的函数,它只是一种转述,一种从连续的观察所摄取的影像。……分析不得不围绕对象转,永远无法把握对象。"①

再则,柏格森认为,科学的认识在于认识因果性,必然性。这对于物质的自然界是适用的,因为物质的自然界是杂多,是处于因果性、必然性和规律性之中的。它对于生命是不适用的,因为生命是丰富而不可分的统一,它不在因果性、必然性和规律性之中,它是绝对自由的。他写道:"物理世界的规律恰恰表现出这种纯粹否定的趋向。这些规律中的任何一种规律,单独说来都不具有客观实在性,每条规律都是科学家从一定角度观察事物,利用某些假设的计量单位,把某些变化的数值加以分离而创造出来的。"②

柏格森还认为,科学认识的结果只能用文字或概念来表达,而文字、概念是僵死的符号,它永远不能表达活生生的精神或生命。他写道,"概念的缺点在于它们是以符号代替符号所表示的对象","以一定的符号所构成的译文,与符号所要表达的对象相比,永远是不完满的"。③ 因此他比喻说,用概念去把握纯粹运动性的实在,就如用一个空网去打捞一条川流不息的河流一样,其结果只能是把实在的真正本质——绵延放过去了。

最后,柏格森认为,科学或理智的认识受功利的支配,它只能有选择地获得一些零星的外在知识,而不能把握生命的整体。他写道,"理智的正常活动总是与利益攸关,不是为知识而知识,而是满足某一方面的利益","我们的感受和意识显示给我们的只不过是实用的简化了的事实","它们仅能接受……对人有用的印象"。④

因此,柏格森得出结论说,理智或科学只能认识物质世界,认识假象,获得暂时的相对真理,而不能得到生命(精神)的、永恒的、绝对真理或世界的本质。他写道,"实证科学的职能就是分析,就是运用符号进行研究。因此,即使自然科学中最具体的科学,即关于生命的科学,也只能限于研究

---

① 柏格森:《形而上学导言》,第67页。
② 《柏格森全集》第3卷,俄文版,第205页。
③ 柏格森:《形而上学导言》,第69、66页。
④ 柏格森:《笑》,商务印书馆1980年版,第42页。

生物的可见的形式，即他们的器官和解剖学上的要素，在这些形式之间进行比较，把复杂的形式归结为简单的形式……"，"它们永远无法把握生命的本质"。① 又说："理智的特征在于它天生地不能理解生命。"②

那么，如何才能认识宇宙的本质即生命或绝对真理呢？他认为，只能依赖于自我的内省，即用自我的生命深入对象的内在生命之中，以达到生命之流的交融。但是，这是一种神秘的、非理性的活动。它不是一个思维过程和逻辑过程，而是一种突然实现的神秘过程。他称此为"直觉"。他说，"所谓直觉就是把自己置身于对象之内，是意志生命的交融"，"我们只能在直觉中，直接地把握绵延"③，因而"直觉……在一定意义上就是生命本身"。因此他认为，"有两种认识的方法：第一种认识方法意味着我们围绕着对象；第二种认识方法则意味着我们进入对象里面去。前者依赖于我们的观察点和我们表达的符号；后者既不依赖观察点也不依靠任何符号"。前者就是理性的科学认识；后者则是形而上学的直觉的认识。④

柏格森经常宣扬直觉主义的美学理论以论证他的直觉主义的认识论。他认为，艺术的任务不是反映现实生活的真相，而在于揭开"生命冲动"的帷幕。他断言：人与自然之间存在着一种"障碍"，艺术的使命就是要排除那些掩盖"生命冲动"的理智的符号，他要艺术家通过审美的直觉去洞察自然现象和意识的那种隐秘的，理智所达不到的个性（生命冲动）。他认为，在文艺创作与欣赏中常常出现灵感和直觉。如一个作家常被大自然的内在精神所感染而做出天才作品，它的"美"就是大自然的内在精神的体现，就是作者与对象的生命之流交融的产品，它体现了宇宙的精神，故它能感染人。它的创作是非逻辑的，它的感染力也是非逻辑的。它感染了欣赏者的内在生命，从而欣赏者得到永恒的绝对的"美"——"绝对真理。"⑤ 他断言：艺术家创作完全是为了纯美学的享受，从而宣扬"为创作而创作"，"为艺术而艺术"的"纯艺术"论。

总之，柏格森否认自然科学知识的真理性意义，认为它只有实用性价

---

① 伯格森：《笑》，第67页。
② 柏格森：《物质与记忆》，第1页。
③ 柏格森：《形而上学导言》，第67、71页。
④ 伯格森：《形而上学导言》，第65页。
⑤ 伯格森：《形而上学导言》，第66页。

值。他说:"一切关于事物的知识,都只是为了从中获得利益。"① 因而他认为,它们是低级的知识,只有对人类的物质生活才有意义,而对于"高尚"的精神生活并无意义。他反复强调,人要把握宇宙的真谛——生命之流,那只有依靠神秘的直觉。在文艺中如此,在哲学(形而上学)中尤其是如此。因此他写道,"只有哲学凭借直觉的努力才能把自己置于对象之中",从而获得"绝对真理"。②

柏格森的神秘主义的直觉主义是反理性、反科学的。然而,它的产生或提出是有其社会根源和认识论根源的。它的社会根源,如前所述,是出于反动资产阶级的政治需要,而认识论根源则是对直觉这个认识过程中的重要环节的无限夸大和唯心主义歪曲。众所周知,科学认识是一个十分复杂的创造性辩证过程。新理论的提出或科学的发现,通常不是由于对以往知识的严格的形式逻辑推理,或经验材料的简单概括的结果,而是思维的能动性飞跃的产物。这是由于:1. 思维与实践直接相联系,实践促使思想超出感性材料和严格形式逻辑的范围去探求新的结果;2. 从感性认识上升到理性认识的过程是质的飞跃的过程,它不仅需要大量经验材料的积累,而且还必须有创造性的思维来实现这个飞跃,而这种创造性的思维就表现为直觉。因此:1. 科学认识过程中的直觉并不如柏格森所认为那样是非理性的,而是高度理性的,即辩证理性的。2. 它的出现并不是神秘的、纯偶然的,而是必然的、可分析的,它必须具备以下几个条件:(1)足够的理论修养,(2)大量经验材料的掌握,(3)高度深入的苦思冥想;否则被称为"智慧之闪光"的科学直觉的出现是不可能的。

应该承认,由于现代科学的研究不断深入微观世界的更深层次,理论的抽象性愈来愈提高了。科学思维的创造性,以及直觉在科学认识过程中的重要性也愈来愈明显了。而柏格森的直觉主义就是对这一科学研究现状的片面夸大的一种表现。因而他的直觉主义不仅对后来的人本主义思潮各流派有重大的影响,而且对当前科学主义思潮中的一些流派,如波普尔的批判理性主义、库恩的历史主义等都有明显的影响。不过,应该指出的是:柏格森的直觉主义与科学哲学中的某些直觉主义是既有共同之处又有

---

① 柏格森:《形而上学导言》,第76页。
② 伯格森:《形而上学导言》,第77页。

差别的，它们的共同之处是都片面夸大直觉的作用，并使它唯心主义或神秘主义化；而区别之点是：1. 柏格森直觉主义的直觉的对象是自我，即它把直觉歪曲为自我对自己的内心世界的体验；而后者的直觉的对象是经验世界；2. 柏格森的直觉主义全面否定科学与理性的意义；后者并不否定科学的意义以及理性在科学发现以外的其他认识过程中的作用和意义。

（三）开放社会与封闭社会

柏格森的社会观是建立在他的生命哲学的理论基础之上的。他断言：物质是分散的，生命是统一的，生命的冲动决定人类社会的联合（统一）。他写道："生命就是组织，联合是生命活动的最一般形式，生命进化的方向是社会生活。"[①] 他还认为，社会的联合，是自由的自我的联合。

柏格森把人类社会分为两类：一是"封闭社会"；二是"开放社会"。他断言，封闭社会是低级的社会。由于物质欲望所造成的自私心与自我的自由创造精神之间的冲突和抵触，造成了人类社会发展的低级阶段的封闭性，它固守不变的道德规范、宗教教条和法制以限制个人的行动，来保证自我的联合。柏格森主义者们把社会主义归属于这类社会。柏格森断言："开放社会"是高级的社会，它遵守动态的道德规范和宗教，向往英雄的崇高行为，体现了生命的冲动，当前西方的资本主义社会——"自由世界"就属于这种社会。他认为这两类社会的对立和斗争体现了决定论与自由、理智与直觉之间的对立与斗争。这明显地暴露了他的反社会主义的资产阶级立场。

柏格森还断言，体现生命冲动的个人的自由促进社会的发展，是社会发展的动力，而生命力极强的个别天才人物对社会历史的创造起决定作用。因此他说，"只有体验生命冲动的个别特殊人物"才是"历史的主宰"[②] 他还认为对人类社会发展起重大作用的不是科学家，而是文学艺术家、政治家和哲学家。因为科学只是对物的认识，而文艺、政治和哲学的创造才体现了宇宙的生命冲动。

---

① H. Bergson, *The Two Sources of Morality and Religion*, translated by R. Ashley Audra and Cloudesley Brereton, New York: Henry Holt and Company, 1935, p. 77.
② Ibid., p. 78.

柏格森的社会政治思想体现了20世纪初期法国垄断资产阶级的利益。它对詹姆士的"彻底经验主义"以及后来的存在主义都有明显的影响。它还曾经影响过工人运动,法国无政府工团主义者索莱尔,曾以他的非理性主义来论证无明显目标的无政府主义的"正确性"。他的哲学对旧中国也有过影响,张东荪、梁漱溟、张君劢等人都曾宣扬过柏格森主义。

第六章　新黑格尔主义

新黑格尔主义在英、美两国又称绝对唯心主义。它出现于19世纪末的英国，不久流传到美国。20世纪初广泛流行于德意志和意大利等国，并对德国和意大利的法西斯主义的产生有较大影响。不同国家的新黑格尔主义在理论上互有差异，但是打起"复兴黑格尔哲学"的旗号，抛弃黑格尔哲学中进步的辩证法因素，则是这个流派所共有的基本特征。

众所周知，黑格尔哲学是一个庞大的唯心主义体系。它内含丰富的辩证法思想，而它的社会政治观点则具有明显的保守甚至反动的因素。它体现了当时德国资产阶级要求发展资本主义以及与封建政权相妥协的两面性。自1848年后，它被失去革命勇气的资产阶级所抛弃，从而导致了整个德国古典哲学的衰落。60年代以后，已取得政权的资产阶级为了欺骗人民，对抗马克思主义，创立了新康德主义。然而理论脆弱的新康德主义无法完成此项任务，加之进一步垄断化和军国主义化的垄断资产阶级已不再需要这种软弱无力的理论，于是抛弃康德，另选黑格尔，以"复兴黑格尔"为口号，创立新黑格尔主义。不过，跟新康德主义一样，新黑格尔主义不是黑格尔哲学的"恢复"，而是对它的篡改和歪曲。它抛弃黑格尔哲学中的革命辩证法，发展其唯心主义体系和宗教神秘主义糟粕，尤其是社会政治理论中的反动部分，从而使它成为一种适合垄断资产阶级利益的反动哲学。

严格说来，新黑格尔主义不是一个统一的哲学流派，而是从右的方面篡改黑格尔哲学的各种思潮的总称。它的学说在不同国家、不同代表人物之间均有差异甚至争议。有的人坚持黑格尔的绝对观念，属客观唯心主义；有的人曲解黑格尔的绝对观念，有明显的主观唯心主义倾向。他们的政治立场也不尽相同，有的公开为反动的垄断资产阶级或法西斯主义效劳，有的则以资产阶级自由派思想家为标榜。不过，作为同一个流派，它们也有共同之处，那就是：（1）跟自称超乎唯物主义与唯心主义之上的实证主义思潮与人本主义思潮的流派均不相同，它们公开打起唯心主义的旗号，反对唯物主义。（2）与公开反辩证法的实证主义各流派不同，它们高举"黑格尔辩证法"的旗号，以歪曲辩证法的手法，反对辩证法，贩卖形而上学的诡辩论。（3）与公开反对德国古典哲学的理性主义的人本主义思潮各流派不同，它们打起"黑格尔主义"旗号，发挥黑格尔哲学中的宗教神秘主义糟粕，宣扬非理性主义。（4）跟表面上高喊"民主""自由"等虚伪口号的流派不同，它们承袭并发挥黑格尔的国家和社会学说的保守成分，公开宣扬专制主义与殖民主义，为帝国主义效劳。由于新黑格尔主义有以上一些特征，它的理论虽在一些方面与人本主义相接近，并对后来人本主义思潮各流派，如存在主义等有相当的影响，但不属于人本主义思潮。

一　英国的新黑格尔主义

流行于英国的穆勒和斯宾塞的实证主义，至 19 世纪末因不能适应日益垄断化的新形势而衰落，代之而起的是新黑格尔主义。新黑格尔主义所以能在具有长期经验主义传统的英国兴起，是由于它适应当时垄断资产阶级的新的需要。

英国新黑格尔主义的创始人是斯梯林（James Hutchinson Stirling，1820—1909）。他第一个把黑格尔的唯心主义哲学传入英国，并对它做出了新的解释。但是使新黑格尔主义得以战胜经验主义而在英国扎根的则是另一位著名哲学家格林。格林被认为是英国新黑格尔主义的真正奠基人。

（一）格林的新黑格尔主义

托马斯·格林（Thomas Hill Green，1836—1882）出生于英国的一个牧师的家庭，早年入牛津大学波利奥学院学习哲学，后任该校学监、讲师、教授等职，讲授哲学、历史和道德哲学；一度曾被选为市参议会议员。他的主要哲学著作有《休谟哲学著作导论》（1874）、《伦理学绪论》（1883）、《政治义务原则讲演集》（1886）等。

1. "自我意识"与"普遍心灵"的学说

格林是一个客观唯心主义哲学家，他肯定客观的绝对精神的存在。他是通过曲解辩证法来论证这种客观唯心主义观点的。

格林强调事物的普遍联系。他认为，世界不是各自孤立的许多事物的偶然堆积，而是一个相互联系的整体。任何事物都不能脱离周围事物的相互关系而存在，否则它就失去任何性质，因而也就失去其"存在"的可能，从而失去其"真实性"。他写道："每个因素都与每一别的因素相关联。它既是别的因素的前提，又以别的因素为自己的前提。"① 因此，"任何一个事物如果不是为自然的整个系统所决定并决定这个系统，那么它是不可能实现的"。② 他举例说，"白"与"黑"是相互依存的，没有一方，另一方就失去意义，因而也就失去其"真实性"。"时间""空间"等都是这样，它们都是一些相互联系的概念。如"时间"就是先后相继关系，"空间"就是"上、下、左、右"关系，如果失去了这种关系，也就没有"时间"和"空间"可言了。

格林把事物的关系分为两类："内在关系"和"外在关系"。他认为，所谓"外在关系"就是一物失去他物，仍不失为该物的一种次要关系，它是附加的，非本质的。"内在关系"则是一物失去他物就不成其为该物的一种主要关系。它规定着该事物的根本性质，是一种内在的不可缺少的联系。格林的这些论述原都是具有辩证法因素的，但是他却对它们做了唯心主义的解释。他断言，物质的事物原都是分散的，各自孤立、互不联系的。那么它们的这种内在联系是哪里来的呢？他说是自我意识所赋予的，因为只有精神性的自我意识才具有内在联系。正是自我意识赋予事物以这类内在联系，使各种事物处于普遍关联之中，从而才使它们具有存在的可能性或"真实性"。格林写道："自我意识把多样性的事物结合起来"③，因而"每一种联系都是由思维活动构成的"。"离开理智的作用，相互作用的现象就不可能存在。"④ 因而他断言：自我意识是客观世界存在的原则和前提，没有自我意识，就没

---

① T. H. Green, *Works of Thomas Hill Green*, R. L. Nettleship ed., London: Longmans, Green & Co, 1899, p. 91.

② Ibid., p. 30.

③ T. H. Green, *Prolegomena to Ethics*, Oxford: Clarendon Press, 1906, p. 33.

④ Ibid., p. 28.

有客观世界及其法则。他写道:"正是通过意识,才会对于我们有一个客观世界;通过意识我们才设想出一种自然法则……"①

格林认为,自我意识不仅是客观事物存在的原则和前提,而且是人们获得自然知识的原则和前提。他断言:感觉、印象是各自孤立、互不联系的,它们不能成为知识。只有把它们互相联系起来,构成各种判断和推理,才能成为知识。而这种联系不是感觉、印象本身的东西,而是自我意识所赋予的;因而没有自我意识不仅没有客观世界,而且没有任何自然知识。

格林断言,由于自我意识是客观事物存在的原则和前提,因而从逻辑上说,它先于客观事物而存在,没有自我意识,客观世界就失去了存在的原则和前提,因而它就不可能存在。但是,他又认为从事实上说两者又是相互依存的。没有自我意识固然不可能有客观世界;反之,没有客观世界,自我意识也就失去了意义。因为它们的关系是"源"与"流"的关系,没有"源"固然不会有"流",而没有"流","源"也就不成其为"流"之"源"了。这样他就得出了与阿芬那留斯的"原则同格"论相同的结论:自我意识与客观世界同一。他并以此批判康德的"物自体"学说(实际上是批判唯物主义),断言康德肯定意识之外有"物自体"存在的观点是"独断论"和"迷信"。

格林不仅从自我意识出发推论出客观物质世界,他还从自我意识中推论出客观绝对精神:即"普遍心灵"或"普遍意识"。他断言,自我意识是有限的,它必须依赖于无限的"普遍心灵"才能存在。他说:"普遍心灵"是绝对的、永恒的,有限的自我意识只是无限普遍心灵的一部分,或它的"再现"。不言而喻,他所说的"普遍心灵"不过是"上帝"的别名;而他的整个绝对唯心主义理论,归根到底,不过是一种信仰主义而已。

2. "至善"论的伦理观

格林的伦理学说是建立在上述"普遍心灵"学说的基础上的。格林断言,由于自我意识在逻辑上先于客观世界,它是超越客观世界的,即不受客观世界制约而绝对自由的。这种自由具体表现在对物质欲望的自由支配

---

① T. H. Green, *Prolegomena to Ethics*, Oxford: Clarendon Press, 1906, p. 33.

上。他承认物质刺激引起欲望的冲动。但是他认为，欲望的冲动是自然现象，它不只是人所独有，而且为动物所共有。然而人与动物不同，物质欲望决定动物的行动，但不能决定人的行为，因为人具有自我意识。只有当这种物质欲望为人的自我意识所意识，并做出自由的选择而构成动机时，才能推动人的行动。因而人的行为虽受客观环境的制约，但是最终对它起决定作用的却是自我意识。他认为，由于人的行为受自我意识的自由选择，因而人应对自己的行为负责，不能把责任推诿于客观。他并从这种观点出发，批判了断言人的动机完全由外力决定的机械论和断言人的动机不受外力任何影响的"自由意志论"。

但是，格林对自我意识的见解是信仰主义的。他宣称自我意识是"普遍心灵"的"再现"；而"普遍心灵"，就是"理想的自我"，或自我的"理想的目标"："至善"即"上帝"。他说："科学给我们的真正教训在于：不要在自然界中寻找上帝，也不要在自然界的起点或终点上寻找上帝，而要在人的自身之内寻找上帝。"[①] 又说，"使我们与上帝分离的，不是别的，只是我们的罪恶"[②]。因而格林所称的自我意识对"至善"的选择，归根到底，不过是"皈依上帝"而已。

3. "国家至上"的社会政治观

格林在上述绝对唯心主义的哲学和伦理学说的基础上建立了自己的社会政治学说。

格林认为，正如个别事物不能脱离其他事物的联系而孤立存在一样，个人也不能脱离与他人的联系而孤立存在。因而人与人之间的联系，即社会和国家，是个人存在的前提。个人离开与别人的联系，离开社会和国家，就不是一个真实的人。一个人要实现"善"，就不能孤立于社会、国家之外，而要投身于社会、国家之中。每一个人不仅应努力使自己实现"善"，并且应努力使别人也实现"善"。"善"的本质是"共同的"，是只有通过互相合作才得以实现，因而"善"的前提是任何人不能把别人当作手段来要使，别人对我说来也是目的。

[①] T. H. Green, *Works of Thomas Hill Green Vol. 3*, R. L. Nettleship ed., London: Longmans, Green & Co., 1900, p. 205.

[②] Ibid., p. 248.

格林认为，国家的本质是一种联系。它是精神的，是自我意识的产物，即人的共同意志的体现。它使人的道德行为成为可能，是使人成为"道德主体"的条件。他认为，个人对国家的关系不是对立的关系，而是依附关系，正如肢体与整个躯体的关系不是对立关系，而是依属关系一样。他断言个人应当绝对服从国家，应当为国家无条件地牺牲，因为没有国家就没有个人。

为了强调国家的"至上"地位，格林竭力反对"自然权利"说。他断言：所谓个人的"权利"，归根到底只是为国家、为"共同的善"做出贡献的权利。个人是国家的一个成员，离开国家就没有个人，因而也就无个人权利可言。"自然权利论"或"天赋权利论"是一种"错误的说教"。应该指出，自然权利论虽然是错误的，但在历史上具有进步意义，格林所以反对早期资产阶级的自然权利论，其目的在于为垄断资产阶级的专制制度提供理论根据。

格林还反对早期资产阶级的"社会平等"说。他断言，由于各人的天赋能力不同。人们在权力、财产和社会地位等方面的不平等是合理的。贫富悬殊的现象不应消灭，私有财产制度不能取消，国家社会制度方面存在的缺陷不能通过阶级斗争改变，而只能点滴地改良。

格林的哲学，不论他的伦理学还是社会政治哲学，都明显地体现了早期垄断资产阶级的阶级利益。

（二）布拉德雷的新黑格尔主义

格林所创立的英国新黑格尔主义，被英国另一名著名哲学家布拉德雷所发展。弗兰西斯·布拉德雷（Francis Herbert Bradley, 1846—1924）是英国新黑格尔主义的领袖人物。他出身于英国伦敦附近的一个传教士家庭，十九岁进牛津大学读书，毕业后留任该校麦尔顿学院的研究员直至逝世。他一生多病，从未结婚，晚年耳聋，终生从事著作，后因血液中毒致死。他的主要哲学著作有《伦理学研究》（1876）、《逻辑学原理》（1883）、《现象与实在》（1893）等。后一本书是他系统阐明自己的哲学观点的主要哲学著作。

1. 事物的关系是不真实的

布拉德雷继承并阐发了格林的新黑格尔主义观点。但是与后者不同，格林论证了事物只能在相互关系中存在,他则以事物只能在相互关系中存在为论据来"证明"事物的不存在。首先,布拉德雷同意格林的观点,认为事物(经验事物)无不处于相互关系中,例如没有"白"就没有"黑"等等。但是他断言,事物的这种关系正好证明了它们的不真实性,即它们只是人的主观幻象(现象)。他写道:"我们的经验,只要具有关系的形式,就不是真的,据此我们就可以几乎无须考虑地断定它们只是一大堆假象。"① 为什么呢?他诡辩道:任何一种关系,它必然是两个关系者之间的关系。那么这种关系是存在于两个关系者的内部还是它们的外部呢?如果是存在于 A、B 两个关系者的内部,那么关系 R 既在关系者 A 的内部,也在关系者 B 的内部,这样关系 R 与关系者 A、关系者 B 这三者就合而为一,它们之间也就无所谓关系了。反之,如果它在两个关系者之外,那么就出现了关系者 A、关系者 B 与关系 R 这三个对象,于是在这三个对象之间又会发生相互关系,即除了原来的 A 与 B 的关系外,又出现了 A 与 R 之间以及 B 与 R 之间的关系。如果以 R_1 代表 A 与 R 的关系,R_2 代表 B 与 R 的关系,这样就出现了 A、B、R、R_1、R_2 五个对象,于是这五种对象之间又会发生新的相互关系……如此不断推演,而无终极,这显然是荒谬的。因而它表明事物是不可能存在于相互关系之中的。我们经验中的相互关系的事物只是一种不真实的假象而已。

布拉德雷用同样的诡辩手法否定时空的客观性。他断言,我们经验中的事物无不在时空之中,但是肯定时空关系的真实性是荒谬的,因而时空中的事物也是不真实的。为什么呢?他诡辩道,因为任何时空关系都具有连续性与间断性的矛盾,即它们既是可分的,又是不可分的。比如时间是可分的,它可以区分为过去、现在和将来,但是它又是不可分的,因为它是"绵延",即没有间断性。他写道:"如果把时间看成是单位间的关系,而没有绵延,那么全部时间也将没有绵延,这样时间也不成其为时间了;如果全部时间是绵延,则各单位自身也将立即具有这种绵延,这样单位也不成其为单位了。"② 他认为空间也同样是这样。

布拉德雷还以同样的诡辩手法否定事物的运动的客观性。他说,我们

---

① F. H. Bradley, *Appearance and Reality: A Metaphysical Essay*, Routledge, 1897, p. 34.
② Ibid., p. 39.

的经验事物总是在运动中,但是运动必须通过时空来表现。因而它们与时空一样,具有连续性与间断性的矛盾。由于矛盾是荒谬的,运动以及运动的主体——经验事物也就都是荒谬的、不真实的。

布拉德雷还同样"论证"了经验对象的不真实性。他说,任何具体的经验对象之间都有同一性和差异性的关系,但是同一性与差异性是互相矛盾的,因而任何具体的经验对象也都是不真实的。

布拉德雷的这些论证并无任何创新之处,它们都不过是古希腊爱利亚学派芝诺等人的观点的重复,是一种地地道道的形而上学观点,是与黑格尔的辩证法根本对立的。这表明他彻底抛弃了黑格尔哲学体系中的合理内核——辩证法因素。

2. "绝对经验"理论

上述观点是布拉德雷在他的《现象与实在》一书的前半部中论述的。在该书的下半部,他论述了他的绝对唯心主义体系。他断言,具体事物是不真实的,它们都只是自我的主观假象。除自我意识外,还存在着别的"超关系的"真实世界,那就是客观的"绝对"或"最终实在"。但是布拉德雷所称的"绝对"或"最终实在"与黑格尔的"绝对观念"或"绝对精神"不同。黑格尔所说的"绝对观念"是一种客观的变化着的思想概念,而他的"绝对"或"最终实在",不仅包含思维,而且包含着意志、感性和欲望等非理性的东西和经验的东西,因而他有时又称它为不可言尽的"感觉经验"或"非关系式的直接感觉的统一体"。

布拉德雷断言,客观的"绝对实在"是神秘的、不可言说的,因为它是无限的,而人的经验是有限的。以有限去认识无限,自然只能"坐井观天",无法言尽了。但是他还是对它做了说明。

首先,布拉德雷断言,"绝对"或"最终实在"是无矛盾的,因为矛盾是荒谬的、不真实的,它不能与真实存在的"绝对"或"最终实在"相容。他写道:"最终实在绝不会自相矛盾,这是绝对的标准。"[①]

其次,布拉德雷断言,"绝对"是"唯一"的,它无所不包,它使一切差异互相消融,从而把一切知识、意志、感性以及真、善、美,假、丑、恶统统和谐于一个整体之中。绝对是"和谐的全体",是"绝对的圆

---

① F. H. Bradley, *Appearance and Reality: A Metaphysical Essay*, Routledge, 1897, p. 136.

满",它是"杂多的外在性完全消失了的杂多的统一体"。①

再次,布拉德雷断言,"绝对"或"最终实在"是客观的。如前所述,他认为,"绝对"或"最终实在"不仅是思维的,而且主要是经验的,它不仅包含着知,而且包含着意、情、欲等等。但它不只是个人的经验,而且是客观的、普遍的绝对经验。个人的经验是有限的,而绝对经验是无限的,前者只是后者的一小部分,犹如大海中的一滴水。布拉德雷声明:"对我说来,绝对不是上帝。"② 但是欲盖弥彰,他所鼓吹的"绝对"或"最终实在",不言而喻,与黑格尔的"绝对观念"一样,不过是上帝的别名而已。

3. 直觉主义的认识论

布拉德雷在认识论方面宣扬非理性主义和直觉主义。他断言,"绝对"或"最终实在"是不能通过理性思维来认识的。

首先,布拉德雷反对唯物主义的反映论。他断言,理性思维不能认识世界。其手法是把一般与个别绝对地对立起来。他说,"实在"是具体的,思维是"抽象"的,抽象的思维"概念"绝不是实在的"映像",而只是人们企图认识实在所使用的符号或假设,而运用符号和假设绝不能认识世界。他写道:"事实总是个别的,而观念则具有普遍性;一个事实总是一个实在的东西,而一个观念则只能当作一个形容词来使用。事实是自己存在的,而观念却属于符号性质,我们愈深入研究观念的本质,就愈能显示出它与事实的背离。"③

布拉德雷否认思维可以认识世界的另一个手法是割裂理性思维中分析与综合的辩证统一。他断言,思维的本质只是分析,只是把一个统一的事物单纯地分解为几个部分。他举例说,任何事物的"存在"与它的"性质"是统一的,即"那个"(that)与"什么"(what)是统一的。所谓"什么"总是"那个"事物的"什么",没有了"那个",也就没有了"什么"。但是人们在思想中总是把这个统一体割裂为两个不同部分:主语部分与谓语部分。而每一个判断都必须由这两个割裂的部分构成。"实在"

---

① F. H. Bradley, *Appearance and Reality*: *A Metaphysical Essay*, Routledge, 1897, p. 498.
② 参看布拉德雷《逻辑学原理》上册,商务印书馆 1962 年版,第 47—48 页。
③ F. H. Bradley, *Appearance and Reality*: *A Metaphysical Essay*, Routledge, 1897, p. 168.

本来是"一",而思想必须把它割裂为"多",因而,它永远不能认识"实在"。

那么,如何才能认识"实在"或"绝对"呢?他的回答是"思想自杀",即抛弃思维,抛弃主体与客体的对立,使主体超越自身而置之于"绝对"之中,以实现主体与实在的合一。他断言,只有这样,才能获得关于"绝对"或"最终实在"的知识。这就是他的非理性主义和直觉主义。布拉德雷的直觉主义是信仰主义的。他公然宣称"信仰"是"直觉"(领悟"绝对")的前提和基础。他写道:"哲学需要信仰,并且最终建立在信仰上。"因而"宗教超于哲学,又高于哲学"。[1]

4. 反动的国家学说

在社会政治观方面,布拉德雷发挥了黑格尔国家学说中的保守成分。他把国家(资本主义国家)说成是一种有人格的精神实体。它是一个全新的、和谐的、有机的"全体",是个人的"本质""灵魂"或"真我"。因而他叫嚷个人应该绝对服从于国家,而国家有权利镇压人民群众,并以此攻击早期资产阶级的个人主义、民主主义和自由主义等思想。布拉德雷的这种反动国家学说在另一名英国新黑格尔主义者鲍桑葵(Bernad Bosanquet, 1848—1923)那里得到进一步发展。这反映了垄断资产阶级对集权主义和专制主义的要求。它为后来的法西斯主义所继承。

二 美国的新黑格尔主义

新黑格尔主义于 19 世纪下半叶自英国传入美国,19 世纪末 20 世纪初盛行一时。哈里斯(William Torrey Harris, 1835—1909)是美国新黑格尔主义的奠基人。罗伊斯则是它的主要代表人物。第二次世界大战以前它逐渐衰落,但战后又得到复兴。它的战后的主要代表人物有布兰萨特(Brand Blanchard, 1892—1964)和缪勒尔等人。

(一)罗伊斯的新黑格尔主义

乔萨·罗伊斯(Josiah Royce, 1855—1916)是美国著名哲学家,早年

---

[1] F. H. Bradley, *Appearance and Reality: A Metaphysical Essay*, Routledge, 1897, p. 453.

在加利福尼亚大学求学，后在莱比锡和哥廷根大学学习；后又在霍普金斯大学跟从詹姆士和皮尔士学习哲学，并获博士学位，此后在加利福尼亚大学、哈佛大学任教；1916年任不列颠科学院名誉院士。

罗伊斯的主要哲学著作有《哲学的宗教方面》（1885）、《现代哲学的精神》（1892）、《世界和个体》（1900—1901）、《忠的哲学》（1908）、《基督教问题》（1913）等。

罗伊斯的哲学思想明显接受英国新黑格尔主义者格林、布拉德雷等人的哲学思想的影响。它具有强烈的宗教气氛和露骨的意志主义色彩，晚期则明显倾向于实用主义，有时他称其哲学为"绝对唯意志主义"或"绝对实用主义"，这反映了他的哲学思想的特点。

罗伊斯追随格林和布拉德雷等人之后，肯定客观"绝对"的存在。他着重从认识论方面论证了"绝对"的客观实在性。他诡辩道，存在着一个无可怀疑的事实：错误是存在的，因为人常常会犯错误。但是错误和真理是两个互相依存的概念，没有真理，就没有错误；因而从错误存在这个事实出发，就能推论出真理的必然存在。那么真理存在于何处呢？他断言，真理不可能存在于人的头脑之中，因为人的头脑是会犯错误，因而，它必然存在于一个拥有一切真理，并永远不犯错误的客观的"绝对"之中。

罗伊斯公开承认他所说的"绝对"就是一种客观的"绝对思想"。他断言，这种绝对思想是无限的，无所不包的。宇宙间一切矛盾着的事物统统和谐地融合于它之中。因此，"一切实在都必然呈现于无限思想的统一之中"，"正如同我们任何时候的思想都把许多片断的思想结合为一个统一的意识一样，宇宙中的一切过去和未来的对象及其思想也都无所不包地融合于思想的绝对统一体之中"。他并供认不讳地说"绝对思想"就是"上帝"。他写道："这个无所不包的思想就是我们所敬仰的……称之为上帝的东西。"[1]

在认识论方面，罗伊斯极力反对唯物主义的反映论，宣扬阿芬那留斯的"原则同格"论。他称唯物主义为"实在论"。他说"实在论"的错误在于断言认识对象独立存在于意识之外。他诡辩道，没有认识主体（意

---

[1] Josiah Royce, *The Religious Aspect of Philosophy*, Boston and New York: Houghton Mifflin Company, 1885, p. 433, pp. 475–476.

识），就没有认识对象，因而"认识对象不能脱离人的观念而独立存在"。[①] 如果对象确如"实在论"所认为的那样，独立于我们的意识之外，那么我们的意识就不可能与它发生任何关系，因而也就不可能认识它，它也就变成为一种"纯粹的无"了[②]。

从上述观点出发，罗伊斯把整个客观世界说成是自我意识的产物，从而暴露了它的主观唯心主义与意志主义的本质。

罗伊斯断言不论是具体经验（事物）或抽象概念，它们都是自我意识的产物。具体经验（事物）由于具有具体性和个别性，它是自我意识（意志）的充分、完善的表现；抽象概念（或概念）由于具有普遍性和抽象性，它是自我意识的不充分、不完善的表现。他接受实用主义的工具主义观点，把观念解释为自我意识的工具，断言观念或概念不是客观事物的反映或具体事物的抽象，而只是一种为了实现一定目的而制定的"工具"。他说："概念就像是工具，它们是为了某个目的而产生的。"从这种观点出发，他对真理也做了工具主义的解释：真理不是观念与事实相符合，而是观念与一定的目的相符合。一个观念、一种理论，只要它能用以达到一定的目的，它就是真理，否则就是谬误。他写道："真理的观念就像良好的工具一样，在于它们适合于一定的目的。"[③] 从这里可以看出皮尔士和詹姆士的实用主义对他的哲学思想的影响。

但是，罗伊斯毕竟不是一个实用主义者。他并没有止步于这种主观唯心主义的立场，而是最终转向客观唯心主义。他断言个人的有限的意识实在不是一种独立存在的最终的实在，它必须依赖于一个普遍无限的绝对意识和绝对思想而存在，前者不过是后者的局部的不完全的表现。因而他认为：一切存在物（客观世界）虽然存在于个人意识中，归根到底，同时也都存在于普遍的绝对意识中。他写道："存在不过是表现或体现某个绝对的观念体系的内部意识而已。"[④]

罗伊斯的哲学观点是为他的社会政治理论服务的。他把资产阶级国家

---

① Josiah Royce, *The World and the Individual*: *First Series The Four Historical Conceptions of Being*, London: Macmillan & Co., Ltd., 1925, p. 266.

② Ibid., p. 265.

③ Ibid., p. 308.

④ Ibid., p. 36.

和资本主义制度神圣化,赞扬资本主义国家和社会制度是"绝对"的"上帝"的体现,它把一切个人"无矛盾地""和谐一致"地融合于它之中,因而它具有至高的尊严,它是个人利益的绝对保证和体现。他认为每一个人应绝对无条件地"忠"于资本主义国家,并为国家做出牺牲。他写道:"国家、社会制度是神圣的,如果这个社会制度不给予我们以生命,那它就毫无用处……它从来都不是自私自利或败坏堕落的……只有我们忽视自己的义务时才会如此。"[1]

由于受到实用主义和人格主义者们的指责,罗伊斯后来稍稍修改了他的这个观点。他在强调普遍的绝对的实在性的同时,也肯定有限的个体的实在性。他说:"实在的东西的本质在于成为个体的东西。"[2] 他认为无限的绝对与有限的个体之间的关系是"一"与"多"的关系。"多"存在于"一"之中,而"一"体现了"多"。因而,应该在强调"一"的同时,肯定"多";即既不应肯定"多"而否定"一",也不能强调"一"而抹杀"多"。其意思是要把国家的"至高尊严"与个人的"个性"和"自由"结合起来。既要承认国家的至高尊严,也不应忽视个人的个性、财产与自由。他说:"你的行动中的个体性就是你的自由。"[3] 从这种观点出发,罗伊斯反对马克思主义关于阶级斗争和社会革命的理论。他妄言社会革命"触犯"国家的"至高尊严";而阶级斗争是对和谐的社会秩序的"破坏"。

罗伊斯提出了一个与马克思主义的社会主义、共产主义理想社会相对立的"基督教群体"的理想社会。在这个社会中,资本主义私有制神圣不可侵犯,而人们则在"基督教精神的熏陶下"过其"互爱互助","和谐一致"的和平生活;他宣称基督教教会是这种"可爱的群体"的原型;并要求教会与他合作来实现这种理想社会。他写道:"宗教的使命就是要极力在人间建立一个这种可爱的群体。"[4] 不言而喻,这不过是

---

[1] Herbert W. Schneider, *A History of American Philosophy*, Delhi: Motilal Banarsidass, 1969, p. 482.

[2] Josiah Royce, *The World and the Individual: First Series The Four Historical Conceptions of Being*, London: Macmillan & Co., Ltd., 1925, p. 348.

[3] Ibid., p. 469.

[4] Josiah Royce, *The Problem of Christianity*, in Max Harold Fisch, *Classic American Philosophers: Peirce, James, Royce, Santayana, Dewey, Whitehead: Selections from Their Writings*, New Jersey: Prentice Hall, 1966, p. 241.

一种用"互助""互爱"等美丽的辞藻乔装打扮起来的资本主义社会而已。

（二）缪勒尔的后期新黑格尔主义

美国的新黑格尔主义在第二次世界大战前就逐渐衰落，但战后又得到复兴。战后美国新黑格尔主义的代表者是布兰萨特和缪勒尔等。

古斯塔夫·缪勒尔（Gustav Müller）是战后美国新黑格尔主义的代表人物之一。他原籍瑞士，早年求学于伯尔尼大学，获哲学博士学位，后赴美任教，加入美国籍；历任俄勒冈大学讲师，俄克拉荷马大学教授，担任过美国西南哲学协会主席。他的主要哲学著作有《辩证法》《对立面的相互作用》和《黑格尔》等。

缪勒尔称他的新黑格尔主义哲学为"辩证的本体论"，它具有一般新黑格尔主义共有的特征：抛弃黑格尔哲学的进步因素，发展它的保守成分。但是他的哲学还具有后期新黑格尔主义所常有的特点，那就是具有浓厚的存在主义色彩。

缪勒尔赞赏存在主义，说存在主义"发现了存在的主体"，即"自我"。他称"存在"或"自我"为"主体世界"，并断言它是"客体世界"的本质。他写道：我们的"直接经验世界"是"一个相对的、纯粹主观的世界"，它们是"以我的感觉，我的活动为依据的"。是由"经验着它和思考着它的主体决定的"①。因而他断言：主体是自然界和人类社会（"实践价值世界"）赖以存在的中心；没有主体世界就没有客观世界。

与存在主义相类似，缪勒尔肯定"自我"或"主体"的有限性，他断言"主体"或"自我"时时处于"偶然的"和"危险的"威胁下，因而必须超越自身以寻求"无限的""神圣的存在"并与之相融合，以达到有限与无限的辩证统一，主体与客体的辩证统一；而这种"最高的统一"不是别的，就是"上帝"。他写道，"上帝是绝对的主体"，它是"一切存在物的创造主，由它自己设定自己，并区分自己"②。不言而喻，这是公然为

---

① Gustav Müller, *Dialectic: A Way Into and Within Philosophy*, New York: Bookman Associates, 1953, p. 104.

② Ibid., p. 194.

"上帝创世说"作论证。

缪勒尔不仅宣扬宗教唯心主义的本体论,而且极力歪曲黑格尔的辩证法。首先,缪勒尔反对自然辩证法,他断言能动的辩证法只属于主体的世界,而对于"僵死"的"物质"说来是没有什么辩证法可言的。他攻击马克思主义的辩证唯物主义是"荒谬",是"一种木制的铁器"(意即"牛头不对马嘴")。①

其次,缪勒尔把辩证法形而上学化。他片面夸大"对立面的统一",贬低"对立面的斗争"。他断言,辩证法所追求的只是"运动中的平衡""冲突中的和谐",因而不是"对立面的斗争",而是"对立面的绝对和谐",才是"神圣的存在"的永恒境界。②

最后,缪勒尔把辩证法宗教神学化。他断言,"存在的辩证法结构"存在于"对立面的绝对和谐"的"神圣的主客统一"(即上帝)之中,而自我的"有限生存的辩证法结构",只不过是它的"映现"。因而,他宣称,他的"辩证本体论"的目标,就是"在运动中求平衡,在冲突中求和谐,在错误中求真理,在骚动中求和平,在创造物中求上帝"③,从而把革命的"辩证法"改变成宗教的牺牲品。

缪勒尔的认识论是建立在他的"辩证本体论"的基础上的。他认为:相应于上述的"客体世界""主体世界"和"主客体辩证统一世界",人类的知识也应分为关于"客体世界的知识""主体世界的知识"和"主客体辩证统一世界的知识"三大类。他断言由于客观的自然界只是人的主观世界的产物,因而自然科学知识并不是真理性的知识,它并不反映任何客观内容,而只是"研究者的约定"。他断言"关于主体世界的知识"是"思维主体"的"形式知识",由于思维主体是自由的,它没有任何规律性,而只是主体创造客体的"盲目"行动,因而它也不是绝对的知识。他称关于"主客体辩证统一的知识"为"本体的知识",并断言,由于它是关于上帝的认识,因而才是真正的绝对知识——永恒真理。

缪勒尔的"辩证本体论"是一种具有浓厚宗教神学色彩的唯心主义体

---

① Gustav Müller, *The Interplay of Opposites*, New York: Record Press, 1956, p. 52.

② Ibid., p. 10, p. 12.

③ Ibid., p. 12.

系，它直接或间接地宣扬上帝，宣扬信仰主义。缪勒的这种哲学理论是为他的社会政治观点服务的。他宣扬阶级调和论，断言资产阶级与无产阶级具有"共同的利益"，因为"劳动依赖于和促进着资本的扩大，而资本的扩大则使劳动成为可能，并给劳动带来利益"。因而不是资产阶级与无产阶级的对立面的斗争，而是"对立面的统一"，即双方"永恒的相互依存"，才能促进社会的繁荣和发展。他肆意攻击马克思主义的阶级斗争学说。妄言："马克思把黑格尔的逻辑对立改变为残忍的实力集团的冲突。"[1] 他宣扬被剥削、被压迫人民与帝国主义的"调和"。他断言，被压迫人民与帝国主义之间没有利益的对立，世界人民应该放弃反帝国主义的斗争，以实现世界的"辩证的统一"。这正好暴露了他为垄断资本主义效劳的理论本质。

三 德意志的新黑格尔主义

德国的新黑格尔主义开始出现于 20 世纪初。早期的德国新黑格尔主义是从新康德主义转化过来的，如文德尔班、那托普、卡西勒、李凯尔德等人的哲学思想后来都转向新黑格尔主义。19 世纪 20 年代，新黑格尔主义在德国开始流行，当时的代表人物有克朗纳和格洛克纳（Herman Glockner）等人，其中以克朗纳最负盛名。

理查德·克朗纳（Richard Kroner）德国著名哲学家，历任德累斯顿大学、基尔大学、法兰克福大学教授；第二次世界大战期间逃往美国，后任纽约联合神学院哲学教授，曾任国际黑格尔协会第一任主席。

克朗纳的主要哲学著作有《从康德到黑格尔》（1921—1924）、《国家的思想和现实》（1930）、《政治的文化——哲学论证》（1931）、《想象的宗教的功能》（1941）等。

（一）克朗纳的本体论

克朗纳表面上忠实于黑格尔的学说，实质上却把黑格尔哲学主观唯心主义化。

众所周知，黑格尔哲学分为逻辑学、自然哲学、精神哲学三个组成部

---

[1] Gustav Müller, *The Interplay of Opposites*, New York: Record Press, 1956, p. 52.

分。克朗纳则抛弃黑格尔哲学的前面两个部分,只留下精神哲学部分,并把它主观唯心主义化。他曲解黑格尔的客观精神为"人"或"自我"的主观精神,并把它与当时流行的生命哲学和海德格尔的存在主义结合起来。生命哲学和存在主义侈谈"人"和"存在",但是他们所说的人只是个人的"纯粹生命";而所说的"存在",则是纯粹的"自我"或"自我意识"的"存在"。克朗纳就是用生命哲学和海德格尔的存在主义的观点来解释黑格尔的精神哲学的。他写道:黑格尔的本体论同时是存在和精神的形而上学,也就是人的形而上学。在这里黑格尔的哲学体系重新与我们的时代的意图密切结合起来了。而这个时代意图就是要建立一种人的形而上学或人的存在的形而上学的本体论。他这里所说的人的存在的形而上学的本体论就是指生命哲学与存在主义。

从上述主观唯心主义观点出发,克朗纳否定客观物质世界的存在,并把它曲解成是一种自我意识的"纯粹"想象或"假设"。他写道:"难道我们可以设想,这个外在之物不借助于思维的力量,就能把自己变成'内在之物',从而作为外在之物而存在吗?它们难道不只是自我的想象的假设吗?"

但是,黑格尔哲学的核心概念是"绝对精神",而绝对精神就是一种客观精神。因此,为了表承"忠于"黑格尔哲学,克朗纳不得不把他的上述主观唯心主义思想与客观唯心主义"结合"起来。他断言:作为时代意图的人的形而上学(存在主义),把人看成是一种有限的东西,一种渺小的,孤独无援的存在。然而黑格尔不止于此,他深信,在人的有限的存在之中包含着无限的精神即上帝,因而,人能超越自我的界限,实现有限的自我与无限的精神(上帝)的同一。这样,他就公然承认了上帝的永恒存在。

如同其他新黑格尔主义者一样,克朗纳还曲解"辩证法"。克朗纳在表面上肯定辩证法的存在,但是,却把它歪曲成"非理性的"或者是"既理性又非理性的东西"。他写道:"黑格尔是一个非理性主义者,因为他是一个辩证法家……,辩证思维就是理性—非理性的思维。"[1] 为什么辩证思维是既理性又非理性的思维呢?他解释说,这是因为它在形式上是理性

---

[1] 克朗纳:《从康德到黑格尔》第 2 卷,1924 年德文版,第 270—271 页。

的，而在内容上则是非理性的。为什么辩证法在形式上是理性的呢？他解释说，这是因为辩证法在形式上是概念的，概念的形式是理性的形式。为什么辩证法在内容上是非理性的呢？他解释说，因为辩证法的内容是矛盾的或反形式逻辑的，矛盾的或反形式逻辑的内容就是非理性的内容。这样，他就把"矛盾"同"理性"绝对地对立起来，从而否定了矛盾的合理性。他写道："矛盾破坏着规定的合理性，把它变成某种非理性或超理性的东西。"①

（二）克朗纳的直觉主义认识论

从上述唯心主义本体论出发，克朗纳建立了自己的非理性主义和信仰主义的认识论。

首先，克朗纳宣扬"知识＝信仰"的荒诞理论。他断言，在黑格尔思想体系中，哲学是知识的，宗教是信仰的，而哲学与宗教的不同只是形式的不同，而非内容的不同。这是因为它们具有共同的对象，表现共同的内容："绝对观念"或"活生生的生命自身"。因而他叫嚷"应该取消知识（认识）与信仰的差别"，使认识从属于信仰。

其次克朗纳宣扬直觉主义的认识论。

克朗纳反对自然科学的认识。他称自然科学的认识为经验的认识。他断言，真理性认识的对象是"活生生的生命自身"，而经验的自然科学的认识，是形式逻辑的认识，它与矛盾不相容，也就是与辩证的生命自身不相容。他写道："经验的认识不希望也不应当认识自身，当它与自身发生矛盾时，那它简直就是消灭自身，因此它希望并且应当避免矛盾。"② 他认为"真理性认识的问题不是理性的问题，而是非理性的问题，即感受问题"，因为对"辩证的生命本身"的认识，不能依靠理性的形式逻辑而只能依靠非理性的"感受"或"直观"。他写道："在黑格尔那里，认识的问题被加深和扩大为感受的问题"，因而"黑格尔的哲学只有在直观的范围内才有建设性的意义"，只有"直观、心灵或灵魂的经验"才是真理性认识的手段。

---

① 克朗纳：《从康德到黑格尔》第 2 卷，第 285—286 页。
② 克朗纳：《从康德到黑格尔》第 2 卷，第 327 页。

四 意大利的新黑格尔主义

20世纪初,新黑格尔主义在意大利得到流传。第二次世界大战前和战争期间,当意大利法西斯势力猖獗时,它曾作为法西斯主义的思想工具在意大利盛行一时。它的主要代表人物有克罗齐和金蒂雷等。

(一) 克罗齐的新黑格尔主义

贝尼戴托·克罗齐(Benedetto Croce, 1866—1952)是意大利的著名哲学家。他早年在那不勒斯受初等和中等教育,后来进罗马大学学习,跟从当时著名马克思主义哲学家布里奥拉教授学习马克思主义和黑格尔哲学,研究了马克思主义理论和经济问题,发表了书名为《马克思主义经济学和历史唯物主义》(1900)的论文集。在这部著作里他就开始背弃和修正马克思主义基本原理;后来,思想日益右倾,转向新黑格尔主义,反对马克思主义,成了意大利新黑格尔主义的最主要代表人物。在第一次世界大战前后,他被选为参议员,担任过教育大臣等职务,是当时意大利的资产阶级自由派代表人物。后来,由于被激烈的群众革命浪潮所吓倒,转而支持法西斯主义。但自墨索里尼法西斯政权建立后,他一直坚持反对派的立场。1944年法西斯政权瓦解后,他曾出任过不管部长。

克罗齐的主要哲学著作有:《作为表现科学和语言学的美学》(1902)、《作为纯粹概念科学的逻辑学》(1905—1909)、《实践哲学》(1909)、《作为理论和历史的史学》(1914)。这四本著作,后来合称为《精神哲学》,是系统阐述他的哲学体系的重要著作。他的其他哲学著作还有《黑格尔哲学中的活东西和死东西》(1907)、《美学原理》(1902)、《政治与伦理》(1922)、《史学与道德理论》(1950)和《黑格尔研究与哲学解说》(1952)等。

1. "纯粹精神"的本体论

克罗齐从新黑格尔主义立场出发,根本否认客观物质世界的存在。他把整个现实世界归结为一种客观的"纯粹精神"。他写道:"精神就是整个现实……除精神以外,别无其他现实;因而,除精神以外,也就无其他哲学。"① 他责怪黑格尔承认自然界是绝对精神异化的观点,并认为这是黑格尔唯心主义的不彻底的表现。他说自然界是不存在的,存在的只是纯粹精神。黑格尔"给予自然界以一定的地位,从而使它与自己学说的主旨发生矛盾……他把一部分精神划分给自然界,徒劳无益地企图把精神跟这个并不存在的实在结合起来,"这是一种"烦琐哲学的偏见"和"不能容许的二元论"②。为了坚持他的这种彻底的唯心主义,他公然宣称"自然界是敌人",并称自己的哲学为"纯粹精神哲学"。③ 他还称他的"纯粹精神"为"上帝",说什么"哲学任何时候也不否认上帝的真理性"④。

克罗齐表面上承认辩证法。他说,纯粹精神是"辩证"地变化的。但是他把黑格尔的辩证法进一步唯心主义化和形而上学化。首先,他否认黑格尔的自然辩证法。他断言,辩证法只属于纯粹精神。黑格尔把辩证法推广到"并不存在的自然界"是一种错误。其次,他否认黑格尔关于"矛盾"和"对立"是辩证法的基础的观点。他断言,辩证法的基础不是矛盾性,而只是概念的差异性。因为"对立面的斗争只会导致无限的发展",而"差异的联系是环形的,它才是真正的统一",才能构成"永恒循环运动"的"终结形式"。⑤

2. 反科学的认识论

克罗齐断言"纯粹精神"在辩证发展中具有两种基本形式:理论精神的形式和实践精神的形式,并断言理论精神和实践精神在发展过程中各具有两个不同阶段:理论精神具有直觉阶段和逻辑阶段;实践精神具有经济阶段和伦理阶段。他宣称哲学的对象是纯粹精神。由于纯粹精神具有直觉的、逻辑的、经济的和伦理的四个阶段或形式,因而,与之相对应,关于"纯粹精神"的哲学也可分为美学、逻辑学、经济哲学和伦理学四个组成部分。他认为这四个哲学的组成部分,各有一对自己的基本范畴,那就是美与丑,真与假,利与害,善与恶。他断言,美、真、利、善是纯粹精神的四种形式或四个发展阶段的体现,因而是存在的最高原则和"现实的永恒创造者"。

---

① 克罗齐:《黑格尔研究与哲学解说》,1952 年意大利文版,第 383 页。
② 克罗齐:《实践哲学》,1930 年意大利文版,第 45 页。
③ 克罗齐:《实践哲学》,第 387 页。
④ 参看克罗齐《史学与道德理论》,1950 年意大利文版,第 8 页。
⑤ 参看克罗齐《作为纯粹概念科学的逻辑学》,1928 年意大利文版,第 65—66 页。

在认识论方面,克罗齐继承了布拉德雷等人的非理性主义的直觉主义思想,极力反对唯物主义反映论,断言认识是纯粹精神的自我体现。克罗齐认为纯粹精神的认识活动有两种形式:直觉的形式和逻辑的形式。他认为,直觉的认识形式是通过形象进行认识的形式,它的任务在于从众多性中认识个别;而逻辑的认识形式是运用概念进行认识的形式,它的任务则是从众多性中获得统一或一般。他认为,直觉认识是低级认识形式,逻辑认识是高级认识形式;后者必须以前者为基础,没有前者就不可能有后者。他对"直觉"的认识做了彻底的唯心主义的解释。他断言,直觉认识绝不是外在事物的"映像",而不过是精神活动的产物。

从上述观点出发,克罗齐极力反对科学的认识。他把认识的概念分为"纯粹概念"与"虚假概念"两类。他断言,美、真、利、善等哲学概念是体现纯粹精神的"真理性概念",而数学、物理、化学、语言学等学科的科学概念,由于它们都不表述纯粹精神的任何内容,只是人们用以应付生活的需要而虚构出来的"纯粹工具性"或"辅助性"的概念,因而只具有"实用性",不具有纯粹"真理性",它们是"虚假概念";并从此得出"科学不是认识"的结论。他写道:"自然科学不是认识,而是一种完全被用于实践的技术。"[①]"自然规律和科学规律也不是真理性的认识",而不过是表述"虚假概念"之间关系的一种"简单的图式"和"随意制作的结构"。[②] 这样,克罗齐就与尼采、柏格森等一样,从根本上否定了科学的真理性意义,并把认识真理的垄断权归之于他的"精神哲学"。

3. 直觉主义的美学

与本体论和认识论密切相联系的是克罗齐的美学理论。克罗齐断言"直觉就是艺术","直觉就是表现"。因为他否认"艺术直觉"与"普通直觉"之间的任何质的差别。在他看来,只有直觉才可能是美的,只有直觉在实质上才是真正的艺术作;而直觉(艺术)的物质的体现只具有次要的、辅助的意义。它只是转述直觉(艺术)的工具。他还把语言和艺术等同起来,断言"语言就是艺术","语言学就是美学"。因为,他认为语言和艺术都不过是精神(心灵)的表现和创造而已。

[①] 克罗齐:《史学与道德理论》,第52页。
[②] 参看克罗齐《实践哲学》,第317—318页。

4. 现代主义的历史观

克罗齐宣扬"哲学＝历史"的等同论。他断言，哲学是研究纯粹精神之学，而历史学则是关于纯粹精神的美、真、利、善的具体研究，因而它与哲学在本质上是等同的。

克罗齐还宣扬"现代主义"的唯心史观。他反复强调：历史是单一、个别、不重复的行动的领域，根本不存在任何规律性，因而对它不可能有任何预见性。他写道："历史经常是一种艺术作品，如同诗歌和道德意识一样，无任何规律可循。"① 他断言，历史学家之所以赋予这个领域以严整性、统一性或逻辑性，这是因为历史学家们都具有自己的主观意识和实践的需要。当他们用自己的观点或见解去理解、估计、分析、判断历史过程时，就不可避免地把自己的主观意识和实践需要介入历史事件之中。正是从这种观点出发，他断言"历史都不是过去的历史，而只是现代的历史"，即是现代人所"制造"的历史。他写道："每一个历史论断的基础，都是实践的需要，它赋予一切历史以当代史的性质，因为无论与实践需要有关的那些事实如何年深日久，历史实际上总是面临着当代的需要和环境。"② 他又说："历史就在我们大家的心中，我们的心是历史的源泉。""由于人们生活发展的需要，才使已经死去的历史重新复活，从而把过去变成现在"。因而，"一切真正的历史都是现代的历史"。克罗齐晚年的历史观还增添了不可知论的色彩。他断言"世界的发展有其为我们所不可知道的原因，企图以我们的预见去揭示这些原因是徒劳无益的"。因而"一切历史，即使是与我们最相关的现代欧洲史，都是漆黑一团的"。③ 不论克罗齐的主观意愿如何，他的这种现代主义和不可知论的历史学说在客观上是为帝国主义，特别是为当时的法西斯主义任意歪曲篡改历史事实服务的。

5. 反社会主义的社会政治观

在社会政治理论方面，克罗齐积极维护资本主义私有制，否定马克思主义的共产主义理论，他断言：私有制是善与恶之间永恒斗争的表现，因而建立于它之上的各种各样的社会不平等和冲突都是不可避免的。"消灭一切形

---

① 克罗齐：《史学与道德理论》，第91页。
② 克罗齐：《作为思想和行动的历史》，1939年意大利文版，第5页。
③ 克罗齐：《史学与道德理论》，第91页。

式的战争和战争威胁，根除各种偏见，彻底废除宗教和非宗教的暴政……解决所谓社会问题等等"，都属于与"辩证法"不相符合的"幻想"和"空想"。[①] 而马克思主义的社会主义理论，则是一种"乌托邦主义"。

克罗齐虽对法西斯主义作过一些表面性的批判，但是他的学说，在客观上助长了当时法西斯主义的发展。同时，他的理论对当时的国际修正主义也有一定的影响。当时国际修正主义的头子伯恩施坦和索勒尔都坦率地承认受他的影响。因而，克罗齐的新黑格尔主义同新康德主义一样，被认为是十九世纪90年代的国际修正主义的"精神之父"。

（二）金蒂雷的新黑格尔主义与法西斯主义

意大利新黑格尔主义的另一名代表人物是金蒂雷。他的新黑格尔主义哲学思想后来成了法西斯主义思想体系的"理论基础"之一。

卓万尼·金蒂雷（Giovanni Gentile，1875—1944）意大利哲学家、教育家，早年在比萨高等师范学习，曾在巴勒莫大学和比萨高等师范讲授哲学史；后任墨索里尼内阁的公共教育部长，并参加了法西斯党，是法西斯最高会议的成员。

金蒂雷的主要哲学著作有《马克思的哲学》（1899）、《黑格尔辩证法的改革》（1913）、《作为纯粹行动的精神概论》（1916）、《作为认识论的逻辑体系》（1917—1923）、《意大利现代哲学的起源》（1917—1923）、《保卫哲学》（1924）、《艺术哲学》（1931）、《社会起源和结构》（1946）等。

金蒂雷与克罗齐一样，从右的方面"改革"了黑格尔哲学。但是，克罗齐是从客观唯心主义立场"改革"黑格尔哲学的，而他却是从主观唯心主义立场上"改革"黑格尔哲学。他不仅从黑格尔哲学中清除掉了作为"绝对精神"的异化的自然界，并且还进一步清除掉了"绝对精神"自身，从而把整个世界归结为自我或自我的创造性的思维活动；从黑格尔的客观唯心主义退回到费希特的主观唯心主义立场。他写道："黑格尔哲学的缺点在于它在'自我'之外，设置了以'自我'为前提的那种东西……他更不应当从自然界中引出思想和从客观观念中引出自然界；而应当从思想中引出自然界和观念。当然是从自我的现实思想中，是从自我实现于其中的

[①] 克罗齐：《作为思想和行动的历史》，第254页。

那个绝对属于我们的思想中,而不是从处于某个地方的被抽象地规定的思想中。"①

那么外在的物质世界是什么呢?金蒂雷断言,"物质"和"自然界"并不是自我意识之外的东西,而只是自我意识的创造物,即被自我意识思考过的过去的思想和"已经被完成了的呆板的"逻辑过程。因此,他断言,"自我"不是别的,只是"正在思考着的思想";而"物质"则是"已经被思考过的过去的思想";它们的区别是相对的、在本质上同一的。因而他断言,从这个意义上讲,任何自我意识之外的东西都应该被否定。他写道:"唯心主义对于任何实在都采取否定态度……如果把思想或思想活动理解为一种已经形成的,超出自身发展的实在,理解为一种不依赖于自己的实际表现的实体,那么唯心主义对于这种思想或思想活动也予以否定。"②

金蒂雷虽然宣扬主观唯心主义,但不敢公然承认唯我论。为了掩盖他的极端唯我论的荒诞立场,像许多其他主观唯心主义者一样,他采用了诡辩的伎俩。他称,"自我"为"普遍的自我""先验的自我",并把它等同于"神"。他说:"精神之所以成为人的精神是因为它是神的精神,精神之所以成为神的精神是因为它是人的精神,在这个基础上,行动主义者并不否定神。他同神秘主义者及尘世的宗教徒一样,反复说着一句话:'神在我们之中'。"③ 这样金蒂雷不仅把他的主观唯心主义与客观唯心主义混合在一起,而且还把它们与宗教神秘主义混合在一起。

金蒂雷对黑格尔的辩证法也进行了主观唯心主义的"改革"。他断言,既然不存在客观的自然界,也不存在客观的绝对精神,因而也不存在客观的辩证法。辩证法只存在于自我的意识中,只存在于"正在思考中的思想",即"自我"或"自我意识"的思考过程中。这样他不仅否定了客观的自然辩证法,并且还否定了客观的绝对概念的辩证法;把辩证法完全归结为主观性的东西。

金蒂雷断言:由于"自我意识"在辩证思考中,因而自我意识是辩证

---

① 金蒂雷:《作为纯粹行动的精神概论》,载《金蒂雷全集》第3卷,1946—1955年意大利文版,第93页。

② 金蒂雷:《作为纯粹行动的精神概论》,第93页。

③ 金蒂雷:《行动的唯心主义》,1931年德文版,第38页。

法的领域；而"物质"或"自然界"，由于是已经完成了的、失去了创造性的、僵死的思想，因而它没有辩证法，适用于它的只是形式逻辑。他扬言，他的这种见解把亚里士多德的学说和黑格尔的学说"成功地"综合了起来，把形式逻辑和辩证逻辑"成功地"综合起来了。但是，不言而喻，它实际上是对形式逻辑和辩证逻辑的割裂和肆意曲解。

金蒂雷的主观唯心主义具有鲜明的意志主义色彩。他断言现实是"自我意识"的创造物。"自我意识"如何思考，"现实世界"就如何存在。因而他自称其哲学为"现实的唯心主义"和"行动的唯心主义"。

金蒂雷的主观唯心主义的历史哲学颇相似于克罗齐的历史哲学。金蒂雷把历史与史料的研究等同起来，把历史过程与史学家的思想等同起来，从而，对历史做了彻底主观唯心主义解释，从根本上否定了社会历史发展的客观规律性，以及对它的预见性。

金蒂雷宣扬反动的国家学说。他把垄断资产阶级的"国家"绝对化、神圣化；断言"国家"是"全部权力"和"最高实在性"的体现，他宣扬绝对权威主义。断言国家的"元首"或"领袖"的意志是"普遍自我"或"先验自我"的意志的表现。

金蒂雷的新黑格尔主义哲学思想为后来的法西斯主义思想体系所吸收。他的哲学在法西斯专政时期成了反动的法西斯主义的半官方哲学。

第七章 实用主义

实用主义是当代西方影响最大、流行最广的哲学流派之一。它产生于19世纪下半叶的美国，反映了美国资产阶级的利益。美国自独立战争胜利后，资本主义没有受任何强大封建势力的阻挠而得到顺利发展，资产阶级毫无顾忌地从事投机和竞争，不择手段地追逐个人利益。争取"成功"，追求"实效"成为资产阶级的"座右铭"，实用主义就反映了美国资产阶级的这种精神。20世纪上半叶，随着美国政治经济力量的发展，它广泛流传于整个西方世界，对1949年前旧中国的思想界也有很大影响。实用主义继承了贝克莱—休谟—孔德的主观经验主义路线，它与马赫主义等实证主义思潮的其他流派一样，认为经验是世界的基础，主张把人的认识局限于经验的范围，因而基本上属实证主义思潮，是实证主义的第三代。但是，它也继承了叔本华、尼采等人的意志主义和狄尔泰、柏格森等人的生命哲学的非理性主义思想，因此，人本主义思潮对它也有明显的影响。英国实用主义者斐迪南·席勒，还自称其实用主义为"人本主义"。实用主义还有区别于其他实证主义流派的另一个明显特点，那就是把实证主义功利主义化：强调"生活""行动"和"效果"，它把"经验"和"实在"归结为"行动的效果"，把"知识"归结为"行动的工具"，把"真理"归结为"有用""效用"或"行动的成功"。因此它被称为"实用主义"。

实用主义的创始人是美国哲学家皮尔士。他是这个流派的奠基人。另两名主要代表者是詹姆士和杜威，他们使实用主义哲学体系化，并发扬光大。实用主义后来的代表人物是胡克和刘易士，他们代表了实用主义演化的两个不同方面：前者发展了实用主义哲学的反马克思主义内容；后者则把它引进逻辑学领域，促进了实用主义与逻辑实证主义的合流。实用主义另有许多名称：皮尔士称为"实效主义"，詹姆士称为"彻底经验主义"，杜威称为"经验自然主义",胡克称为"自然主义的人本主义",刘易士则称为"概念的实用主义"等等。实用主义自40年代以后就日趋衰落。它在哲学界的地位逐渐为逻辑实证主义所取代。但是作为一种哲学思潮,它仍深远地影响着当前的西方世界。

一 皮尔士的"实效主义"

查尔斯·皮尔士(Charles Santiago Sanders Peirce, 1839—1914)是美国的哲学家、逻辑学家,早年在哈佛大学学习,1863年毕业于劳伦斯学院,后在美国大地和海岸测量局工作,出席过国际大地测量学大会,并曾任哈佛大学和雷布金斯大学研究院兼职教授。在1871—1874年,他于哈佛大学组织了一个名为"形而上学俱乐部"的哲学协会。这个协会后来成了实用主义的发源地。

皮尔士在生前公开发表过两篇论文:《信念的确立》(1871)和《怎样弄清我们的观念》(1878),他的《文集》(共六卷)是死后由他的门徒整理出版的。上述两篇论文为实用主义定下了基调。

皮尔士的出发点是主观经验主义。他否定物质世界的客观存在,但又与传统的主观经验主义略有差异。传统的主观经验主义,如贝克莱把"物"归结为"感觉的复合";而皮尔士认为"物"就是我们的"经验的效果"。他说:某物是"硬"的,无异于说他在我们的行动中具有"抓不破表层"的效果;说它是"重"的,无异于说我们支撑它需要"花费气力",否则它就会产生"落下去"的效果,等等。因此他的结论是:"事物就是效果"。他写道:"所谓实在,正如每一种其他的性质一样,就在于它具有实在性的事物所产生的特殊的可感觉的效果。"[1] 既然事物只是感觉或经验的效果,它自然不存在于经验之外,而只存在于经验之中了。他说:"事物从外部看来好像是物质的,若从内部去看……原来是意识。"[2]

根据这一观点皮尔士讨论了认识论问题。他反对唯物主义的反映论,

---

[1] C. S. Peirce, *Chance, Love and Logic: Philosophical Essays*, Morris R. Cohen ed., New York: Harcourt, Brace & Company, inc., 1956, p.54.

[2] Ibid., p.263.

认为认识的任务不是反映客观世界的本质和规律,而是认识行动的效果,从而为行动提供信念。他说:"思维的唯一职能在于确立信念。"①

皮尔士把人的认识活动等同于生物适应环境的本能活动。他说:"一切人类知识,直至科学的最高成就,都仅是我们天生的动物本能的发展。"② 因而他认为:人的行动的信念不是建立在对客观规律性和必然性的认识上,它仅是一种生物的本能,即是在应付环境中建立起来的"行动的习惯"。他说,"信念就是在我们的本性中建立的一种行动的习惯","人们不过是习惯的组合"。③

皮尔士认为,认识的发展过程不是对客观世界认识的深化,而是"怀疑—探索—信念"这三个环节的不断循环。他认为,环境总是在无规律的变化中。它变了,原来建立的信念就丧失了,信念就变成怀疑,于是需要重新探索建立新的信念,使行动能适应新的变化。所以他说:"思想不是别的,它无非是探索的手段。"④

究竟应该怎样来确立行动的信念呢?他认为有四种方法:1."固执的方法":否定任何客观准则,各人按自己的意愿行事。2."权威的方法":由国家或其他暴力机关规定个人的信念,代替他们的意志而行动。3."先验的方法":肯定每个人的理性中有共同的先验原则,通过集体讨论以确立信念。4."科学的方法":把信念建立在实验效果的基础上,通过实验或行动而建立信念。他认为,前三种方法常常会导致行动的失败,只有第四种方法才能提供具有"外在永恒性,而不凭主观偏见"的信念,从而导致行动的成功,因而它才是唯一可靠的方法。⑤ 在这里,皮尔士似乎强调了实验的重要性。但是他所说的"实验",不是规律性知识指导下的实践活动,仅是一种盲目的探索,因而仍然是实用主义的。

皮尔士着重研究了观念(概念、命题)的意义问题。他否认观念的意

---

① C. S. Peirce, *Chance, Love and Logic: Philosophical Essays*, Morris R. Cohen ed., New York: Harcourt, Brace & Company, inc., 1956, p. 38.

② C. S. Peirce, *Collected Papers of Charles Sanders Peirce volume II*, Belknap Press, 1932, p. 477.

③ Ibid., p. 288.

④ C. S. Peirce, *The Philosophy of Peirce: Selected Writings*, Justus Buchler ed., Routledge and Kegan Paul, 1950.

⑤ C. S. Peirce, *Chance, Love and Logic: Philosophical Essays*, Morris R. Cohen ed., New York: Harcourt, Brace & Company, inc., 1956, pp. 17–29.

义是由它们所反映的内容决定的,而认为是决定于它们所引起的行动的效果。他说:"为了确定一个理性中的概念的意义,人们应当考虑一下从那个概念的真理性中必然可以产生什么样的实际效果,这些效果的总和就构成了这个概念的全部意义。"① 因而他断言"意义就是效果"。

皮尔士还讨论了真理问题,他断言真理就是"效果",就是导致行动成功的信念。他说:"真理不同于谎言的地方,只在于以真理为依据的行动必然达到我们指向的地方,而不是离开它。"②

由于皮尔士对"经验"做了主观唯心主义的解释,因而把"物"解释为经验的"效果","真理"解释为经验的"效用"等,其实质与传统的主观经验主义一样,乃是把整个客观世界和整个人的认识过程主观经验主义化。皮尔士的这种主观经验主义的观点,后来成了实用主义的理论核心,并为詹姆士等人所发展。

二 詹姆士的"彻底经验主义"

威廉·詹姆士(William James,1842—1910)是美国著名的哲学家和心理学家。他的父亲是一位神学家。他自幼受宗教神学和唯心主义的影响很深,年轻时在普林斯顿神学院学习,后在哈佛大学学医,并获得医学博士学位。后来,他的兴趣转向哲学和心理学,并于1897年后专任哲学教授。他的主要哲学著作有《心理学原理》(1890)、《实用主义》(1907)、《彻底经验主义论文集》(1912)等。

詹姆士把皮尔士的实用主义观点体系化,从而使它成为一个影响甚大的哲学流派。

(一)"彻底经验主义"的本体论

詹姆士认为,宇宙的本质是"纯粹经验"。他说:"我认为世界只有一

---

① C. S. Peirce, *Chance, Love and Logic: Philosophical Essays*, Morris R. Cohen ed., New York: Harcourt, Brace & Company, inc., 1956, p.45.

② C. S. Peirce, *Collected Papers of Charles Sanders Peirce volume V&VI*, Belknap Press, 1935, p.247.

种本原，一切事物都由它构成，我把它称为'纯粹经验'。"① 有时他又称它为"思想流""意识流"或"主观生活之流"，② 即是一种因神经受刺激而引起的一种连绵不绝的"感觉的长流"或"原始的感觉混沌"。他认为，这种纯粹经验是没有性质、形状等任何规定性可言的。人们只有在没有任何理性活动参与的下意识中才能体验到它。例如，"只有新生婴儿，或在睡眠、服药、重病或受撞击后半昏迷状态中才会有它"③。

那么，纷繁复杂而具有各种规定性的万事万物是从哪里来的呢？詹姆士认为，这是意识的产物，是人们对"纯粹经验"或"混沌的意识流"加工改造的结果。人们依据各自的兴趣、爱好、关注和愿望，从这种"混沌的意识流"中分割、选取其中的片断，组合成为各种各样的事物。他说："总是有无数的事项呈现于我的感觉之前，但是只要我对它们没有兴趣，它们就丝毫不能进入我的经验之中。我的经验乃是我所注意的东西。"④ 因此他把"意识流"比喻为一块质朴的大理石，而把万物比喻为由这块大理石雕琢成的雕像。"我们拿到的是一块大理石，而雕成石像的是我们自己。"⑤ 因而，"实在就是我们所注意的东西"，"一切实在的基础和起源，无论从绝对的或实践的观点来看，都是主观的，也即是我们自己的"。⑥

因此，詹姆士否认物质世界在经验之外的客观存在。他说："贝克莱对于'物质'的批判是绝对实用主义的，物质是作为我们对于某些颜色、形态、硬度等感觉而被认识的，这些感觉是'物质'这个名称的兑现价值。"⑦ 他还把"客观的物质"说成是"妖魔""鬼怪"；称唯物主义是"符咒"和"形而上学"（玄学）等等。⑧ 不言而喻，这是一种赤裸裸的主

---

① William James, *Essays in Radical Empiricism*, New York: Longman Green and Co., 1912, p. 4.
② William James, *The Principles of Psychology*, New York: Henry Holt and Company, 1890, p. 239.
③ William James, *Essays in Radical Empiricism*, New York: Longman Green and Co., 1912, p. 95.
④ William James, *The Principles of Psychology*, New York: Henry Holt and Company, 1890, p. 402.
⑤ 詹姆士：《实用主义》，1943 年英文版，第 247、48、52 页。
⑥ William James, *The Principles of Psychology*, New York: Henry Holt and Company, 1890, p. 297.
⑦ Ibid..
⑧ Ibid..

观经验主义。

(二)"有用就是真理"的认识论

詹姆士认为,认识是"经验内部的事情",是人们组织经验材料的一种"能动性"活动。他把辩证唯物主义的能动反映论等同于机械反映论,而妄加"驳斥"。他说,"摹写说"否定意识的能动性,把意识活动"消极化""静态化",是一种"绝对空洞的观念"。① 他举例说,"试闭上眼睛,想想那边墙上的挂钟",你能"摹写钟的表面",却无法摹写它的"内部机件"。②

关于真理,他说:"实用主义……也就是某种关于真理的理论。"③ "理论的真理性不是什么我们心灵与原型的实在之间的关系,它只是心灵之内的事情。"④ 他有时也主张真理是与"实在相符合",但是他所说的"实在"只是"行动的效果"。⑤ 他认为真理是人们"在经验过程中构成的"。⑥ 人们把经验材料联系起来,联系得好,不自相矛盾,并在应付环境中能取得"效果",那就是"真理"。他说:"如果有一个概念,我们能用它很顺利地从一部分经验转移到另一部分经验,将事物完满地联系起来,很稳妥地工作起来,而且能够简化劳动,节省劳动,那么这个概念就是真的"。⑦ 因此他叫嚷"有用就是真理"。他说:"'它是有用的,因为它是真的';或者说'它是真的,因为它是有用的';这两句话的意义是一样的。"⑧ "如果它能双倍地满足我们的需要,它便是最真的。"⑨ 应该承认,真理是有用的,但是并不是"有用的就是真理"。因为只有正确地反映客观规律,对于改造客观世界有用的知识或理论才是真理,有助于剥削阶级颠倒是

---

① 詹姆士:《实用主义》,第69、199、55页。
② 詹姆士:《实用主义》,第69、199、55页。
③ 詹姆士:《实用主义》,第69、199、55页。
④ William James, *Essays in Radical Empiricism*, New York: Longman Green and Co., 1912, p. 214.
⑤ 詹姆士:《实用主义》,第418—419页。
⑥ 詹姆士:《实用主义》,第218页。
⑦ 詹姆士:《实用主义》,第58页。
⑧ 詹姆士:《实用主义》,第204页。
⑨ 詹姆士:《实用主义》,第64页。

非、欺骗和侵略的反动理论并不是真理，而是谬误。詹姆士把"有用"混同于"真理"，其结果就会给帝国主义、资产阶级的一切反动言论戴上"真理"的桂冠。

詹姆士否认客观真理。他认为"纯粹的客观真理是哪里也找不到的"①。他并否认相对真理和绝对真理的辩证统一，宣传主观主义和相对主义的真理论。他说："一个看法是否成功（即是否真理）是一个人估价的问题。"② 因为"真理是从经验中产生，并随时随刻代表我们各个人的最有利的反应"③。因而，真理也是随环境和个人的利益的变化而随意变化的。他说："我们今天只能按照能得到的真理去生活，并且准备明天把它叫作是假的。"④

詹姆士用他的主观主义和相对主义的真理论公开为宗教辩护。他说："根据实用主义原则，只要关于上帝的假设在最广泛的意义上能令人满意地起作用，那么这个假设就是真理。"⑤ 他认为，宗教的确能起这样的作用。因为"上帝这个名称至少能给你一种精神上休假日的好处"⑥。

（三）实用主义方法论

詹姆士把实用主义归结为一种方法论。他说："实用主义不代表任何特别的结果，它不过是一种方法。"⑦ 他把实用主义的方法用一句格言来表述："不讲原则，只讲效果。"他说："实用主义的方法不是什么特别的结果，而只不过是一种确定方向的态度。这个态度不是去看最先的东西：原则、'范畴'和必需的假定，而是去看最后的东西：收获、效果和事实。"⑧

在詹姆士看来，人们生活中的许多争论都不是"效果"的争论，而只是抽象"原则"的争论；这类争论都是多余的，没有意义的，如果用实用主义的方法去处理，它们就会自然地平息。他认为，传统哲学中的许多争

---

① 詹姆士：《实用主义》，第64页。
② 詹姆士：《实用主义》，第392页。
③ 詹姆士：《实用主义》，第64页。
④ 詹姆士：《实用主义》，第223页。
⑤ 詹姆士：《实用主义》，第299页。
⑥ 詹姆士：《实用主义》，第109页。
⑦ 詹姆士：《实用主义》，第54页。
⑧ 詹姆士：《实用主义》，第55—56页。

论：如世界是物质的，还是精神的？是命定论，还是意志自由等，都是这样一类"毫无意义"的"形而上学"争论。他打一个比喻说：一只松鼠绕着一枝树干转动；一个人在树干的背后与它以相同的方向和速度转动，因而始终看不到松鼠。人们因而争论：这个人是否绕着松鼠转？他说：这就是一个毫无意义的争论，因为"哪一边对，要看你们所谓'绕着'松鼠跑的实际意义是什么？要是你们的意思是说从松鼠的北面到东面，再到南面和西面，然后再到北面，那么这个人显然就是绕着它跑的，因为这个人确实相继占据了这些方位。相反，要是你的意思是说先到松鼠的前面再到它的右面，再到它的后面，再到它的左面，然后回到前面，那么这个人显然并没有绕着这个松鼠跑。"[①] 因此他认为：唯物主义与唯心主义之争，本质上只是"意气"之争；唯物主义者属"刚性"气质，唯心主义者属"柔性"气质，他们各偏一方，意气用事。只有实用主义不偏不倚，才是息事宁人的"和事佬"，"它总是采取中间的调和路线"，"使善良的人们不再分为两个敌对阵营"。[②] 显然，詹姆士的实用主义在实质上不可能"调和"唯物主义与唯心主义，而只是反对唯物主义，贩卖主观经验主义而已。

三 杜威的"经验自然主义"

约翰·杜威（John Dewey，1859—1952）是美国最有声望的实用主义哲学家。他于1879年毕业于佛蒙特大学，后进霍布金斯大学研究院研究，1884年获博士学位，此后相继在密执安大学、芝加哥大学、哥伦比亚大学任教。他的主要哲学著作有《哲学的改造》（1920）、《经验与自然》（1925）、《确定性的追求》（1929）等。

杜威在皮尔士和詹姆士理论的基础上进一步发展了实用主义学说，并把它推广应用于教育学、历史学等社会科学和人文科学领域。

（一）经验自然主义

如果说在詹姆士的"纯粹经验主义"的理论中，有比较浓厚的主观经

[①] 詹姆士：《实用主义》，第44页。
[②] 詹姆士：《实用主义》，第6—13、40页。

验主义色彩；那么在杜威的"经验自然主义"的理论中，这种色彩就被含混的用词掩饰了。

与詹姆士一样，杜威认为世界的本原是"纯粹经验"或"原始经验"。但是他把"经验"解释为"人和环境相互作用的统一体"。他说：有机体对于环境并不是消极被动的。"它们作用于环境"，"促使环境发展变化，而环境的变化又反过去作用于有机体及其活动"。因而"它们受着自己的行动后果的影响"，"这种行为与环境的密切联系，就形成了我们的经验"。① 因而他反对"把人及其经验与自然截然分开"②，而坚持"经验与自然的连续性"③，他反复声明他所称的"经验"，既包括人的主观意识及其活动，也包括"自然界"。他说："'经验'既指开垦过的土地，播下的种子，收获的成果，日和夜、干和湿、冷和热等的变化，以及这些为人们所观察、所畏惧、所渴望的东西；它也指这个种植和收割、工作和欣慰……的人。"④ 为了强调这种"统一"，他称自己的理论为"经验的自然主义"或"自然的经验主义"。⑤

表面上杜威似乎强调经验与自然的统一，实质上是把物质的自然界统一或吞并于主观的经验或意识之中。因为像詹姆士一样，他否认事物在经验之外的存在，而把它们说成是原始经验的改造物。他说："思维使混乱、模糊和矛盾转变为明确、确切和一致"，"这样被经验到的事物就被转变成为对象"。又说："知识的对象不是思维的出发点，而是思维的终结。它是思维的探索和试验过程本身所产生的东西。"⑥

杜威称他那种把物质消溶于意识之中的方法为"经验法"，而把唯物主义的方法与客观唯心主义的方法混同起来，统称为"非经验法"。他断言："非经验法"是"错误的""形而上学的"，而实用主义是凌驾于唯物主义与唯心主义之上的"中立的"哲学。⑦

---

① Cf. John Dewey, *Experience and Nature*, Courier Corporation, 1958, p. 48.
② Ibid., p. 1, p. 11.
③ Ibid..
④ Ibid., p. 10, p. 1.
⑤ Ibid..
⑥ John Dewey, *Essays in Experimental Logic*, Chicago: University of Chicago, 1916, p. 334.
⑦ John Dewey, *Experience and Nature*, Courier Corporation, 1958, p. 9.

(二) 工具主义

杜威发展了詹姆士关于"知识是行动的工具"等主观经验主义思想，系统地提出了工具主义的认识论和方法论。

杜威把原始的经验世界看成是一个"动荡的""不稳定的""纯粹偶然的"世界。他说："人发现他自己生活在一个碰运气的世界中。他的存在，说得粗俗一点，包括着一场赌博。这个世界是一个冒险的地方，它不安宁，不稳定，不可思议地不稳定。它的危险是非规则的，讲不出其时间和季节的。"[①] 因而他认为，认识的任务不是把握客观规律性和必然性，以预见未来，因为根本不存在必然性这类东西；而是把那零乱、模糊、不准确的原始经验，改造成为系统、明确和相对稳定的东西，以应付环境的变化。所以他认为："认识不是消极的直观的记录事实，而是行动，是创造。就深刻的意义说，认识不是消极直观的，而是实践的。"[②] 他这里所说的"行动""实践"实际上只是一种盲目冒险行为。他还把知识说成是行动（应付环境）的工具。"所有的概念、学说、系统，不管他们怎样精致，怎样坚实都必须视为假设，它们都是工具。与其他一切工具一样，它们的价值不在于它们自身，而在于它们所造成的结果中显现出来的效果。"[③] 应该承认，知识、理论是人们用以改造客观世界的武器或工具。但是，它们所以是人们用以改造客观世界的工具，是由于反映了客观规律，杜威否认客观规律，并把它们歪曲成为人们任意制造出来用以应付环境的工具，这就成了一种工具主义的错误理论。

杜威还认为真理不是和客观现实相符合，而是在应付环境的行动中有效。他说："真理就是效用。""效用是衡量一个观念或假设的真理的尺度。"[④] 因为"工具本身是无所谓真或假的，它只有有效或无效，恰当或不恰当，经济或浪费之别"。

根据上述工具主义理论，杜威在方法论中提出了"五步法"。他宣称，认识或科学研究必须经历以下五个步骤：（1）感到困难；（2）寻找疑难；

[①] John Dewey, *Experience and Nature*, Courier Corporation, 1958, p. 41.
[②] John Dewey, *Reconstruction in Philosophy*, New York: Henry Holt and Company, 1920, p. 116.
[③] Ibid., p. 73.
[④] Ibid., p. 85, p. 129.

(3) 提出假设；(4) 根据假设而推理；(5) 通过行动以检验假设。杜威的这种五步法并非没有任何现代自然科学的方法论根据。但是，他用生物的适应环境的本能活动来曲解这五个步骤：把（1）等同于生物的感受刺激；(2)、(3)、(4) 解释为生物适应环境的盲目摸索；(5) 等同于生物对环境刺激做出的反应。

总之，他认为，人的认识和科学家的科学研究活动，在本质上，与动物的适应环境的活动并无任何本质区别。从而把人的认识活动和改造客观世界的实践活动贬低为动物应付环境的本能活动。

（三）改良主义的社会历史观

杜威把实用主义推广、应用于社会、历史领域，建立了实用主义的社会历史哲学。杜威的社会历史理论是建立在社会多元决定论基础上的。他反对社会存在决定社会意识的观点，断言社会的变化和发展决定于人性和文化两个方面的多种因素的交互作用。他先验主义地认为，人生来具有"分化"和"结合"两种天性。他说："我们可以肯定，人性像生活的其他形式一样，具有趋于个体方面的分化，又趋向于结合或联合。"[1] 人的本性中的分化的倾向产生利己心，联合的倾向产生利他心。社会能否稳定和发展就依赖于这两种倾向的协调和平衡。

在杜威看来，决定社会发展变化的另一方面是文化，而文化包括政治、经济、法律、教育等多种因素的结合。他写道："文化是许多因素交互影响构成的，其中主要的因素是法律和政治，工业和商业，科学和技术，艺术与道德等。"[2] 这样，他就否定了社会物质生产对社会发展的决定作用，而把这种决定力量归之于社会意识，宣扬历史唯心主义。杜威还否认社会发展的规律性，认为社会发展是上述两个方面的多种因素交互作用的结果，它是极其复杂，无规律可循的。

杜威根据他的实用主义理论，反对马克思主义的历史观。首先，他污蔑历史唯物主义是"经济决定论"，是"过了时"的"绝对主义"。他写道："我要批判那种尽量贬低人的因素而使其化为零的社会理论，它完全

---

[1] John Dewey, *Freedom and Culture*, New York: G. P. Putnam's Sons, 1939, p. 21.
[2] Ibid., p. 23.

用环境的条件来解释事件和制定政策。马克思主义把交互影响中的一个因素（经济因素）孤立起来，予以至高无上的地位，从而导致了绝对主义。"① 其次，他反对马克思主义的科学社会主义，认为它是"空想"。他断言"社会的情况十分复杂，无规律可循"，因而"由权威制定有计划的政策，其结果只能是事与愿违，造成不可预测的混乱"。② 最后，他反对马克思主义的阶级斗争学说。他妄言通过阶级斗争不能获得"民主和无产阶级社会"，而只能"引起相反的暴力。"

为了维护资本主义制度，杜威竭力宣扬资产阶级改良主义。他宣称，一切社会问题不能通过革命的办法，而只能通过"尝试性"的途径，用"头痛医头，脚痛医脚的办法才得以缓和或改善"③。他说："改良主义坚信……任何情况都是可以改善的。"④

杜威强调：当前资本主义社会的主要问题不是经济制度问题，而是道德问题。不是社会生产力与资本主义私有制的矛盾，而是因为道德落后于科学技术的发展。他说："人类控制自然的物理能力已无限增加……而我们应怎样利用它却仍未确定……这是一个道德问题。"⑤ 杜威的道德观是工具主义的。他认为"道德"是"应付环境的工具"；而"善""不过是经验上的满足"。⑥ 这就是说，道德应建立在维护资本主义社会的需要的基础上，能满足资本主义需要的就是"善"，反之就是恶。

为了宣扬改良主义，杜威强调教育在改良社会中的作用。他说："教育过程与道德过程是一个东西。"杜威的实用主义教育理论是以先验论的人性论为基础的。他认为教育的目的在于发展"儿童的本性和倾向"，在于让儿童的内在的个性得以自由发展。他说："教育过程是天赋的智慧和感情的基本倾向的发展过程。"⑦ 又说："教育只是本性的生长，除它自生之外没有别的目的。"他并在这种理论的基础上，提出了："在做中学习"

---

① John Dewey, *Freedom and Culture*, New York: G. P. Putnam's Sons, 1939, p. 75.
② Ibid., p. 62, p. 64.
③ Ibid..
④ John Dewey, *Reconstruction in Philosophy*, New York: Henry Holt and Company, 1920, p. 85, p. 142.
⑤ John Dewey, *Freedom and Culture*, New York: G. P. Putnam's Sons, 1939, p. 165.
⑥ 杜威：《民主与教育》，第 643—644 页。
⑦ 杜威：《民主与教育》，第 383 页。

的口号。① 当然他在这里宣扬的并不是在实践中学习，而是"发扬天赋"的唯心主义"天才论"。

杜威的反马克思主义的言论暴露了他是一个资本主义制度的忠实卫士。

四 胡克的"自然主义的人本主义"

锡德尼·胡克（Sidney Hook）是继杜威之后的美国较著名的实用主义哲学家。今天实用主义在美国得以苟延残喘，有赖于他的努力。他于1923年毕业于纽约市立学院，后转入哥伦比亚大学进行研究。1926年获文学硕士学位，后又投在杜威门下，于1927年获哲学博士学位；1928—1929年间他曾去柏林大学、慕尼黑大学，以及莫斯科的马克思恩格斯学院学习和研究；回国后先后在纽约大学任副教授兼哲学系主任、教授、研究院哲学部主任等职。他的主要哲学著作有《实用主义的形而上学》（1927）、《从黑格尔到马克思》（1936）、《约翰·杜威：一个智力工作者的写照》（1939）、《理性、社会神话与民主》（1940）、《历史上的英雄》（1943）、《马克思与马克思主义者：含糊的遗产》（1960）、《革命、改造和社会正义》（1975）等。

（一）自然主义的人本主义

胡克直言不讳地承认他的哲学直接师承于皮尔士和杜威。他说："我所要讲的实用主义既不是席勒的个人的和安慰的实用主义，也不是詹姆士的神秘的和唯名论的实用主义，而自始至终是皮尔士和杜威的社会的和科学的实用主义。"② 胡克忠实于杜威的哲学，在理论上并无创新，其特点仅是使杜威的实用主义理论进一步反马克思主义化。

胡克为了表明他承认自然界的存在和关心人的价值，而自称其实用主义为"自然主义"或"自然主义的人本主义"。其实与杜威并无区别，他认为世界的本原是经验，而"经验"就是"人与环境的交互作用的过程"。

---

① 杜威：《未来的学校》，1920年英文版，第37页。
② 胡克：《实用主义的形而上学》，1965年中文版，第8页。

第七章 实用主义

他重复杜威的论调说:"经验是一个生物与一个环境之间交互作用的关系。有时候把它称为主动与被动的过程,或者更简单地称它为一种'交错作用'。"[1] 他还从杜威的工具主义观点出发,以工具(钥匙)为例,论证了思想(意识)与环境(自然)的不可分性。他说:"思想是应付环境的工具。工具(思想)与工具的对象(自然)是统一而不可分的。"正如"钥匙"与"锁"是统一而不可分的一样。[2]

因此,胡克在表面上既肯定意识,也肯定外部世界的存在,认为两者是不可分割地统一的。但是实际上,却把外部世界归结于人的意识。他说:"存在(物质)不可能完全不依赖于人的理性而存在。"因为,"对于物质的描述必须涉及它的性质",而性质是人的"经验"中的东西。[3] 因而他宣扬的仍然是主观经验主义。

胡克重复杜威的工具主义的认识论。他宣称:"思维是工具性的"[4],"思想是一种求活命的工具"[5]。因而他与杜威一样,认为一切知识都不过是人们制造出来用以应付环境(活命)的手段。他说:"一切对于存在的事物所作的理智的研究,是一个发现的过程,同时也是一个建造和重新建造的过程。"[6]

他否认客观规律,认为规律也是人制造出来的一种工具,因为它是人们人为地把杂乱无章的原始经验材料加以系统化的结果。他说:"科学规律终究是'用来控制特定情形的手段'。"[7]

他同样把真理也说成是一种人造的工具。因为他认为:"一个论断是真实的,只是因为它在行动中有效地实现了预期的结果。"[8]

---

[1] 引自《西方现代资产阶级哲学论著选辑》,第 203 页。
[2] 参见胡克《实用主义的形而上学》,第 1 章。
[3] Sidney Hook, *The Quest for Being, and Other Studies in Naturalism and Humanism*, Dell Publishing, 1961, p. 271.
[4] 参见胡克《实用主义的形而上学》,第 2 章。
[5] Sidney Hook, *Reason, Social Myths and Democracy*, Harper & Row, 1966, p. 4.
[6] 引自《西方现代资产阶级哲学论著选辑》,第 209 页。
[7] 引自《西方现代资产阶级哲学论著选辑》,第 202 页。
[8] 引自《西方现代资产阶级哲学论著选辑》,第 204 页。

（二） 反辩证唯物主义

如果说胡克在理论上只是重弹了皮尔士和杜威的老调而并无新的创建，那么他在反对马克思主义方面却是远远地超过了他的老师。他的大部分著作是"批判"马克思主义的。他早年曾打着"保卫"马克思的旗号反对马克思主义；自40年代以后，就暴露其真面目，赤裸裸地反对马克思主义了。他从反动资产阶级的立场出发对马克思主义进行了恶毒的谩骂与攻击。他污蔑辩证唯物主义是"陈词滥调"，是"纯粹的谎言和谬论"，是"保证共产主义必然胜利的宗教代用品"[1]。他更仇视辩证法，说马克思的辩证法用词"含混不清""自相矛盾"[2]。他对辩证法的三个规律——进行了"驳斥"。

胡克反对"对立统一"的规律。他否认矛盾的客观存在，故意把辩证法的"矛盾"与"逻辑混乱"等同起来。他胡说"矛盾"不可能存在于自然界，只能存在于"糊涂人的思想中"[3]，并说恩格斯肯定"矛盾"存在于自然界是一种"奇谈怪论"，如果这样，"自然界本身就成为荒谬"，"科学也就无法前进一步了。"[4] 他也反对"否定之否定"规律。他说："这个规律往往被人们认为是辩证法的灵魂。"其实，"它只是一种神学神秘主义的痕迹"[5]。因为"它把意识的要素当成了一切事物的普遍的特征"[6]。

胡克还反对"从量变到质变"的规律。他形而上学地把量与质绝对地对立起来，断言量就是量，质就是质，两者不能互相转化。他说："认为量不断变成质和质不断地变成量是荒谬的。"

最后，胡克把辩证法污蔑为"谎言的逻辑"和"神话"[7]，胡说"只有抛弃它，才有助于清晰的思维"[8]。胡克对辩证法的谩骂与"批判"，恰好说明他对革命辩证法的一窍不通和十分害怕。

---

[1] Sidney Hook, *Political Power and Personal Freedom: Critical Studies in Democracy, Communism and Civil Rights*, New York City: Criterion Books, 1959, p. 202.

[2] Sidney Hook, *Reason, Social Myths and Democracy*, Harper & Row, 1966, p. 195, p. 202.

[3] Ibid..

[4] Ibid., p. 203, p. 208, p. 209.

[5] Ibid., p. 211, p. 216.

[6] Ibid., p. 214.

[7] Ibid., p. 220, p. 223.

[8] Ibid..

（三）资产阶级改良主义

胡克仇视历史唯物主义。他污蔑历史唯物主义是一种"神秘的理性主义与浅薄的经验主义""相结合"的"怪物"。①

胡克反对社会存在决定社会意识的历史唯物主义基本观点。跟杜威一样，他无视马克思主义既承认物质的决定作用，也肯定意识对物质的能动作用的辩证观点，而把历史唯物主义歪曲成为只承认经济的作用，根本否认人的能动作用的"经济决定论"。他歪曲说：马克思主义的"经济决定论"使"环境的客观作用"与"人的积极作用"对立起来，从而否定了"人的意志所具有的不同程度的历史的自由"。②

胡克反对马克思主义的科学社会主义—共产主义的理论，妄言：马克思主义的"社会主义—共产主义"是"一种简单化的经济一元论基础上的胡言乱语"③。他声称自己也主张"社会主义"。但是他断言"社会主义"只能建立在私有制基础上，④因而他的"社会主义"实际上只是一种用"社会平等"的口号伪装起来的资本主义雇佣奴隶制度。

胡克反对马克思主义的阶级斗争学说，宣扬阶级调和论。他说："全部历史不仅是阶级斗争史，也是阶级合作史。"⑤他妄言，阶级斗争只会给社会带来破坏，因而应宣扬"阶级合作"。实际上，这是要工人永远做资本家的雇佣奴隶。

胡克极力维护资本主义，宣扬资产阶级改良主义。他说，"我也批判资本主义"，但只限于"民主"方面。他说马克思主义的理论是"马克思本人所处的资本主义社会的写照"。今天，它的性质"已经改变"⑥；"当今的问题已不是探索财产的新形式，而是探索如何丰富人们的生活；不是选择资本主义还是社会主义，而是最大限度的扩大民主"。他说："只要扩

---

① Sidney Hook, *Reason, Social Myths and Democracy*, Harper & Row, 1966, p. 252.
② Sidney Hook, *Political Power and Personal Freedom: Critical Studies in Democracy, Communism and Civil Rights*, New York City: Criterion Books, 1959, p. 166.
③ Sidney Hook, *Reason, Social Myths and Democracy*, Harper & Row, 1966, p. 483, p. 19.
④ Ibid. .
⑤ Sidney Hook, *Marx and the Marxists: The Ambiguous Legacy*, D. Van Nostrand, 1955, p. 29.
⑥ Ibid. , p. 25.

大民主程序"就能使资本主义为全社会的利益服务，就能造成一个"福利和友爱的社会"，[1]"和平、富裕和自由"的社会。[2] 胡克口口声声叫喊不要改变资本主义所有制，这正好说明他是一个资产阶级的忠实辩护士。

由此，胡克得出结论说，"马克思主义已经'破产''崩溃'和'堕落'"[3]，并认为在美国实现"社会主义"，不是依靠革命的马克思主义理论，而是依靠杜威的实用主义哲学。胡克声嘶力竭地反对辩证唯物主义与历史唯物主义，宣扬实用主义，归根到底是由于恐惧、仇恨社会主义，迷恋、维护资本主义。他早在一个世纪以前，就断言马克思主义已经"崩溃""破产"，实用主义"必然永远胜利"。但是历史发展的事实是：实用主义作为一个哲学流派，已经在美国和全世界日益衰落了；而马克思主义在西方，同样在美国，却得到愈来愈高的威望，并出现了"马克思热"。以至胡克本人，在其近著《马克思第二次降世》一书中也无可奈何地承认：这是他"无法理解的奇迹"。因此，不论胡克如何污蔑、攻击马克思主义和社会主义，都无损于它们的光辉，相反，恰恰暴露了他自己为垄断资产阶级效劳的反动嘴脸。

五 刘易士的"概念的实用主义"

克拉伦斯·刘易士（Clarence Lewis，1883—1964）是当代美国另一位著名的实用主义哲学家和逻辑学家。他早年求学于哈佛大学，接受了皮尔士等人的哲学思想熏陶。1910 年在该校毕业，获哲学博士学位，自 1920 年起在哈佛大学教授哲学，1964 年死于加利福尼亚州。他的主要著作有《符号逻辑概论》（1918）、《心灵和世界秩序》（1928）、《对知识和价值的分析》（1946）等。

刘易士在数理逻辑方面有过较大贡献。他最早提出了严格蕴涵，并且是模态逻辑的奠基人。他的哲学的特点是把实用主义的观点引进逻辑领域，促进了实用主义与逻辑实证主义的合流。他自称他的这种实用主义是

---

[1] Sidney Hook, *Political Power and Personal Freedom: Critical Studies in Democracy, Communism and Civil Rights*, New York City: Criterion Books, 1959, p. 395.

[2] Sidney Hook, *Reason, Social Myths and Democracy*, Harper & Row, 1966, p. 111.

[3] Ibid., p. 105.

"概念的实用主义"。①

刘易士承袭皮尔士、杜威等人的实用主义观点,认为世界的本原是经验,并把"经验"解释为人的意识与自然的"交互作用"。他也否认经验之外有物质世界存在,从而把"物质的自然界""吞并"于人的"经验"之中。他说,"超乎一切现象并为其基础的那个作为具体—共相的实在(按即物质)只是一种哲学的鬼火"②和"毫无意义的胡说"③。

刘易士坚持杜威等人的工具主义的认识论,认为认识不是反映客观现实,而是改造"原始经验","创造"认识对象。他说:"经验世界并不是经验中被给予的,它是思想运用感觉材料构造出来的。"因此"世界是我们的创造物"④。

刘易士用实用主义观点着重探讨了逻辑问题。他认为原始经验是杂乱无章的,人们在认识过程中把它系统化地构造成为科学对象。但是在这个系统化过程中,人们必须遵守逻辑规则,那么这些逻辑的概念、范畴体系及其规则的根据是什么呢?

刘易士认为,历史上对逻辑知识(以及数学知识)的确定性有以下几种解释:一是大陆唯理主义的解释,认为逻辑和数学的确定性来源于理性中的天赋的自明真理;二是康德的先验论的理解,认为它来源于先验的直观构造形式;三是穆勒等经验主义的见解,认为它是从经验中概括出来的。⑤他不同意这三种观点,认为自非欧几何和相对论出现以后,这些观点都站不住脚了。因为非欧几何表明:几何系统的经验内容并不是确定、永真的;只有它的逻辑形式才是确定的真的。因而他认为,应该承认"双重真理"即"逻辑真理和经验真理"。他认为,逻辑真理是非经验的,因而是确定的真的;经验真理是经验的,因而不是确定的,而是或然的。他说:"我们似乎必须接受一种双重真理:确定的真理,如数学(逻辑)的确实性,它是关于抽象的东西;经验真理,它只是或然的。"⑥

---

① 刘易士:《心灵与世界秩序》,第4页。
② 刘易士:《心灵与世界秩序》,第9页。
③ 刘易士:《心灵与世界秩序》,第32页。
④ 刘易士:《心灵与世界秩序》,第29、21页。
⑤ 刘易士:《心灵与世界秩序》,第1—2页。
⑥ 刘易士:《心灵与世界秩序》,第3页。

那么为什么逻辑真理具有确定性并能应用于经验事实或实在呢？它与实在的关系是怎样的？有没有先验的知识呢？他认为，这是一个至今未能得到圆满解释的争论问题。他不同意逻辑实证主义关于逻辑规则的约定论见解，而提出了一种实用主义的见解：①

首先，刘易士肯定逻辑规则的"先验性"。他认为逻辑真理是"先验真理"②。但是他接着立即声明：他对"先验性"的理解，与传统的理解，即康德的理解是不同的，后者把"先验性"理解为先天地存在于理性之中的，而他所谓的"先验性"仅是指在经验之前就可以确认的。他说："所谓先验的，就是在经验之前可以被确认的。"③

刘易士认为：逻辑的"有效性"即"真"，与伦理学中的"善"和美学中的"美"相类似。它们并不是经验自身，而是评价经验的准则。作为评价经验的准则，自然应存在于被评价者（经验）之先，因而它是先验的。他说："实在所以可以先验地加以定界，那并不是由于限制经验内容的直观形式或范畴，而只是由于下面的事实，即凡称为'实在'的东西，必然是依先前所定的标准在经验中辨别出来的某种东西。"④

那么，这种先于经验的评价准则是从哪里来的呢？他认为它不是天赋的，而是"人们的活动态度加之于感觉材料之上的"⑤。人们在应付环境的活动中，根据一定的"目的性"和"有用性"来评价经验，这种"目的性"和"有用性"就成为评价准则，即逻辑规则的来源。所以他说："我们主张先验的东西之存在于经验之前，几乎与目的之为先验的是一样的意思。"⑥

那么，人们在各自应付环境的行动中，为什么必然都遵循共同的评价准则或逻辑规则呢？这是因为不仅人们所处的经验环境是共同的，而且他们应付环境的行动是协作的。他说："我们的基本准则和原则之所以互相符合，是人类这种动物及其根本利益都互相类似和他们所处理的经验也互

---

① 刘易士：《心灵与世界秩序》，第3—4页。
② 刘易士：《心灵与世界秩序》，第3—4页。
③ 刘易士：《心灵与世界秩序》，第14页。
④ 刘易士：《心灵与世界秩序》，第3—4页。
⑤ 刘易士：《心灵与世界秩序》，第14页。
⑥ 刘易士：《心灵与世界秩序》，第24页。

相类似的联合的结果……特别是当为那一类行为所服务的利益包含有合作在内时,更是如此。"①

刘易士还肯定了逻辑规则的可变性。他认为,作为评价准则的逻辑规则,如同道德准则以及其他哲学范畴一样都是可以根据环境以及人的目的性和有用性的改变而改变的。他认为,传统逻辑之外的模态逻辑(和多值逻辑)等的出现,就是这种逻辑可变性的证明。他写道:"逻辑学与伦理学一样,它的有效原则虽以某种方式隐藏于心灵之中,但并不意味着它们被人们所始终固守。如果它们是那样的,它们的事业就没有实践的价值了。"② 又说:"范畴是基本的,但如果认为社会过程既不能创造它们,也不能改变它们,那是一种毫无根据的唯理主义的偏见。"③

总之,刘易士认为,逻辑的确定性来源于人的应付环境的行动的实用性。他总结道,"逻辑原则所以是正确的",是因为"凡与这个原则相符合的行为在正常情形下总是成功的","逻辑的有效性必须满足于作为行为的指南的实用的价值标准"。④ 这样,他就把实用主义的原则引进了逻辑领域,从而把实用主义引上了与逻辑实证主义合流的道路。目前美国流行的逻辑实用主义,就是在他的这种思想的直接影响下形成和发展起来的。

刘易士的逻辑实用主义理论是错误的。逻辑或逻辑规则并不是人们依据实用的需要主观任意制定的,它是客观世界普遍关系的反映。如逻辑的同一律:$A = A$ 就是客观事物的普遍的质的相对稳定性及其相互区别性的反映。列宁说:"最普通的逻辑的'格'……最普通的关系""逻辑规律就是客观事物在人的主观意识中的反映"。⑤

刘易士肯定逻辑的多样性和可变性,这有其合理的成分。逻辑规则是多样的,这是因为客观世界的普遍关系是多方面的,不同的逻辑反映了客观世界的不同的普遍关系,如近些年来出现的多值逻辑、模态逻辑、模糊逻辑、时态逻辑,和不协调逻辑等都是如此。但是人们只能根据客观的普遍关系科学地制定(反映)不同的逻辑,以及在不同的场合下选用不同的

---

① 刘易士:《心灵与世界秩序》,第 20 页。
② 刘易士:《心灵与世界秩序》,第 18 页。
③ 刘易士:《心灵与世界秩序》,第 21—22 页。
④ 刘易士:《心灵与世界秩序》,第 27 页。
⑤ 列宁:《哲学笔记》,人民出版社 1974 年版,第 189、95 页。

逻辑，而不能根据主观实用的需要而任意制定或改变逻辑。刘易士把逻辑的多样性和可选择性歪曲为逻辑的主观性和任意性，这就陷入了主观唯心主义泥潭，给逻辑科学带来思想混乱。

六 一种"调和"实用主义与马克思主义的倾向

实用主义与马克思主义是根本对立的。但是，在美国却长期存在着一种"调和"实用主义与马克思主义的倾向。他们的人数虽然不多，在他们中间有社会主义者，如瓦林（W. Engtish Walling）；也有实用主义哲学家，如杜威的学生拉蒙特（Corliss Lamont）。但是近些年来喊得最响的是诺凡克（George Nova‐ck）。他原是一个托派分子，1975 年出版《对杜威哲学的评价：实用主义同马克思主义的对立》一书，大力宣扬这种调和论。

诺凡克妄言：实用主义与马克思主义有互相一致的地方。"不能把实用主义斥责为完全错误的、没有价值的和应该一股脑儿抛弃的东西"，因为"它包含有大量正确和有价值的见解"。如"它对实践在人类生活和思维中的首要性的重视"，"通过实际的检验以确定思想的真理性及其价值"，以及"它的接近唯物主义的功利主义"，"进步的乐观主义"，"它的蔑视任何绝对化"，"它的民主主'义"等等；"这一切都是它的贡献，都是美国思想的永恒的收获"。①

诺凡克主张把实用主义与马克思主义"调和"起来。他说：实用主义"能提供一条通向辩证唯物主义的桥梁"，"在某种情况下实用主义者有可能通过一个内在的革命而走向马克思主义的立场"。②

如前所述，实用主义是代表美国资产阶级利益的哲学，它反映了 19 世纪末和 20 世纪最初几十年中，美国资本主义，特别是垄断资本主义唯利是图，增殖资本，扩展侵略的利己本性。它的反动嘴脸在胡克的反马克思言论中表现得尤为明显，因此它是一种与马克思主义根本对立的错误哲学。但是，它的表面言词和模棱两可的哲学术语却掩盖了它的本质，而它的强

---

① George Novack, *Pragmatism versus Marxism: An appraisal of John Dewey's philosophy*, New York: Pathfinder Press, 1975, pp. 299–300.

② Ibid., pp. 300–301.

调"实践"的观点,更与马克思主义理论有似是而非之处,以致有不少人受它迷惑,看不到两者的本质的对立,有的人甚至主张把它与马克思主义理论"调和"起来。这显然是错误的。

众所周知,"实践"是马克思主义哲学的重要范畴。马克思第一次把实践引进哲学领域,从而创立了辩证唯物主义与历史唯物主义。但是,实用主义的"实践观",却是主观唯心主义的。

首先,实用主义把"实践"唯心主义化。马克思主义正确指出:实践是改造客观世界的物质活动。但实用主义根本否认客观世界,它把"实践"曲解为经验领域中的东西,即把它解释成一种主观意识的活动。实用主义有时也谈实践对"自然"的改造,但是它所说的"自然",仍然是经验之内,而非经验之外的"自然",即人们"割取""组合"或"重新组合"原始经验材料而"创造"成的"自然"而已。

其次,实用主义把"实践"主观主义化。马克思主义正确指出:实践是运用客观规律改造客观世界的物质活动。客观世界是严格遵循固有规律变化的,人的实践活动必须严格遵循客观规律,否则就会失败。实用主义既否认客观世界,也否认客观规律,从而把实践歪曲成为一种无须遵循客观规律,而完全从主观的实用出发的一种纯粹主观任意的事情,即一种任意、盲目的行动。

再次,实用主义把"实践"个人化。马克思主义告诉我们:"实践"是社会的实践、阶级的实践,是千百万人民群众的"实践",当然,社会的实践也包括个人的实践,个人的实践也就是社会的实践的一个组成部分。但是个人的实践不能离开社会条件和社会集体,脱离社会,脱离历史,孤零零的"鲁宾孙"式的个人"实践"是不存在的,也是不可能的。但是实用主义却把实践个人化,它所说的"实践"仅是纯粹的个人的行为。

最后,实用主义把人的"实践""生物化"。马克思主义正确指出:实践,是只有能劳动,即能把握客观规律,并用之以改造客观世界的人才具有的能动的活动。但是实用主义却把人降低到生物的水平,把人的改造客观世界的实践活动曲解成生物应付环境的盲目的本能活动。杜威的门徒胡适更是把它比喻为粪坑里蛆虫的本能性活动。[①] 这的确再好不过地说明实

---

① 参看《胡适文存》第2卷,第117页。

用主义者们所说的"实践"是什么了。

总之，实用主义的"实践观"与马克思主义的实践观是根本对立的。它归根到底不过是垄断资本家为了攫取利润而进行投机、冒险行为的反映而已。诺凡克等人以实用主义强调"实践"等似是而非的理论为理由，主张把它与马克思主义调和起来，这不仅在理论上是错误的，而且在实践上是有害的，它在客观上只可能是取消马克思主义，把马克思主义"融合"到实用主义中去。

第八章 新实在论、批判实在论与科学实在论

一 新实在论

新实在论作为一个独立的哲学流派,最初产生于19世纪末的奥地利和德国,20世纪初流传到英国。它作为新黑格尔主义哲学的反叛,迅速在英国,尔后在美国盛行起来,并一时成为一个强大的哲学流派。如果说,新黑格尔主义反映了20世纪初垄断资产阶级的军国主义化的要求,那么新实在论以及从它演化出来的批判实在论,一般说来是自由资产阶级的哲学。它们是对新黑格尔主义的否定和对实证主义的继承和改造。新实在论的观点在许多方面跟新黑格尔主义相对立。新黑格尔主义公开宣扬唯心主义,新实在论坚持"中立"的实在论;新黑格尔主义公然反对科学,新实在论表面上"尊重"科学;新黑格尔主义强调普遍联系,新实在论则强调对事物进行孤立的逻辑分析,因此,它被人们看成是西方分析哲学中最早的一个流派。新实在论所以在一些国家能代替新黑格尔主义而流行,是有其客观原因的。如前所述,一般说来新黑格尔主义是一种以"复兴黑格尔哲学"为旗号,公开宣扬唯心主义、非理性主义和专制主义,反对科学,反对理性,反对民主的哲学,由于它适合当时垄断资产阶级的需要曾流行一时,但是这种赤裸裸反动的唯心主义既为自由资产阶级所反对,又不利于欺骗人民;同时,还缺乏自然科学的伪装,与20世纪以来蓬勃发展的自然科学现状不能相适应,因此它只能昙花一现,而为以自然科学与"中立"哲学为旗号,以调和主观唯心主义与客观唯心主义为特征的新实在论所取代。新实在论在英国的代表人物是摩尔和罗素等,在美国的代表人物则有蒙塔古和培里等。

（一）英国的新实在论

众所周知，近代的英国哲学具有深远的经验主义传统。新黑格尔主义的流行，中断了这个传统。不久，新实在论又战胜了新黑格尔主义，使经验主义在英国复兴。在这个反对新黑格尔主义、复兴经验主义的英国新实在论运动中，摩尔和罗素起了领导人的作用。

1. 摩尔的新实在论

乔治·爱德华·摩尔（George Edward Moore，1873—1958）是英国新实在论和分析哲学的创始人。他早年求学于剑桥"三一学院"，与另一位英国著名哲学家罗素是好友和同学；后任该校讲师、教授，主持道德科学讲座，讲授哲学、心理学和逻辑学。他是英国科学院院士和英国著名哲学杂志《心》的编辑。1951年他获英国的功勋勋章。他的主要哲学著作有《伦理学原理》（1903）、《伦理学》（1912）、《哲学研究》（1922）、《哲学的若干主要问题》（1953）、《哲学论文集》（1959）等。

早年的摩尔是英国新黑格尔主义者布拉德雷的信徒。1903年以后他一反故见，提倡新实在论，反对新黑格尔主义，从而使新黑格尔主义在英国一蹶不振。

摩尔的新实在论的特点是：以"保卫常识"为名，用"中立"实在论的隐蔽的唯心主义"反对"新黑格尔主义和贝克莱的赤裸裸的唯心主义；以把一个完整的事物孤立地分解为许多简单的"原始"成分的还原论和逻辑分析方法，反对新黑格尔主义的"整体论"的观点和方法。

摩尔否认英国新黑格尔主义的绝对观念的存在，同时也反对贝克莱的主观唯心主义。他指出：认识对象的客观性是不可怀疑的，贝克莱的主观唯心主义的错误在于不能把"感觉行为"和"感觉对象"区别开来，从而把两者混为一谈。他举例说："现在来研究一下'黄的'感觉……只有光的振动刺激我们正常的眼睛，我们才能感知'黄的'，因而只要稍微想一想就足以证明，这些光的振动本身，并不是我们所说的'黄的'感觉。"[1]他还举例说："譬如在几年以前出生了一个小孩，这个小孩自从那一天起就生活在地球上，地球早在这个小孩出生以前很久很久就已经存在了。"

---

[1] George Edward Moore, *Principia Ethica*, Cambridge University Press, 1929, Chapter 10.

等等。对于这样一些客观事实，凡是具有常识的人都是深信不疑的。[1] 因而他宣称：这种违反常识的唯心主义所依赖的论据比常识本身远不可靠，常识的世界观既不能被哲学否定，也无须哲学证明。人们所以确知它们为真，其唯一需要的理由恰恰就是它们是常识。

那么，历史上许多唯心主义哲学家为什么会否认物质世界的客观存在呢？摩尔把这归之于对日常语言的错误使用。他断言这是哲学家们违背常识，错误地使用了语言的缘故。摩尔所以对唯心主义的产生作如此的解释，不仅是由于他本身并未摆脱唯心主义的立场，而且更是由于他坚持马赫主义的"中立"一元论或"中立"实在论的立场。他断言肯定物质世界"客观存在"，这不是科学认识的结论，而只是常识的"信念"。因为同孔德、马赫等老实证主义者一样，他认为人的认识能力是不能超越经验之外的。

摩尔十分重视伦理学。他在《伦理学原理》一书中，批判了功利主义的伦理观，阐述了他的直觉主义的伦理学说。后来，在《伦理学》一书中，又进一步阐发了他的伦理学思想。

摩尔认为：历史上许多伦理学说，特别是功利主义的伦理学说犯了"自然主义"的错误。他们把"善"与"恶"等道德观念与来自感官的"快乐"与"痛苦"等"自然属性"等同起来了。他断言"善"与"恶"并不是"自然属性"，而是"超自然"的东西。它们与"快乐""痛苦"不同，不能通过感官直接感受，而必须以纯粹的直观才能加以领会。

不仅如此，摩尔还将"善"的概念本体论化，他赋予道德以宇宙的性质，把它绝对化为某种存在于宇宙中的"独立的本质"。他断言：人们的义务就是在宇宙中实现最大数量的"善"本身。他写道，"我在道德上有义务实行这一行动"，这等价于"这一行动将在宇宙产生可能产生的最大数量的善"。[2] 从而在这个问题上陷入了客观唯心主义的错误。

2. 早期罗素的新实在论

英国新实在论的另一个重要人物是罗素。

伯特兰·罗素（Bertrand Russell, 1872—1970）是现代西方最著名的数

---

[1] 摩尔：《保卫常识》，载 J. 哈特马编《近代哲学》，1967 年英文版，第 2 卷，第297 页。
[2] George Edward Moore, *Principia Ethica*, Cambridge University Press, 1929, p. 148.

学家和哲学家之一。他出身于英国的一个贵族家庭，祖父在英国维多利亚时期曾两任首相。他幼年丧父，由祖母抚养，早年在剑桥大学学习数学，并酷爱哲学。他是现代逻辑——数理逻辑的缔造者之一；在哲学方面则是新实在论的创始人和逻辑实证主义的先驱。跟摩尔一样，他早年受布拉德雷的新黑格尔主义的影响，后转为新实在论的创始人；1914年以后又建立了逻辑原子主义，从而成为逻辑实证主义的先驱。"五四运动"后，他曾来中国讲学。他在政治上是一个和平主义者，曾发表声明谴责美国的侵越战争；1949年获荣誉勋章；1950年得诺贝尔文学奖。

罗素在数理逻辑方面的主要著作有《数学原则》（1903）和《数学原理》（1910—1913）。他的新实在论时期的重要哲学著作有《哲学问题》（1912）；逻辑原子主义时期的重要哲学著作有《关于我们的外部世界的知识是科学方法在哲学中的作用范围》（1914），此外还有《西方哲学史》（1946）等。

本章只阐述罗素早期的新实在论思想，他的后期的逻辑原子主义思想，将在下一章中叙述。

罗素与摩尔在哲学思想方面互相影响。他比摩尔更系统地阐述了新实在论思想。他的新实在论观点，跟其他一些新实在论者的观点一样，具有明显的马赫主义与柏拉图主义相结合的特征。

罗素与马赫一样，承认知识必然局限于经验的范围，关于经验范围以外，是否有客观物质世界的存在，以及物质与精神的关系如何等问题，都是不可认识的。他说："我们永远都不能证明在我们自身之外和我们经验之外的事物的存在。"① 而"物是感觉要素的复合"却是无可怀疑的。②

故此，罗素公开反对肯定物质世界客观存在和肯定客观因果决定论的唯物主义观点，并说这是一种"本能的信念"。③

罗素还赞扬贝克莱的主观唯心主义的唯我论，说这是贝克莱的理论贡献，它很可能是正确的，至少在论述上是符合逻辑的。他写道："贝克莱是有功绩的。他指出物质的存在完全可以通情达理地被我们否定。"因为

---

① 罗素：《哲学问题》，商务印书馆1964年版，第13页。
② 罗素：《哲学问题》，第10页。
③ 罗素：《哲学问题》，第16页。

"我们永远都不能证明在我们自身之外和我们经验之外的那些事物的存在。世界是由我自己,我的思想、感情和感觉所组成的,其余一切都纯属玄想——这种假设并没有什么逻辑上的谬误。"① 不过,他认为,由于这种否定自我之外一切客观存在的理论"太令人孤独寂寞"了,又与大众的原始观念不合,因而不如"假设""物质世界客观存在"为好。② 然而他反复强调,承认"物质世界客观存在"这只是一种适应大众原始信念的权宜性"假设",而不是科学的结论;如果认为它是"科学的结论",那就是"独断论"、形而上学。③

作为一个经验主义者,罗素与其他许多经验主义者一样,否认经验世界的必然性。他坚信经验事实中只有重复性,没必然性,必然性只是一种动物的"原始信念":因为过去的多次重复,并不能保证未来必然重复,归纳法是没有科学根据的。他写道:"我们没有任何根据可以预料太阳明天还要出来,预料下一顿吃面包时不会中毒。"④ 他还打了一个比喻:一只小鸡自春天从蛋壳中孵化出来起,每日定时受主人喂养,经过数百天的重复使它产生定时进食的必然信念。但在一个圣诞节的早晨,它出于意外地被主人抓住脖子宰掉后,作为节日的美餐吃掉了。人也不能迷信自然界的必然性,否则会有丧生的危险。⑤

那么有没有必然性的知识呢?罗素的回答是肯定的。他认为下列知识是无可怀疑的必然性知识:(1)数学知识,如 $2+2=4$ 是必然正确,无可怀疑的。(2)逻辑知识,如 $A=B$,$B=C$,则 $A=C$ 是必然正确无可怀疑的。(3)伦理学知识,如"人人皆应行善"等训条,是必然正确,无可怀疑的等等。⑥

这些必然性知识是从何处得来的呢?罗素认为,它们不是来自经验,经验中没有必然性,它们是先验的。他说:我们不但承认一切知识是从经

---

① 罗素:《哲学问题》,第 6、13—14 页。
② 罗素:《哲学问题》,第 10、14 页。
③ 罗素:《哲学问题》,第 17 页。
④ 罗素:《哲学问题》,第 42 页。
⑤ 罗素:《哲学问题》,第 43 页。
⑥ 罗素:《哲学问题》,第 52、54、56 页。

验中得来的，而且还应该承认有些知识是先验的。[1] 他断言在人的理性中具有一种天赋的必然性知识，它们不是来自经验世界，而是来自上天的共相世界。他认为宇宙间有两个实在的世界："共相世界"与"经验世界"这两个世界是不同的。共相世界处于时间与空间之外，它是抽象、不变、永恒、必然的。经验世界处于时间和空间中，它是具体、变动、暂时、偶然的。他声称这两个世界的关系是原型与摹本的关系，即后者是前者的淡淡的影子。[2] 不言而喻，这是典型的柏拉图主义的说教。但是罗素却得意地认为他解决了长期以来唯理主义与经验争论不休的疑难。

（二）美国的新实在论

新实在论在美国出现于20世纪初。早在19世纪末，美国新黑格尔主义哲学家罗伊斯发表著作《世界与个人》（1899）攻击实在论思想。数年后（1901）罗伊斯的学生蒙塔古和培里，分别在刊物上公开发表文章，反对罗伊斯的新黑格尔主义思想，捍卫新实在论观点。1910年春，六位青年哲学家培里、蒙塔古、霍尔特（Edwin B. Holt）、马尔文（Walter T. Marvin）、斯波尔丁（Edward G. Spanlding）和皮特金（Walter B. Pitkin）发表共同纲领：《六位实在论者的方案和初步纲领》，宣布了美国新实在论的形成。此后，这六位哲学家又联合出版了《新实在论》（1912）一书，并又各自先后发表了许多著作和文章，如蒙塔古的《美国实在论史》（1911）、培里的《现代哲学的倾向》（1912）、霍尔特的《意识的概念》（1914）、斯波尔丁的《新理性主义》（1912）等等。于是，新实在论在美国蔚然成风。但为时不长，在第二次世界大战以前它就衰落了。

根据蒙塔古的概括，美国新实在论的共同观点有五：1. 哲学家应像科学家那样共同合作工作，采用共同的科学研究方法；2. 哲学家应像科学家那样，把问题孤立起来，一一依次分析，并只应研究认识主体同认识客体之间的认识关系，不应探讨认识主体或认识客体本身的最终性质问题；3. 我们所认识的具体事物，在我们没有认识它们时，就已经存在着；4. 我们所认知的抽象的本质或共相，在我们没有认知它们时，就一直存在着；

---

[1] 罗素：《哲学问题》，第51页。

[2] 罗素：《哲学问题》，第70页。

5. 具体的事物与抽象的共相，不是通过反映或映像被认识，而是直接被认识的。①

以上五点说明：美国新实在论，在方法论上的特征是片面强调还原论的逻辑分析方法；在本体论方面的特征是主张马赫主义的中性一元论与柏拉图的客观唯心主义的理念论相结合；在认识论上的特征则是坚持唯心主义的"直接呈现说"，反对唯物主义的摹写说或反映论。

1. 培里的新实在论

拉尔夫·巴尔登·培里（Rulph Barton Perry，1876—1957）是美国新实在论的创始人之一，早年在普林斯顿大学、哈佛大学读书，获文学硕士、哲学博士学位，后在哈佛大学任教；曾任美国哲学学会东部分会主席；1946—1948年从哈佛退休后，去英国格拉斯哥大学任基福德讲座讲师；1957年死于波士顿。他在哈佛大学读书期间，曾受教于实用主义哲学家詹姆士，因此，他的新实在论具有某些实用主义的色彩。他的主要哲学著作有《现代哲学倾向》（1912）、《一般价值论》（1926）、《价值的领域》（1954）等。

像罗素等人的新实在论一样，培里的新实在论是马赫的中性一元论与柏拉图的理念论的杂拌。培里坚持马赫的中性一元论。在表面上，培里积极反对罗伊斯和贝克莱的主观唯心主义，坚持物质世界的"客观实在性"。为了反对贝克莱式的主观唯心主义，培里提出了"自我中心困境"的理论。他指出：人不能离开他跟事实的认识关系来认识事物。因此从认识关系上说，认识对象（客体）总是与认识主体（意识）同时一起存在的，这就是"自我中心困境"。唯心主义就是利用这种"困境"来否认客观事物的存在，并把它们归结为自我意识的。但是这种论证是错误的，因为这种"困境"是在认识过程中产生的，它只是方法论上的"困境"，并不能为唯心主义否定客观事物存在提供论据。他说：各种具体事物，在我们没有认识它们之前就存在着了。但是他是站在马赫主义的中立一元论的立场上，即隐蔽的主观唯心主义立场上来反对罗伊斯和贝克莱的公开的主观唯心主义的。他所说的"客观存在"不是经验以外的客观存在，而是经验以内的"客观"存在。培里认为"物"是中性要素或中立实体的结合，而他所说

---

① Richard Montague, "The Story of American Realism", in D. D. Runes ed., *Twentieth Century Philosophy: Living Schools of Thought*, New York: Philosophical Library, 1947, pp. 422–424.

的中立实体或中性要素就是马赫的经验要素。不仅如此,他还模仿马赫的腔调说,这种中性要素与神经系统发生关系时就是心理的,与物理要素发生关系时就是物理的。而全面地考察时,它就是中性的。他写道:"我发觉'蓝色'这个性质,但我也把它归于放在我面前这张桌子上的这本书所具有的性质;我发觉'硬性',但我也把它归于物理的铁石;或者我发觉数目,而我的邻人也在他心中点发现它。换言之,这些内省的多样的元素本身既不特别是心理的,也不特别是我所有的;它们是中性的和可以互相调换的。"① 培里还模仿马赫宣扬经验的独立说。他承认,他所说的中立实体归根到底就是经验。不过,他断言他所说的经验,不只是自我的经验,而且是大众的经验。因而它是客观的经验,是独立地和自在地存在着的经验。他借此来逃避唯我论。他承认这种观点直接来自马赫。他写道:"这个观点在马赫的《感觉的分析》这本小书中已经做出最好的阐发。这本书应该列入现代实在论的经典著作。"②

但是,作为新实在论者的培里不仅是马赫的信徒,同时也是柏拉图的信徒。他断言马赫虽正确地肯定了经验要素的客观实在性,但是却错误地忽略了抽象的共相和逻辑关系的客观实在性,因为他认为,它们也是"中性的"。因而他认为,应以柏拉图主义的客观唯心主义的理念论对它做必要的补充。他写道:"虽然马赫对这个学说的陈述在原则上是正确的,但是它却为这位作者对自然主义的偏爱所渲染了,他忽略了知识的逻辑方面。"③"逻辑和数学的命题是独立于意识的。"④ 因而"我们打算恢复和捍卫普通的实在论,并把它与柏拉图主义联系起来"。由于把抽象的共相和逻辑关系与具体事物绝对地割裂开来,并把它们客观实在化,培里的理论不仅陷进了主观唯心主义泥潭,而且陷进了客观唯心主义的泥潭,成为一种马赫的主观唯心主义与柏拉图的客观唯心主义的杂拌。

在认识方面,培里极力提倡"直接呈现说"或"内在说",反对唯物主义的摹写说或反映论。培里反复强调:建立在上述经验"独立说"基础上的"内在说"或"直接呈现说"是他的重要理论原则。他写道:"如果

---

① 培里:《现代哲学倾向》,商务印书馆1962年版,第271页。
② 培里:《现代哲学倾向》,第303页。
③ 培里:《现代哲学倾向》,第303页。
④ 参见《新实在论》,商务印书馆1980年版,第135页。

说新实在论的基本原则是内在的东西的独立性,我想这会是真实的。"① 他断定经验是"大众的",即独立于自我意识的;但是当它们与自我的神经系统相联系,即被自我感受时它们就从外在进入内在的自我意识,直接呈现在自我意识之中,变成为自我的"内在的知识"。因而他断定,认识过程不是意识反映物质的过程,而是"经验"从"外在"进入"内在"的过程。他写道:"新实在论,它跟一切实在论所必然坚持的一样,在坚持事物的独立的同时,也肯定,当事物被认知时,它们就是心灵的观念。它们可以直观进入心灵;而当它们进入心灵时,它们就变成了所谓'观念'"② 他责难唯物主义道:如果意识与物质是两种完全不同的东西,(他称为"二元论")那么意识如何能正确地认识或反映物质呢?而他的"一元论"的内在论就能"正确"回答这个问题。他写道:由于主观的东西与客观的东西原是同一的经验,"因而,当一个人感知着郁金香的时候,郁金香的观念和真实的郁金香是元素对元素,完全吻合一致的。它们在颜色、形状、大小、距离等方面原就是一回事"③。

培里的荒谬的"直接呈现说"的认识论不可能不矛盾百出。它的最大困难是如何解释错误观点的产生。如果任何知识都是外在经验移入的,那么认识就不会有错误,任何荒唐的幻梦都成为真实的了。

2. 蒙塔古的新实在论

蒙塔古是美国新实在论的另一位著名代表。

威廉·培柏雷尔·蒙塔古(William Pepperell Montague,1873—1953)早年求学于哈佛大学,先后获文学学士、硕士和哲学博士学位,曾在哈佛大学、加利福尼亚大学任教,后任哥伦比亚大学副教授、教授,约翰森哲学讲座教授。他曾担任过美国哲学协会东部分会主席,主要论文和著作有《罗伊斯教授对实在论的反驳》(1902)、《关于真理和错误的实在论理论》(1912)、《认识方法或哲学方法》(1925)、《美国实在论史》(1947)等。

蒙塔古像培里等其他新实在论者一样,坚持认识对象不依赖认识主体的"客观实在性"。他写道:"实在论认为,认识对象在未被认识之前就已

---

① 培里:《现代哲学倾向》,第306页。
② 培里:《现代哲学倾向》,第300—301页。
③ 培里:《现代哲学倾向》,第124页。

经存在着了……一个事物的存在并不依赖于任何人对它的经验、感知、想象或任何方式的认识。"他从此出发"批判"了贝克莱等人否认事物可离开人的经验而独立存在的唯心主义观点。但是,蒙塔古并未真正坚持唯物主义,而是认为:认识对象既非物质,又非精神,而是"中性的"。因而他反复强调:新实在论者主张把认识论问题孤立起来,只研究认识主体和认识对象之间的关系问题,而不预先断言两者的最终性质问题。①

蒙塔古不仅认为个别事物是独立地实在的,而且认为抽象的本质或共相,像个别事物一样,也是独立地实在的。他解释说,例如在"3＋5＝8"这个算式中,"3""5"和"8"等数的抽象性质(即本质或共相)就像具体事物一样,是不以人的主观意志为转移,因而是独立地存在的。他称这种观点为"潜在的实在论"或"柏拉图式的实在论"②。

在认识论方面,蒙塔古也与培里等新实在论者一样,反对唯物主义的反映论。他断言:唯物主义反映论把认识内容与认识对象区分开来,认为前者是后者的"摹写"或"映像",这是一种"认识论的二元论",而"认识论的二元论"是一种"不可知论",因为如果如反映论所认为,认识对象与认识内容不是同一个东西,而是两个不同的东西,那么人们怎么能通过前者(认识内容)以认识后者(认识对象)呢?为此,他坚持"直接呈现说",即认为认识内容与认识,对象是同一个东西,认识是外在的客体直接进入人脑的"直接呈现"的过程。他称此为"直接呈现的实在论"③。

但是,他的"直接呈现说"面临的最大困难,是如何解释错觉和幻觉的产生问题。为此蒙塔古煞费苦心,并与另一些新实在论者雷尔特等人展开了争论。雷尔特认为,错觉和幻觉等并不是客观"实在的",而只是客观"存在的";蒙塔古则认为它们并不是客观"存在的"而只是客观"潜在的"。那么客观"实在"、客观"存在"与客观"潜在"到底有什么区别,错觉和幻觉当未进入人的认识(人脑)之前,它们"潜在"于什么地方呢?对此,蒙塔古无法给人以清楚明白的回答。后来,美国的批判实在论,就是在批判蒙塔古等新实在论者的这个错误观点的基础上发展起来的。

---

① Richard Montague, "The Story of American Realism", in D. D. Runes ed., *Twentieth Century Philosophy: Living Schools of Thought*, New York: Philosophical Library, 1947, p. 423.

② Ibid., p. 426.

③ Ibid., p. 424.

二 批判的实在论

批判的实在论与新实在论有密切的亲缘关系。它与新实在论同时产生于 19 世纪末的德国和奥地利，20 世纪初流行于美国和英国；在美国尤为盛行。

美国的批判实在论最初是以批判新实在论的面貌出现的。1916 年美国六位哲学家 R. 塞拉斯、普拉特（James B. Pratt）、德雷克（Durant Drake）、罗杰斯（Arthur K. Rogers）、斯特朗（C. A. Strong）和拉夫乔伊（Arthur O. Lovejoy）共同发表批判实在论的言论；稍后另一名著名哲学家桑塔亚那加入了他们的行列，七人并联合出版了《批判实在论论文集》（1920），从而使这个流派流行一时。美国的批判实在论是一个松散的哲学流派。他们在本体论方面的观点各异，但在认识论方面却持有共同的见解。这就是他们共同反对新实在论的"直接呈现说"或"内在说"，主张在认识的主体与客体之间存在着一种联系双方的中间环节："本质""共相"或"观念"。他们断言：人不能直接认识客体，只能通过"本质""共相"或"观念"等中介间接地认识客体；而"本质""共相"或"观念"不是事物的映像，而是认识客体的屏障。因而"人们永远不可能揭示现实的最终本性"。[1] 这明显地表现了他们的理论的不可知论色彩。

由于本体论方面的观点的差异，美国的批判实在论自 20 世纪 30 年代以后就开始分化瓦解：以桑塔亚那为一方，倒向宗教唯心主义；以 R. 塞拉斯为一方则转向自然主义（唯物主义的自然主义）。

（一）桑塔亚那的批判实在论

乔治·桑塔亚那（George Santayana, 1863—1952）是美国批判实在论的倡导者。他原籍西班牙，幼年时移居美国，年轻时在哈佛大学学习，获博士学位，并在该校任教。后返回欧洲，先后在西班牙、英国、法国和意大利等地居住，1952 年死于罗马。他的主要哲学著作除与他人合著的《批

---

[1] Cf. *Essays in Critical Realism: A Co-Operative Study of the Problem of Knowledge*, 1941, p. 110.

判实在论论文集》（1920）外。还有《怀疑主义和动物信仰》（1923）、《存在的领域》（1927—1940）等。

桑塔亚那的哲学思想从怀疑论出发，主张怀疑一切，甚至怀疑笛卡尔的"我思"。但是他认为，只有两种东西无可怀疑，那就是人们知觉中的"直接材料"（感性材料）和"本质"（抽象的概念或形式）。他举例说：人们仰观新月，有人把它看成是"天火"，有人把它看成是"仙女"，有人则把它看作"卫星"，等等。尽管各人所见不同，但是它们都是由具体的直接材料和抽象的本质（如天火、仙女、卫星等等的形式）这两者构成，却是清楚明白，无可怀疑的。他从此出发，反对新实在论的"直接呈现说"。他断言：认识的内容与认识对象并不如新实在论者所认为那样是一个东西，而认识的过程也不是外在客体直接进入人脑的"直接呈现"过程，而是认识主体通过"本质"（抽象概念）的中介认识客体的过程，由于中介的歪曲，人的认识不仅有可能产生错误，而且根本不可能获得客体的真相，从而陷入了不可知论。

在本体论方面，桑塔亚那肯定"本质"（即脱离具体事实的抽象的概念或形式）的客观存在，从而把"本质"本体论化，即认为除了存在着客观的物质世界之外，还存在着客观的抽象的"本质世界"，因此人们称他的这种批判实在论为"本质的实在论"。他并在此基础之上提出了关于四个"存在领域"的学说，断言宇宙间有四个存在领域：1. 本质领域；2. 物质领域；3. 真理领域；4. 精神领域。

桑塔亚那断言："本质领域"是最高的实在领域，它是各种抽象的本质的统一，它永恒地存在于时间与空间之外。不言而喻，这是柏拉图的理念论的说教。

桑塔亚那所说的"物质领域"就是现实的物理世界。他认为，作为物理世界的物质领域依存于本质领域，因为没有本质或形式，物质就无法呈现。他断言物质领域处于时间和空间之中，它是偶然、无常和易逝的。它独立于人的意识之外，是不可知的。因为意识对物质的认识必须通过"本质"的中介，而"本质"是认识物质本来面目的屏障：他肯定物质的客观存在，但是又断言这仅是一种"动物的信仰"。因而他说："我不想了解什么是物质自身。"①

桑塔亚那的第三个存在领域是"真理领域"。他宣称真理就是关于物质或存在事物的真理。他宣称真理独立于存在之外，因为即使世界上没有任何事物存在过，"过去确实没有任何事物存在过"这一点仍然是真理。他断言由于真理独立于存在之外，因而它没有时间性，并不随信仰转移。

桑塔亚那的第四个存在领域是"精神领域"。他断言精神就是一种"纯粹先验的意识"，他否认人的主观能动性，认为精神在对物质的自然界的关系上是完全被动的。他断言精神的唯一功能是直觉，而直觉可以直接认识"本质"。

桑塔亚那把他所说的对"本质"的直觉的认识，同对物理对象的科学的认识对立起来。他认为：科学仅仅是一种"语言"或"符号"，它并不反映事物的客观性质，而只是表现人类想象力的丰富性。因而他妄言科学和宗教信仰在本质上是同一的，它们都不过是"语言"和"神话"；而不同之处仅在于：在某种条件下，科学符号在使用上比较方便、实用。

桑塔亚那十分重视伦理学的研究。他说：伦理哲学"是我的特选的研究对象"。② 他断言他的伦理哲学是他的"非宗教性的宗教""获得自由和幸福的艺术"和"使自己及其周围环境趋于和谐的方法"。他要求人们追求"真正的善"，而认为"真正的善"就是人的本性的表达。

桑塔亚那露骨地宣扬唯心史观。他认为社会发展的根源是人的自卫本能和追求财富的欲望；战争以及强者对弱者的统治，是人的生物本性的表现；"最出类拔萃的人物"是社会稳定和发展的保证；国家是"调和"社会的矛盾和冲突的工具等等。

桑塔亚那公开反对民主政治，攻击社会主义、共产主义。他吹捧意大利法西斯头子墨索里尼，并自称他是"十分赞赏墨索里尼的人"。

如果说，许多新实在论和批判实在论者都站在自由资产阶级的立场，那么桑塔亚那的批判实在论反映了美国大资产阶级的反动利益。

---

① George Santayana, *Scepticism and Animal Faith*, New York: Dover Publications, 1955, p. 8.
② George Santayana, *Soliloquies in England: And Later Soliloquies*, London, Bombay and Sydney: Constable and Company Ltd., 1922, p. 257.

（二） R. 塞拉斯的批判实在论及其后期向物理实在论的转化

美国批判实在论的另一个重要代表是 R. 塞拉斯。

罗伊·伍德·塞拉斯（Roy Wood Sellars，1880—1973）是美国哲学家。早年在密执安大学求学，获哲学博士学位，1909—1910 年赴欧留学，回国后一直在密执安大学任教，直至 1956 年退休。他的主要著作有《批判实在论》（1916）、《进化的自然主义》（1922）、《未来时代的宗教》（1928）、《物理实在论哲学》（1932）等。

R. 塞拉斯哲学思想的演变大体可分三个时期：20 世纪 20 年代以前，他是一个批判实在论者，他的哲学观点动摇于唯物主义与唯心主义之间；20 年代以后，从批判实在论转向自然主义（物理实在论）；40 年代后则进一步靠向唯物主义。

1. 批判"认识论的一元论"

R. 塞拉斯是最早使用"批判实在论"一词的人。在反对新实在论的"直接呈现说"方面，他与桑塔亚那等其他批判实在论者是一致的。他称新实在论关于"观念就是客体"的观点为"认识论的一元论"，而称批判实在论关于"观念是主体对客体的认识"的观点为"认识论的二元论"或"认识论的多元论"。他说："在新实在论者看来，呈现出来的材料是最终的客体，观念就是客体，用贝克莱的话来说，观念就其作为观念而言，是一种独立的实在，它只是暂时地与个别的感知者保持一种外在的、不变的关系。如果说，这是一种认识论的一元论，那么批判实在论就是一种认识论的多元论，它认为关于客体的知识是通过观念获得，观念在某种意义上不同于认识的客体。"[①] 跟桑塔亚那等其他的批判实在论者一样，R. 塞拉斯认为"观念所以不同于认识的客体，是由于人不能直接认识客体，而只能通过'本质'的中介，间接地认识客体"。因而他认为，"认识主体受材料的限制，任何时候也不可能真正观察到他企图认识的存在物"[②]。但是他与桑塔亚那不同，桑塔亚那认为，"本质"是物质之外的另一种独立的"存在"，从而陷入了柏拉图式的客观唯心主义；而他认为"本质"是机体对于外在刺激所做出的一种

---

① R. 塞拉斯：《批判实在论》，1920 年英文版，第 159 页。

② Cf. *Essays in Critical Realism: A Co-Operative Study of the Problem of Knowledge*, p. 203.

生理的和心理的反应，从而坚持了唯物主义。不过，此时的 R. 塞拉斯并不是一个彻底的唯物主义者，而是一个动摇于唯物主义与唯心主义之间的批判实在论者。因为如前所述，他一方面坚持物质世界的客观存在，认为认识对象是独立于认识主体之外的；另一方面却否认观念是客体在主体意识之中的反映。因而人们称他的这种批判实在论为"知觉的实在论"。

2. "进化的自然主义"或"物理的实在论"

自 20 世纪 20 年代以后，R. 塞拉斯的哲学观点开始从批判实在论转向自然主义。他自称其自然主义为"进化的自然主义""物理的实在论"。他认为自然界是一个处于时空和因果联系之中的独立完整的体系，它"具有内在的动力"，"处于永恒的变化中"，① 而变化是量变与质变的交替。世界是一个多样性与物质性相统一的物理世界。他写道："承认物理事物的无限多样性，而不拒绝它的任何一种现实的形式，从宇宙尘埃和太阳原子到地球的原始地层和人类大脑的复杂组织，在种种光怪陆离的景象背后，在爱和美、悲痛和幸福的背后，无不存在着物质，简言之，物理事物只不过是存在的另一名称而已。"②

在认识论方面，20 年代以后的 R. 塞拉斯从早期的不可知论立场逐渐转向唯物主义的认识论立场。他批判了其早期所坚持的不可知论思想，肯定"在认识主体与被认识的客体之间并不存在任何不可逾越的鸿沟"③。他拥护唯物主义的反映论，认为"世界的存在并不依赖于感觉器官和大脑，我们的感觉正是借助于感官和大脑来反映外部世界的。"他对马克思主义的反映论做了高度的评价，说："恩格斯和列宁认为感觉在某种意义上是外部世界的反映，这种看法是完全正确的。现象主义和唯心主义由于把感觉变成认识的最终客体而陷入迷途。"④ 但是他未能充分理解马克思主义的能动反映论的意义，以致误认列宁的反映论有些类似洛克的表象论。⑤

---

① George P Adams and Wm Pepperell Montague (eds.), *Contemporary American Philosophy Vol II*, London: G. Allen & Unwin, Ltd., 1930, p. 277.
② R. 塞拉斯：《物理实在论哲学》，1932 年英文版，第 12—13 页。
③ R. 塞拉斯：《我的哲学立场》，《哲学与现象学研究》第 14 卷，1955 年第 1 期，第 87 页。
④ R. 塞拉斯：《唯物主义的三个阶段》，载苏联《哲学问题》1962 年第 8 期。
⑤ Roy Wood Sellars, *Reflections on American Philosophy From Within*, South Bend: University of Notre Dame Press, 1969, p. 116.

R. 塞拉斯高度评价了马克思主义的辩证唯物主义，但是他对马克思主义的唯物辩证法缺乏正确的理解，把它与黑格尔的唯心主义辩证法等同了起来。在社会历史观方面，他坚持历史唯心主义。他反对马克思主义的阶级斗争学说，拥护"渐进的改良"，主张"渐进主义与民主主义"相结合的"民主社会主义"，这表明了他的自由资产阶级或中产阶级的立场。

三 科学实在论

科学实在论是从 R. 塞拉斯的自然主义（物理实在论）中发展而来的一种唯物主义或具有明显唯物主义倾向的哲学流派。它产生于 20 世纪六七十年代的美国，并日渐流行于当前西方世界。这个流派的创始人是 R. 塞拉斯的儿子 W. 塞拉斯，其他代表人有普特南等。后面将要述评的现代西方科学哲学的新历史主学派的"左翼"人物，如夏佩尔和萨普等在一定程度上也受这种观点的影响，从而使它成为一个十分令人瞩目的当代西方的哲学流派。

（一）W. 塞拉斯的科学实在论

威尔弗莱德·塞拉斯（Wilfred Sellars）是美国科学实在论的创始人及其重要代表人物；早年深受其父亲 R. 塞拉斯的物理实在论的熏陶；20 年代在密执安大学和牛津大学求学期间还曾受牛津学派的思想影响；第二次世界大战时曾在美军服役，战后先后在明苏达大学、耶鲁大学以及匹茨堡大学任教；1970 年曾任美国哲学协会东部分会主席；1977 年被选为美国形而上学学会主席。他写有大量著作和论文，主要有《科学、知觉与实在》（1963）、《哲学的前景》（1967）、《科学和形而上学》（1968）、《哲学及其历史论文集》（1974）等。

1. 科学是万物的尺度

W. 塞拉斯高举"科学实在论"的旗帜，坚持唯物主义观点，反对流行于现代西方的形形色色的主观经验主义和相对主义。现代的主观经验主义者和相对主义者从自己的错误立场出发，极力歪曲地宣扬普罗塔哥拉关于"人是万物的尺度"的口号，宣扬真理的"纯粹主观性和相对性"，宣扬外部世界的不可认识或不予肯定。W. 塞拉斯与此针锋相对地提出了"科学是万物的尺度"的口号。他写道："在描述和解释的意义上，科学是万物的尺度，它是判定一切事物的存在与非存在的尺度。"① 这意思是说：客观世界是真实存在的。科学真理是对客观世界的描述和解释。科学的成果证明了，并不断证明着物质世界的客观存在是无可怀疑的。由于 W. 塞拉斯着重以科学认识的成就来论证客观物质世界的存在，他的理论被称为"科学实在论"。

2. 感觉、知觉与思维

在认识论上，W. 塞拉斯从上述科学实在论的唯物主义立场出发论述了感觉、知觉和思维的关系问题。他坚决反对流行于当前西方的形形色色的实证主义以及其他种种主观经验主义。他坚持主张感觉是感受者的一种状态，它是由外物作用于感官所引起的东西。他认为单纯的感觉只是外物的消极的描述，严格地说来，它还称不上是认识。只有把消极的感觉与能动的思维结合起来，认识才能开始发挥能动的作用。他肯定知觉是比感觉高一级的认识活动。在知觉中已经渗有思维的成分，它把凌乱的感觉在知觉中统摄为一个整体。但是，他正确地指出：思维不等于知觉，因而不能把两者混淆起来。因为知觉的特征是描述性，即它只是对外部现象的描述，而思维的特征在于意向性，即它具有能动的作用。

3. "常识映象"与"科学映象"

W. 塞拉斯坚持主张知识或认识是外部世界的映象。他把人的映象分为两类："常识的映象"（"明显的映象"）和"科学的映象"（"假设的映象"）。"常识的映象"就是关于由人的感官知觉所直觉感知的，具有色、香、味、声的大地河山，风花雪月等外部世界的知识，它们是人们的直接观察和经验的概括；而"科学的映象"则是在上述知识基础上运用复杂的逻辑思维和想象力的结果，它是从假设的理论中构造出来的，是思维理想化了的知识。W. 塞拉斯坚持这两者都是对外部世界的描述和解释，因而都是外部世界的映象。不过他认为，这两者又是有重要区别的。如果从方法论的角度考察，常识的映像优越于科学的映象；因为它是科学的基础，离开了它，就不可能有任何科学知识。但是，如果从本体论的角度考察，则科学的映象就优越于常识的映象；因为塞拉斯认为，常识映象是不真实的，而只有科学映象才是真实的。这是由于只有科学理论中所假设的实体

---

① Wilfred Sellars, *Science, Perception and Reality*, London: Routledge & Kegan Paul, 1963, p.173.

（如原子、各种基本粒子等）才将被证实是构成世界的成分，或者至少可说，随着科学理论的发展，我们将可更好地理解到什么是世界的构成成分。

　　W. 塞拉斯关于上述两种映象的理论的提出是为了适应 20 世纪以来现代自然科学发展的状况。因为自 20 世纪以来，人的认识已从宏观世界进入微观世界，并随着科学的发展，逐步深入到物质结构的更深层次。众所周知，微观客体是不能直接感受却是真实存在的，而可观察的现象世界却是有可能给人以假象的。但是现象与本质是辩证统一的，它们都是客观存在的。由于缺乏辩证法，W. 塞拉斯不能辩证地理解二者的统一，从而得出了宏观的物理客体并不真实存在，而只有微观的物理客体才是真实存在的错误结论。不过，尽管如此，他的科学实在论在本质上是唯物主义的。他的这种唯物主义理论在批判当代西方种种唯心主义学说的斗争中起着十分重要的作用。

（二）普特南的科学实在论

　　希拉里·普特南（Hilary Putnam）美国逻辑学家、哲学家、科学实在论的另一名重要代表人物。他早年在洛杉矶加州大学求学，获博士学位，后在普林斯顿大学、麻省理工学院和哈佛大学任教。他的主要著作有《逻辑哲学》（1971）、《数学、物质和方法》（1975）、《心、语言和实在》（1975）、《意义和道德科学》（1977）、《理性、真理和历史》（1981）等。

　　1. 科学实在论的三个原则

　　普特南受 W. 塞拉斯的思想影响，随 W. 塞拉斯之后主张科学实在论。他认为科学实在论必须坚持下列三项原则：（1）"成熟科学的语词是有指称的"；（2）"成熟科学的理论定理是近似真的，后来的理论具有先驱理论的极限情况"；（3）"前后相继的理论具有共同的指称。"[①] 这意思是说，科学理论是表述客观世界的，科学理论的不断进步日益逼近地表述客观世界。由于这种理论肯定科学的不断进步而日益逼近地表述客观世界，因而有人称它为"逼真的实在论"（Convergent realism，或译为"趋同实在论"

[①] Hilary Putnam, *Meaning and the Moral Sciences*, London: Routledge & K. Paul, 1978, p. 20, p. 21.

"收敛实在论""会聚实在论")。

2. "真理符合说"

普特南坚持真理符合说。他反复强调科学理论的任务在于表述外部世界。决定每个科学陈述的真或假的，不是人们的主观感觉，也不是人们的内心结构或语言，而是外在的事物。他从这种真理符合论出发批判了当前流行的种种唯心主义观点。他批判了逻辑实证主义，认为逻辑实证主义正是由于不坚持真理符合论才陷入了约定主义。他也批判库恩、费耶阿本德的老历史主义学派的观点。他指出他们同样由于否认真理符合论而陷入了相对主义与虚无主义。他认为，只有坚持科学实在论的真理符合论才能把科学的研究引上正确的道路。

但是，应该指出，普特南的科学实在论的唯物主义立场是不彻底的。他把科学的唯物主义说成是"形而上学的实在论"。他坚持要把他的"科学实在论"与"形而上学的实在论"区分开来。他说：我们不是与世界本身打交道，而只是与我们的观念化了的世界形象打交道。因而他断言唯物主义是一种"先验的哲学"，而他的科学实在论是"后验的"或"经验主义的"，即它是一种能经受经验检验的假说。而接受这种假说的根据只是由于它的说服力，即它能说明科学的成就。反之，如果不接受科学实在论的解释，科学的成就就会变得无法说明和不可思议，就会变成一种莫名其妙的"奇迹"。

第九章　新托马斯主义

新托马斯主义，又名新经院哲学，它是中世纪经院哲学——托马斯主义的新变种，是公开为天主教（和基督教）作论证的现代宗教哲学。早期资产阶级由于反对封建主义和发展资本主义生产，需要反对宗教神学，发展科学技术；但是它自取得政权之后，就转向保守甚至反动，改变了对宗教的态度。虽然它一方面因需要继续发展资本主义而需要科学技术；但另一方面却因欺骗、麻痹人民群众，维护腐朽社会制度而急需恢复宗教神学。列宁说："当权的资产阶级由于惧怕日益成长壮大的无产阶级而支持一切落后的、垂死的、中世纪的东西。衰老的资产阶级与一切衰败了的和正在衰败的势力联合起来，以求保存陷于动摇状态的雇佣奴隶制。"① 新托马斯主义就是应资产阶级的这种需要而产生的一种宗教哲学。现代宗教哲学流派很多，新托马斯主义（以及下一章的人格主义）是其中影响最大、流传最广的宗教哲学流派之一。新托马斯主义"新"于老托马斯主义的地方，在于（一）它不再因提倡宗教而公开反对科学，而是"调和"宗教与科学；（二）它不再因抬高信仰而公开否定理性，而是"调和"信仰与理性；（三）它不再因宣扬神本主义而公开排斥人本主义，而是"调和"神本主义与人本主义，鼓吹神学的人本主义。而两者最根本的区别还是在于老托马斯主义是为封建主义效劳的哲学，而新托马斯主义所代表的则是资产阶级或垄断资产阶级的利益。

新托马斯主义产生于1879年。该年罗马教皇利奥十三发表《永恒之父》通谕，宣布中世纪"圣徒"托马斯是天主教的最高哲学权威，并号召以"推陈出新"的方式重建托马斯主义。从此新托马斯主义就产生和得到

---

① 《列宁选集》第2卷，第449页。

传播，它最初流行于法、意和西班牙等天主教势力较大的国家，而后逐渐扩散，流传于美国和西方其他各国。它的最早代表人物是梅尔西埃（Desire Mercier，1851—1926）。当代的代表人物则有法国的马利坦、吉尔松（Etenne Gilson，1884—1978）和瑞士的鲍亨斯基等。

自20世纪60年代后，由于西方世界发生了科学技术革命，自然科学的一体性（整体化）和辩证性日益明显，同时随着经济危机、自然资源危机、生态危机、城市危机、道德危机的加深，社会异化现象严重，人本主义思潮流行。广大教徒与群众对"向往天国""无视尘世"的传统的基督教精神枷锁普遍不满，产生了"基督教危机"。为了拯救这种危机，适应新的形势，教会在1962—1965年的第二届梵蒂冈会议上又宣布宗教宣传要"世俗化"和"现代化"。自此，新托马斯主义逐渐失势，新经院哲学出现了两种趋向性的变化：一是加紧与自然科学相"结合"，最引人注目的是出现了泰依亚主义热；二是加紧与人本主义各流派相结合，最引人注目的是出现了存在主义化的新托马斯主义——"基督教存在主义"，而"基督教社会主义"和"基督教马克思主义"于70年代后的出现和流行，标志了新托马斯主义的没落。

一 马利坦的新托马斯主义

雅克·马利坦（Jacques Maritain，1882—1973）是法国著名哲学家。他原是新教徒，信仰柏格森主义，后改信天主教，接受中世纪托马斯的学说，宣扬新托马斯主义。他先后在巴黎天主教学院、加拿大多伦多大学、美国普林斯顿大学和哥伦比亚大学任教；战后曾任纽约法兰西高等研究自由学院院长、法国驻梵蒂冈大使和普林斯顿大学教授。他的著作甚多，主要有《哲学概论》（1930）、《自然哲学》（1936）、《完整的人道主义》（1936）、《近代无神论的意义》（1959）与《道德哲学》（1960—1962）等。

（一）神学本体论

新托马斯主义作为天主教的官方哲学，它直言不讳地承认论证基督教神学是它的根本任务。它认为，永恒、无限、最高的精神——上帝是世界的最高本质。马利坦的"有论"就是论证这个观点的。马利坦认为，世界的本原是"有"（ens 或译为"存在"），所谓"有"就是一种客观的、抽象的"本质"或"形式"观念。他认为：任何具体事物都是观念（形式、本质）和质料的统一。但是观念性的本质或形式是第一性的，它先于具体事物而客观存在。例如房屋的观念或本质先于房屋而存在，桌子的观念或本质，先于桌子而存在等等。因而他认为，客观的观念是事物产生和存在的潜在可能性，物质则是一种"非有"，或者说是一种"渴望"有而并不有的"贪欲"。万能的上帝赋予它以各种观念性的"形式"或"本质"，才使物质这种"贪欲"从"可能性"转变成"现实性"，从而形成万物。所以他说："质料是对于有的一种贪欲，并没有任何规定性，这种贪欲是从上帝赋予的形式中得到其规定性的。"①

马利坦断言，上帝是一切形式的形式，它是世界的创造者，是万物的最高的本质和最后的本原。物质依据上帝所赋予的形式的高低而分别构成无机物、植物、动物、人类、天使等一系列等级森严的金字塔形的阶梯。一切形式的形式，即最高的纯粹的形式——绝对完满的上帝则居于这个金字塔阶梯的顶峰。万物依次匍匐于上帝之下，"分有"上帝；上帝则高居于它们之上，"统治"万物。整个宇宙是一个秩序井然的和谐的整体。而这一切正是上帝的最高意志和无限智慧的表现。不言而喻，这是一种赤裸裸的宗教哲学。

（二）神秘主义认识论

马利坦把世界分为经验世界与超验世界两部分。他认为，物质的自然界是人可以感受的经验世界，上帝及其所属的精神世界是人无法直觉感受的超验世界。经验世界是非本质的，超验世界是本质的，两者既有区别，但又是互相沟通的。

马利坦承认上帝所创造的物质的经验世界是处于人的意识之外，并可以为人的感官所感受和理性所认识的客观实在。马利坦说，"肯定外部世界的实在性，承认物在认识中的作用"是"正确的"。② 他自诩是"实在

---

① Cf. George P. Adams and Wm. Pepperell Montague (eds.), *Contemporary American Philosophy*, London: G. Allen & Unwin, Ltd., 1930, p. 193.

② 参看洪谦主编《西方现代资产阶级哲学论著选辑》，商务印书馆 1964 年版，第 432 页。

论"者；并对感觉主义的实证主义与非理性主义的存在主义等各流派持"批判"的态度。马利坦"批判"实证主义的感觉主义，认为"感觉主义把观念（概念）归结为感觉"是"错误的"。他说："我们的观念来自影像，但是它比影像更高级。"他也"批判""天赋观念论"，认为天赋观念论承认观念（概念）与影像（感觉）的本质区别，这是正确的，但是他们否认观念（概念）来自感觉材料的抽象，而把它们说成是"与生俱来"的东西则是"错误"的。[①]

马利坦肯定："一切认识从感官开始"，"理智认识来自感性认识"，并承认感觉与概念的本质区别，肯定概念是感性材料的抽象。马利坦说："观念（概念）……是我们从感性经验积累起来的大堆影像中抽取出来的，哲学家称这种抽取观念的活动为抽象。"[②] 但是他坚决反对唯物主义的反映论。首先他认为，观念（概念）不是对客观事物的固有本质的反映，而是对上帝赋予各种事物的精神性的"形式"的认识。其次，观念不是仅凭人的理性活动的能力所能获得的，它是一种来自上帝的、神秘的"理智之光"或"精神之光"的照明的结果。因此马利坦说："观念是通过我们心灵中的精神之光（能动的理智）的活动从感觉和影像里抽出来的。"而"精神之光"则是上帝恩赐于人的"精神性的灵魂"[③]。这样，他就肯定了"灵魂"的独立存在。

马利坦认为，上帝及其所属的超验世界是人的理性所不能直接认识的，要认识它，只有依赖于一种"超自然"的手段，那就是首先必须信仰上帝。他们认为：信仰上帝是认识上帝及其所属的超验世界的前提条件，但并不是充分条件；因为要真正认识上帝还必须有"宣圣之见"（La vison beatifique）；所谓"宣圣之见"就是一种"人神相溶"的神秘的直觉，马利坦说："在宣圣之见中每一个享受真福的灵魂都认识到神的原来面貌，抓住了神的本质，并在意向上变成了神。"[④]

但是马利坦认为，具有上述"神秘经验"的人是不多的，因为这必须

[①] 参看洪谦主编《西方现代资产阶级哲学论著选辑》，第425—426页。
[②] 参看洪谦主编《西方现代资产阶级哲学论著选辑》，第426—427页。
[③] 参看洪谦主编《西方现代资产阶级哲学论著选辑》，第428—429页。
[④] Cf. George P. Adams and Wm. Pepperell Montague (eds.), *Contemporary American Philosophy*, London: G. Allen & Unwin, Ltd., 1930, p.183.

幸获上帝的"圣宠"。他们认为,"圣宠"对哲学家说来是非常重要的。"如果不借助于圣宠就不能达到一种完全的、毫不掺杂错误的哲学智慧"。而只有得到了上帝的圣宠,才能接受神的感召,达到个人灵魂与上帝相通,以致"人神相溶"。因此马利坦说:"这种宣圣之见,乃是同最完美、最神秘、最神圣的神融为一体。"① 不言而喻,这是一种赤裸裸的信仰主义的认识论。

与上述两种认识相适应的是马利坦的两重真理论。马利坦断言,真理有两种:"理性真理"与"信仰真理"。他认为理性真理是低级真理,它是对事物的外部的认识。马利坦说:"知识的真理在于意识与事物的符合。"信仰真理是高级真理,它是"与上帝的启示相符合"。而上帝则是第一真理或绝对真理,它是最高的"存在真理"自身。所以低级的"理性真理"应服从于高级的"信仰真理"。

马利坦把科学知识归结为低级的"理性真理",而把宗教教义说成是高级的"信仰真理",以此来调和科学与宗教的固有矛盾,并使前者服从于后者。因而他并不否认科学知识的真理性。他说:"每一门科学都是掌握本学科领域内的真理的不可缺少的充分的手段,谁也无权否认这种已被科学证明的真理。"但是,他贬低科学知识的地位,使它从属于宗教教义之下。马利坦说:"科学(即现象科学)只能认识可以观察事物的时空联系,而不能认识存在(神)。"② 它只能研究感受可以知觉到的事物的领域,也就是通过我们的观测的方法可以达到的领域。由于"这种知识不是事物的本质,而只是借以造成一种连贯的语言方式的符号",因而"它们完全没有本体论的意义"。③ 而具有本体论意义的是宗教教义的"信仰真理"。因为"对于任何一个关于事物的存在的问题,如灵魂、上帝、自由与命定、自然与奇迹等类问题,只有对于信仰才有意义,只有信仰才能对它们做出回答,而科学则不能"。因此,在这个问题上,马利坦赞赏逻辑实证主义。他说,逻辑实证主义认为科学不能认识经验之外的信仰问题,这是

---

① Cf. George P. Adams and Wm. Pepperell Montague (eds.), *Contemporary American Philosophy*, London: G. Allen & Unwin, Ltd., 1930, p. 184.
② 参看洪谦主编《西方现代资产阶级哲学论著选辑》,第 432 页。
③ 参看洪谦主编《西方现代资产阶级哲学论著选辑》,第 430 页。

正确的,"我们应该给这种新实证主义加上新信仰主义的美名"①。

在马利坦看来,由于经验世界是上帝的创造物,它体现了上帝的意志和智慧,因而经验世界与超验世界既是互有区别,又是互相沟通的。关于物质世界的自然科学的"理性真理"跟关于超验上帝的宗教教义的"信仰真理",也是互相区别,又互相沟通的。所以通过自然科学对物质的自然界的研究,也能论证上帝的存在。马利坦说:"理性的明智不是掩盖而是揭示上帝的仁慈和智慧。"

1879年教皇利奥十三在号召重建托马斯主义之初就指示说:在复活托马斯主义时,务必使"天使博士托马斯的经院哲学原理",跟现代科学的发展"结合起来",要学会运用这种"推陈出新"的新方式,来为论证宗教教义服务。后来,新托马斯主义哲学家们都忠实于这个告诫。他们利用科学认识的时代局限性,并竭力曲解天文学、物理学、化学、生物学、心理学,以至宇宙学等各个学科的科学成就来为论证基督教教义服务。例如他们用原子能的发现来"论证""上帝的万能";以"宇宙大爆炸"的假说来"论证""上帝创世说"等。前任教皇庇护十二于1951年11月22日向"罗马教廷科学院"作报告时说:现代科学无论把宇宙的存在推算到几十亿年或几百亿年以前,都只能说明"这个物质宇宙在有限时间之前有一个开端",所以对上帝的信仰是不难发现的。科学必须"以信仰为基点""当信仰在人民的意识中日益扎根时",信仰便给人类文化带来"牢固的进步"。马利坦也不例外,他说:新托马斯主义不是排斥,而是关心现代科学,因为现代自然科学的成就,比古典物理学更多地论证了宗教教义。总之,不是赤裸裸地反科学,而是歪曲科学,这是以马利坦为代表的新托马斯主义区别于中世纪托马斯主义的地方。

但是科学与宗教毕竟是根本对立,无法协调的。为此,马利坦在强调科学与宗教"合作"的同时,并着重强调宗教教义的至上性。他断言:理性真理与信仰真理虽然经常互相"协调",但彼此毕竟是有高低、主仆之分的。他们把宗教、哲学和科学分为三个不同等级,认为宗教在上,哲学居中,科学处于最下层。因而当三者不能互相协调而出现矛盾时,哲学应听命于宗教,科学则应听命于哲学。他写道:"科学应服从哲学……它是

---

① 参看洪谦主编《西方现代资产阶级哲学论著选辑》,第432页。

哲学的工具","哲学是神学的工具",神学要求哲学在以下三个主要方面为神学服务:1.创立一些基于信仰的真理;2.对于信仰中的某些神秘事物(如"三位一体"的信条)给予一些证明;3.对于违反信仰的学说予以驳斥。① 总之,"哲学是神学的奴仆",它永远只能听命于宗教神学,而不能丝毫背离宗教神学。这样,在他那里科学完全变成了宗教神学的牺牲品。

(三)"神学人本主义"的社会伦理观

马利坦断言:随着科学技术和物质文明的发展,社会伦理和世俗文明正在日益衰落中。人们不敬神,不爱人,为了发财致富,贪婪地追求物质享受,以致不惜损人利己,互相残害。人类前途已陷入危机。他说:"当前世界最严重的弊害,就是神圣的东西与世俗的东西彼此分裂的二元论。世俗生活完全受肉欲支配,远离福音的要求;而基督教的伦理观念由于未能深入人民生活而成为空话。"②

马利坦做出"反对"资本主义的姿态。他说:"资产阶级的自由主义把一切建立在私人的欲望上,建立在财产、贸易和生活乐趣的绝对自由上……它导致个人的愁苦、孤独和共同事业观念的消失。""导致西方文明和道德的危机。"③ 但是,他竭力反对马克思主义和共产主义。他说:"灾难性的唯物主义谬论歪曲了社会主义观念……把工人阶级弄得离开了基督教和教会。"他认为,马克思主义不但不能拯救人类,恰恰相反,它是"人类的悲剧",因为"马克思只看到物质因果性的重要性,从而把物质因果性变成为单纯的第一因果性"④,并把"一切生活方式,一切生活的价值和效果都从属于辩证运动中的物质的绝对";而"物质",他断言,不过是"一种贪欲",是个人的"狭隘性"与"堕落"的源泉。⑤ 至于对共产主

---

① Jacques Maritain, *An Introduction to Philosophy*: Translated by E. I. Watkin, New York: Sheed and Ward, 1974, p. 85.

② 参看洪谦主编《西方现代资产阶级哲学论著选辑》,第416页。

③ Cf. George P. Adams and Wm. Pepperell Montague (eds.), *Contemporary American Philosophy*, London: G. Allen & Unwin, Ltd., 1930, p. 226.

④ Ibid., p. 133.

⑤ Ibid., p. 193.

义，马利坦更具有刻骨的仇恨。他说："共产主义是一种以人为中心的理性主义的最后变种。它固然宣称自己是对人的信仰，自称为乐观主义的最终希望，但是这种乐观主义只不过是对于物质和技术的巨大强制力所抱的乐观主义。共产主义的人是完全屈服于社会团体中所体现的历史命运的。""它剥夺了个人心灵的自由……使真正的人、人道主义变成了这个噬人的巨大偶像面前的牺牲品"，因而"它是基督教的一个最后、最彻底的异端"。[①] 这就完全暴露了他是垄断资本主义的卫道士和社会主义的敌人。

马利坦断言，为了拯救人类，必须恢复天主教的道德规范。他写道："只有天主教教会的道德权威才能帮我们拯救遭受威胁的文化，改革整个世界，建立人类新秩序。"[②] 他认为，天主教的道德规范就是一种"新的人道主义，一种'以神为中心的'或完满的人道主义。这种人道主义将承认人的非理性部分，使它服从理性，同时也承认人的超理性部分，使理性受它的鼓舞，使人敞开胸怀接受神的降临。它的主要任务将是使福音的酵素和灵感透入世俗生活的结构——这是一个使世间秩序神圣化的任务"[③]。

马利坦不再把神本主义与人本主义对立起来，而主张用"神学的人本主义"精神，按天主教教会的面貌改造现实社会，以建立一个资本主义制度与天主教教会永远相结合的"理想"社会。马利坦说："基督教世界现在的任务是在这个世界上努力把福音真理化为一种社会现世的现实。"[④] 他认为，人类社会的现实是由上帝的意旨决定的。"私有财产制度属于神的永恒的自然法"，因而它是神圣不可侵犯的。他认为，社会贫富的悬殊是上帝的安排，资本主义罪恶的根源不在于资本主义制度，而是人心败坏。因而未来"理想"社会所追求的不是物质财富的普遍满足，而是个人的精神的幸福。他写道："人作为个体的物质幸福是以精神幸福为前提的。离

---

① Cf. George P. Adams and Wm. Pepperell Montague (eds.), *Contemporary American Philosophy*, London: G. Allen & Unwin, Ltd., 1930, p. 230.
② 参看洪谦主编《西方现代资产阶级哲学论著选辑》，第403页。
③ 参看洪谦主编《西方现代资产阶级哲学论著选辑》，第416页。
④ Cf. George P. Adams and Wm. Pepperell Montague (eds.), *Contemporary American Philosophy*, London: G. Allen & Unwin, Ltd., 1930, p. 130.

开了精神的东西,离开了对神的归顺,个人的物质幸福就只能是坏东西。"马利坦断言,在未来的理想社会中,"福音与教会将教导人们尊重人格,尊重人生,尊重良心,尊重贫困,尊重妇女的尊严、婚姻的神圣、工作的高尚、自由的价值。每个灵魂有无限的价值。各种种族,各种地位的人在上帝面前本质上一律平等"。那时,"每个人都尽力追求美德和爱","人与人之间充满慈善和互相兄弟般的爱"。①

总之,马利坦认为:"这个社会引导人们趋赴的不是创立尘世的幸福","而是一个超自然的目标:进入上帝的生命"。② 到那时,每个人的"灵魂与神融为一体","他们的灵魂中充满了神","享受的是神的快乐"。③ 马利坦并把这种"人神融合"的社会称作"纯人的社会",认为只有在这种社会中每个人的灵魂才能享受"真福"。④

马利坦还把实现上述理想社会的希望"寄托"在穷人的身上。他说:"教会的使命决定了它的心永远跟穷人在一起,它总是在穷人中寻找它的力量的真正源泉。"⑤

总之,马利坦要劳动人民放弃反对剥削、反对资本主义腐朽制度的斗争,而把希望寄托于教会,寄托于享受"神的快乐",从而永远俯首帖耳地听任剥削阶级的统治和奴役。不言而喻,这是一种为垄断资本主义效劳的宗教神学的说教。

二 鲍亨斯基的新托马斯主义

约瑟夫·鲍亨斯基(Joseph Bochenski)是波兰裔瑞士哲学家,早年求学于波兹南大学经济学系,是天主教多米尼加会士,1928 年在瑞士弗赖堡大学研究哲学,得博士学位,后任罗马安哲利岗神学院教授,瑞士弗赖堡大学教授、院长、校长等职。他是著名的新托马斯主义的吹鼓手,也是著

---

① Cf. George P. Adams and Wm. Pepperell Montague (eds.), *Contemporary American Philosophy*, London: G. Allen & Unwin, Ltd., 1930, p. 210.
② Ibid., p. 184.
③ Ibid., p. 183.
④ 参看洪谦主编《西方现代资产阶级哲学论著选辑》,第 404 页。
⑤ 参看洪谦主编《西方现代资产阶级哲学论著选辑》,第 407 页。

名的西方反马克思主义的哲学家。他的主要代表著作有《苏俄辩证唯物主义》（1950）、《欧洲当代哲学》（1954）、《哲学思维之路》（1959）与《苏联哲学的教条主义基础》（1959）等。

（一）神学的本体论

鲍亨斯基跟其他新托马斯主义者一样，公开承认，他的哲学理论的最终目的在于肯定上帝的存在。他写道："我们在一系列的哲学沉思中，最终总要探讨绝对者——上帝的问题。对于哲学家说来，这是经过尘世的现存事物王国的漫长旅途之后，必然要到达的问题。"①

鲍亨斯基不满意于中世纪以空洞的逻辑论证上帝存在的本体论论证方法，而认为论证上帝"必须以经验为基础"。他认为：经验中最基本的、无可怀疑的事实是万物无不处在变化中，而变化必须有其动力，这种动力不是别的，归根到底乃是上帝的推动。没有上帝有目的的推动，世界就不会有规律性的变化。他写道："必然有一个具有无限力量的统治世界万物的上帝来规定世界进程。"②"如果没有造物主，人们就无法领会经验着的万物的实际存在。"③

鲍亨斯基采用与马利坦相同的方法论证基督教的上帝创世说。他断言任何具体事物都是"形式"与"质料"的统一。而"形式"是一种观念，或"潜在的可能性"；"质料"则是一种没有任何规定性的"非有"。他写道："托马斯派的基本学说是质料形式论的学说。一切存在物都是由一种质料和规定这种质料的形式组成。质料对形式的关系犹如潜能对现实的关系。"④ 他断言事物的"形式"来自上帝，上帝赋予非有的物质以各种形式，从而创造了各种具体的存在物。他写道："上帝的存在以本质的必然性规定一切'如此的存在物'……从这种观点看来，全部世界历史便表现为上帝的永恒的、自由制定的计划的实现。"⑤

---

① 鲍亨斯基：《哲学思维之路》，1964 年德文版，第 114 页。
② 鲍亨斯基：《哲学思维之路》，第 118 页。
③ 鲍亨斯基：《欧洲当代哲学》，载洪谦主编《西方现代资产阶级哲学论著选辑》，商务印书馆 1964 年版，第 422 页。
④ 洪谦主编：《西方现代资产阶级哲学论著选辑》，第 438 页。
⑤ 参看洪谦主编《西方现代资产阶级哲学论著选辑》，第 443 页。

与马利坦一样，鲍亨斯基认为万物根据"上帝"所赋予的"形式"的高低，排列成一个金字塔形的"等级"。他说："存在物按照存在的充实程度而排成等级"，"无生命物体是一切形式中最低级的形式，它缺乏有机的统一和固有的活动"。它处于等级的底层，"生物有机体具有一定目标的固有活动，但是这种活动常常是不自觉的"，它们处于无机物的上层；"动物不仅有自己的活动，而且还指向所认识的目标"，它们处于更高的层次；"在凌驾于无机物、植物和动物的形式之上的是人。在人那里出现了精神性的灵魂。人不仅能认识自己活动的目标，而且还能自由地选定目标，因此，人是尘世间最充实的存在"。① 鲍亨斯基断言，处于这个金字塔顶端的是作为一切"形式之形式"的"上帝"。上帝高居于万物之上，创造万物，统治万物；万物屈从于上帝之下，"分有"上帝，服从上帝，从而构成了一个"本体论的真理"，"那就是被创造出来的存在与上帝的思维是一致的"。

鲍亨斯基断言，由于"被创造出来的存在"（自然界）与"上帝的思维"是一致的，因而关于自然规律的自然科学知识，与关于"上帝的思维"或"上帝的意志"的宗教教义，不是绝对对立，而是彼此协调，互相一致的。他写道："上帝启示的内容与哲学和科学的学说，不会发生抵触，因为世界与启示都来自同一个真实和全知的上帝。"② 他号召新托马斯主义的信徒们要努力以现代科学的成就论证"上帝的存在"。

但是，如同其他新托马斯主义者一样，鲍亨斯基反复申明宗教启示与哲学和科学的不平等性。他断言：前者高于后者，后者必须服从于前者；这正如上帝高于自然界，自然界必须服从于上帝的意志一样。"哲学不能提供任何根据以否定宗教的启示"，"哲学只能把上帝作为世界的原则，它对于上帝的内心生活是绝不能做出任何说明的，那只能通过启示和信仰"。③

（二）信仰主义的认识论

在认识论方面，鲍亨斯基特别强调"启示和信仰"的重要性。

鲍亨斯基断言有两种认识：一是对存在物的认识；二是对上帝的认

---

① 参看洪谦主编《西方现代资产阶级哲学论著选辑》，第443页。
② 参看洪谦主编《西方现代资产阶级哲学论著选辑》，第438页。
③ 鲍亨斯基：《欧洲当代哲学》，载洪谦主编《西方现代资产阶级哲学论著选辑》，商务印书馆1964年版，第443页。

识。他认为对存在物的认识（科学认识）必须依靠感性经验和理性思维。他认为，从这个意义上讲，新托马斯主义的认识论是"直接意义上的实在论的认识论"。因为它"反对康德的先天知识论"，坚持"主体不产生对象"，即对象不是认识所产生的，同时它也是理智主义的认识论，因为它坚持"只有为理性所支持的理智，才能给我们提供真正的真理知识"①。

但是鲍亨斯基认为科学的认识是低级的认识。因为它所认识的只是存在物，而不是作为一切存在物的创造者——上帝。他断言，对于"上帝的本质"或"上帝的内心生活"的认识不能依靠感性或理性，而"只有通过启示和信仰"。② 显然，这是一种信仰主义。

（三）反马克思主义

鲍亨斯基的哲学理论的重要特点之一是公开反对、攻击马克思主义。他"熟悉"马克思的著作，是西方臭名昭著的"马克思学"家。他在其每一部哲学著作中几乎无不公开反对和攻击马克思主义。

鲍亨斯基对马克思主义进行了恶毒的谩骂和攻击。他污蔑"辩证唯物主义是原始的、粗野的，它的阐发和表述是没有意义的"。因为它的许多观点"都属于常识的观点"，它"所说的一切，都可以毫无困难地翻译成为人们日常的语言"。③

鲍亨斯基污蔑马克思主义哲学是"反动的学说"。他妄言，马克思主义的唯物主义和辩证法思想妄图把现代西方哲学拉回到"十九世纪的陈旧的教条上去"，而"这是跟五十多年来哲学发展的途径根本抵触的"。④ 不言而喻，这是蓄意颠倒黑白。马克思主义是无产阶级革命的世界观，它的任务在于消灭资本主义，建设人类未来的理想——共产主义。逆潮流而动的不是马克思主义，恰恰相反，是忠实为垄断资本效劳的鲍亨斯基的新托马斯主义。

鲍亨斯基污蔑马克思主义哲学是"荒谬的学说"。他断言在马克思主

---

① 鲍亨斯基：《欧洲当代哲学》，第441页。
② 鲍亨斯基：《欧洲当代哲学》，第441页。
③ 参看鲍亨斯基《苏俄辩证唯物主义》，1960年法文版，第156页。
④ 参看鲍亨斯基《苏俄辩证唯物主义》，第157页。

义的理论中充满着荒谬的"矛盾"。首先,他把物质决定意识与意识对物质的能动的反作用形而上学地对立起来,断言马克思主义的唯物主义观点与能动的实践观点是"自相矛盾"的;因为前者否定意识的能动作用,而后者又肯定它的作用。① 其次,他把"世界的物质性"与"物质世界的多样性"形而上学地对立起来,断言马克思主义关于物质一元论观点与它的"存在等级的多样性"(按:即物质形式的多样性)的观点是"自相矛盾"的②。再次,他把"必然性"与"自由"这对辩证法的范畴形而上学地对立起来,断言马克思主义的"决定论"观点与坚持人有"自由"的观点是"自相矛盾"的。他写道:"马克思主义者不承认偶然,不承认自由意志,他们坚持一切都是物质的作用。但同时宣扬人类解放,鼓动履行革命义务,极力强调人的意志的重要性,这就是说,他们违反自己的唯物主义和决定论,给予精神价值和自由以最大的重视。"③ 总之,在鲍亨斯基看来,一切对立统一的辩证法观点都是"荒谬",只有形而上学的绝对对立的观点才是"正确"的。这不仅表明了他对辩证法的一窍不通,而且还表明了他对革命辩证法的仇视。

鲍亨斯基极端仇视社会主义。他污蔑马克思主义的社会主义理论"是要使社会陷于分崩离析的永恒革命中","要使每个人成为辩证法的宏伟计划的牺牲品"。④ 他还攻击社会主义是一种"宗教"——"无神论的宗教"或"上帝的叛逆"的宗教,并称它是"一种撒旦、魔鬼的学说"。⑤ 鲍亨斯基如此仇视社会主义恰好说明他是一个垄断资本主义的卫道者。他口口声声要人们不做"辩证法的牺牲品",其实质却是要人们永远做垄断资本主义的牺牲品。

鲍亨斯基对马克思主义和社会主义的种种歪曲和谩骂,当然无损于马克思主义和社会主义的光辉。相反,恰恰暴露了他忠实为垄断资本主义效劳的反动本质。正由于此,自60年代后,随着马克思主义威信在西方广大群众中的提高,他就默默无闻了。

---

① 参看鲍亨斯基《苏俄辩证唯物主义》,第155页。
② 参看鲍亨斯基《苏俄辩证唯物主义》,第156页。
③ 参看鲍亨斯基《苏俄辩证唯物主义》,第157页。
④ 参看鲍亨斯基《苏俄辩证唯物主义》,第161页。
⑤ 参看鲍亨斯基《苏俄辩证唯物主义》,第166页。

三 泰依亚主义

20世纪70年代,在新托马斯主义内部,曾掀起过一股泰依亚主义热。泰依亚主义是一种曲解达尔文进化论的基督教哲学。它是法国泰依亚神父歪曲古生物学、地质学和生物学的新成果而提出来的。

泰依亚·德·夏尔丹(Teilhard de Chardin,1881—1955)是法国古生物学家、自然哲学家和神学家。他曾任巴黎天主教学院教授,1949年前曾八次来中国,中文名字是"德日进"。曾在周口店搜集中国猿人资料,还筹建过"地质生物研究所"(1940),创办《地质生物学》杂志(1943)。他发表过许多古生物学和地质学方面的文章,主要著作有《人的现象》(1955)、《人的出现》(1956)和《人的未来》(1959)等。他阐述了宇宙进化理论,力图把基督教思想跟达尔文进化论"结合"起来,并称此为"创造的一元进化论"。由于达尔文进化论长期被天主教会视为"邪说",他曾被耶稣会视为"异端",其著作遭到梵蒂冈书刊检察机关的禁止和罗马教廷主教会议的查封。直至60年代以后,由于社会形势发生变化,"基督教危机"出现,天主教教会为了适应新的形势而提倡宗教的"世俗化"和"现代化"。他的学说,由于颇能适应新形势,有利于新托马斯主义"现代化",乃受到天主教官方的赞成和重视,一些新托马斯主义者也推崇泰依亚为"现代的托马斯",并广为宣传他的学说,于是泰依亚主义得以作为新经院哲学中的一个重要派别而流行一时。

(一)"创造的一元进化论"的宇宙观

泰依亚以"进化"的观点解释整个世界。他说:"宇宙……不是程序而是过程,宇宙是发展运动着的宇宙。"因此,"进化"不是孤立的假设或理论,而是"所有理论、假设和体系都必须遵循的原则"。他认为宇宙的发展过程,经历以下几个阶段:"前生命"(Prévie)阶段,"生命"(Vie)阶段,"思想"(Pensée)阶段和"超生命"(Survie)阶段。

宇宙在第一阶段——"前生命阶段"产生了化学分子和银河系,形成了地球,在地球表面出现了有可能形成复杂分子和生命的最初的物理、化学条件。宇宙在第二阶段——"生命阶段"产生了地球上的"生物层",

生物从简单到复杂的进化，以至出现人类。宇宙在第三阶段——"思想阶段"产生了人类社会历史的进化，以至最终形成人类的统一，并进入第四阶段——与上帝融合的"超生命"阶段。

泰依亚肯定宇宙进化过程的某些辩证性质，他多次肯定宇宙现象的普遍联系和相互制约，肯定新生事物的不可战胜性和发展过程的飞跃性。他并把"飞跃"看成是渐进性的中断和量变到质变过程的瞬间。但是他不承认矛盾，不能理解发展的矛盾性，不承认发展的"否定之否定"过程的普遍性。

泰依亚虽肯定宇宙的进化，但是他的进化观是唯心主义和神秘主义的。他否定物质的自身运动，把宇宙进化的动力归之为"精神"的"创造"，归之为一种神秘的最高精神——"奥米伽点"（Le point Omêga 终极点的意思）的推动。他妄言神秘的奥米伽点在宇宙中普遍地起着作用，它是进化的宇宙的创造者和推动者，它具有"超时空性""永恒性""超验性""独立性"和"不可逆性"。它是宇宙的"精灵"和意识的"最高度的浓缩"，是基督教所称的"上帝"。他写道："神圣的超自然渗透到完美的自然中"，"同化并升华了这个自然"。[①] 他就这样把自然界的辩证法披上了神学的外衣，把科学的进化论歪曲成为宗教神学。

（二）"创造的一元进化论"的自然观

泰依亚在上述"创造的一元进化论"的基础上，提出了自己的自然观。他断言上述"奥米伽点"的"普遍灵性"体现在无生命物体中就是能量。无生命物体有两种内在的能量：物理的能量与精神性能量。他断言前者促使同类的无生命物体联合和"团结"；后者使无生命物质前进性进化。

泰依亚断言：随着无生命物体向生命有机体的进化，前者的精神性能量就相应地发展成为"生命"。因此"生命"是无生命物体的精神性能量的质变，它促进生物有机体从低级向高级的发展，以至出现人类。他否认圣经中关于亚当和夏娃的神话，而肯定人是在"生命"的创造下，从脊椎动物长期进化而来的。

[①] 《泰依亚全集》第 10 卷，1957 年法文版，第 17 页。

(三)"创造的一元进化论"的社会历史观

泰依亚的社会历史观也是以他的"创造一元进化论"为基础的。他用生物学的观点解释社会现象,他把人类的社会性生产说成是人种的生物性的特点。他断言,人在生产性方面虽有异于动物,动物以自身器官进行生产,人类使用工具进行生产,但是人类的工具与动物的器官,并没有原则的差别,它们的任务都在于开拓新领域,以维持种的延续,从而否定了人与动物的本质区别,否定了劳动在从猿到人的过程中的关键性意义。

泰依亚断言人类的思维是生物有机体的精神能量——生命的质变,它的特点是"趋同性"。这种趋同性表现有二:(一)是"集思广益",即通过语言的交流把各个个别意识统一为集体意识,从而出现了民族、国家、文化等社会现象。(二)是"自我反省",即通过自我的内心体验以达到人人与上帝交融的全人类统一。因此泰依亚认为达到未来全人类统一的理想的途径,无须物质资料生产的发展,更无须社会革命,而只需改变人的精神习惯和加强宗教信仰。他称此为"进化论的新人道主义"。他反对马克思主义,说:"生产者和消费者之间的旧的马克思主义的对立已经过去,今天把人分为两个阵营的东西,不是阶级而是精神——运动的精神。"他并做出不偏不倚的姿态,表示他在政治方面不倾向于任何现有的社会制度,并认为不论是资产阶级民主主义、共产主义或法西斯主义,只要它们能消除自身的缺点,都能为建立某种综合的社会制度做出贡献。泰依亚肯定自然界和社会是一个进化的过程,这无疑有合理的辩证法因素,但是却都被他神秘主义或宗教神学化了。他肯定人来自无机界——有机界……的进化,否定上帝塑造亚当和夏娃的荒诞神话,无疑有积极意义。然而他并未使它们最终摆脱神学,而是使科学知识与宗教神学相"协调",使科学的进化论从属于宗教的上帝创世说,把科学祭献于宗教。至于他的那些反对马克思主义,反对阶级斗争和反对社会主义的观点,更无疑是错误的,它们在客观上是为现存剥削制度效劳的。

(四)"调和"宗教与科学的对立

泰依亚突出地强调了科学与宗教的"调和"论。他断言科学认识的能力是无限的,科学的最高任务在于掌握生命的能量,揭示进化的"创造力"，并认为有计划、有组织的科学研究活动是保证人类联合与世界和平的主要因素之一。但是泰依亚妄言，科学必须依赖于宗教。任何科学知识的综合都必须以宗教及其神秘主义作为补充。一切科学与宗教的冲突都是表面的，当深入探究事物的终极原因，解释它们的"总体性"和预见未来时，两者的差别和对立就全都消失了。总之"科学应听从于宗教"，也就是说，科学永远只能是宗教的牺牲品。这是他的坚定的主张。

泰依亚主义虽有许多合理性因素，但是它的宗教神秘主义性质是不言而喻的。这些都不过是基督教的"上帝创世说"的"科学化"和新经院哲学的"现代化"而已。

四 "基督教存在主义"——新托马斯主义与存在主义的结合

"基督教存在主义"是新托马斯主义与存在主义相结合的怪胎。它们的合流是不难理解的。存在主义，不论是有神论的存在主义或无神论的存在主义，都具有浓厚的宗教神秘主义性质，而作为神学人本主义的新托马斯主义跟存在主义一样，都宣扬非理性主义的人本主义。新托马斯主义与存在主义的结合主要由新托马斯主义者马利坦、吉尔松等人提供了理论的可能性，而法国有神论存在主义者马塞尔（Gabriel Marcel，1889—1978）也为这种结合提供了方便。马塞尔原是虔诚的天主教徒，他具有深厚的宗教唯心主义思想。基督教存在主义主要流传于法国和西德，在美国和加拿大等地也有一定的影响。

作为新托马斯主义的变种的基督教存在主义，它的基本观点与上述新托马斯主义的观点相类似。为了把新托马斯主义"世俗化"，使它与时髦的世俗哲学存在主义结合起来，他们宣扬马利坦的"有论"，公开为"上帝创世说"作论证；同时也肯定存在主义。他们无视存在主义悲观、颓废的倾向而吹嘘它具有"勇敢的探索精神"，它为人生寻找"有益的"答案。他们竭力为存在主义的悲观主义辩解。他们歪曲事实，说"当代的存在主义并非如同一般人所想象的那样是一种醉生梦死的混世哲学，也不是对现实抱消极否定态度的悲观主义论调"，恰恰相反，而是一种"积极的学说"。它"使人们从心灵中看到出路"，"开放心灵"，"追求超自然"，"以求人生的完满实现"。并认为这是与新托马斯主义宣扬信仰上帝,向往上帝是完全一致的。①

基督教存在主义者们吹捧存在主义说:不论是以萨特尔为代表的封闭的存在主义,或以马塞尔为代表的开放的存在主义,它们都跟新托马斯主义一样,关心人的存在,探索人生的意义和目的,即使萨特尔把人看成是"无法完满的实现","把人的存在看成是荒谬绝伦的事实",然而他仍关心"个体在世界中的自由"和"个体在时间中的自由",从而给"荒谬的生命"以"意义"。至于开放的存在主义则更是如此。如基尔凯戈尔认为:"站在上帝面前的人……是真正的存在。"雅斯贝尔斯认为:人的"生命受到许多限制,但蕴含着无限","因为他的本质中有超越性,使人永远向上,永远向前"。马塞尔则说得更清楚:"人是从这个世界走向另一个不可见世界的旅客","人一旦向上帝开放……就到达存在的老家",而"接受超理性的指导和帮助……则是存在借以达到其可能完成的唯一途径",② 等等。

总之,在基督教存在主义者们看来:作为"世俗哲学"的存在主义与作为"宗教哲学"的新托马斯主义,两者在本质上并无区别,而是可以互相引证的。因而他们认为,以存在主义补充新托马斯主义,使新托马斯主义"世俗化",是使垂死的新托马斯主义"起死回生"的一种良好的药方。但是,存在主义是现代资产阶级精神空虚、思想颓废的表现,它集中地反映了人们对资本主义的内在矛盾和危机的惶恐和沮丧情绪以及孤注一掷的冒险心理,新托马斯主义者力图以这种哲学为"强心剂",以恢复新托马斯主义的"青春",这恰好表明新托马斯主义的末日已经不远。

五 新托马斯主义的衰落与"基督教马克思主义"

自20世纪六七十年代以后,新托马斯主义的衰落不仅表现在上述新经院哲学的被迫"世俗化"和"现代化",还表现在"基督教社会主义"和"基督教马克思主义"的出现和流行。

---

① 参看郑圣冲《从哲学观点看得救问题》,载《神学论文集》第24集,1976年台湾版,第212页。

② 参看《神学论文集》第24集,第221、229、212页。

"基督教社会主义"最早出现于70年代初南美的智利。智利是一个天主教国家。1970年智利社会党领导人萨尔瓦多·阿连德当选为总统，宣布"通过民主、多党制和自由的方式建设社会主义"。它得到了广大基督教徒及其团体的积极拥护和支持，从而出现了一个基督教徒赞成社会主义的"基督教社会主义"运动。后来它影响到拉丁美洲的其他地区，以至欧洲。

在欧洲，"基督教社会主义"问题早在60年代的英国就曾经出现过。1963年英格兰的"天主教左翼"公然赞成社会主义和马克思主义的理论分析。当时剑桥大学的一群大学生在一些教士的支持和帮助下创办了《斜面》杂志。1966年发表《斜面宣言》，阐明了他们的主要论点："为什么基督教徒应该是社会主义者。"他们认为，作为一个基督教徒，就有责任去创造大同世界，这就必须反对资本主义，赞成社会主义，因为资本主义怂恿利己竞争和私有制度，制造阶级对立和贫富悬殊。而只有社会主义才能为"大同"提供客观基础。不过他们宣称，他们提倡的不是"教条主义的社会主义"，而是一种"真正的、民主的、平等的社会主义"。这反映了基督教徒中一部分中小资产阶级分子走中间道路的幻想。

70年代后，"基督教社会主义"和"基督教马克思主义"问题的讨论有所发展。1975年德尼·蒂内在《新黑衣修道士》杂志的该年第六期上撰写文章，宣称一个基督教徒不仅能够，而且应该是一个马克思主义者，因为"大同"不可能在资本主义的条件下实现，而只能在社会主义的条件下实现。不过作为一个基督教徒，他不赞成唯物主义。他断言哲学唯物主义"并不是"马克思主义的本质的东西，马克思主义跟基督教一样，它的本质的东西就是"实践"。因而它们提倡和拥护的不是无神论的马克思主义，而是"基督教的马克思主义"。

在南欧的法国和意大利等国家，对"基督教社会主义"和"基督教马克思主义"也有过讨论。许多基督教徒及其团体，如名为"拥护社会主义基督教徒"的团体，表示愿意"接受"马克思主义的观点，与马克思主义团体合作。有的基督教徒还自称是"基督教马克思主义者"。他们中的大多数人把马克思主义看成主要是分析资本主义的一种科学工具和实现社会主义的一种有效策略。而不认为唯物主义与无神论是马克思主义的本质的东西。

法国的菲利普·瓦尼埃是一个名为《新生活》团体的领导人。他写了《作为基督教徒的马克思》一书，书中讨论了"信仰上的基督教徒"和"实践中的马克思主义者"这两者能够统一起来吗？——这样一个问题。他对这个问题的回答是肯定的。但是他认为，应拒绝马克思主义的"教条主义模式"，对马克思采取"批判"的态度。他"批判"了"盲目崇拜"马克思的态度，"批判"了马克思主义的无产阶级专政的理论。妄言"基督教的马克思主义"是一种"批判"的马克思主义。

基督教马克思主义的出现和流行既表明了新托马斯主义的衰落，同时也表明了马克思的发展。战后，由于社会主义力量的发展和马克思主义的广泛流行，西方基督教徒中的某些进步群众，一方面因受宗教迷信的蒙蔽，不能彻底摆脱宗教信仰；另一方面因受资产阶级的剥削而反对资本主义，向往社会主义和马克思主义；而教会官方为了适应新形势也不得不改变其策略，改公开以宗教神学反对马克思主义为蓄意以宗教神学"修正"马克思主义，这就是基督教马克思主义产生和流行的客观社会原因。

马克思主义与基督教神学的根本对立是不言而喻的。诚然，马克思主义主张宗教信仰自由，但马克思对宗教神学的欺骗性则坚持揭露和批判而不懈。因此，用宗教神学来"补充""修正"马克思主义，无异于用宗教神学来篡改、反对马克思主义。但是这里必须同样坚持的是，应该把蓄意歪曲马克思主义反动官方教会和个别别有用心分子跟受蒙蔽的广大进步教徒区别开来，并且必须把广大进步教徒的反资本主义积极性与他们的落后的宗教迷信思想区别开来。对于反动教会和个别分子的反动阴谋和企图必须彻底揭露；而对于广大进步教徒，则必须在保护、鼓励其反资本主义积极性的前提下，对他们的宗教迷信思想进行必要、耐心和细致的教育。

第十章　人格主义

如果说新托马斯主义是现代西方影响最大的宗教哲学，那么人格主义则是影响仅次于新托马斯主义的另一个现代西方宗教哲学流派。人格主义出现于19世纪末，美国和法国是当前人格主义的中心，在英国、德国和瑞士等其他资本主义国家也比较流行。作为公开为上帝存在作论证的宗教哲学，人格主义与新托马斯主义有许多共同之点，但是它们之间也有明显的区别。那就是，由于人格主义需要与新教的教义相适应，它力图把宗教唯心主义与资产阶级个人主义结合起来。因而它比新托马斯主义更多地"关心""尘世生活"；更多地主张"民主""自由"，以致经常以"生活的哲学""自由的哲学"为自我标榜。人格主义的理论特点是：在本体论上，强调纯粹精神性的"人格"即"道德主体"是宇宙的本原，并认为它不仅是"自我"的"人格"，而且是"上帝"的"人格"，从而把主观唯心主义与客观唯心主义结合起来。由于强调"宇宙人格"的伦理道德特性，它具有强烈的伦理唯心主义色彩；又由于它强调主观唯心主义与客观唯心主义的结合，因而它既有别于贝克莱式的主观唯心主义，也有别于黑格尔的客观唯心主义。在认识上，人格主义以"可知主义"为自我标榜；然而它把认识的对象归结为经验，因而，在本质上仍属贝克莱—休谟式的主观经验主义。在社会观上它宣扬"神学的人本主义"，强调"人格"对社会历史的决定作用，从而否认资本主义社会一切矛盾的客观社会根源，否定阶级斗争和无产阶级革命。

一　美国的人格主义

美国人格主义的创始人是鲍恩，其他代表人物有福留耶林、布莱特曼、霍金（William Ernest Hocking, 1873—1966）、伯托西（P. A. P. Bertocci）等。他们的学说互有差异，但在基本观点上是一致的。现以鲍恩、福留耶林和布莱特曼的学说为主，评述该派的哲学观点。

布登·鲍恩（Borden Parker Bowne, 1847—1910）是美国著名哲学家。他出生于一个清教徒家庭，大学毕业后曾任牧师，后赴德国，从哥廷根大学教授洛采（Rudolf Hermann Lotze, 1817—1881）学习，深受他的宗教唯心主义哲学思想的影响。他的主要哲学著作有《形而上学》（1882）、《人格主义》（1908）等。莱甫·福留耶林（Ralph Tyler Flewelling, 1871—1960）是鲍恩的学生，南加利福尼亚大学教授。他是《人格主义者》杂志的创办人和编辑。他的主要哲学著作有《人格主义与哲学问题》（1915）、《信仰的理性》（1924）、《创造的人格》（1926）。布莱特曼（Edgar Sheffield Brightman, 1884—1953）是鲍恩的信徒和追随者，波士顿大学哲学教授。他的主要哲学著作有《哲学导论》（1925）、《上帝问题》（1930）、《宗教哲学》（1940）、《自然与价值》（1945）、《人与实在》（1958）等。

（一）人格是世界的本原

人格主义是一种属于人本主义思潮的宗教唯心主义哲学。它与弗洛伊德主义和存在主义等其他人本主义哲学流派一样，强调哲学研究的对象不是物质世界，而是人或自我。但是它与弗洛伊德主义和存在主义等不同。弗洛伊德主义把"自我"归结为一种"欲望"——无意识的性欲冲动；存在主义把"自我"归结为"意志"——盲目的自由意志；而人格主义则把"自我"归为"人格"，即一种精神性的道德主体。它认为世界的本原是"人格"，"人格"才是哲学的真正对象和一切哲学问题的核心。布莱特曼说："从广义上说来，人格主义是这样一种思想方法，它把人格当作解决一切哲学问题，不论是价值问题、认识论问题，或形而上学问题的钥匙。"[1]

那么什么是人格主义所说的"人格"（Personality）呢？美国的人格主义者们认为，他们所说的"人格"，既不是弗洛伊德主义所谓的"欲望"，也不是存在主义所谓的"意志"或"感情"，而是一种精神性的道德品格，即是一种支配、控制或调整自我的"欲望""意志"和"感情"的精神的

---

[1] 布莱特曼：《人格主义》，载《哲学体系史》，第340页。

或道德的主体。鲍恩说:"我们有思想、情感和意志,这是属于我们自己的。我们还有一种自我控制或自己支配自己的力量。所以在经验中我们知道有个'自我'和相对的'自主'(按:即支配自我的思想、情感和意志的主体)。这就造成我们的真正的人格。说得更确切一些,这就是'人格'的意义。"① 福留耶林说:"人格不只是意识,不只是记忆,人格能自己支配自己,人格是自由的。"② 布莱特曼则说:"人格是能够发展理性与理想的价值的自我。"③

由于把自我的"人格"归结为一种与物质根本无关的纯粹精神实体,人格主义者们就把自我的"人格"与自我的躯体,及其活动于其中的物质世界绝对地对立起来。鲍恩说:自我的生命,即人格是与物质及其运动无关的。"如果有人把这种活动的生命归结为物质及其运动,那是荒谬的;如果有人用物质及其运动来解释生命,那也同样是荒谬的。"④ 布莱特曼则说:"一切存在不过是人的意识而已。存在就等于是一个人或自我,或一个人或自我的一些行动或经验。"⑤ 由此可见,人格主义者们所谓的人格,归根到底,不过是一个自我的"幽灵"而已。这显然是错误的。其实,人格并不是什么神秘的东西,更不是神所恩赐的"幽灵",它是自我意识根据道德规范对自己的欲望、感情、意志以及行为的调节能力;它是意识的能动作用的表现。人们根据自然规律和社会规律,对自己的行为的后果做出预见和评价,并根据这种预见和评价,自觉地控制自己的行动,这就表现为自我的人格。人格主义者们把自我的人格唯心主义化和神秘主义化,这就成了他们的信仰主义的宗教哲学的出发点和理论基础。

在人格主义者们看来,世界的本原仅是自我的精神性的人格。那么自我的躯体及其生活于其中的物质世界是什么,它们是从哪里来的呢?美国人格主义者们认为:它们都是第二性的东西,都不过是人格

---

① Borden Parker Bowne, *Metaphysics*, New York: Harper & Brothers Publishers, 1898, p. 102.
② George P. Adams and Wm. Pepperell Montague (eds.), *Contemporary American Philosophy*, London: G. Allen & Unwin, Ltd., 1930, p. 74.
③ Ibid., p. 9.
④ Borden Parker Bowne, *Personalism*, Boston: Houghton, Mifflin, 1908, p. 318.
⑤ Ibid..

的派生物。鲍恩说：一切事物都不能离开人格而存在，"宇宙的本原是人格"，"人格是宇宙的基础"，"世界只是为我们的理智而设的"。① 布莱特曼则说："自然存在于心中，而不是心存在于自然中。"② "一切事物都是精神的"，"它们仅是心的存在，或仅由于心而存在"，因而"假设非心的物是没有任何意义的"③。

从上述唯心主义观点出发，人格主义者们坚决反对物质第一性、意识第二性的唯物主义观点。鲍恩说："物自体是不存在的，它应看作神话而被抛弃"，"思想领域之外无任何事物存在"，"唯物主义的形而上学是彻头彻尾的幻觉，它是错误的"。④ 福留耶林则说："用物质解释世界的一切是徒劳的，它仅是一场噩梦。"⑤ 但是，美国的人格主义者们并不愿遵循贝克莱的老路而陷入荒唐不堪的唯我论的泥坑。因而在表面上，他们也反对贝克莱的传统的主观唯心主义。福留耶林说："传统的唯心主义并不比唯物主义更能令人信服，因为在日常的经验中，物质世界是占极重要地位的。如若说大地、太阳、有声、有光的这个世界仅是一场梦幻，那是无法取信于人的。"⑥

美国人格主义者们一方面，坚持物质世界依赖于自我的人格而存在；另一方面，为了逃避唯我论，又肯定物质世界不依赖于自我的意志而存在，这是自相矛盾的。如何"摆脱"这个矛盾呢？他们只能求助于上帝，即肯定在有限的自我的人格之外，另有无限的上帝的人格存在，从而从主观唯心主义转到客观唯心主义或宗教唯心主义。

美国的人格主义者们在论证上帝存在的问题上利用了 17 世纪莱布尼茨的单子论。因此布莱特曼等称莱布尼茨为"近代人格主义的创始人"。⑦

---

① Cf. George P. Adams and Wm. Pepperell Montague (eds.), *Contemporary American Philosophy*, London: G. Allen & Unwin, Ltd., 1930, p. 53.

② Ibid., p. 96.

③ Ibid., p. 15, p. 16.

④ Cf. Borden Parker Bowne, *Metaphysics*, New York: Harper & Brothers Publishers, 1898, p. 150, 316.

⑤ Cf. George P. Adams and Wm. Pepperell Montague (eds.), *Contemporary American Philosophy*, London: G. Allen & Unwin, Ltd., 1930, p. 30.

⑥ Ibid..

⑦ Ibid., p. 10.

莱布尼茨认为，世界是由许多客观的精神性实体，单子构成的。单子由于是一种精神性实体，它们不占空间，没有质量，不可分割。它们各自封闭、彼此孤立，不能互相作用，并因其具有内在的能动性而各自运动。他认为单子是上帝创造的。上帝是世界上唯一最高的单子。它全知、全能、全善。它在创造所有其他的单子时，对它们做了全面的安排，使它们彼此间和谐一致，即所谓"前定的和谐"。

美国的人格主义者们亦步亦趋地仿效了莱布尼茨的单子论。莱布尼茨的"单子"在人格主义者那里变成了"人格"。他们认为，每个人的有限的人格是各自独立，完全自由的。布莱特曼说："人格是活泼能动的，而不是消极被动的。""它纯粹是个别的、私人的和自由的。"[①] 而个人的有限的人格是无限的、最高的人格——上帝所创造的。上帝在创造各人的人格时，对它们做了全面的道德秩序的安排，从而使各个人的人格的自由互相协调，和谐一致。福留耶林说："世界上的任何事物，以及相互关系，都来自神的意志的统一。"[②] 他们还认为，有限的自我的人格与无限的上帝的人格，本质上都是精神性人格，因而是彼此相通的。[③] 物质世界不仅是有限的自我人格的派生物，更是无限的上帝的人格的派生物。它们既依赖于各人的自我的人格而存在，也依赖于上帝的人格而存在。所以物质世界既不如唯物主义所认为那样，可以离开自我的人格而独存；也不如传统的唯心主义所认为那样，凭自我的主观意志而转移。他们自诩这种理论克服了传统的唯物主义与传统的唯心主义的"片面性"，超越于传统的唯物主义与传统的唯心主义之上了。福留耶林说："自古希腊以来，唯物主义与唯心主义的斗争，至今才对它做了充分的分析，证明不折不扣的唯物主义和绝对的唯心主义都不能解决宇宙之谜。"[④] 其实，他们并没有任何"超越"可言，而不过是传统的主观唯心主义、客观唯心主义和宗教唯心主义的拙劣的杂凑，是一种公然为上帝创世说作论证的宗教哲学。

---

① Cf. George P. Adams and Wm. Pepperell Montague (eds.), *Contemporary American Philosophy*, London: G. Allen & Unwin, Ltd., 1930, p. 9, p. 16.

② Ibid., p. 41.

③ Ibid., p. 74, p. 30.

④ Ibid..

(二) 信仰主义认识论

在认识论方面，美国的人格主义者们坚持人对世界的"可认识性"，"反对"否认世界可以被认识的不可知论。但是，他们是从唯心主义的立场来解释这种世界的可认识性的。他们认为，由于物质世界不是别的，而仅是人的精神或思想的派生物，它们在本质上与人的思想具有共同的"质"，即与人的思想具有同一性，因而，它们可以被人的思想所认识。鲍恩说："既然我们肯定物质世界起源于思想并表现于思想，那么它们与思想是同质的，我们就没有任何理由来否认它们的可以被认识。"① 福留耶林说："人心所以能理解事物的运动，是由于它们是同源的。"② 又说："我们之所以认为物质世界是真的，是因为物质世界的基础是智慧（神），这个智慧与我们自己的智慧是相通的，即心和世界在本质上是相通的。"③

美国的人格主义者们从上述唯心主义的认识论出发，反对唯物主义的反映论。他们污蔑唯物主义的反映论为"不可知论"。他们妄言唯物主义把物质与意识完全对立起来，把物质说成是存在于意识之外，不依赖于意识，并与意识截然不同，完全对立的东西，这就"割断"了意识与物质在认识论上的联系，即杜绝了意识认识物质的可能性。因为，如果物质是物质，意识是意识，两者没有共同的"质"，那么意识无论如何就无法认识与它截然不同的物质了，它最多只能"反映"它们的表面现象，而无法深入其内部，认识它们的"本质"了。福留耶林写道："自然主义只能得到一个现象世界"，"因为无论如何我们无法说明，脑细胞的分子运动如何能给人以思想，它如何能认识世界"，"因而从唯物主义观点出发，无论如何不能把思想者和被思想物统一起来"。④ 美国人格主义者们对唯物主义反映论的这种"驳斥"显然是错误的。他们把物质与意识的对立统一的辩证关系割裂并片面化了。物质与意识是对立的，因为物质是第一性的，意识是第二性的，但是它们又是统一的，因为意识不是物质之外的什么"幽灵"

---

① Borden Parker Bowne, *Metaphysics*, New York: Harper & Brothers Publishers, 1898, p. 92, p. 93.
② George P. Adams and Wm. Pepperell Montague (eds.), *Contemporary American Philosophy*, London: G. Allen & Unwin, Ltd., 1930, p. 61, p. 74.
③ Ibid..
④ Ibid., p. 42.

或"神灵",而是物质的大脑的一种属性。人们在认识论领域中必须坚持物质和意识的上述对立,否则就会把物质等同于意识,从而陷入主观唯心主义的错误;人们在本体论领域中则必须坚持两者的上述统一性,否则就会承认幽灵,或"神灵"的客观存在,从而陷入客观唯心主义和宗教唯心主义。人格主义者们在这个问题上颠倒了是非,他们在认识论领域中否认物质与意识的对立,把物质等同于意识,从而陷入了主观唯心主义;在本体论领域中,又否认两者的上述统一(意识是大脑的属性),承认纯粹的"自我"和"神灵"的客观存在,从而陷入了客观唯心主义和宗教唯心主义。

美国的人格主义者们强调"经验"的重要性,认为认识开始于经验,经验是认识的出发点和检验真理的标准。鲍恩说:"经验是思想中首要的东西,一切理论工作都必须以经验为基础,从经验出发,并最终返回经验,由经验来'证实'。"[1] 布莱特曼说:"知识的起点是经验。"[2] 但是,他们反对唯物主义的经验论,否认经验是客观物质作用于感官的产物,而对它做了唯心主义的解释,即认为经验纯粹是意识之中的东西。鲍恩说:"我们不能把物质或非人格的实体看作经验的基础,否则我们就超出了经验的范围。"[3] 布莱特曼则说:"自然主义、唯物主义和实在论认为自然是非经验的存在,或者是事件的相互作用的体系;人格主义则相反,认为这种看法是无法证实的,因而是多余的。"[4]

但是美国的人格主义并不完全同意贝克莱等人的主观经验主义。他们否认经验是主观自生的,而认为经验具有不以人的主观意志为转移的"客观性"。这是因为经验不仅是自我的人格所派生,同时,尤为重要的是,它们是上帝的人格所派生的。上帝给予经验世界以不以人的意志为转移的秩序。鲍恩说:"从有神论的观点看来,宇宙本身并不是真正静止的存在,它是通过上帝的意志而寻求实现的思想,对我们说来,这一思想必然表现于我们的经验秩序中。"因此,他们称自己的这种经验主义为"先验的经验主义"或

---

[1] Borden Parker Bowne, *Metaphysics*, New York: Harper & Brothers Publishers, 1898, p. 303, p. 14.

[2] Cf. George P. Adams and Wm. Pepperell Montague (eds.), *Contemporary American Philosophy*, London: G. Allen & Unwin, Ltd., 1930, p. 14.

[3] Ibid..

[4] Ibid., p. 122.

"康德化的贝克莱主义"。① 实际上应该说是一种宗教神学的经验主义。

鲍恩、布莱特曼等美国的人格主义者们的认识论中还杂有实用主义的色彩。他们认为，经验虽不随人的主观意志而产生；但却能被人的主观意志所"创造"（改造）。人们能根据自己的意愿，把零乱、驳杂的经验材料，"创造"或组合成各种经验事件。因此，鲍恩说："认识绝不是一种存在的秩序的被动的反映，更不是外部的现成知识的被动的接受，而必须把它看作在我们思想内部，为了我们的思想，并由我们的思想本身所进行的对于对象的一种积极的创造。"因此"对象之成为我们的对象，必须经过自我的创造活动。我们凭这种创造活动为我们的意识创造对象"②。

像实用主义一样，由于把事物和事物的观念看成是自我意志根据一定的目的或需要的创造物，在真理问题上，美国的一些人格主义者们坚持实用主义的真理论。他们反对唯物主义的真理符合论，即认为真理并不是主观与客观相符合，而是它的"有用性"。鲍恩说，"存在是不能离开目的和意义的"，"真理必须是对于一切都是有效的"。他们还用实用主义的真理论来论证宗教。鲍恩说："衡量神学上的意见的标准，必须是在实际生活中，那就是看它在生活中有什么作用。"因而他们自认，在真理问题上"保留了实用主义的观点"。③ 但是他们除承认真理的有用性标准外，还承认真理的"事实秩序"和"理论秩序"的标准。布莱特曼说："有限的人格的意志是自由的，但不能随意改变宇宙的心所支持所意欲的那个秩序的结构。"④ 因而他们认为真理不仅是有用，而且还应该是与"事实秩序"与"理性秩序"相一致。不过在人格主义者们看来，无论"事实秩序"或"理性秩序"都不是人格之外的东西，而是无限的上帝所赋予的一种"前定的和谐"，也就是"心（上帝）在世界的秩序中有目的性地指挥自己"而已。⑤ 人格主义者们还认为，建立在观察和实验的经验事实基础上的科

---

① Cf. George P. Adams and Wm. Pepperell Montague (eds.), *Contemporary American Philosophy*, London: G. Allen & Unwin, Ltd., 1930, p. 11.
② Cf. Borden Parker Bowne, *Metaphysics*, New York: Harper & Brothers Publishers, 1898, p. 66.
③ Cf. George P. Adams and Wm. Pepperell Montague (eds.), *Contemporary American Philosophy*, London: G. Allen & Unwin, Ltd., 1930, p. 61, p. 66.
④ Ibid., p. 100, p. 101.
⑤ Ibid., p. 62.

学的认识只能认识宇宙的现象,而不能深入宇宙的本质。要深入宇宙的本质,领悟物质世界的精神性实质,从而领悟创造宇宙的无限的人格——上帝,这就必须通过自我的人格的内省。福留耶林说,"只有人格可以洞察物质"①,只有人格才能使人的认识从"经验的领域"深入"信仰的领域"。② 这样,他们就从实用主义进而走上了信仰主义的道路。

在表面上,美国的人格主义者们竭力肯定并强调科学知识的重要性。福留耶林说:"人格主义严格依据科学的最新发展。"③ 但是,跟新托马斯主义一样,在实质上他们极力歪曲科学和贬低科学。

首先,美国的人格主义者们极力歪曲现代科学的新成就,为基督教的宗教教条作"论证"。他们歪曲进化论,胡说进化论"证明了"一切生命的产生和进化都必须以上帝的人格为动因。布莱特曼说:"进化是上帝有所施为的方法。"他们歪曲热力学第二定律而宣扬"热寂说",胡说"热寂说"证明了"上帝的创世说"和"世界的末日说"。他们歪曲牛顿力学,说"物理世界的物与力只是神的人格的部分表现"。④ 他们歪曲爱因斯坦的相对论,说:相对论的时间和空间的相对性原理"证明"了物质不存在于时间、空间之中,而依赖于无限的人格——上帝。他们还歪曲量子力学的种种新成就,如说"测不准原理""证明"了人格的自由意志,说"原子的力量来自一个世界的灵魂",等等。⑤

其次,美国的人格主义者们贬低科学的价值及其地位,鼓吹科学必须服从宗教,把科学贬降为宗教的仆从。他们跟新托马斯主义一样,鼓吹自然科学与宗教"和谐一致"。他们说,历史上自然科学跟宗教神学的冲突与斗争是一种由于无知而造成的历史性"误会",因为两者本质上是一致的,福留耶林说:"科学和宗教之间没有冲突,因为自然规律是上帝使事

---

① Cf. George P. Adams and Wm. Pepperell Montague (eds.), *Contemporary American Philosophy*, London: G. Allen & Unwin, Ltd., 1930, p. 42.

② Ibid., p. 15.

③ Dagobert David RUNES, *Twentieth Century Philosophy*, New York: Philosophical Library, 1947, p. 326.

④ Cf. George P. Adams and Wm. Pepperell Montague (eds.), *Contemporary American Philosophy*, London: G. Allen & Unwin, Ltd., 1930, p. 17.

⑤ Ibid., p. 32.

物发生变化时的方法。"① 霍金说："科学与宗教之间现在不会有战争。可能还有一些头脑发热的科学家希望宗教进入历史博物馆。但是他们并没有代表性。宗教家中有没有希望扼杀科学的狂热者。我表示怀疑，我从来没有遇到过这样的人。我们应该既是学者，又是宗教徒。"②

但是科学与宗教毕竟是完全对立的，要做到两者的真正调和是不可能的。因为科学的真理不时地揭穿宗教的谎言。因而，他们竭力鼓吹科学必须无条件地服从宗教。他们说：科学知识只能停留在经验的表面现象上，无法深入宇宙的本质。无法认识或领悟作为世界本原的"人格"或上帝的真谛。鲍恩说："科学只能是分类的和记述的知识，它们不可能领悟事物的真正的原因和根据。"③ 福留耶林说："不能用普通的言辞来证明或解释宗教，一切深藏于我们性灵中的东西都是如此。"④ 因而他们认为，应该把科学局限或囚禁于"现象"的范围内，而关于"事物的真正原因和根据"等问题，是属于宗教的地盘，科学不能染指。霍伊森说："关于神圣的本质，科学家不要拼命地去设想，冒昧地去染指和徒劳地去寻找解释。"福留耶林说："要说明一切现象都必须以宗教为依据。"总之，科学只能为宗教作"论证"，而不能对它有丝毫反对。这就是人格主义者们在科学与宗教的关系问题上的结论。不言而喻，这在实质上仍然是一种反科学的宗教信仰主义的理论。

（三）神学人本主义的社会伦理观

美国的人格主义的哲学理论是为它的社会政治观点服务的。美国的人格主义者们从上述哲学理论出发，在社会政治观点上强调尊重个人的人格，尊重个人的个性和尊重个人的自由。布莱特曼说："一切价值都存在于人，属于人，为人"，"个人的尊重是一种内在的价值，没有别的价值可

---

① Cf. George P. Adams and Wm. Pepperell Montague (eds.), *Contemporary American Philosophy*, London: G. Allen & Unwin, Ltd., 1930, p. 74.

② William Ernest Hocking, *Science and the Idea of God*, North Carolina: University of North Carolina Press, 1944, p. 3.

③ Borden Parker Bowne, *Metaphysics*, New York: Harper & Brothers Publishers, 1898, p. 312.

④ Cf. George P. Adams and Wm. Pepperell Montague (eds.), *Contemporary American Philosophy*, London: G. Allen & Unwin, Ltd., 1930, p. 24.

以与之相比"。① 因而他们称其哲学为"人的哲学""自由的哲学"和"生活的哲学"等等。

美国的人格主义者们认为,人类社会的基础不是物质资料生产方式,而是个人的自我人格。个人的人格是绝对自由的,这种自由是促进社会的发展的动因。因而社会必须尊重每个人的人格与自由,绝不能阻挠或妨碍它们的自由和发展。福留耶林说:"人格是一种内在的价值。是社会的最珍贵的财产,是社会进步和幸福的最重要的源泉。"② 同时,美国的人格主义者们又认为,上帝在创造各个人的自我人格时,还赋予它们以和谐一致的道德秩序,这种秩序具有至高的道德价值,它是社会协调与和谐的基础。失去这种秩序,社会就会陷入冲突和混乱。鲍恩说:"有组织的社会形态是一种有道德目的的机构,不论个人如何自私,如果没有一种以道德观念为基础的社会秩序,他们就不能共同生活。"③ 不言而喻,他们所谓的"社会秩序"不过是资本主义的社会秩序而已。因而,在他们心目中,所谓"自由"不过是遵循资本主义的社会秩序而行动而已。福留耶林写道:"人的人格有顺上帝的意志或背上帝的意志而行动的自由。上帝的道德行为和人的道德行为二者的性质是近似的,都是随自己的抉择而舍恶从善的行为。这样,人就在道德上负有责任。人们有把上帝的世界弄糟的自由,但是他是要完全负责的。"④ 这无非是说个人虽然有行动的自由,但他必须向上帝负责,不能违背上帝所恩赐的(资本主义)社会秩序。不言而喻,这是一种反映自由资产阶级利益的论调。

美国人格主义者们认为,当前西方资本主义社会的种种矛盾、冲突和危机的根源,不在于资本主义的经济制度,而在于伦理观念的减弱和社会道德的败坏,以致导致自由的平衡的破坏,和个人的人格的沦亡与人的价值的丧失,因而他们认为,解决当前社会问题的唯一方案是"道德的再

---

① Cf. George P. Adams and Wm. Pepperell Montague (eds.), *Contemporary American Philosophy*, London: G. Allen & Unwin, Ltd., 1930, p. 18.

② Dagobert David Runes, *Twentieth Century Philosophy*, New York: Philosophical Library, 1947, p. 340.

③ Borden Parker Bowne, *Philosophy of Theism*, New York: Harper & Brothers Publishers, 1887, p. 220.

④ Cf. George P. Adams and Wm. Pepperell Montague (eds.), *Contemporary American Philosophy*, London: G. Allen & Unwin, Ltd., 1930, p. 75.

生",即加强"精神的自我修养",使每个人的自我人格日趋"完善"。而要做到这一点,就必须对全人类进行道德的教育,人格主义的根本任务也就在于此。福留耶林说:"人格主义以为教育的主要目的是创造人格的价值,这种体系中的价值包括对人的全面教养,使人能最透彻地了解生活、历史、文化遗产、自我修养、道德和宗教的意义。"①

但是美国人格主义者们所说的道德教育是资产阶级的道德教育。它鼓吹在维护资本主义的私有制度的前提下不论阶级,不论贫富,"互相友爱""容忍""团结"。福留耶林说,"宗教与崇拜就是爱的一种形式","它要把各种矛盾和冲突调和起来,给人以希望与勇气"。又说:"在我们这个世界上,为什么清白无辜的人要为犯罪的人受罪呢?我们只能说,在这种情况下,受苦对世界道德的进步是一种贡献。人们心甘情愿地接受苦难,这对于受苦者说来,乃是一种人生的最深刻、最满足的快乐。"② 总之,他要人民容忍反动阶级的一切暴行而永不反抗。

从上述观点出发,美国人格主义者们反对马克思主义,尤其是反对马克思主义的阶级斗争学说。他们说马克思主义"制造"阶级斗争,而阶级斗争只能加深道德观念的败坏和加剧社会矛盾的激化,从而导致个人人格的沦落和人的价值的丧失。霍金说:"'资产阶级'这个名词就像'相对收入'这个名词一样,不过是一个心理学的名词,在美国并无剥削的情景,它仅是一幅因神经失常或恶意虚构而产生的拙劣的赝品。"③ 这充分暴露了美国人格主义者们的资产阶级卫道士的面貌。

美国人格主义者们认为"道德再生"的最有效手段就是宣扬宗教。因为"伦理学是宗教的外形,没有宗教,伦理学就失掉了生命、内容和特性"。④ 他们认为,如果人人信仰宗教,皈依上帝,遵循上帝所赋予的道德秩序而"自由"行动,那么人类社会就能进入永恒的安全与和谐。他们还

---

① Dagobert David Runes, *Twentieth Century Philosophy*, New York: Philosophical Library, 1947, p. 337.

② Cf. George P. Adams and Wm. Pepperell Montague (eds.), *Contemporary American Philosophy*, London: G. Allen & Unwin, Ltd., 1930, p. 28, p. 76.

③ William Ernest Hocking, *The Lasting Elements of Individualism*, Connecticut: Yale University Press, 1940, p. 92.

④ Cf. George P. Adams and Wm. Pepperell Montague (eds.), *Contemporary American Philosophy*, London: G. Allen & Unwin, Ltd., 1930, p. 27.

认为，建立世界性宗教是建立世界性秩序的最佳手段。如果把"助长"民族和国家分裂情绪的各种宗教，如基督教、佛教、伊斯兰教等统一为一个世界性宗教，人人在同一个上帝的信仰下，按同一种道德秩序而生活，那么世界就可以进入永恒的安宁与和谐了。而人格主义，就是为这种"理想"而奋斗的宗教哲学。

综上所述，美国的人格主义与新托马斯主义一样，是一种公然为上帝作论证的宗教哲学。不过它与后者不同，它强调"个人自由"，因而是一种代表美国自由资产阶级利益的宗教哲学。

二　法国的人格主义

（一）"人的人格"和"人格的宇宙"

法国人格主义，作为一个哲学流派，形成于20世纪30年代末的资本主义总危机时期。如果说美国人格主义代表的是美国自由资产阶级的利益，那么法国人格主义则是这个历史时期中的法国中小资产阶级意识形态的表现。它在形成过程中曾受到新托马斯主义和有神论存在主义的影响。穆尼埃是这个流派的主要代表，其他重要人物有拉克鲁瓦和内东塞尔等。

伊曼纽尔·穆尼埃（Emmanuel Mounier，1905—1950）是法国的新闻工作者，唯心主义哲学家和天主教信徒。他年轻时在巴黎大学攻读文学和哲学，曾获哲学讲师资格，第二次世界大战期间参加过地下抵抗运动。他是法国《精神》杂志的创办人和"精神之友协会"的组织者。他的主要哲学著作有《人格主义革命和共同体》（1934）、《为人格主义的宣言》（1936）、《存在主义概论》（1946）、《人格主义》（1949）等。

让·拉克鲁瓦（Jean Lacroix）是法国天主教哲学家、心理学家和穆尼埃的最著名的信徒。它的主要著作有：《精神的道路》（1949）、《马克思主义、存在主义、人格主义》（1950）等。

莫里斯·内东塞尔（Maurice Nedoncelle）是法国的天主教神父、斯特拉斯堡大学神学系教授。他的主要哲学著作有：《意识的双关性，论人格的本性》（1942）、《人格和自然界》（1943）、《论人格爱的哲学》（1957）等。

"人格"是美国人格主义的理论核心，也是法国人格主义理论的核心。法国人格主义者穆尼埃等人断言："人格"是一种"至高无上"的存在，它是一切存在物的"本原"和"中心"。他们并以唯灵论的观点曲解"人格"。如拉克鲁瓦把它解释为某种"生命的冲动"，实际上是把它归结为一种纯粹的"幽灵"。

法国人格主义者们自称他们的这种观点是笛卡尔的"我思故我在"学说的继续。不过，他们反复申明人格主义的"人格"与笛卡尔的"自我"不完全相同。后者是纯粹个体的"自我"，而前者是人类的"自我"，即是一种与"你"的自我意识、"他"的自我意识，紧密联系着而出现的一种"自我意识"。在这种"相互关系的自我意识"中，既有我的知觉和存在，也有你和他的知觉和存在，它是一种以"我们"的形式表现出来的精神集合体。所以穆尼埃说："尽管为了方便起见。我们光谈论单数的人格主义，而其实我们更乐意于谈论有复数的人格主义。"① 他们认为"人格"这种精神集合体是第一性的，客观存在物是第二性的，后者是前者所派生的。因而他们断言一切客观存在物，如无机界和生物有机体，它们虽没有自觉的"灵性"，因而没有"人格"，但是却依存于"人格"。它们的存在和特性只有从这个精神性的"人格"出发才能得到完满的解释。② 法国的人格主义所以把"自我"解释为"集体的自我"，其目的如马赫主义等流派一样，在于逃避唯我论。然而正如列宁在评述马赫主义等流派时所指的，这是徒劳的。

跟美国的人格主义一样，法国人格主义也把他们的这种"相互关系"的"人格"理论与"上帝"联系起来。他们说：在这个"至高无上"的"人格"中，不仅存在着我、你和他的相互联系，而且还与上帝相互联系。如内东塞尔断言：上帝是存在的，它是"自我"跟人类的诸"我"之间建立联系的"另一个"至高和至初的形式。他写道："为了能使自己成为自己，至少应该有两个，而为了能使自己充分地成为自己，就必须使上帝成为另一个。"这样，他们就从主观唯心主义转向客观唯心主义，实际上成了法国天主教的宗教哲学。

(二) 非理性主义的认识论

法国人格主义宣扬非理性主义的认识论。穆尼埃的著名信徒拉克鲁瓦

---

① 穆尼埃：《人格主义》，1950年法文版，"引论"。
② 穆尼埃：《人格主义》，第9页。

就是这方面的代表。他提出了一种"信仰的理论"。他认为人的认识过程可以区分为"认识""理解"和"信仰"三个阶段。他断言"认识"是低级的阶段，一般人的常识属于这个阶段。"理解"是较高级、较深刻、较全面的阶段，它决定人和世界在认识上的关系，科学认识就属于这个阶段。他以约定主义的观点曲解科学知识，断言它们并非真理性的认识，而只是一种符号的约定。他写道："任何科学体系都取决于公设的总和……科学发现只有符合这些任意提出的基本公设才有意义。任何认识都是科学和信仰的混合物。"他断言，"信仰"是认识的最高、最深刻的阶段，它是对实在的最高的理解，因为只有对上帝的虔诚的信仰，才能获得最高的宗教真理，才能达到与上帝的"交融"。他写道："为了能到达上帝那里，就应该以上帝为出发点。这里的证明不过是天生的、内在信仰的说明而已。"不言而喻，这是一种信仰主义的认识论。

（三）"新人道主义"的社会伦理观

法国人格主义十分重视社会政治问题。他们宣扬基督教的"新人道主义"的社会政治理论。穆尼埃还幻想建立一种"人格主义与共同体"相结合的社会理想。

法国人格主义对正处于总危机时期的西方资本主义世界持批判态度。穆尼埃说："欧洲已响起幸福的丧钟"，青年人普遍感到"忧虑和不安"，西方社会已深深陷入"精神危机"和"社会结构的危机"之中。但是他们对资本主义仍然抱有幻想，断言自第二次世界大战结束以来，资本主义已得到"复苏"，它已能向良好的方向发展，从此生产资料私有制已不再成为人类社会进步的障碍了。

法国人格主义者们拥护社会主义。穆尼埃说："人格主义同社会主义或共产主义并不相矛盾。"但是他们反对无产阶级革命，污蔑反资本主义斗争的群众运动是"没有人格的运动"，是无助于解决问题的"神话"。[①]他们断言：社会改革的关键在于"尊重人格和提倡人格"，[②] 因而必须以"人格的绝对价值"或"先验价值"为准则来建立政治、经济、文化、伦

[①] 参看穆尼埃《人格主义》，第117—118页。
[②] 参看穆尼埃《人格主义》，第126页。

理以至权力等结构。他们主张改良主义的"人格教育",断言"不是寄托希望于对资产阶级的粗暴剥夺",而是根据"原始基督教"的原则,通过人格主义和基督教人道主义的宣传、教育和改良,以实现"没有对抗,没有压迫"的基督教人道主义的社会理想。[1] 穆尼埃则称此为"人格主义与共同体"相结合的社会理想。他们断言:只要积极宣传人格主义和基督教人道主义,使人人皈依上帝,与上帝同在,并积极参加各种宗教社会活动,使"个人与集体相结合",从而使每一个人的"人格的先验价值"融合于世俗的社会之中,以致最终使"宇宙人格的结构"体现于人间的社会之中,那时上述基督教人道主义的社会理想就能实现,整个世界就能获得永恒的和平、安宁与幸福。他们并吹嘘这是一种"新的文艺复兴"运动[2],实际上不过是一种披着宗教外衣的改良主义运动而已。

法国人格主义并不公开反对马克思主义,恰恰相反,有的法国人格主义者积极"拥护"马克思主义。但是他们曲解马克思主义。如拉克鲁瓦肯定"青年马克思",但是他把马克思的理论人本主义化,并把它与基督教人本主义等同起来。有的法国人格主义者,如穆尼埃等人,企图以人格主义"调和"马克思主义与存在主义。他们一面"高度评价"存在主义的"非理性主义内核";另一方面又肯定为他们所歪曲的马克思主义的"合理内核",并宣称法国的人格主义是这两者的片面性的扬弃和它们的合理内核的继承与发扬。显然这是一种歪曲。应该承认,法国人格主义与存在主义之间是有共同之处的,它们都属人本主义思潮。但是,它与马克思主义并无任何共同之处,因为它是一种宣扬改良主义的宗教哲学,而马克思主义则是革命无产阶级的科学世界观。因此,法国人格主义幻想用人格主义和存在主义来"调和"马克思主义,实际上只能以人格主义和存在主义篡改马克思主义,把革命的马克思主义篡改成为资产阶级或中产阶级的改良主义。

---

[1] 参看穆尼埃《人格主义》,第117—118页。
[2] 参看穆尼埃《人格主义》,第62、126、129页。

第十一章　现象学

　　现象学是一个在现代西方哲学界具有重要影响的哲学流派。它由胡塞尔创立于20世纪初。19世纪末20世纪初，自然科学领域发生了重大的革命，科学的认识深入微观世界。以牛顿力学为基本内容的古典物理学的地位，为以爱因斯坦相对论和量子力学为基本内容的现代物理学所代替。客观世界的辩证性与科学真理的相对性已更趋明显。但是，西方一些哲学家们却把这场伟大的自然科学革命看成自然科学的"危机"。与此同时，欧洲的社会历史进入帝国主义阶段。资本主义的一切矛盾空前激化，垄断资产阶级把数以万计的工人和现代化生产资料集中起来，使生产社会化达到前所未有的程度。社会化的生产力与私人占有制的生产关系的矛盾更趋尖锐。世界性经济危机频频发生。为了摆脱危机，垄断资产阶级采取种种手段加强对工人的奴役和残酷压榨。工人的处境更加恶化。无产阶级反对资产阶级的革命情绪空前高涨，实现社会主义革命的客观条件和主观条件都已具备。1905年的俄国革命结束了欧洲的"和平"发展时期，开辟了欧洲无产阶级革命的新阶段。而1917年的伟大的十月社会主义革命更为整个资本主义世界敲响了丧钟。随着上述社会政治经济危机而来的还有意识形态的危机。第一次世界大战的毁坏，给人们心理留下了深刻的创伤。希特勒法西斯疯狂摧残人类精神文明的悲剧，以及人们普遍预感到的第二次世界大战的阴影，等等；都表明了整个意识形态已陷入深刻的危机之中。胡塞尔的现象学就是这些自然科学"危机"、社会危机和意识形态危机的哲学表现。他妄图建立现象学，寻找绝对真理，以挽救这些危机（和"危机"），为资本主义永世长存提供永恒的"根据"。胡塞尔自称他的现象学主要是一种寻求永恒真理的方法。但是任何方法论与本体论都是统一的。与胡塞尔现象学的方法论相统一的本体论是以"自我意识"为世界本原的主观唯心主义的本体论。因而它的理论与叔本华、尼采的意志主义，狄尔泰的生命哲学以及新康德主义的理论都有内在的联系。

现象学自 1938 年胡塞尔逝世后逐渐衰落。但作为一种哲学运动——现象学运动它直接影响了存在主义的产生，并在第二次世界大战后得到复苏和发展。它的方法——现象学方法跟分析哲学的方法和辩证法一起，被称为西方的"三大哲学方法"。

一　胡塞尔的现象学

爱德蒙德·胡塞尔（Edmund Husserl，1859—1938）是犹太血统的德国人。早年求学于奥尔缪兹城的德国公学。后来进莱比锡大学、柏林大学和维也纳大学攻读数学、物理学和天文学，1881 年获博士学位后，曾任著名数学家魏埃尔施特拉斯（K. T. Weierstrass）的助教，后随奥地利著名哲学家布伦塔诺（Franz Brentano，1838—1917）研究哲学，深受他的思想影响，而决心献身于哲学的研究。此后他先后在德国哈勒大学，哥廷根大学和弗赖堡大学任讲师、教授，讲授哲学，晚年曾受法西斯纳粹的迫害，死后遗有大量遗稿，陈列在比利时的鲁汶的胡塞尔纪念馆。西方有人称他是"20 世纪思想深刻的思想家""近代非常伟大的哲学家"。他的主要哲学著作有《逻辑研究》（1900—1911）、《哲学是严密的科学》（1910—1911）、《纯粹现象学和现象学哲学观念》（1913）、《第一哲学》（1923—1924）、《形式的和先验的逻辑》（1929）、《笛卡尔沉思》（1931）、《欧洲科学的危机和先验现象学》（1936）等。

胡塞尔哲学思想的演变可分为三个时期：（1）1900 年以前的前现象学时期。他从坚持心理主义的立场转变到反对心理主义的立场；（2）1901—1913 年的现象学前期。他在发展布伦塔诺的意识意向性学说的基础上提出了"现象学还原方法"的"描述现象学"；（3）自 1913 年以后的现象学后期，即他主张现象学进一步还原为"纯粹自我意识"，从而进一步暴露了他的现象学的主观唯心主义实质的"先验现象学"时期。

（一）先验的第一哲学

胡塞尔认为，哲学是一门严密的科学，它的任务在于寻求真理。他反对历史上种种否认真理的虚无主义观点。他说：否定真理是荒谬悖理的。因为它无异于说："存在一个真理，这个真理就是不存在真理。"① 他也反对肯定真理的相对性，即认为真理可以变化的观点。他说："真理是超时间的东西，它是永恒不变的；也就是说把产生、变化或消灭强加于真理之上是没有意义的。"②

胡塞尔认为，哲学的真正任务是寻求绝对真理。他说："作为真正科学的哲学，其目的就在于寻求超越于一切相对性的绝对、终极的有效真理。"③ 但是他认为在他以前的哲学家中没有人能够提供这种真理。相反，却在这个问题上制造了许多混乱，从而使整个科学甚至整个欧洲文明深深地陷于危机之中。因而他的哲学的任务就在于批判种种有关真理的谬论，为人类提供永恒的绝对真理，以拯救科学的危机和欧洲文明的危机。为此他把自己的一部哲学著作，命名为"欧洲科学的危机和先验现象学"。

胡塞尔首先反对心理主义的真理论。众所周知，休谟是西方哲学史上著名的心理主义者。他断言：科学真理的普遍性和必然性来自心理的信念。康德反对休谟的上述心理主义。他断言：科学真理之所以是普遍必然的，是由于它是先验的。它来自人的意识中的先验形式（先验直观形式和先验悟性范畴）。后来，新康德主义的不同流派对康德的上述见解做了种种不同的解释。马堡学派对它做了"先验逻辑"的解释，认为科学真理的必然性来自逻辑的先验性；生理学派则对它做了"先验心理"的解释，认为科学真理的必然性来自主体的心理—生理组织或结构，从而又回到了心理主义的立场。当时由于实验心理学的发展，心理主义盛行一时。胡塞尔早年也是一个心理主义者，他的第一部著作《算术哲学》就是一部心理主义的著作。后来由于受那托普的批判，他才从心理主义转向反心理主义，并对上述种种心理主义的真理论做了猛烈的抨击。他认为历史上有两种心理主义的相对主义：一种是个别的心理主义的相对主义，它认为真理由个别人的心理决定，不同的人有不同的真理，普罗塔哥拉和古代的怀疑主义都属于此；另一种是特殊的心理主义的相对主义，它认为真理由人类共同

---

① 胡塞尔：《逻辑研究》，1909 年俄文版，第 103 页。
② 胡塞尔：《逻辑研究》，第 65 页。
③ Roderick M. Chisholm, *Realism and the Background of Phenomenology*, Ridgeview, 1960, p. 131.

的心理—生理组织决定，朗格等新康德主义的心理学派就属于此。胡塞尔认为，前一种心理主义是一种"蛮横无理"的理论，显然是错误的；后一种心理主义也同样是错误的，因为"如果真理来源于人体的组织结构，那么，这种组织结构如果不存在，真理就不存在"，因而也就没有永恒的绝对的真理可言了。①

但是，胡塞尔并没有因批判心理主义而倾向于唯物主义，相反，他对唯物主义的真理论也做了同样"批判"。他称唯物主义为"自然主义"，认为这是一种缺乏根据的常识的观点。他坚决反对唯物主义的反映论的真理符合论。他认为唯物主义的反映论断言真理是认识与客观实在相符合，是"错误"的。它已经被休谟以来的许多哲学家所驳倒了。这是因为（一）人的认识不能超越经验，它无法判定经验以外有无物质世界存在；（二）真理如果是人体结构（感官）对外部的反映，它就必然依赖于人体结构，受人体结构的变化的干扰，也就不可能是客观、绝对永恒的真理了。

胡塞尔也批判了现代自然科学。他认为，现代自然科学家都深信通过观察和实验，以及假设和证实等现代自然科学的方法和手段就能获得真理；这也同样是错误的。这已被现代科学发展的历史事实所否定了。因为自然科学的"真理"并不是永恒、绝对的，它所获得的并不是真正的，即永恒的终极真理。

胡塞尔还反对人文科学的历史主义的方法。他认为历史主义把真理置于具体的时间、空间之中，认为真理随时间、空间的改变而改变，不同历史条件下有不同的真理，这种观点也是错误的。它导致了相对主义、怀疑主义和主观主义，它玷污了真理的尊严，因而他称它为"理论的认识谬误"。他说：历史主义是一种谬误，"它使任何方式，任何宗教和哲学都失去了绝对意义"②。

那么，如何才能获得他所要寻求的永恒的终极真理呢？他认为，这既不能依赖于各种传统的哲学，也不能依赖现代自然科学，而是依赖于他的"科学"的现象学。他认为，他的现象学负有建立绝对真理体系的神圣职责，它才是唯一真正的哲学和唯一真正的科学。因而他称他的现象学为唯一普遍

---

① 胡塞尔：《逻辑研究》，第103页。
② 胡塞尔：《哲学是严密的科学》，1911年俄文版，第38页。

的、严密的、永恒的"科学的哲学",是真正穷根究底的"考古学",是穷绝对真理的"科学的科学",是至高无上的"先验的第一哲学"。

在胡塞尔看来,过去的哲学和科学之所以不能获得绝对真理,是因为没有找到哲学的真正对象。他认为,哲学的真正对象不是唯物主义所认为的物质世界,因为根本无法肯定物质世界的客观存在。哲学的真正对象也不是主观经验主义或怀疑主义所认为的感觉经验,因为感觉经验是主观、相对、因人而异,并常常欺骗人的。那么作为哲学的真正对象是什么呢?在他看来是一种既非物质,也非感性经验的"中性的""纯粹自我意识"或先验"主观性"。他认为永恒不变的绝对真理是先验的"纯粹逻辑",这种"纯粹逻辑"既非如唯物主义所认为那样是客观实在的反映,也非如心理主义者所认为那样是心理的或经验的东西,而是先验地存在于"纯粹自我意识"或"先验主观性"之中的"纯粹观念系统"。在他看来先验的"自我意识"或"纯粹意识"的存在是无可怀疑的。因为任何怀疑都是自我意识所做出的怀疑,因而它非但不能怀疑,反而恰好证明了自我意识的存在。这正如17世纪法国哲学家笛卡尔论证其著名命题"我思故我在"那样;我能怀疑一切,但不能怀疑自我,因为任何怀疑都是自我的怀疑。① 因此,根据上述论证,胡塞尔得出结论说:先验的自我意识或纯粹意识才是哲学的真正对象,它才能给人以永恒的绝对真理。因而他称他的哲学——现象学为关于"纯粹意识"或"意识自身"的科学;② 并自诩这种把哲学的根据从"客观性"转向"自我意识"的转变是"哥白尼式的革命"。

(二)"现象学还原"的方法

那么,如何来认识这种既非物质又非感性经验的中性的"自我意识"或"现象"呢?胡塞尔认为,这既不能采用传统哲学的方法,也不能采用自然科学的方法;而应采用他的特有的"现象学"的方法,即"现象学还原法"。胡塞尔谈到过许多"还原",但主要是两种:"先验的还原法"和"本质的还原法"。他认为,这两种方法是相辅相成,不分先后的,不过在表述时,

---

① Edmund Husserl, *Cartesian Meditations*: *An Introduction to Phenomenology*, trans., Dorion Cairns, London: M. Nijhoff, 1960, p. 1.
② 胡塞尔:《纯粹现象学及其研究的领域和方法》,载比利时《哲学杂志》1976年第3期,第369、371页。

有时以"本质的还原法"为先（如在《先验现象学和现象学哲学的理念》中），有时以"先验的还原法"为先（如在《笛卡尔的沉思》中）。

胡塞尔的"先验的还原法"又可称为"括号法"或"排斥法"，它包括下列两种"括号法"："历史的括号法"和"存在的括号法"。

胡塞尔所称的"历史的括号法"，就是否定一切传统知识的方法。他认为，前人留给我们的一切知识都是不可靠的，我们不应受这类传统知识的影响，而应该用"括号法"把它们统统封存在括号内，搁置起来，不予考虑。

胡塞尔所称的"存在括号法"，就是一种否定唯物主义观点的方法。他认为，肯定外部世界于意识之外存在的观点是一种缺乏根据的常识的观点，正确的态度应该是既不轻率肯定或否定它的存在，也不怀疑它的存在，而是把它们用括号封存起来，束之高阁，不予讨论。他说："我并不否认或怀疑这个世界……但要用不加判断的办法对它不作任何存在于时间与空间中的断定"，"从而使从属于自然界的所有命题都失去作用"。①

胡塞尔认为，通过这两种括号法，前人留传给我们的间接知识，以及有关外部世界的直接知识，统统都被我们清除掉了：剩下的就只是那个"纯粹意识"或"纯粹现象"了。

但是胡塞尔认为，纯粹意识或现象还不是绝对真理，因为它是一个"意识流"，它呈现给我们的是"直接经验"中的各种变化不定的东西。胡塞尔认为，在"直接经验"中既包含着变化的感性经验，又包含着不变的本质或观念（构造、结构）。本质并非隐藏于现象背后，而是直接呈现于现象之中的。"现象就是本质"。因此要从这个"变化不定"的纯粹意识和现象中去寻找固定不变的本质或绝对真理，还必须经过"本质的还原法"。他认为，"本质的还原法"是认识绝对真理所必需的方法。"如果我们不能领会这种'还原'的意义，那么我们就失去了一切。"②

胡塞尔所说的"本质的还原法"，就是从变动不居的"意识流"中去把握它的稳定的、常住不变的内在"本质"和内在"结构"，即先验的

---

① Edmund Husserl, *Cartesian Meditations: An Introduction to Phenomenology*, trans., Dorion Cairns, London: M. Nijhoff, 1960, Part two, Chapter one, section 32.

② Roderick M. Chisholm, *Realism and the Background of Phenomenology*, Ridgeview, 1960, p. 136.

"纯粹观念"或"纯粹逻辑"。他认为纯粹意识处于永恒的变化中，但是在这种永恒变化中却有着永恒不变的"类"。这就是它的先验的本质：即"纯粹观念"。本质的还原就是要把这种变动不居的现象还原为永恒的"纯粹观念"或"结构"，以把握它的稳定的"本质"：如从许多不同的人的形象的变换中，把握人的共同本质；从一曲变化不定的乐章中，把握其中稳定的结构，等等。

胡塞尔认为，只有通过上述现象学方法，人的认识才能最终达到纯粹的自我意识这个真正的哲学对象及其内在的"纯粹观念系统"，从而获得永恒不变的终极真理。不言而喻，胡塞尔所谓"还原法"，仅仅是一种清除物质世界的唯心主义方法，它不过是一种把物质世界还原为自我意识的主观唯心主义的方法而已。而他所谓"纯粹自我意识"，也不是别的，而只不过是一种毫无经验内容的空洞的抽象，或一个自我幽灵。

（三）"意向性"学说

胡塞尔的"意向性"学说，是一种关系到自我意识创造客观世界的主观唯心主义学说。胡塞尔自认他的意向性学说深受其老师布伦塔诺的"意向心理学"的影响。所谓"意向性"（intentionality）就是意识朝向某一目标的指向性。布伦塔诺认为，一切心理活动都具有意向性。胡塞尔追随布伦塔诺之后，认为"自我意识"或"纯粹意识"具有意向性；并断言，意向性由三种因素构成：（一）意向性活动的主体（自我）；（二）意向性活动；（三）意向性的对象（客体）。因此，他认为，纯粹意识中不仅必须有意识活动的主体——自我，而且必须有意识活动的客体——对象及对象世界，这两者是不可分割地统一于自我意识之中的。没有主体（自我）固然不能构成自我意识，没有客体（对象、对象世界）也不可能有自我意识，因此他断言：对象世界并不存在于自我意识之外，而是并且必然是包容于自我意识之中。

在胡塞尔看来，自我意识不仅包容对象世界，而且创造对象世界。为什么？因为任何对象之所以成为该对象，是由于它具有特定的意义（含义），而对象的含义不是对象自身固有的，而是自我意识所给予的。自我意识从各方面朝向（意向）某一对象，某一对象就具有特定的意义，从而成为该事物。因此，在胡塞尔看来，山河大地、风花雪月、飞禽走兽等对象世界中的万物，无不仅仅是纯粹意识的创造物或派生物而已。他说"客观世界是作为观念，作为一种位于主观的东西与客观的东西之间的观念关系的概念而出现的"，因而"存在的意义、客观世界，都是在自我这个第一性的意识世界的基础上形成的"。① 为了逃避荒唐的唯我论，胡塞尔采用了一般主观经验主义，或怀疑主义所惯用的手法，把"个人意识"与普遍的"主体间的意识"等同起来。他说："在我的先验还原了的纯粹意识或生命之内，我所经验着的这个世界（包括他人），按其经验意义说来，它们并非我私人的综合组成的，而是作为不仅对我自己，而且对每一个别人都是存在着的；每一个别人都能理解的一种主体间的世界而加以经验"。② 但是胡塞尔的这种诡辩是徒劳的。正如列宁在批判马赫时所指出："马赫用'我们的'这个字眼来代替'我的'这个字眼是不合理的……因为，如果关于外部世界的'假定'……是'没有意义的'……那么关于别人是存在着的这一'假定'就首先是没有意义的和多余的了。因而……这只是证明，他的哲学是连他本人也不相信的没有意义的空话。"③

这样，胡塞尔认为他的"科学的哲学"——"现象学"终于完成了历史上一切哲学家所未能完成的伟大任务：寻找到了永恒的终极真理。这个永恒的终极真理不是别的，就是纯粹的自我意识和纯粹观念。他说：真理是"永恒的"，说得恰当一些，"真理就是观念"。"只有这种观念、纯粹意识，才具有超时间和超空间的绝对价值。"④

胡塞尔从宣扬绝对主义真理论出发，论证他的主观唯心主义，这显然是错误的。任何真理都是相对性和绝对性的统一。哪里有没有任何相对性的永恒不变的绝对真理呢？自然科学中没有，社会科学中没有，一切人类知识中都没有，因而否定真理的相对性，就否定了自然科学，否定了社会科学，否定了人类的一切知识，否定了整个世界，从而哲学的对象就成了空中楼阁，成了天上的"神灵"或"自我幽灵"之类的东西了，这就是胡塞尔寻求真理的目的和必然结果。

---

① Edmund Husserl, *Cartesian Meditations: An Introduction to Phenomenology*, trans., Dorion Cairns, London: M. Nijhoff, 1960, p. 61, p. 136.

② Ibid., p. 91.

③ 列宁：《唯物主义和经验批判主义》，第30页。

④ 胡塞尔：《逻辑研究》，第111页。

（四）直觉主义

胡塞尔认为，要实现上述现象学还原，以把握"超越时间和空间的绝对真理"，不能依赖于逻辑思维，而必须依赖一种直觉或本质的直观，这就是他的直觉主义的认识论。

胡塞尔反对逻辑思维的理由是，逻辑思维的方法不外是归纳和演绎、分析和综合的方法，而这类方法对于寻求相对真理的自然科学来说是必需的、有效的，而对于寻求绝对真理，即认识纯粹自我意识的现象学来说，却是无效的和有害的。

胡寒尔认为，要认识纯粹自我意识，把握有关它的永恒绝对真理，就必须采用一种"本质的直观"。他认为直观有两种：一种是"经验的直观"，它是感性的、低级的；另一种是"本质的直观"，它是自我意识的内省活动，是一种不能对之进行逻辑分析的"本质的洞察"。只有通过它，才能突然实现上述现象学还原的方法，从而直接洞察现象的本质，把握纯粹自我意识，获得永恒的终极真理。他写道："正像能直接听到声音一样，人能够直观'本质'、直观'声音'的本质、'实物现象'的本质、'可见实物'的本质、'生动表象'的本质；等等。总之，在进行直观时就能一目了然地说出判断的本质。"① 为了免于别人的误解，他解释说，他这里所说的"本质"，绝不是客观的具体事物的本质，而仅是纯粹自我意识。他写道："直观所直观到的本质，就是本质的存在；而不是直观其他任何意义的存在。因为本质的直观绝不是认识具体事实，它丝毫不包含对任何个体存在的肯定。"② 不言而喻，这是一种柏格森直觉主义的变种。

（五）欧洲文明的危机

胡塞尔十分重视哲学的"现实性"，他强调哲学应为"现实世界"服务。他认为他的现象学就是一种为现实服务的哲学。他说：哲学家是"人类的公仆"，他们应忠诚于哲学，服务于现实。③ 胡塞尔十分关心社会、政治和

---

① 胡塞尔：《哲学是严密的科学》，第31页。
② 胡塞尔：《哲学是严密的科学》，第29页。
③ Edmund Husserl, *The Crisis of European Sciences and Transcendental Phenomenology*: *An Introduction to Phenomenological Philosophy*, trans., David Carr, Evanston: Northwestern University Press, 1970, p. 17.

伦理问题，到了晚年尤为如此。他更是关心欧洲文明的危机。他认为，现代科学的发展促进了人们对物质的重视，而忽视了精神的追求，从而陷入了精神空虚，使人失去了价值和意义。他认为，追求物质的自然科学虽然是有用的，但不能为人类提供任何精神所需要的绝对真理。他说："自然科学在我们生命攸关的需要的方面，什么也没有对我们说。"[1] "在无论任何具体问题上，自然科学都不能帮助我们识破我们的生活、活动和存在于其中的当前这个现实的奥秘。"[2] 他认为，现在人们常常用科学的方法对待人生，这就使活生生的精神枯竭殆尽了。科学发展了，精神空虚了，人的意义不见了，人的尊严丧失了，人道主义没有了，从而使欧洲文明陷入了深刻的危机之中，而这种危机的根源就在于追求物质的科学技术对人的精神生活的侵犯。

胡塞尔极力宣扬人本主义，反对科学主义；特别是反对科学主义的实证主义（逻辑实证主义等）。他认为，实证主义把人的世界（人类社会）和自然界等同起来，在研究社会时运用了研究自然科学的特定的方法，从而把社会科学和人文科学引入歧途和危机。他说："实证主义科学方法的证明性是一个骗局……这种证明性本身就是有问题的。"[3] 他认为"科学主义"的哲学只能加深日趋严重的欧洲的危机；而他的"严格的科学的哲学"——"现象学"，才能为人类提供意义、价值和真理，才能拯救欧洲文明的危机和全人类的危机。他写道：精神，只有精神才是自在自为的，它是独立的并且只有在这种独立性中它才能受到合理的、真实的并且从根本上科学的探讨。又说：可以轻而易举地证明：所有理性理论问题只有首先在现象学纯粹意识的基地上科学地、严格地被表述，然后才能在它们系统的联系中真正地被解决。总之，胡塞尔的现象学在客观上体现了正在没落中的西方资产阶级的呻吟。

二 法伯的"自然主义的现象学"

胡塞尔的现象学对当前西方的哲学，特别是当前欧洲大陆的哲学有深

---

[1] Edmund Husserl, *The Crisis of European Sciences and Transcendental Phenomenology: An Introduction to Phenomenological Philosophy*, trans., David Carr, Evanston: Northwestern University Press, 1970, p.6.
[2] 胡塞尔：《哲学是严密的科学》，第50页。
[3] 胡塞尔：《哲学是严密的科学》，第8页。

远的影响。存在主义就是直接从它那里演变出来的。现象学自1938年胡塞尔逝世以后曾消沉一时,但是作为一种思潮,它自第二次世界大战以后又开始复兴,它从欧洲大陆传到美国以至其他西方国家,形成一个重要的国际性的现象学运动。近几十年来,西方成立了各种各样的"现象学研究会",出版了国际性刊物和丛书,并经常举行讨论会。著名的现象学者有比利时的梵布富达(H. L. Van Breda)、德国的兰德格里伯(Ludwig Landgrebe)、芬克(Eugen Fink)和比麦尔(Walter Biemel)等。

美国是当前现象学运动的中心之一。美国的现象学分为两派:一派是以胡塞尔的学生法伯为代表。他们企图把胡塞尔现象学方法论与自然主义(唯物主义)的本体论"结合"起来,建立一种"自然主义的现象学";另一派以凯恩斯(D. Keynes)为代表,他比较忠实于胡塞尔的现象学的观点。其他美国的现象学家还有古尔维奇(Aron Gurwitsch)等。鉴于法伯的"自然主义现象学"有其独特之处,特概述如下:

马文·法伯(Marvin Farber)美国著名哲学家,早年毕业于哈佛大学,获理学学士和哲学博士学位,后曾两度赴德国弗赖堡大学从胡塞尔学习,后在美国任布法罗大学教授、研究院院长,宾夕法尼亚大学哲学系主任和布法罗纽约州立大学荣誉教授。他是美国现象学运动的主要推动者,曾于1933年在纽约建立国际现象学会,任该会长;1940年出版《纪念爱德蒙德·胡塞尔论文集》和《哲学与现象学研究》,任杂志主编。他还是《美国哲学讲演集》和《现代哲学思想》两套丛书的主编者。他的主要哲学著作有《现象学是方法和哲学》(1928)、《现象学的基础》(1943)、《自然主义与主观主义》(1959)、《现象学的目的》(1966)、《现象学和存在》(1967)等。

法伯自称是自然主义者。他的自然主义具有一定的唯物主义倾向。他在与另一位自然主义者塞拉斯合著的《未来哲学、现代唯物主义的寻求》一书中肯定未来的哲学是唯物主义。他肯定物质世界的客观存在,坚持自然界可以为人们所认识。他批判贝克莱的主观唯心主义,指出他把万物归结为感觉的复合是荒谬的。他也批判胡塞尔现象学的唯心主义。他认为胡塞尔力图避免以前各种唯心主义所犯的错误,但是最终仍然陷入了主观主义和唯心主义,把客观世界消融于现象世界之中,因而它是一种纯粹主观主义的最精心制作和最接近完成的表现。"是主观主义和唯心主义用以反对自然主义的一个最后的堡垒",等等。①

但是,法伯高度赞扬胡塞尔的现象学的方法。他主张多元论的方法论。他把哲学上的方法论与各门具体科学的方法论等同起来,否定有唯一正确的规范性的方法。他断言胡塞尔的现象学方法不失为一种科学的方法,因为它具有把一切无根据的信仰统统"封存"起来,与事事质疑到底的"科学精神",因而如果对它作若干本体论的修正,那么它就具有永久价值。因而他称胡塞尔的现象学的方法是"对哲学方法的一次重要贡献","是 19 世纪哲学成就的一个重大因素",等等。②

法伯不同意胡塞尔的社会伦理观。他认为现象学侈谈一般的"人的存在"是没有意义的。他主张不仅要从物理的、生理的和心理的方面来理解人和研究人,并且还要从社会文化诸方面去理解人和研究人。但是他对社会文化的理解是自然主义或历史唯心主义的。他把社会的发展归结为自然的进化,从而抹杀了人的社会性和阶级性。

总之,法伯一方面指出了胡塞尔现象学的唯心主义错误;另一方面又肯定它是一种"好"的方法,从而主张把它与自然主义(唯物主义)的本体论学说"结合"起来,建立一种"自然主义的现象学"。不言而喻,法伯批判胡塞尔现象学的唯心主义是应该肯定的,但是他的后一种做法是错误的。因为胡塞尔的现象学的方法是一种主观唯心主义的方法,它根本不可能与唯物主义作任何"结合"。

三 伯奇的"现象学的马克思主义"

还值得一提的是属于"西方马克思主义运动"的"现象学的马克思主义"。"现象学的马克思主义"是第二次世界大战后,西方现象学运动与"新左派"运动相"结合"的产物。它的创始人是意大利的伯奇,其他代表人物有保罗·比康(B. Piccoone)等。恩若·伯奇(Enzo Paci, 1911—1976)是意大利的哲学家。他曾在意大利的巴维大学和米兰大学任教,是

---

① Marvin Farber, *Phenomenology and Existence*: *Toward a Philosophy Within Nature*, New York: Harper & Row, 1967, p. 1.

② Marvin Farber, *The Aims of Phenomenology*: *The Motives*, *Methods*, *and Impact of Husserl's Thought*, New York: Harper & Row, 1966, p. 90.

米兰美学研究中心的负责人。他的主要著作有《胡塞尔现象学中的时间与真理》(1961)、《科学的功用与人的意义》(1972)等。

伯奇继承胡塞尔现象学的观点。他与胡塞尔一样，认为当前西方世界正处于深刻的精神危机和物质危机之中，并不把这种危机的原因归结于资本主义制度的腐朽，而归结于科学技术的发展。他断言：随着科学技术的发展，特别是战后科学技术的大发展，人与人的关系不断"物化"，人的价值逐渐丧失，人自身坠落进赤裸裸的现实性关系之中。

伯奇认为，马克思主义是关于改造现实社会的革命的学说，但是它缺乏关于"人的价值"的理论，必须以"现象学"为"补充"。因而应该把马克思主义与现象学"结合"起来，用现象学来"修正""发展"马克思主义。

伯奇认为，我们的时代是科学发展而人性丧失的时代。"人们所需要的是为自我的理解和人的意义而奋斗"。而现象学已为人类恢复人性提示了有效的途径。他说："现象学力图把'主观性'归还给人。力图把'人'归还给它自己。并把他们从各种拜物教中，从遮盖人性的假面具或'面纱'中解放出来。"

伯奇认为，马克思主义探索了现实社会，但未能探索"现象"幕后的"自我"的真正生活。他认为，现象学则探索了这种生活。他说，现象学的任务就是要揭开"物质的面纱"的遮盖，"恢复那人所固有的，但已在'尘世'中失去的那种真实性。"因而他认为如果把马克思主义与现象学"结合"起来，就能实现人的价值的恢复，从而使现实社会从深深的精神危机中解救出来。

伯奇的理论反映了西方中产阶级或小资产阶级对于资本主义社会中所受的精神压制的不满和对私有制的留恋。伯奇的"现象学的马克思主义"并不是马克思主义，而是一种中产阶级或小资产阶级的理论。

第十二章　存在主义

存在主义是当代西方世界的一个十分时髦的哲学流派。它产生于20世纪20年代，流行于40年代到60年代，是帝国主义时代矛盾和危机的产物。如果说胡塞尔的现象学出现于俄国十月社会主义革命以前，那么存在主义作为一个哲学流派则产生于十月社会主义革命以后。当时，资本主义世界的社会矛盾进一步激化，社会意识形态更趋堕落，经济危机日益频繁与严重。第一次世界大战又给欧洲带来了严重的物质破坏和精神创伤。尤其是作为战败国的德国，大量割地赔款，丧失所有海外殖民地，垄断组织被拆散，军国主义和殖民主义遭到严重挫折。十月社会主义革命的胜利还促进了欧洲无产阶级革命运动的高涨。工人罢工运动如火如荼，工人武装起义此起彼伏，严重地威胁到整个资本主义制度的生存。西方的垄断资产阶级，尤其是德国的垄断资产阶级预感到末日的来临，而陷于忧虑、烦恼、恐惧和绝望之中，而中小资产阶级也在这种动荡中深感不安。存在主义就是它们的这种悲观主义情绪的反映。因此它在上述历史时期曾一度流行。存在主义在第二次世界大战中在法国得到复兴，这是由于希特勒法西斯的暴行和第二次世界大战的战火给法国带来了空前的浩劫，法国的广大中小资产阶级及其知识分子处于消沉、悲观、失望的气氛之中。这时的存在主义反映了他们的这种心境。存在主义在第二次世界大战后，在法国、欧洲以至整个西方世界得到进一步流行，并成为一种时髦的哲学，这是由于资本主义世界的经济在战后虽然得到复苏，但新的科学技术革命加剧了社会化生产力与资本主义私人占有制的生产关系的矛盾。经济危机重新发生。核战争危机、能源危机、生态危机、人口危机等等新的社会危机不断出现，以及道德风尚日趋败坏，文化艺术日益堕落，青年犯罪率不断提高等等道德精神危机也更加严重。这些都加深了处于受压制，遭排挤、被吞没的中小资产阶级的悲观、绝望情绪,而它们也就成了存在主义流行的温床。

存在主义哲学很大程度上反映了现代西方社会中、小资产阶级的世界观和人生观。但是由于它以关切人的境况,尊重人的价值为标榜,因而为现代西方资本主义社会各阶层从不同的角度所利用、采纳或改造,成为现代西方的一种典型的意识形态和价值观。它那强调人的意识的自由存在的本体论,鼓吹非理性的临界体验的认识论,注重个人主义的自我造就的伦理观,宣扬"积极的"悲观主义的历史观,都成为现代西方思想调色板上的流行色。

存在主义哲学的先驱者是19世纪的基尔凯戈尔。尼采的意志主义和胡塞尔的现象学是存在主义的重要理论来源,尤其是胡塞尔的现象学,它更是存在主义的直接来源。

存在主义哲学本身的流行和发展可分为前后两个时期。前期以其创始人德国的海德格尔的学说为代表,后期则以法国存在主义者萨特尔最负盛名。存在主义还可分为有神论的存在主义和无神论的存在主义。德国的雅斯贝尔士和法国的马塞尔是有神论存在主义的代表者,海德格尔和萨特尔是无神论的存在主义者。由于萨特尔企图把他的存在主义哲学与马克思主义的革命理论相"结合",所以他的理论又被称为"存在主义的马克思主义"。

一 基尔凯戈尔的存在学说

索仑·基尔凯戈尔(Sören Aaby Kierkeggard,1813—1855),19世纪中叶丹麦哲学家和神学家。他出生于一个笃信基督教的羊毛商家庭,早年在哥本哈根大学学习哲学和神学,1841—1842年曾去德国柏林留学,听了谢林的哲学课,谢林的后期神秘主义哲学思想对他有很大的影响。他性情孤僻,私人生活充满苦恼和不幸,因而对当时崇尚理性的社会风尚极为不满,乃隔世隐居,埋头于带有文学色彩而充满忧虑情绪的哲学写作。他的主要哲学代表作有:《非此即彼》(1843)、《恐惧的概念》(1844)、《生活道路诸阶段》(1845)和《非科学的结论性附篇》(1846)等。

（一）"存在"就是"非理性的主观体验"

基尔凯戈尔坚持神秘主义的主观唯心主义立场。他既否认物质世界的客观存在，也否认黑格尔所主张的理性精神的客观存在；断言：世界的本源既不是唯物主义者所认为的物质，也不是客观唯心主义者所认为的客观精神，而是个人（自我）的主观意识。这种主观意识既不是主观经验主义者所认为的感性经验，也不是理性主义者所认为的理性思维，而只是一种"非理性的心理体验"。他称这种个人的"非理性的主观体验"为"存在"。他断言：人的存在，首先表现为行动的存在，而人的行动是受非理性的主观性支配的，因而人的存在，归根到底是主观意识或"非理性的心理体验"的存在。这就不仅把"人"或"自我"归结为精神性的自我意识，而且把整个宇宙归结为精神性的自我意识。

基尔凯戈尔进而对作为个人主观体验的"存在"的特征做了如下的悲观主义的描述：

1. "个体性"：他认为，任何活生生的人的存在都是个体的存在。人生来就是独一无二，不可替代的。他不受任何普遍的人性的规定。"一般的人"或"群众"只是理性的抽象，它不存在于现实界。现实的人都是各自行动，独立创造着的具体的个人。这种个体的人的行动和创造，都是非理性的主观体验的表现。而这种主观体验由下列激情构成：（1）"厌烦"——它可分为有对象的厌烦与无对象的厌烦。后者是真实意义的厌烦，因为它是一种不可言状的厌烦。它不是厌此或厌彼，而是厌烦自身。因而它在一定程度上体现了"存在"的处境。（2）"忧虑"——它是厌烦的深化。人在厌烦中逐渐体会到人生的虚无，从而产生一种不可明状的恐惧，而陷入无穷的忧虑。（3）"绝望"——人总企图通过寻求欢乐以掩盖忧虑，但因不可得而陷于绝望。绝望是一种无法逃避的灼人的精神状态。它的意义在于使人体验到向外寻求享乐的生活之无济于事，从而向内探求自我的真实存在以返回主观性；在自我的主观性中寻求与上帝的交往和同在。

2. "时间性"：个体的存在处于坎坷起伏的变化中。这种变化不同于黑格尔的"变化"。黑格尔的"变化"是逻辑的、非时间性的，因而是"虚假的"；这种变化是时间性的、非逻辑的，因而是"真实的"。这种真实的时间不是空间化的、抽象的时间，而是自我生活于其中的内在体验的时间。因而它不能以理性的抽象去认识，而只能通过主观的体验去把握。人在这种真实的时间中时时感到自我生存的不确定性，感到自我不断被迫超越现在而趋向渺茫的未来。

3."有限性"：人存在于变化的时间中，但它不是无限的，而是有限的。这种时间的有限性潜在于人的存在的不确定性中。最令人不安的不确定性是现实的有限性，即死亡。理性主义者把死亡抽象为一般的事实，使死亡毫无意义。其实死亡是最本己的东西。它使人真正体验到个人的不能由他人所代替的个体性。它使每一个人的生存各具特点，没有雷同。它迫使每一个人在死亡面前做出选择，并对自己的选择承担后果。

基尔凯戈尔断言：具有上述特征的个人的"非理性主观体验"的"存在"是宇宙的本质与本原，而万物不过是它所派生的假象。不言而喻，这是一种具有浓厚宗教色彩的非理性主义的主观唯心主义，是资产阶级失意时的悲观主义的世界观和人生观的表现。

（二）真理就是主观性

基尔凯戈尔的认识论也是主观唯心主义和非理性主义的。他断言真理并非如唯物主义者所认为那样是主观与客观世界相一致，也不如客观唯心主义者所主张那样是主观与客观精神相一致。他批判黑格尔的真理观，认为黑格尔把真理看成思维对存在的客观的反思，"就会使主体成为偶然的东西，从而使存在成为无关紧要的乌有之物，使主观或主观精神毫无地位。如果这样，那么真理就毫无意义"[1]。

他宣扬主观唯心主义的真理论。他断言：没有客观真理，只有主观真理。真理是主体对自身的主观性的把握。因为"存在"的本质不是经验之外的客体，而是富有激情的主体。因而"真理存在于主体的内在精神之中"，"真理只有对于人，对于人的主观性才有意义"，"真理就是主观性"。

从上述主观唯心主义立场出发，基尔凯戈尔宣扬非理性主义和神秘主义的认识论。他把认识真理的方法归结为神秘的主体内省，并称此为"主

---

[1] Søren Kierkegaard, Howard Vincent Hong and Edna Hatlestad Hong（eds.）, *Concluding Unscientific Postscript to Philosophical Fragments*, Princeton：Princeton University Press, 1992, Chapter 2.

观的反思"。他写道:"主观的反思将它的注意力从外向内指向主体。只有这种内在精神的强化才可望得到真理;而这个过程是在激情中进行的。"①他反对理性思维,反对科学的认识方法。他称思维对客观的认识为"客观的反思",他断言"客观的反思"只是一种远离主体的"空洞的抽象",因为它只是运用僵死的概念去认识经验的假象,它获得的只是"知识",而绝不是作为宇宙和自我的本质的真理。他写道:"哈姆雷特说得好:存在与非存在只有主观的意义。"②

(三)人生的三种状态的选择

基尔凯戈尔认为:认识真理是与人生态度紧密相关的。这样他就使其主观唯心主义的本体论和认识论跟悲观主义的伦理学连接起来。

基尔凯戈尔认为:每个人的现实存在都是自我选择的结果。每个人的人性也都不是被给予的,而必须由自我的选择而获得。他说:基督教徒并不是天生的。那种因害怕惩罚或为表明自己是善男信女而参加教仪的人,并不是基督教徒。因此,哲学应该回答"我如何变为基督教徒"的问题,而这个问题就是个人对于人生的不同选择问题。他认为有三种截然不同的人生的态度或阶段供自我选择。

1. 美学的或感性的态度:它的特征是人生活于感性的表面中,不敢正视生活的内在实质,回避生活中的厌烦和忧虑,不敢承担责任,不愿做出选择。这种状态中的人,对生活的理解是如此浅薄,为了逃避内心的厌烦与忧虑,只要求满足于精神或物质的一时享受,在"今朝有酒今朝醉"的当下享乐生活中忘却过去与未来。这虽能给他们以片刻的"满足",但却是极不稳定、稍纵即逝的;跟踪而来的是更大的烦恼和更深的忧虑,以至终于对生活丧失信心,陷于绝望。而绝望有利于对人生真谛的体会,以促使自己放弃外在物质的追求,而做出内在的自我的选择。

2. 伦理的或理性的态度:处于这种生活状态中的人们都不是享乐主义者,而是禁欲主义者。内在的道德责任心处于支配自己的地位,他们都有

---

① Søren Kierkegaard, Howard Vincent Hong and Edna Hatlestad Hong (eds.), *Concluding Unscientific Postscript to Philosophical Fragments*, Princeton: Princeton University Press, 1992, Chapter 2.

② Ibid..

明确的善恶观念，并且总是趋向于善、正义、仁爱等美德。但是他们只是理性的人，尚未把握真正的"存在"。这是因为首先，他们把自己的主观性外化为理性的原则（道德规范），从而受到了它们的限制；其次，他们并未真正摆脱世俗的感性生活，经常受到享乐主义的引诱。由于人有"原罪"，他们的伦理原则总是面临于崩溃的边缘。

3. 宗教的或非理性的态度：这时的人已经成为摆脱了一切孤独的"存在"，和唯独面对着上帝的"罪人"。他们既已摆脱了肤浅的感性状态，又已摆脱了矛盾的理性原则，回到了非理性的主观的自我，成为真实的"存在"。他们全心全意地面向全知全能的上帝，满腔热情地笃信上帝，从而成为一个真正的基督教徒。

基尔凯戈尔认为：上述人生的三阶段体现了人生的三种不同境界，或此或彼全在于个人的自由选择。他断言人生来是自由的，因为自由是人的先天本质。而上述三种人生状态的选择则是个人的自由的体现。但是，第一种选择出自感性的引诱；第二种选择受到理性原则的限制，因而都不是真正的选择；只有第三种选择，才发自自我的绝对自由，才是对自我存在的本身的选择，从而才能面对上帝，成为一个真正的基督教徒。

基尔凯戈尔的哲学充满浓厚的宗教色彩和悲观主义情绪，它反映了19世纪中叶丹麦保守资产阶级对当时革命的惊慌和恐惧，反映了资产阶级个人主义在悲观失望时的人生态度。资产阶级个人主义以自我为中心，把自我的绝望看成整个宇宙的绝望，从而不得不从上帝那里去寻找精神上的庇护和安慰。基尔凯戈尔的上述许多主观唯心主义和非理性主义观点，为后来的存在主义奠定了方向。

二 海德格尔的存在主义

马丁·海德格尔（Martin Heidegger, 1889—1976）是德国著名的哲学家。他早年在弗赖堡大学学习，1915年在新康德主义弗莱堡学派的主要代表李凯尔特主持下取得讲师资格，1923年被聘为马堡大学哲学教授。自此他以胡塞尔的学生自居，跟随胡塞尔潜心研究现象学。1928年胡塞尔退休，他被胡塞尔推荐为弗赖堡大学胡塞尔哲学讲座的继承人。后来他背弃胡塞尔的现象学，创立了自己的哲学——存在主义（不过他并不自称其哲学为存在主义)。

海德格尔在政治上曾追随希特勒法西斯政权,受到纳粹政府的青睐。1933年正值德国大批教授被解职,送往劳动营时,而海德格尔却升任为弗赖堡大学校长。他曾带领全体教职人员宣誓效忠希特勒。纳粹政权垮台后,他继续在弗赖堡大学任教,但因声名狼藉而过其隐居式的生活。晚年他醉心于禅宗佛学,企图把他的存在主义哲学禅宗佛学化;1976年逝世。

海德格尔的论著甚多,主要有《存在与时间》(1927)、《康德与形而上学问题》(1929)、《什么是形而上学》(1929)、《真理的本质》(1943)、《论人道主义》(1947)、《林中路》(1949)、《形而上学概论》(1953)等。

(一) 有根的本体论

海德格尔作为胡塞尔的门生首先接受了胡塞尔的现象学方法。随后,他把胡塞尔的现象学方法本体论化,即用胡塞尔的现象学方法把客观物质世界"搁置起来"(实际上是否定了它),从而把宇宙的本原归结为纯精神的、非理性的"自我"。他对这个问题从本体论上做了独特的论证。

他认为哲学本体论的基本问题是"存在"(Sein)的问题,两千年来,哲学家们都在谈论"存在",但是没有人真正理解了它的意义。那么,"存在"是什么呢?在海德格尔看来,"存在"是不能用理性对它做出界说的,他说:"存在的性质超出任何存在物可能具有的内容和可能类归的规定性之外。"[①]尽管如此,他还是对"存在"的性质做了描述。

海德格尔认为:"存在"与"存在者"(Seindes)不同,存在者是已经存在且已显示出存在的东西。自然,存在优先于存在者。因为任何存在者,必须首先存在,而后才能是既定的存在,否则,存在者就不可能呈现在那里,存在在那里。然而以往的哲学家所关心和讨论的却只是"存在者"而不是"存在"这个更为根本的东西。那么,什么是真正的"存在"呢?什么是作为存在者的前提,或者说使存在者能够存在的"存在"呢?海德格尔的回答是"人的存在",或"自我存在"(Dasein 或译为"此在""亲在")。他说:"一切存在者的存在总是自我的存在",而自我存在不是

---

① 海德格尔:《存在与时间》,载中国科学院哲学研究所西方哲学史组编《存在主义哲学》,商务印书馆1963年版,第6页。

别的，就是"思维"，他声称："关于存在的问题，归根结底就是关于思维的问题。"① 在他看来，一切存在者是否真正存在是可以怀疑的，而"自我的存在"，作为"思维"，正如笛卡尔所论证，乃是"恬然澄明"、无可怀疑的。但与笛卡尔不同的是，海德格尔认为所谓"思维"绝不是理性的我思，而是非理性的体验。

在海德格尔看来，人的自我的思维的存在是真正的存在，是万物存在的基础和前提，没有自我也就无所谓万物的存在了。他的追随者，法国存在主义者华尔（Jean Wahl）解释他的这个思想说："我们所真正接触的唯一的本体的形式是人的存在。当然，在海德格尔看来，本体还有其他的形式，有他所谓'所见事物的存在'或外界，有工具和器械的存在，有各种数理形式的存在，有动物的存在，但是只有人是真正存在的。动物活着，数理的事物持存着，工具在那里听我们使唤，外界呈现出来；但是这些东西没有一项是存在的。"② 不言而喻，海德格尔所谓"作为本体的人的存在"，不过是胡塞尔现象学中的"纯粹自我意识"的别名而已。

海德格尔认为自我总是作为"在世之在"而存在于世界的。那么这个世界，这个世界中的万物又是什么呢？他认为，它们都是自我的存在的结果；也就是说，它们都只是自我的派生物。他自问道："这不是说'世界'归根到底是自我的一种性质吗？每一个自我'当下'就在出自己的世界吗？这样'世界'不就成了'主观的'东西了吗？"③ 不错，世界在海德格尔看来就是主观的东西。他认为：既然世界的存在，本质上就是自我的存在，因而对于两者无须区分；即无须有主体与客体，物质与精神的区别。而必须打破传统的主体概念，应该懂得，任何存在的原理都离不开知者这个主体。因此，海德格尔否定客观世界及其规律性，他认为，它们都是自我的派生物，它们都是存在于自我之中，因而应该在自我之中，而不是在自我之外去寻找的。所以他认为世界是"自我存在"本身的一个性质，必须以自我存在的结构来解释世界。因而"如果没有存在，也就没有世界；这个存在就是我的存在"。

---

① Walter Arnold Kaufmann (ed.), *Existentialism from Dostoevsky to Sartre*, trans. Walter Arnold Kaufmann, New York: World Publishing Company, 1963, p. 7, p. 8.

② 让·华尔：《存在主义简史》，马清槐译，商务印书馆1964年版，第7—8页。

③ 海德格尔：《存在与时间》，第22页（译文据1962年英文版略有改动）。

不言而喻，这是一种赤裸裸的主观唯心主义。

海德格尔从他的上述观点出发，批判了历史上所有的哲学家。他认为，从巴门尼德、柏拉图、亚里士多德直至康德等哲学家，他们的哲学都是从世界，而不是从自我出发去理解"存在"本身；因而都看不到存在的真正本性，他们的本体论，都是"无根"的本体论。而只有他的存在主义的本体论才是一种"有根"的本体论；因为他把"存在"已经牢牢奠基于"自我"这个根本上了。

海德格尔说，在世的自我的存在最切近的特征之一，就是它的"时间性"，也就是说它在时间上是有限的。它有自己的开始，它莫名其妙地、孤零零地被扔进这个世界中来。它有自己的终结，它总有一天不可避免地，无可奈何地死去。而死亡，这就是自我的存在的限制。

海德格尔认为，自我的存在处于时间中，它瞬息即变，没有任何质的稳定性。它的过去已归泡影，当下刹那即逝，而未来则渺茫而不可预知。并且，死亡随时可以到来，因而它是一个"虚无"。他说："自我存在就是意味着沉入虚无。"华尔则代他解释说："我们存在着，但是我们找不出我们所以存在的理由；因此我们是没有本质的存在。"[①] 这种没有本质的存在总是处于"烦"、"怕"和"畏"的状态。他认为，人生在世充满着烦。与物相处，争斤论两（烦心）；与人相处，钩心斗角（麻烦），真是不尽其烦。因此他说："自我的存在，本质上就是烦。"[②] 但是海德格尔认为，烦还不是存在的真正本质，而只是它的一种"深闭状态"。"怕"和"畏"，特别是畏，才是存在的"真实状态"或"实质"。海德格尔所谓"怕"，就是对自我周围的人和物的害怕，因为它（他）们时时在捉弄他要伤害他；而"畏"则是一种莫名其妙的心理本能；他畏惧，但没有具体的畏惧对象，"畏不知其所畏者为何，但这又非意味着'无'"，这种"畏"比前一种"怕"更可怕；它浸透于自我的心灵深处而永远无法自解，因为它畏的是"存在自身"，[③] 畏的是随时都可能来临，而又无法回避的"死"。他说"为死而存在就是畏"，因为"存在总是向一个不确定的确

---

① 让·华尔：《存在主义简史》，马清槐译，第9页。
② 中国科学院哲学研究所西方哲学史组编：《存在主义哲学》，第58页。
③ 中国科学院哲学研究所西方哲学史组编：《存在主义哲学》，第51—52页。

定——死亡而奔跑着。它经常处于一种从自身那里迸发出来的危险中。"因此他认为,"死是未来的一种方式。自我的存在从自我的存在的那一刻起,就把这个方式接了过来","当人一出生,他就立即老得足以死去了。"① 这表明海德格尔的存在主义反映的是资产阶级的腐朽没落的世界观。

但是海德格尔认为,上述自我存在的实质不是人人都能随时觉察到的。由于终日沉湎于日常的世俗生活中,人们往往不能真正与内在的自我相接触;因而通常并不意识到自我。而只有当经受苦难和折磨,特别是当面临死亡的畏惧时,才会真正意识到这个自我的存在,才会真正体验到自我的这个畏的实质。这是因为,"死,只能是自己的死"②,谁也不能代替。人只有到了这个关头,才能真正把自己与他人,与集体,与社会完全分离开来,才能面对自己,发现自己。从而真正懂得自我的存在与他物存在的根本不同,才能真正把握自我或存在的意义。因而死是"自我或存在的最高可能性"。他说:"死亡把个人交付他自己。"华尔则表述他的这种思想说:"剧烈苦闷的经验把我们暴露给我们自己,使我们看到自己暴露在这个世界上,孤独无依,没有救助,没有躲避,我们不知道为什么被扔进这个世界。"③ 因而有人称他的哲学是"死亡的哲学"。海德格尔认为:尽管通过对死的体验能得到启迪,但"实际的死"毕竟是令人恐怖的,所谓自我的实质的"畏",也就是"畏死"。那么应该如何来对待死亡呢?有神论存在主义的回答是:"皈依和归顺超越的上帝",以此获得拯救的安全感。海德格尔则否,他认为:存在是死亡的开始,而死亡是存在的终结,当人真正认清了自我的这个实质时,他就不会终日惶惶于死亡,就能获得"不受死亡的约束的自由",就能视死如归了。此时,他也就从"虚无"中真正领会到人生的真谛。因此他说:"死亡并不可怕。""它能使自己从普通人中解放出来。""只有死亡才能排除任何偶然和暂时的选择;只有自由地去就死,才能赋予存在以至高无上的目标。"

---

① 中国科学院哲学研究所西方哲学史组编:《存在主义哲学》,第70、74页。
② 中国科学院哲学研究所西方哲学史组编:《存在主义哲学》,第69页。
③ 让·华尔:《存在主义简史》,马清槐译,第9页。

（二）思维是存在的思维

在认识论方面，海德格尔继承了胡塞尔的非理性主义和直觉主义。他从他的"存在"概念出发，否认物质与意识（客观与主观）在认识论上的区别。他认为，传统哲学所争论的基本问题是哲学史上的一种偏见，科学所研究的物质世界，仅是"非存在"的现象世界；作为创造出存在者的"存在"，作为世界本质的超验的"自我"或自我意识，才是真正的认识对象，才是人类知识的最高真谛。因此他说，"与一切科学有别，思就是存在的思"，"真实的'存在'（真理）就是没有掩饰遮盖的'存在'"，"没有自我的存在，就没有真理"。因为"真理，是存在的真理"。①

但是海德格尔认为，自我的存在是不能用观察和理性思维即科学方法加以认识的；因为它们只能认识现象，而不能认识自我。他说："观察只能涉及事物的'外观'；无论如何敏锐，也不能通过'理论'的观察而真正发现和领会呈现于手头的东西。"因此，他声称"科学并不思维"。② 因为科学为功利的目的所引诱，只向外追求不返身自省，只见物不见人，故不能认识自我存在。那么，人们如何才能认识自我存在呢？海德格尔和柏格森一样，认为这只能依赖于非理性的"直觉"，依赖于神秘的自我的内心体验。在他看来，"认识是一种原始的直觉"。这种原始的直觉不可名状，不可言传，不能在平时日常生活中获得。他认为，人们只有处于挫折、厌恶、孤寂、烦恼、畏惧，以至面临死亡时，才能获得这种神秘的体验。这些极端状况中的体验把每个自我彻底个别化，使其摆脱自然、社会、他人，处于孤独无依，无所救助的境地，于是个人只能依恃自我，深入自我，以至突然大彻大悟，恬然澄明，认识了存在的真谛。

海德格尔这种神秘主义的认识论完全是一种宗教式的说教，因此他晚年醉心于佛学的研究，完全沉溺于所谓神秘的"在的澄明"之中。

---

① 海德格尔：《论人道主义》，引自中国科学院哲学研究所西方哲学史组编《存在主义哲学》，第 89、103 页。

② Martin Heidegger, *What Is Called Thinking*, trans., Jesse Glenn Gray and Fred D. Wieck, New York: Harper Collins, 1968, p. 8.

（三）日常生活中的"人之沉沦"

当海德格尔从形而上学领域反身到现实生活中时，他便碰到了真正的烦恼。

在他看来，日常生活中当个人与他人发生关系时总是感到丧失了自己。无论是与他人合谋还是与他人为敌，个人总是要维系于他人，结果，个人成了按他人意志举手投足的玩偶，个人的自我、本质脱身而去，被一个异己的他人占有了。于是，不尽烦恼滚滚而来。

那么，这个"他人"是谁呢？海德格尔说这个他人是不确定的，"不是这个人，不是那个人，不是人本身，不是一些人，不是一切人的总数"，但又确实存在，而且在日常生活中起着巨大的作用。这个人"是中性的东西……就是普通人"①，也就是说个人失去了个性，丧失自己之为自己的特征，成为彼此毫无区别的"中性的"物，一般意义上的人。因此，在他看来，当个人俯首在"普通人"之前时就丧失了自我存在，当个人混迹于一般的人之中时，就处在一种"沉沦状态"。

"沉沦状态"是海德格尔描绘的个人丧失于普通人中的日常生活状态。它主要表现在：1. 闲谈——人们在普通人中饱食终日、无所用心，他们的言谈完全是一种腔调，他们没有自己的语言，一切皆由公众意见代之，个人只是普通人的公众舆论的传声筒。2. 好奇——人们在日常生活中为物质利益所驱使，不断追求新奇。新瓶旧酒之类的东西不断涌现；猎奇的人们穷追不舍，于是人们为好奇而左右，为好奇而分心，而把个人的本质、责任完全置于脑后。3. 踌躇——人们在现实生活中没有稳固的目标，总是受外在的东西的制约，自己不能掌握自己的命运，浑浑噩噩，稀里糊涂；自己不能抉择自己的未来，模棱两可，踌躇不决。这样，人们只能处在生活的表面，不能到达本己的存在。

抛开海德格尔的晦涩的语言，我们可以看出，所谓"沉沦状态"实际上就是对当今西方资本主义社会那种物质生活富裕，精神生活空虚状况的描绘，这种"西方社会病"完全是由资本主义的基本矛盾造成的。但海德格尔出于其资产阶级立场从根本上否认这一点。他认为人之所以沉沦是由

---

① 中国科学院哲学研究所西方哲学史组编：《存在主义哲学》，第36—37页。

普通人的统治造成的。但人之所以陷于普通人之中，则是由个人自身的怯懦，软弱造成的。因为，个人不敢承担责任，不敢自主决断，宁愿把一切交付"普通人"，安于不负责任，坐享其成的昏昏然的生活，因此日常生活中的人们只能是沉沦与堕落的。但是他又认为：只有宣扬、领悟他的存在主义哲学，才能使人回到本己的自我存在，才能重新恢复人的价值和意义，才能拯救人类于沦落之中。

从此可见海德格尔的存在主义是一种具有浓厚神秘主义色彩和悲观主义情调的主观唯心主义哲学。它与基尔凯戈尔的悲观主义哲学和叔本华的意志主义哲学有许多相似之处。如果说后两种哲学反映的是尚未取得政权的资产阶级在革命斗争中遭受严重失败，或为巨大的人民革命力量所吓倒而产生的一种灰心失望的情绪；那么海德格尔的存在主义则是帝国主义时期正在走向没落中的资产阶级和被排挤、被吞没中的中小资产阶级的惶惶不安的心情的表现。资产阶级的世界观是个人主义的世界观，它们总以自我为中心看待一切，把本阶级的绝望和痛苦，夸大为全人类的绝望与痛苦，把本阶级的没落，描绘为整个宇宙的没落。叔本华和基尔凯戈尔的哲学是如此，海德格尔的存在主义哲学本质上也是如此。

三 雅斯贝尔士的有神论存在主义

雅斯贝尔士是有神论的存在主义的主要代表。他的哲学思想基本上与海德格尔的思想是一致的。不过他直言不讳地承认上帝的存在。

卡尔·雅斯贝尔士（Karl Jaspers，1883—1969）是德国著名的哲学家；海德格尔曾称他是"德国存在主义的创立者"。他早年在海德堡大学和慕尼黑大学攻读法律，后在柏林大学、哥廷根大学和海德堡大学改学医学。1909年获医学博士学位后，他在海德堡大学任精神病理学讲师和心理学副教授，1921年被聘为哲学教授。希特勒执政后，他曾因妻子是犹太人而受纳粹反动政权的迫害，1937年被解除教授职务，侨居瑞典，埋头写作，战后重返德国，任海德堡大学荣誉评议员，1948年又迁居瑞士，任巴塞尔大学哲学教授，1958年因著《原子弹与人类的未来》一书而获得德国出版业和平奖金，1969年逝世。他的主要哲学著作有《哲学》（1924—1931）、

《理性与存在》(1935)、《存在哲学》(1937)、《论真理》(1948)、《当代人类的命运与哲学思维》(1969)等。

(一) 自我就是大全

与海德格尔一样,雅斯贝尔士也认为哲学的根本问题是"存在"问题。不过他还给"存在"取了一个别名:"大全"(des Umgreifend)。他说:"我们势必要追问什么是存在自身……这个存在,我称之为大全。"①

那么什么是大全呢?他的回答是:"大全"就是"自我"。他说:"自我就是大全,这个大全也叫作一般意识。"他认为,自我总是在世的自我,因而它也是一个生活于世界中的客体。他说:"我这个大全不仅是一般意识,而且还是一个支持着意识的客观存在。"② 不过他认为,任何客观存在,包括自我的躯体都是自我意识的派生物或大全的样式,都是存在于自我意识之中的东西。因为,"一切现实的东西,其本质上对我所以是现实的,纯粹因为我是我自身","不论是意识所思维的东西,还是我们视为实际存在的那些东西,一切的一切,都可以吸收到这个精神的自我的各种观念性的整体中去"。③ 所以他认为,世界不是别的,它就是自我这个大全。因为"自我,作为客观存在和精神,本是大全,而自我这个大全作为人的实存和精神出现于我面前成为世界现实时,它就变成客观的东西,变为可以研究的对象"④。

当雅斯贝尔士把自我当作一个对象来研究时,他发现,自我的存在在时间上是有限的。他说:"我们是在有限的时间中存在的","人……任何时候都能是个完成,而完成就是终结和没落",因为"人……如果失去了许多存在的样式中的任何一个,他就会归于消灭"。⑤ 因此他认为,人的生活中虽然"既有快乐,也有痛苦;既有恐惧,也有希望",但归根到底是"毫无意义",因为人生总是"由一种混乱转向另一种混

---

① Karl Jaspers, *Philosophy of Existence*, trans., Richard F. Grabau, University of Pennsylvania Press, 1971, p. 18.
② Ibid..
③ Ibid., p. 20.
④ Ibid., p. 22.
⑤ Ibid., p. 73.

乱，由一种贫困转向另一种贫困；它只有短暂的幸福的闪光。它从整个说来犹如一个被死水包围的孤岛，总有一天要被死水所淹没"①。因而它无法改变面临"末日"和"死亡"的处境；它时时受"末日"和"死亡"的威胁。他把这种处境称作为"临界状况"，并认为这是他的存在主义哲学的出发点。

那么，如何能摆脱这种面临末日的恐惧的处境呢？雅斯贝尔士的回答是，通过自我的超越而"飞往"上帝。他认为自我是有限的，上帝的大全是无限的；有限的自我与无限的上帝是相通的。他说："人……总是有限的。但是由于有自由与超越，人的有限性就不同于世界上其他有限事物的有限性；它是一种独特的有限性……当他意识到自己的有限性的时候，就在有限中分享了无限……他能超越自己的有限而把这种有限填进上帝的无限中去，使之具有全新的内容。"他认为，人能够通过虔诚地信仰上帝，通过他的有神论存在主义的点化，就能超越有限的自身而飞向无限的上帝，与上帝永远同在。因此他说："从事哲学就是飞向上帝。"②

雅斯贝尔士宣扬自我的自由。他认为，自我是自由的，人的前途永远取决于自己的选择，但是他认为，自我最高的自由是选择上帝，即向上帝的飞往。他说："这种飞往决定着我的自由，因为自由是通过超越而达到超越的存在（上帝）。"③

为了维护上帝存在，他攻击一切否认上帝存在的哲学家。他说："从事哲学思考的人，现在遭受着一些很奇怪的攻击。有人竟然禁止我们有上帝，仿佛我们谈上帝就是把属于神学家的法宝篡夺过来了似的。这些人根本不承认我们由于受到以前自信听到过上帝声音的人所遗留下来的深刻体验所启发，而有可能在生活里直接与上帝交通。"④

他还攻击了一切非议上帝存在的科学家，并宣扬科学与神学的调和。他说："哲学教授尊重一切能够提供必然知识的科学，但他反对科学的自

---

① 雅斯贝尔士：《历史的起源和目的》，1949年德文版，第332页。
② 中国科学院哲学研究所西方哲学史组编：《存在主义哲学》，第233、148页。
③ Karl Jaspers, *Philosophy of Existence*, trans., Richard F. Grabau, University of Pennsylvania Press, 1971, p. 25.
④ 中国科学院哲学研究所西方哲学史组编：《存在主义哲学》，第253页。

负。""有一句老话说：在科学里，一知半解的知识，使人放弃信仰；完整的知识，使人返回信仰。"

(二) 哲学就是"学习死亡"

在认识论上，雅斯贝尔士和现代一切人本主义哲学家一样宣扬非理性主义。他认为，大全的真理，即永恒的终极真理不属于现实世界，而属于作为宇宙根本的超越的存在即上帝，其他一切东西只是体现上帝的"密码"，它们不是终极的真理。他说："对于我们说来，超越的存在就是一切，因为对我们实际存在着的东西，只有当它与超越的存在发生关联时，或者说，只有当它是超越的存在的密码时，才是真正的存在。"①

雅斯贝尔士认为，作为宇宙的根本的"大全"的真理，是既不能通过感觉经验，又不能通过理性思维而加以认识的。他说："真正的现实是不能被思维为可能的那种存在"，"一切形式的大全，一旦当它们变成研究对象而且仅仅是研究对象时，就好像销声匿迹了；当它们以研究对象的形态而成为可看见和可认识的东西时，就好像消亡毁灭了"。② 为什么呢？因为在他看来，我们所能感觉经验和理性思维的只是大全的派生物、假象或"密码"，科学的知识就是这类假象的知识。而"精神性"的"大全"的真理是既不能为感官所感受，又不能为理性所思维的。所以他说："我们盼望在思维中能达到思维与现实同一的境界，可是当我们这样做的时候，我们总发现思维在未接触到现实之前就被撞击回来了。""想要依靠意识来把握现实，以便我们终于能认识它或本身就是它，结果反而使我们陷于无底的深渊。"③

那么如何才能把握"大全"或"存在"的真谛呢？他的回答是依赖于一种"哲学思维"，即一种神秘的"内心行为"。他说："现实是抗拒一切思维的"，因而"如果完全使用科学的思维，那么哲学就本能成为实在的，就不能成其为哲学了。哲学要求的是另一种思维，这种思维提醒我，警觉我，使我回到我的自身。"又说："哲学的任务……在于从本

---

① 中国科学院哲学研究所西方哲学史组编：《存在主义哲学》，第191—192页。
② Karl Jaspers, *Philosophy of Existence*, trans., Richard F. Grabau, University of Pennsylvania Press, 1971, p. 23.
③ Ibid., p. 77, p. 68.

原上去观察现实,在于通过我在思维中对待我自身的办法;也即通过内心行为去把握现实。"① 这就是说:哲学的思维方法是超越的思维方法,只有通过人的内心的一种自我认识的直觉才能"洞察真实观的本质",才能把握自我的"大全"。

跟海德格尔一样,雅斯贝尔士认为,人往往在面临危难和死亡时才能实现这种神秘的直觉,才得以洞悉自我的"大全"。因此他认为:"从事哲学不是别的,就是学习死亡。"他说:"我们的哲学有不少规定,如说:从事哲学就是学习死亡;从事哲学就是飞向上帝;从事哲学就是认识作为实有的存在(大全)。"②

(三) 有神论的人道主义

雅斯贝尔士声称他是一个"新人道主义者"。我们可以看到,他的"新"就新在用"有神论"的思想论证"人道主义",故是一种"有神论的人道主义"。

雅斯贝尔士自诩十分关切人的价值和意义,坚决反对把人与物等同起来,把人当作工具、机器配件来使唤。他认为现代科学技术的发展把这一切都颠倒了,使追求外在效益,重视物质利益蔚然成风,反而使人们忘却了对精神生活的追求,忘却了自身的真正价值。因此,人心不古,世风颓败,造成了社会的灾难与混乱。他说:现代科学技术的发展"使人变成了机器的一个功能,使人像机器的零件一样被任意配换……今天的人,已经丧失了自己"。因而:"今天西方的共同意识,只能用三个否定来加以标志,那就是:历史传统的崩溃,基本认识的缺乏和对不确定的茫茫未来的彷徨和苦闷。"③

但是雅斯贝尔士认为,这不是科学技术本身的过错,因为科学技术的发展,可能给人类以灾难,也可能给人类以幸福。他说,"技术是不能不用的","应该把技术视为既可以成为大幸,又可以成为不幸的东西……我

---

① Karl Jaspers, *Philosophy of Existence*, trans., Richard F. Grabau, University of Pennsylvania Press, 1971, p. 3.
② 中国科学院哲学研究所西方哲学史组编:《存在主义哲学》,第 148 页。
③ 中国科学院哲学研究所西方哲学史组编:《存在主义哲学》,第 235、240 页。

雅斯贝尔士断言,当前问题的关键是在于缺乏真正的人道主义的哲学去指导科学。他责怪马克思主义,攻击马克思主义不是依靠人道主义精神,而是企图以物质和暴力以挽救当前危机,其结果"适得其反"。他写道:"马克思试图通过暴力的解放运动来争取自由,结果相反,导致的是最大的暴力和最大的不自由。"他还攻击马克思说:"马克思……相信只有破坏一切现存事物之后,才能有新的创造……只有建立无产阶级专政和无阶级社会,才能产生新人,才会有自由和正义,这是一种荒谬的信仰,它导致的只能是野蛮和狂乱,仇恨和残忍……使所有的人沦为奴隶。"② 这暴露了他的资产阶级卫道士的立场。

雅斯贝尔士宣称,他的有神论的存在主义才是拯救当前人类社会的真正人道主义的哲学。他自问自答地说:"那么在这种情况下,还可能有什么补救的办法呢?""办法是现成的,那就是天启的宗教和哲学",不言而喻,他这里所说的"现存的"哲学,就是他的那种"飞往上帝"的有神论存在主义的哲学。因此他的"人道主义"是一种"有神论的人道主义",一种道地的"神道主义"。

雅斯贝尔士的有神论的存在主义是帝国主义时代的上层自由资产阶级的哲学。它以"民主""自由"为口号对抗社会主义,但是在垂死挣扎中又预感到阶级末日的不可免,从而不得不把自己的希望与未来交托给上帝。

四 萨特尔的无神论的存在主义与"存在主义的马克思主义"

战后影响最大的存在主义者是法国的萨特尔。由于他运用文学手段宣传存在主义哲学思想,使得存在主义的影响迅速扩大,并渗透到各种意识形态和生活方式之中。现代西方"萨特尔哲学"已成为"存在主义哲学"的同义语。由于萨特尔企图把存在主义与马克思主义"结合"起来,人们

---

① 中国科学院哲学研究所西方哲学史组编:《存在主义哲学》,第235、236页。
② 中国科学院哲学研究所西方哲学史组编:《存在主义哲学》,第251、239页。

又称他的存在主义为"存在主义的马克思主义"。

让·保尔·萨特尔（Jean Paul Sartre，1905—1980）是法国著名的文学家、哲学家和政治评论家。他出生于法国巴黎的一个中产阶级的家庭，自幼丧父，1925 年入巴黎高等师范学校学习哲学，获博士学位；1933—1935 年赴德国留学，在柏林法兰西学院和弗赖堡大学研究胡塞尔的现象学和海德格尔的存在主义；深受他们的哲学思想的影响。1934—1939 年任中学教师，第二次世界大战中因参军作战被德军俘获，释放后回国在巴黎继续任教，并参加法国人民反纳粹占领的斗争。他是当时地下抵抗运动的领导人之一。战后他参加左翼政治运动，曾来北京参加过世界和平理事会；苏共二十大和匈牙利事件后，由于政治观点与法共发生分歧而退党，但仍然积极参加各种进步政治活动，并在哲学上主张存在主义与马克思主义的"结合"。他反对美国侵越战争，曾任罗素发起组织的民间审判战争罪行委员会的副主席，1964 年拒绝接受瑞典皇家科学院授予的诺贝尔文学奖。他曾积极支持 1968 年 5 月的法国学生造反运动；1980 年 4 月逝世，当时有六万人自动参加他的葬礼。西方有人称他是"最有独创的思想家之一"。他的主要哲学著作有《存在与虚无》（1943）、《存在主义是一种人道主义》（1946）、《辩证理性批判》（1960）等。他还写了大量文学作品，在这些文学作品中体现了他的哲学思想。

（一）"自在的存在"与"自为的存在"

与海德格尔和雅斯贝尔士不同，萨特尔接受了"存在主义"的名称，自称是"存在主义者"，并且他还把存在主义者划分为两种："一是基督教的存在主义者，我认为雅斯贝尔士与马塞尔这两位天主教徒就属于这类；二是无神论的存在主义者，如海德格尔，以及法国的存在主义者如我等都属于这一类。"[①]

萨特尔跟海德格尔以及其他存在主义者一样，认为哲学的基本问题是"存在"问题。他说："存在主义——它的名称就足以指明，它是把这种'存在'第一性作为一个原则而加以肯定的。"那么什么是"存在"呢？他认为，它既不是唯物主义所认为的物质世界的客观存在，也不是传统唯

[①] Jean Paul Sartre, *Existentialism and Humanism: Three Essays*, R. F. Moore Company, 1952, p. 16.

心主义所认为的"绝对精神"的存在,而是"人的实在",即"自我""自我精神"或"主观性"。他用海德格尔的论证方法论证了这种"自我意识"的存在。他说:"世界上绝没有一种真理能够离开'我思故我在',我们从这一点就可得到一个绝对真理:自我意识是存在的。"①

萨特尔从纯粹的主观意识出发,把"存在"划分为两个截然不同的领域:自在存在和自为存在。

所谓自在存在就是指外部的客观世界。它有三个特征:1. 它"不是被创造出来的,也不是自己创造自己",既不是被动的,也不是主动的;既不是肯定,也不是否定。它没有内在性,没有对自身的关系。"它就是它自身",因此是无意义的,不可名状的。2. 它"由自身而充实,完全是不透明的",是封闭的。它"处在变化之外",没有发展,即没有过去也没有未来。"它就是它所是的东西",因此是无法认识的。3. 它独立于上帝又独立于精神,它没有来源,没有秩序,也没有必然性,它不可能从其他事物中推衍出来。"它是偶然发生的……没有存在的理由",因此是荒诞的。②

所谓自为存在就是指人的主观意识。它是真正的存在。它最大的特点是非实在性,也就是一种"虚无"。因此它不受任何东西,包括其自身的束缚。它完全是主动的、自由的,不断否定、创造着自身,不断展示、维系着他物。

萨特尔认为"自在存在"与"自为存在"并不是各自独立,相互无关的。"自为存在和自在存在靠着一种综合的联系而联合在一起,这种联系不是别的,而正是自为存在本身,自为存在就是自在存在的纯粹虚无化。"③这就是说,客观世界(自在存在)若脱离了人的主观意识(自为存在)就是一种荒谬的无意义的存在;它只有依赖人的意识才能得以说明,才能成为有意义的和真实的存在。因此,人的主观意识、自我存在是不依赖任何东西的,相反它是一切及其自身可能性的前提和根据。"除了一种人类的宇宙,即人类主观性的宇宙外,再也没有其他的宇宙"④——

---

① Jean Paul Sartre, *Existentialism and Humanism: Three Essays*, R. F. Moore Company, 1952, p. 43.

② Jean Paul Sartre, *Being and Nothingness: An Essay on Phenomenological Ontology*, New York: Philosophical Library, 1956, pp. ixv – ixvi.

③ Ibid., p. 617.

④ Ibid., p. 35.

这就是萨特尔用现象学方法建立起的"人学本体论"。

(二) 存在先于本质

萨特尔从他的"人学本体论"出发，认为他的存在主义与雅斯贝尔士等人的有神论的存在主义是不同的。有神论的存在主义肯定上帝的存在及尊严，认为人们只有皈依、归顺上帝，在"临界状况"中与上帝"交往"，才能认识并获得自己的真正存在；而萨特尔否定上帝的存在，反对命定论，认为，"上帝是不存在的"，"一切事情都是可能的"。进而他又提出反对任何决定论，主张人的本质是由人的自由本身创造的，因此，他提出了一个著名的命题："存在先于本质"。

萨特尔对"存在先于本质"这句口号解释如下："这句话的意思是说：首先是人存在露面、出场，然后表明其本身。如果说，在存在主义者看来人是不可能给予定义的话，这是因为人之初是空无所有的。只是在后来，人自己要成为某种东西，于是他就照自己的意愿造成他自身。所以说：世界并无人类本性，因为世界并无设定的人类本性的上帝。"他又说："人首先是存在着"这意思是说，人先是一种把自己推向未来的存在物，并且觉识到自己把自己想象成未来的存在。总之，"人不外是自己造成的东西，这就是存在主义的第一原理。这个原理，也就是所谓主观性"[①]。

萨特尔的人学本体论的主要特点之一，就是认为人首先是一种单纯的主观性的存在。人的本质，人的其余一切则都是后来由这种主观性自行制造出来的。人能够自由地选择自己，造成自己的本质。这就是人与物相区别的根本标志。他认为，人以外的事物是不可能先存在而后获得它的本质的；它们总是先有本质，而后才有存在；本质先于存在。他以裁纸刀为例：裁纸刀在制造者制造出来以前，就早已以观念的形式（本质）存在于制造者的头脑中了。"因此就裁纸刀而言，可以说是本质（即指裁纸刀得以生产和规定的生产程序和本性二者的综合体）先于存在。"[②] 但是唯独人不然，它是"存在先于本质"，即他不是由上帝或别人来决定自己的本质，而是用自己的自由意志和自由行动来创造自己的本质，自己决定自己成为

[①] Jean Paul Sartre, *Existentialism and Humanism: Three Essays*, R. F. Moore Company, 1952, p.18.

[②] Ibid., p.17.

一个什么样的人。

萨特尔与海德格尔一样,认为自我是孤独的。他说:"由于上帝是不存在的,一切都是可能发生的,因而人是孤寂的。因为在他的身内和身外,都不可能找到任何可以依仗的东西。"[1]

萨特尔认为,自我虽然是孤独无依的,但是由于物质资料的匮乏,为了征服"稀有",得以生存,人们又不能不彼此接触,于是就有了人与人的交往关系。不过他认为,人的这种交往关系,不是他们的内在的关系,而是外在的关系;即它在本质上不属于人的关系,而属于物的关系。这是因为人与人之间,互为手段,彼此利用,每一个人对于他人都是残暴的。他说:"如果'稀有'是存在的,又如果这种'稀有'的消灭在某种情况下会得以实现的话;那么直到'稀有'消灭之前,人总是残暴的。"又说:"他人就是我的地狱。"[2]

萨特尔也跟海德格尔一样,强调人生充满"烦""孤寂""绝望",但是他对它们做了不同于海德格尔的解释。他认为"烦恼"绝不是"一种存在状态的本体论的基本现象",而是人在做出自己的行为选择时的一种责任感或左右为难的心情。他说:"存在主义者说,人生来就带有烦恼,这意思是说,任何人如果专心致志于他自己,并明白他不仅是自己所挑选的人,而且同时也是挑选全人类和自身的立法者,那么,他就无法逃避他的这种全面和深刻的责任感了。"因而"当做出决定时,他也就不能不具有烦恼了"。[3]

萨特尔认为,由于不存在上帝,人总是时时面临着行为的选择,因而人总是在烦恼中。他认为,人是不会没有烦恼的。只是有的人表现出来了;有的人隐藏着、潜伏着。他说:"人的性癖总是导向烦恼。""诚然,有的人无忧无虑;但是他们只是隐藏了忧虑,他们是在逃避忧虑。"[4] 然而逃避忧虑,本身就说明有忧虑。萨特尔的这种"烦恼""孤独""忧虑"的人生哲学,反映了在"人对人如狼"的资本主义世界中,受排挤、被吞没的小资产阶级在失望中挣扎和反抗的心声。

---

[1] Jean Paul Sartre, *Being and Nothingness: An Essay on Phenomenological Ontology*, New York: Philosophical Library, 1956, p. 342.

[2] 转引自《当代外国文学》1980年第1期,第38页。

[3] Jean Paul Sartre, *Existentialism and Humanism: Three Essays*, R. F. Moore Company, 1952, p. 22.

[4] Ibid., p. 21.

萨特尔自认他的存在主义是人道主义的，而他的人道主义是建立在"存在先于本质"这个原理基础上的。他认为，他是从人的"存在"出发去理解人的价值和尊严的。因而他的人道主义，虽与古典的人道主义一样，认为人比物高贵，但是两者的价值基础是不同的。古典的人道主义把人的尊严和价值建立在人的普遍本性，即"天赋人权"的基础上；而他则并非如此。他说，"18世纪法国'哲学家'的无神论抛弃了上帝的观念，但是还未抛弃'本质先于存在'这个概念"，因而未能把人与物区别开来；而他的人道主义则是从"存在先于本质"这个观点出发的，即认为人的本质是自我选择决定的，这样他就把人与物截然区分开来了，从而才真正肯定了人的价值和尊严。①

（三）人是绝对自由的

萨特尔在上述人道主义观点基础上建立了他的自由观。"自由"在他的哲学中是一个十分重要的范畴。他反对"自由是对必然性的认识"这种唯物主义的自由观，而认为自由是一种选择与否定选择的自由权。它的基础就是自我。因为他认为"自我"是一种偶然的、自主的、能自己规定自己命运的实体，它的根本特征就在于它的"自主性"，即它的"意志的绝对自由"。

萨特尔认为，人对自己行为的自由选择的可能性是它的最重要的本性。"因为上帝是不存在的，所以从客观理念或天国中去寻求人的价值的一切可能性也是不存在的。"他否认道德的客观标准，认为各人有自行选择自己的道德标准的自由。你可以认为这样的行为是善的，我可以认为那样的行为是善的。他说："人世间没有什么先天的'善'，人世间也没有一个地方写道'善存在着'，'必须诚实'，'勿说谎'。因为事实上我们是生活在一个只有人，没有上帝的世界中。"②

萨特尔认为，自我行为的选择有三个特征：1. 自我行为的选择无处不在、无时不在，自我的每一个行动都意味着个人的选择；2. 自我行为的选择无先验标准，自我的每一个选择都有绝对的自由的；3. 自我行为的选择是没

---

① Cf. Jean Paul Sartre, *Existentialism and Humanism*: *Three Essays*, R. F. Moore Company, 1952, p. 18.

② Ibid., p. 23.

有因果关系的，没有任何客观的必然性束缚自我的自由选择。为了说明他的这种绝对"自由"观念，他在《存在主义是人道主义》一书中举了一个例子：有一位青年学生为了是上前线去为祖国战斗，还是留在孤寡的老母身旁照料她而踌躇不决去求教萨特尔，萨特尔对他的回答是："你自由挑选，自由创造罢！"因为他认为没有任何先验的道德准则，一切由自己决定。总之，他认为"由于'存在先于本质'，没有一个定型的现成的人性去说明人的行动，因而不存在决定论，人是绝对自由的，人就是自由"①。

与上述自由观相联系的是萨特尔的"责任感"的理论；萨特尔认为，既然人是绝对自由的，他的一切行为都出自我主观意志的自由选择，而不存在任何决定论，那么人对自己的行为就应该绝对负责。他说："如果说存在确是先于本质，那么人对他的本性是要负责任的。"②

萨特尔认为，自我的行为首先应向自己负责。他举例说："……如果我被动员去作战，那么这个战争就成了我的战争，我就犯了战争罪……因为我本来可以摆脱战争——当逃兵或者自杀。既然我不这样做，那就是说，我选择了战争，成了战争的从犯。"

其次，个人的行为应对他人以至全人类负责。他说："我们认为，人处于一种包括他人在内的组织的处境中，通过他的选择，他就牵连到全人类……因此不管怎样做，他都不能不对自己的解决问题的方式负完全的责任。""这就是说，我们不仅对自己的个体负责，而且要对一切人负责。"③

总之，人应当对自己的一切行为负完全的责任，这就是人的意义和人的价值。他说："人在出生之前是一无所有的，生活才给予人以一种意义，这就是人的责任。所谓价值，也只是你所挑选的意义。"

由于强调人的行为的自由及其责任，他反对环境决定论。他说："如果我们把人的处境看成一种自由选择，不容宽恕，不容仰助，那么每一位替他的情欲寻求开脱的人，每一位建立决定论的人都是一个不老实的人。"

萨特尔认为，他的存在主义与海德格尔的存在主义的重大区别之一是后者的人道主义是悲观主义的，而他的人道主义是"乐观主义"的。他

---

① Jean Paul Sartre, *Existentialism and Humanism*: *Three Essays*, R. F. Moore Company, 1952, p. 27, p. 23.
② Ibid., p. 19.
③ Ibid..

说：他的存在主义绝不可称之为清静无为的哲学，因为它以行动来解释人；也不可称它是悲观主义的人生观，因为它主张人的命运决定于自身；再没有其他学说比它更乐观主义了。总之，他认为他的"存在主义是一种乐观主义的行动的学说"①。

但是，萨特尔否定人的行为结果的可预见性。他认为，客观必然性是不存在的，人是绝对自由的，因而人的行为的后果，人的未来是不可预见的。他说：人对未来的期待、希望"都不过是标志人的一种失意的梦，一些失策的希望和空虚的期待罢了"。因而他所说的自由行动不过是一种盲目的冒险行为。他说："首先，应该使自己有所行动，然后依照古代的格言而行动：'不冒险，无所得'对我来说，除行动外，无所谓现实。"②

萨特尔的"自由"观，表达了西方小资产阶级对垄断资本主义的压制的反抗。同时也表现了他们看不到阶级前途的茫然的心情。因而它在当前的西方社会虽具有一定的进步意义，但在理论上是错误的。它把自由与必然绝对地对立起来，提倡一种排斥必然性的绝对的自由。这是一种空想的"自由"观。因为自由与必然是一对对立而又辩证统一的范畴。自由是必然性的认识和运用。没有对必然性的认识和运用，也就不会有自由。恩格斯说："自由不在于幻想中摆脱自然规律而独立，而在于认识这些规律，从而能够有计划地使自然规律为一定的目的服务。"③ 萨特尔的"自由"观，就是恩格斯所批判的那种幻想摆脱客观必然性或规律性的"自由"观，其所得到的只能是毫无自由。

萨特尔所说的"自由选择"也是错误的。真正的自由选择是建立在预见性的基础上的。只有预见到未来的多种可能性，才能对这些可能性做出自由选择；而预见是对必然性和规律性的认识，它是自由选择的基础。萨特尔否定必然性，也就否定了自由选择的可能性。正如恩格斯所指出：没有认识必然性的"自由选择"，只是一种犹豫不决。因为"犹豫不决是以不知为基础的，它看来好像是在许多不同的和相互矛盾的可能和决定中任意进行选择，但恰好由此证明它的不自由，证明它被正好应该由它支配的对象所支配"④。

---

① Jean Paul Sartre, *Existentialism and Humanism: Three Essays*, R. F. Moore Company, 1952, p. 61.
② Ibid., p. 48.
③ 《马克思恩格斯选集》第3卷，人民出版社1972年版，第153—154页。
④ 《马克思恩格斯选集》第3卷，第154页。

诚然，由于强调每个人应对自己的行为负责，萨特尔的这种理论在"尔虞我诈""损人利己"的资本主义社会中有一定的进步意义；但是这毕竟是不正确的。马克思主义承认意识的能动作用。肯定人有选择自己的前途，创造自己的未来的自由。但是这种能动作用是以物质第一性为前提的。因而这种自由是受客观物质条件制约的。超越客观物质条件，超越时代所制约的可能性的自由是没有的。否则它就变成纯主观的空想或幻想了。同样，萨特尔关于"存在先于本质"的命题也是错误的。萨特尔断言"物"是"本质先于存在"，"人"是"存在先于本质"，这样就把"存在"与"本质"形而上学地割裂开来了。其实存在与本质是辩证统一而不可分割的。因为客观世界中绝不存在不具有任何本质的存在物。至于萨特尔否认评价道德规范的客观标准，那更是犯了道德虚无主义的错误。

（四）存在主义的马克思主义

自 50 年代起，萨特尔为了与自己激进、"左倾"的政治立场相一致，在理论上，他表示向马克思主义靠拢。但这并不意味他要放弃存在主义立场，而是企图把他的存在主义与马克思主义"结合"起来，建立一种"存在主义的马克思主义"。他曾高度评价过马克思主义，说马克思主义是"当代不可超越的哲学"，认为任何"反马克思主义的论调，无非是马克思主义以前的旧调重弹"。可是，他在 1975 年七十寿辰的答记者问中，却说：他"希望超过马克思主义"。

他认为，马克思主义虽然正确，但已被当前的"教条主义者""官僚主义者"所"唯心主义化了"。它"停滞了""僵化了"，患了"贫血症"。教条主义者和官僚主义者们给它"洗了一次硫酸澡"，把人消溶了，把它变成了一种"非人的人学"。因而他主张应该用"真正的人学"，即他的存在主义来"医治"当前马克思主义的"贫血症"；把存在主义"并入"马克思主义，以"补充"马克思主义的"不足"，使马克思主义"重新发现人"，"探究人"，以"发展"马克思主义。因此他说："存在主义是马克思主义的一块飞地。"①

萨特尔是怎样用存在主义"发展"马克思主义的呢？

---

① 让-保罗·萨特：《辩证理性批判》，徐懋庸译，商务印书馆 1963 年版，第 3 页。

首先，他主张用存在主义的"存在"第一性的原理，以补充或代替马克思主义的"物质第一性"的学说，他认为，马克思主义的"物质决定意识的理论"，就是要以物决定人，这是一种"非人的主义"，是马克思主义的"内在的缺陷"；它必须抛弃，而以"存在"的学说代替之。

其次，他主张用存在主义的"人学的辩证法"代替马克思主义的唯物辩证法。萨特尔认为辩证法有两个根本特征：一是"人学的"，二是"整体化的"。所谓辩证法是人学的，就是说辩证法不是在人之外，而是在人之内的。它仅属一种支配着人的"实践的"非理性的意识活动。所谓辩证法是整体化的，就是说辩证法只能在"整体"中存在。他认为只有"人"即"自我意识"是"整体的"，由人的实践活动所构成的"意识性"的社会才是"整体的"，而自然界是分散的，非整体的，因而只有在"主观性"的人和社会活动中才有辩证法，而分散的自然界中是不存在什么辩证法的。因而他认为，只有人的主观辩证法，没有自然界的客观辩证法。肯定客观辩证法，实质上就是否定辩证法的一切丰富内容，把它变成一种"神秘的宿命论"。他说："恩格斯引述三条规律说：'有三条辩证法的规律'，老实说，我认为他错了，辩证法的规律没有三条，也没有十条，而只有一条，那就是自我决定的辩证法。"[①] 萨特尔否定马克思主义辩证法的三个规律，实际上是否定整个革命辩证法，而把它曲解成一种纯粹主观任意的东西，即他所称的"自我决定的辩证法"。因此他叫嚷要用存在主义的人学的辩证法以代替唯物辩证法，实际上是把整个马克思主义理论主观主义化。

最后，萨特尔主张用他的"历史人本学"代替马克思主义的历史唯物主义。

萨特尔认为，"实践"是他的历史人本学的基础，但是他所说的"实践"，不是马克思主义所说的能动改造客观世界的社会物质活动，而仅是一种非理性的心理活动，以及受这种心理活动所支配的盲目的"自由"行动。实际上萨特尔在《辩证理性批判》中所说的"实践"就是他在《存在与虚无》中所说的"自为的存在"。

[①] 北京大学外国哲学研究所编译：《外国哲学资料》第4辑，商务印书馆1984年版，第156页。

萨特尔认为：个人的实践具有能动性，它既能克服自然物质的必然性，又构成了全部社会关系，所以它又被称为"构成的实践"。个人的实践是社会实践的基础，社会历史活动必须从个人活动中才能得以说明。按照这种逻辑，萨特尔描述了从个人实践→群聚→集团（融合集团→誓愿集团→章程集团→制度集团）的发展，在这个发展过程中，个人的实践逐渐被异化，由构成的实践转变为惰性的实践。于是个人就会起而反抗这种状况，破坏制度集团，重新开始构成的实践活动，但与此同时，上述发展图式也将重新展开。因此，社会历史发展的目标是虚幻的，前景是渺茫的，真实的东西只是个人的活动，个人的实践。萨特尔的这种历史人本学所描述的社会历史的发展毫无历史根据，只是从他的存在主义哲学原则出发思辨地推衍出来的。因而这只能是一种非历史的人本学。

萨特尔在《辩证理性批判》中试图改变他原来那种纯粹用现象学的方法描述主体、主观意识、自为存在的态度，转而企图在社会历史的发展中考察主体、个人的实践，这与他的存在主义前辈海德格尔、雅斯贝尔士相比不能说不是一种"进步"。但他的存在主义立场，始终没有跳出历史唯心主义的窠臼。譬如，尽管他承认个人是与社会构合成一体的。他承认家庭、教育、集团对个人的影响，但是他认为这种一体是外在的。他坚持个人"存在"（自我）的第一性、社会的第二性；即认为对于每一个人说来，自我的心理属性是第一性的，社会属性是第二性的。因而他认为对人的认识，主要不应该用社会分析和阶级分析的方法，而应该用心理分析的方法。他认为对于个人的心理的本能的分析，对了解人和社会具有决定性的意义。他批判马克思主义说："马克思主义有一种解释人的方法，即认为人是经济制度的产物——这不符合我的信念。我认为个人自由是存在的，它必须构成真正的革命的基础。"他说："心理分析在一种辩证法的总汇的内部排斥种种客观的结构。"他甚至主张用"精神病心理分析"来代替马克思主义的阶级分析和社会分析。他说："只有这种被马克思主义者所忽视的歇斯底里病，才能说明真正的社会现实。"[①]

由于否认社会的客观辩证法，萨特尔否定社会发展的规律性和任何历史的必然性。他更否定马克思主义的科学的社会主义——共产主义。他

---

① 让-保罗·萨特：《辩证理性批判》，徐懋庸译，第48页。

说:"没有人能说出明天的图画将是什么样的,'社会理想到底会不会实现',这对我说来是一无所知的。"① 因而他把马克思主义的科学社会主义说成一种乌托邦。他说:"实践的辩证法已事先向人类说明,对于历史辩证法所孕育的那些乌托邦式的希望,不抱有任何幻想。"这反映了西方一部分中小资产阶级既憎恨帝国主义,又害怕社会主义,而对本阶级的前途又感到茫然的心境。

萨特尔的历史人本学是历史唯心主义的代名词。它是反历史唯物主义的。萨特尔口口声声强调"实践",但是他所说的"实践",不是改造客观世界的社会实践,而只是一种个人的盲目的主观性活动。他批判资本主义社会的异化现象,但是他不把它们归结为资本主义制度的产物,而曲解为社会集体化的结果。而其更为根本的错误还在于否定社会存在决定社会意识、基础决定上层建筑等马克思主义的历史唯物主义根本原则,否定资本主义必然为社会主义、共产主义所代替这一社会历史发展的根本规律,否定社会分析和阶级分析等根本方法,而妄图用主观唯心主义的"历史人本学"和"心理分析法"代替之,从而把马克思主义的革命理论彻底存在主义化。不言而喻,萨特尔的这种"存在主义的马克思主义"不是马克思主义,而是存在主义。他不是用存在主义"补充""发展"马克思主义,而是用存在主义篡改马克思主义。他的整个理论与马克思主义的辩证唯物主义与历史唯物主义是对立的。因此,萨特尔并不如他自己所认为那样是一个马克思主义者,而是一个西方小资产阶级或中产阶级的哲学家。应该承认,作为西方小资产阶级或中产阶级的世界观的萨特尔的存在主义,由于批判、抨击帝国主义、法西斯主义的许多罪恶,它在政治上具有一定的历史进步性,这是应该予以肯定的。但是,也应该指出,它有消极的一面,那就是它妨碍了人们认识到帝国主义的罪恶根源在于其腐朽的社会制度。

---

① 中国科学院哲学研究所西方哲学史组编:《存在主义哲学》,第354、347页。

第十三章　弗洛伊德主义与法兰克福学派

一　弗洛伊德主义

弗洛伊德主义（新弗洛伊德主义）是当代西方的一个时髦的心理学流派。它是在叔本华、尼采的意志主义和狄尔泰等人的生命哲学的直接影响下产生的，是意志主义或生命哲学的心理学化。它具有浓厚的哲学色彩，并具有人生哲学意义，对现代西方人本主义思潮各哲学流派，如存在主义和法兰克福学派都有重大的影响，尤其是对法兰克福学派，以至有人称法兰克福学派为弗洛伊德主义的马克思主义。

弗洛伊德主义产生于19世纪末至20世纪初。如前所述，这时资本主义已开始进入帝国主义阶段，社会阶级矛盾尖锐，大资产阶级过着骄奢淫逸的生活，劳动人民生活日益贫困，中产阶级面临破产和被吞没的困境，社会精神极度沮丧，社会病态处处表现，精神病发病率日益增高。弗洛伊德主义就是这个时代的产儿。与此同时，19世纪末20世纪初发生了自然科学的革命。随着现代物理学的发展，生物学、生理学和心理学也有了长足的进步。当时以机械论和自然主义观点解释人的本性的理论已不能令人满意，关于人的心理生活的传统观念已濒临崩溃的边缘。

把人简单地归结为自然或机械的想法无法探索人的内部生活。人的"内心世界"的"秘密"远非机械论或自然主义所能揭开，也绝非通过单纯的经验的观察所能把握。它要求以辩证唯物主义和历史唯物主义的观点剖析人的心理欲望和内心生活，并对它们做出科学的、社会的分析。而弗洛伊德主义就是对这种趋向的错误的、唯心主义的曲解。弗洛伊德主义因其创始人弗洛伊德而得名，20世纪30年代以后则发展为新弗洛伊德主义。

(一) 弗洛伊德主义

西格蒙德·弗洛伊德（Sigmund Freud, 1865—1939）是奥地利的著名医生和心理学家。他出生于摩拉维亚的一个犹太人的家庭，早年在维也纳大学学医，毕业后进医院工作，并从事脑神经系统疾病的研究，后转而研究精神病患者的心理分析，从而开创了一个精神分析的心理学派。人称它为弗洛伊德主义或弗洛伊德学派。他晚年遭受德国法西斯的迫害，流亡英国，病死于伦敦。他的主要著作有《梦的解释》（1900）、《心理分析导论》（1910）、《自我与本我》（1923）等。

弗洛伊德的思想直接受叔本华哲学的影响。他自称："精神分析并不是我首先迈出这一步的，要指出我们的前辈，可以指出一些著名的哲学家，尤其要首推伟大的思想家叔本华，他的无意识的'意志'，相当于精神分析中的精神欲望。"

弗洛伊德主义的理论核心是"里比多"（Libido，原意是性欲）的学说。弗洛伊德认为，人的本质是神秘的生命冲动，即生物的遗传本能的冲动，其核心是性欲的冲动。他称这种性欲冲动为"里比多"。他认为，"里比多"是人的全部行为和心理活动的"内驱力"，即它的源泉和动力。[①] 因此在他看来，人的行为和心理活动并不受客观社会物质生活条件的规定，而是由某种神秘的、先天的，即本能的欲望冲动所决定的。

弗洛伊德认为，人的心理结构由"本我"（Id）、"自我"（Ego）和"超我"（Superego）三个部分构成。他所说的"本我"就是无意识，就是"里比多"的原始、本能的永恒冲动，它遵循"快乐的原则"，强烈地寻求发泄和满足。[②] 弗洛伊德所说的"超我"，指的是后天的道德、宗教等社会意识所构成的下意识，它是一种盲目的是非感，也就是通常所说的"良心"。[③] 他认为，超我处于本我与自我之间，对本我的欲望冲动起抵制和压抑作用，它阻挠本我的欲望冲动任意闯入自我的领域。弗洛伊德所说的"自我"，就是意识或自我意识。它是一切感觉、知觉和理性思维的机构或

[①] Sigmund Freud, *An Outline of Psychoanalysis*, trans., James Strachey, New York: W. W. Norton, 1949, p. 270, p. 309.

[②] Ibid., p. 231.

[③] Ibid., p. 309, p. 249.

主体,是自觉活动的激发者。他认为,自我与外部世界直接相联系,它处于本我的欲望冲动(以求外界物质的满足),与现实的外部世界之间。它遵守"现实的原则",即为了与外界现实相适应,它对本我的欲望冲动与超我的压制欲望冲动这两种矛盾力量起调节作用。① 弗洛伊德认为,正常心理状态达到上述心理结构三个部分的协调和平衡。而精神病的根源,就在于这种平衡状态的失调或破坏。②

弗洛伊德明确地指出:在上述心理结构的三部分中,本我即无意识的欲望冲动是最根本的东西,它是人的先天的本质,是人的心理的根本要素。而自我与超我是后天的,即社会所给予的非本质的东西。因此他说,人的整个精神生活的根本是无意识,而意识只是附加的东西。它是"可以并入另外的一些质中去"的质。

弗洛伊德认为,作为生命本质的性欲冲动是与生俱来的。它在婴儿刚出生时就开始有了。他认为婴儿的性爱开始表现为自恋,他称此为"那西施主义"(Narcissusism)。③ 而后表现为他恋或对象恋,那就是性爱自己的母亲(女婴则性爱父亲),他称此为"恋母情结"(Oedipus Complex)。④ 但稍长大后,由于屈从于父亲(或母亲)的权威而接受父母所给予的道德、宗教等社会意识,就开始出现超我的约束,抑制自己的性欲,于是恋母情结结束,开始进入相对安定的可教育的性爱潜伏时期,直至成年。⑤

在弗洛伊德看来,作为生命本质的欲望冲动是永动不息的。当受到意识和下意识的暂时抑制时,它仍在本我这个"里比多"的"大锅"中继续沸腾,强烈地寻找出路。有时则以伪装的形式潜入意识系统。于是人在心理上会出现做梦、失言,以致神经官能症等现象。因而在他看来,梦是性欲行为的伪装,精神病则是"里比多"遭受过分压制的结果。⑥

弗洛伊德在上述理论的基础上提出了他的精神病治疗法:"精神发泄

---

① Sigmund Freud, *An Outline of Psychoanalysis*, trans., James Strachey, New York: W. W. Norton, 1949, p. 270.
② Ibid., p. 309.
③ Ibid., p. 231.
④ Ibid., p. 309.
⑤ Ibid., p. 242.
⑥ Ibid..

法"或"自泄法",其中包括"自由联想法"。那就是让精神病患者解除顾虑,放松思想,任意联想。他认为由于梦是性欲的伪装,因而它是自由联想的最好起点。患者通过对开始于梦的自由联想和自我分析,就能洞悉其无意识的深处,揭示被压抑于内心世界底层的活动秘密,从而得以采取合理的控制,代替苦恼与恐惧不安的压制,以消除病症。弗洛伊德的这种精神病治疗方法,适用于某些精神病的治疗,在实践上曾获得一定的成功。但是必须指出,这并不是由于他的理论正确。相反,他的理论根据是错误的,是唯心主义的。

弗洛伊德并没有把他的理论局限于精神病学和心理学的范围,特别是到了晚年,他极力企图用他的理论解释各种社会现象。他认为,人类文明是与客观物质生活条件没有关系的,它是性爱遭受压抑的产物。他说:人的性爱因遭受压抑,无法满足而升华时,它就转向其他出路,于是就表现为人的科学、艺术等文化活动的创造性。他举例说,达·芬奇等人之所以在艺术和科学方面才华出众,就是由于他们特有的恋母情结,过早地激起了性欲活动,而遭受极深的压制而升华为天才的缘故。他认为,随着社会文明的发展,人的内心冲突和精神官能症将不可避免地加剧,社会弊病也必然日趋严重。

弗洛伊德在晚年认为:人的本能有两种,除生存的本能即性爱的本能外,还有死亡的本能,即破坏的本能。他认为:生存的本能表现为性爱与和睦,死亡的本能表现为仇恨与屠杀。生存或性爱的本能的目的在于使器官得到享乐和满足,以求种族的延续;死亡或破坏的本能的目的在于毁坏周围的人和物,而当这种目的不能达到时就转为毁灭自我,即自杀。

从上述观点出发,弗洛伊德认为一部人类的历史,就是一场"爱罗斯"(爱神)与"塔纳托斯"(死神)互相斗争的有节奏的戏剧,而战争的根源就在于人的天生的死亡本能。因此,他认为战争是与人类共存,而不可避免的。1932年他在给爱因斯坦的公开信中就表明了这种观点。他说:"根据我们的假设仅有两种可能,一种是力图生存和联合,另一种是力求破坏和杀害。后一种本能我们称之为侵略和破坏的本能。""在我看来,战争无疑是一种完全自然的事情,因为它有着稳固的生物学基础,它几乎是不可避免的。"弗洛伊德的晚年曾惨遭纳粹德国的迫害。但是他的这种理论,在客观上无疑是为法西斯以及一切帝国主义发动侵略战争开脱罪责。

弗洛伊德主义的理论是错误的。其错误的认识论根源在于把性欲无限夸大和绝对化。诚然，性欲是人的本能，但是首先它是第二性的，是由物质决定并受物质制约的。现代科学告诉我们，没有物质的性激素的刺激便没有性欲，物质的躯体没有发展到一定生理阶段的儿童也不会有性欲。弗洛伊德主义无限地夸大性欲的作用，把它歪曲成为第一性的，不受任何物质制约的自我意识或自我生命的内驱力和本质，这就是把性欲本体论化和唯心主义化了。其次，性欲固然是每一个成年的身体健全的人的本性，但是它也是一切动物所具有的本性。人之所以区别于禽兽而成其为人，正在于他通过劳动而产生了意识，在于他有理性，在于他以一定的社会道德规范克制、调节性欲。弗洛伊德主义贬低理性的作用，夸大性欲的意义，实际上就是把人贬低到禽兽的水平上去了。

（二）弗洛伊德主义的分化

弗洛伊德的学说后来得到他的继承者的发展，并分化出许多支派，其中著名的有阿德勒的个体心理学派和荣格的分析心理学派。

阿弗勒德·阿德勒（Alfred Adler, 1870—1937）是奥地利精神病学家，弗洛伊德的门徒。他继承了弗洛伊德的基本观点，并对它做了重要的修改。阿德勒的理论是用尼采的权力意志取代弗洛伊德的性欲冲动，从而把弗洛伊德学说尼采主义化。阿德勒认为，人的本质不是弗洛伊德所说的性欲的冲动，而是自主的冲动，即权力欲或统治欲的冲动。他说，弗洛伊德关于婴儿天生就有性欲的见解是一种牵强的见解。但是人有自主的本能，因而儿童天生有反抗父母统治，并渴求统治别人的欲望。他写道："每一个儿童，由于自我意识的增长，都拥有一种力求获得权力和重要地位的不平凡的热望，他总力图使自己产生影响，并显得重要。"[1] 因而，他断言：幼儿的"恋母情结"并不是弗洛伊德所说的"杀父娶母"，而是企求争取父亲的权力；女孩渴望变为男孩，也不是由于羡慕男孩的阳物，而是羡慕权力，[2] 等等。他认为，如果过分压制儿童的自主冲动，就会使他们懦怯；

---

[1] Alfred Adler, *The Practice and Theory of Individual Psychology*, London: Kegan Paul, Trench, Trubner & Company, 1929, p. 342.

[2] Ann Neel, *Theories of Psychology: A Handbook*, Cambridge, MA: Schenkman Publishing Company, 1977, p. 277.

过分放任，就会发展他们的统治欲，只有恰当的抚养和教育，才能培养出他们的合作精神。

他还坚持认为，发生精神病的原因并非如弗洛伊德所主张那样，是性欲的过分压制，而是个人的"自卑感"与"自主冲动"（权力意志）的冲突。他写道："每一种神经病都可以理解为患者。想要使自己摆脱自卑感以得到优越感的一种企图。"①

阿德勒把弗洛伊德的"性欲冲动"改为"权力欲冲动"，像尼采的权力意志主义一样，是把剥削阶级的"权力欲"普遍化和永恒化。

卡尔·荣格（Glarl Gustav Jung, 1875—1961）是瑞士心理学家，早年在巴塞尔大学学医，获博士学位，曾在苏黎世大学工作和任教，后退职开业。他是弗洛伊德的另一个门徒。他的理论的特点是把弗洛伊德的理论柏格森主义化。他比弗洛伊德和阿德勒在更广泛理解的意义上使用弗洛伊德的"里比多"概念。他认为"里比多"不仅包括弗洛伊德的"性欲"，而且包括阿德勒的"权力意志"和叔本华的"生存意志"，从而把"里比多"与柏格森的"生命力"（elan vital）这个概念等同起来，他写道："大体说来，里比多就是生命力，就是类似于柏格森的活力。"② 这样，他就使精神分析理论更具有生命哲学的色彩。

（三）新弗洛伊德主义

新弗洛伊德主义形成于20世纪30年代中期以后。当时经济危机和萧条已席卷整个资本主义世界。第二次世界大战不久就爆发，精神病发病率剧增，患者的病因反映了当时社会、文化的各种复杂因素，其中经济因素尤为突出，它已非用弗洛伊德的泛性论所能解释。于是，有人主张除性欲的因素外，社会、文化诸因素也是精神病致病的原因，这就出现了新弗洛伊德主义。它在当前资本主义世界中广泛流行。

新弗洛伊德主义的中心在美国。当代新弗洛伊德主义的代表人物有沙利文（H. S. Sullivan）、克丁纳（Abram Kardiner）和弗洛姆等人。它的内部流

---

① Alfred Adler, *The Practice and Theory of Individual Psychology*, London: Kegan Paul, Trench, Trubner & Company, 1929, p. 23.

② William McDougall, *Outline of Abnormal Psychology*, New York: C. Scribner's sons, 1926, p. 191, p. 192.

派甚多,但其特点之一是把弗洛伊德的理论进一步从生物学、心理学领域转向社会学领域,从而使弗洛伊德主义进一步哲学化和社会学化。新弗洛伊德主义一方面,继续坚持弗洛伊德理论的上述观点;另一方面,又肯定社会因素、文化因素对人类行为的影响。弗洛姆说:"我们确认人首先是一种社会生物,不是如弗洛伊德所假定的那样,人首先是自足的;其次是每个人需要别人来满足他本能的需要。"因此新弗洛伊德主义认为,社会的是否完善直接关系着人的行为和前途。因而他们主张应该为人类发展的最终目标——建立一个人人都能实现其创造性和善行的理想社会而努力。这样,他们就改变了原来弗洛伊德的悲观主义的立场,从而为赖希(Wilhelm Reich,1897—1957)以及法兰克福学派的某些代表人物的主张,即把弗洛伊德主义同马克思主义"结合"起来,提供了理论上的"可能性"。

二 法兰克福学派——"弗洛伊德的马克思主义"

法兰克福学派是当前西方世界中流行最广、影响最大的一个"西方马克思主义"流派。它产生于 20 世纪 30 年代的德国,因发源于美茵河畔法兰克福市的法兰克福社会研究所而得名。当时,虽然俄国十月社会主义革命已取得辉煌胜利,但东欧和西欧的无产阶级革命运动却连遭失败,而法西斯主义反而得势。法兰克福学派就是当时的某些中、小资产阶级激进派既不满意于无产阶级专政,又反对法西斯主义而企图走"第三条道路"的幻想的反映。

第二次世界大战以后,科学技术的发展加深了西方资本主义世界的生产力与生产关系的矛盾,各种经济危机、社会危机、精神危机加剧,社会异化现象严重,法兰克福学派的理论因能适应当时的某些中、小资产阶级及其知识分子既对资本主义憎恨不满,又对社会主义犹豫彷徨的矛盾心境。乃得以流行一时,并一度成为青年学生运动的一种指导思想。

法兰克福学派的创始人是德国的霍克海默尔,其他重要成员有阿道尔诺、马尔库塞、弗洛姆以及哈贝马斯、内格特(Oskar Negt)、施密特(Alfred Schmidt)和韦默尔(Albrecht Wellmer)、奥菲(Klaus Offe)等。因为他们中的一些主要人物主张用弗洛伊德的心理分析理论来"补充""发展"马克思主义,因此人们又称它为"弗洛伊德的马克思主义"。它的鼎盛时期已经过去，现在开始衰落，但是在北美与北欧仍有一定的影响。它分左、右两翼。左翼以马尔库塞为代表，右翼以哈贝马斯为代表。一般说来，前者反映了中小资产阶级激进派的情绪，后者则属资产阶级改良主义的思想。

（一）霍克海默尔的"批判的社会理论"

马克斯·霍克海默尔（Max Horkheimer, 1895—1973）是德国著名的社会哲学家。他出生于斯图加特市的一个工厂主的家庭，早年在慕尼黑大学、弗赖堡大学、法兰克福大学学习哲学，获博士学位，1925年任法兰克福大学哲学教授，兼任哲学系主任，1930年任该校社会研究所所长，创办了《社会研究杂志》。1933年春希特勒执政后，他把社会研究所迁往日内瓦、巴黎，而后迁到美国，1950年又从美国回到西德，在法兰克福大学恢复了社会研究所并自任所长，1953年退休，1973年逝世。他的主要哲学著作有《黑格尔与形而上学问题》（1932）、《工具理性批判》（1967）、《批判的理论》（1968）、《传统理论和批判理论》（1970）、《社会哲学研究》（1972）以及他与阿道尔诺合著的《启蒙辩证法》（1947）等。

霍克海默尔之所以被认为是法兰克福学派的创始人，不仅在于他所领导的社会研究所是这个学派的发源地和中心，还在于他为法兰克福学派的整个社会哲学理论——"批判的社会理论"定下了基调。

法兰克福学派自称其社会哲学理论为"批判的社会理论"，这是从霍克海默尔开始的。霍克海默尔于1937年在《社会研究杂志》上发表的《传统理论和批判理论》的论文中，第一次使用并阐述了"批判的社会理论"这个概念，后来在他与阿道尔诺合著的《启蒙辩证法》中又进一步阐发了这个概念。从此，法兰克福学派的成员们都把他们的社会哲学称作为"批判的社会理论"并把它作为"马克思主义"的同义词。他们自诩"批判的社会理论"是"真正的马克思主义"，并以此区别于他们所称的"正统的马克思主义"或"教条的马克思主义"。

那么霍克海默尔为什么要以"批判的社会理论"为标榜呢？这是由于霍克海默尔认为，马克思本人的理论的基本精神是批判的。这可以从马克思的许多著作多以"批判"为标题这个事实中看出来，如《黑格尔法哲学批判》《哥达纲领批判》《政治经济学批判》等。但是他认为，马克思后来的思想，特别是恩格斯和第二国际首脑们的思想发生了从"批判性"到"科学性"的转变，从而使马克思主义理论逐渐失去了"批判的"革命精神。现在他们的任务是要重新恢复这种"批判性"，从而使马克思主义理论重新革命化。

那么什么是霍克海默尔所说的"批判理论"，它有一些什么特征呢？

霍克海默尔认为："批判理论"与"传统理论"不论在立场、观点和方法等方面都是根本对立的。

首先，霍克海默尔认为，"批判理论"与"传统理论"的基本立场是对立的。"传统理论"持保守的立场，它不是从变革现存制度出发，而是从维护现存社会制度出发的。"批判理论"则相反，它持革命的立场，它要求对现存制度作根本的变革性的批判。他写道："批判理论"唯一关心的是如何加速公正社会的发展，"批判理论的兴趣仅在于废除社会的不公正，此外，别无其他特别的要求"[1]。

其次，"批判理论"与"传统理论"在基本观点方面是对立的。在霍克海默尔看来，"传统理论"的观点是科学主义的观点，它只从现存的经验事实出发，忽视了对人的关心和人的作用，从而导致了"主体与客体相分离"的"二元论"，使历史的创造从主体转到客体的方面，并使理论变成为对客体的反映。"批判理论"所持的观点是人本主义的观点，它重视人，关心人，把人看作全部历史生活方式的生产者，从而得出了"主体与客体同一"的结论，并从"对立的总体性"的角度来理解现实。

最后，"批判理论"与"传统理论"的基本方法也是对立的。传统理论采用的方法是自然科学的方法。它的认识论是以现代的自然科学为基础的。它把资本主义的存在作为"自然"的东西接受下来，并对它作如实的分析，从而从固定不变的既成事实出发，得出与现存社会秩序相协调的"顺从主义"的结论。反之，"批判理论"所采用的方法是批判的方法，它把自己置身于资本主义制度之外，力求通过批判，使人们意识到资本主义社会的基本矛盾和人的本性的异化，并以破坏一切既定事实为目的，作为一种旨在推翻现存社会再生产过程的否定理论而出现的。

那么批判的社会理论所追求的未来的理想社会是怎样的呢？按霍克海

---

[1] 霍克海默尔：《批判的理论》第 2 卷，1968 年德文版，第 170 页。

默尔的回答是：不是历史唯物主义所指出的废除私有制的社会主义—共产主义社会，而是从人本主义的抽象人性论中引申出来的一种实现普遍快乐的自由社会。他写道："人们无法确定自由社会将做什么或者允许做什么……如果未来社会确实通过自由协议，而不是通过直接或间接的权力行使职责，这种协议的结果在理论上也是无法预料的。"

霍克海默尔宣称，法兰克福学派的批判理论不仅是一种革命的理论，而且是一种政治的实践。他认为，这种理论应该同无产阶级联系起来。但是他反复强调，他的批判理论并不隶属于无产阶级，而对它保持自身的独立性。这是因为"无产阶级的现状并不为正确的认识提供任何保证"。

霍克海默尔还宣扬反科学技术的浪漫主义。如前所述，反科学技术的浪漫主义思想是现代西方人本主义哲学思潮和流派的共同特征。他们不是把社会弊害的根源归结为腐朽的资本主义制度，而把它归之于科学技术的进步。霍克海默尔也宣扬这种思想，他在与阿道尔诺合著的《启蒙的辩证法》一书中写道：随着现代科学技术的发展，不是人类的幸福和进步的增长，而是统治者对被统治者的统治力量的增长，以及对人性的压制和异化的增长。因此他断言，"恐怖是和文明分不开的"，"文化的发展是在绞刑者的记号下发生的"，等等。

不言而喻，霍克海默尔的"批判的社会理论"并不是马克思主义的理论，而是一种现代西方人本主义的主观唯心主义的理论。

（二）阿道尔诺及其《否定的辩证法》

如果说霍克海默尔创建了法兰克福学派，那么接替他担任法兰克福社会研究所所长的阿道尔诺便全面地阐述了批判理论的哲学基础，并使法兰克福学派越出学术界的圈子，对各种倾向的激进知识分子产生颇大的影响。在他担任所长期间，法兰克福学派发展到了它的鼎盛时期。

泰欧多·阿道尔诺（Theoder Wiesengrund Adorno，1903—1969）是继霍克海默尔之后的法兰克福学派的领袖人物，生于美茵河畔法兰克福市的一个酒商家庭。1924年以题为《关于埃德蒙特·胡塞尔》的论文获博士学位。1930年受霍克海默尔的邀请到法兰克福社会研究所任职。德国法西斯上台以后，他流亡英国，在英国又以关于基尔凯戈尔美学的论文获英国的博士学位。1938年2月到美国重新加入了法兰克福学派的活动，1950年随法兰克福社会研究所迁回西德。1953年霍克海默尔退休后，他继任所长之职。

尽管阿道尔诺的著作是"左翼"激进知识分子的思想源泉之一，但他在政治上却持保守态度，反对青年学生的"造反"运动，结果与西德的激进学生发生了一系列的冲突。1969年，西德的激进学生发动大规模的抗议运动，他的学生克拉尔担当了这次运动的领导人。阿道尔诺居然到西德法庭上去做证，反对他的学生克拉尔。从此，激进的学生便斥责他为"不革命"的。不久，他便在一片责骂声中郁郁死去。

他的主要著作有：《新音乐的哲学》(1949)、《文学笔记》(1966—1969)、《黑格尔研究三讲》(1963)、《真实的妄言：论德意志意识形态》(1964)、《否定的辩证法》(1966)、《社会批判论集》(1967)，等等。

阿道尔诺的著作涉及哲学和社会、科学和艺术的广泛领域。其中最重要的著作是：《否定的辩证法》。在这部著作中，他全面地阐述了他的哲学思想："否定主义的辩证法"，其中包括"主体与客体同一论"，从而使法兰克福学派的批判理论具有鲜明的主观唯心主义和绝对否定性的特点。

那么，什么是阿道尔诺的"主体与客体同一论"呢？原来这是"西方马克思主义"的奠基人卢卡契的"主体与客体相互作用论"的重复。卢卡契断言：主体与客体总是相互依存，相互作用而不可分割的，因而它们是同一的。阿道尔诺重复卢卡契的这种论调。他说："辩证法是探查思维与存在、主体与客体之间的力场。"这里他企图借用物理学上的"场"这一概念来说明思维与存在、主体与客体之间的相互依存、不可分割的关系。他认为：这种关系应该是这样的：一方面，客体不能离开主体，客体只有通过主体，只有与主体联系在一起时，才能被认为是存在的，也就是说没有主体就没有客体；另一方面，主体也不能没有客体，离开了客体，主体就陷入一种虚幻之中。总之，主体与客体是这样不可分割地联系在一起，"以致使只有在主体—客体的总体性的范围内才能决定真理。"

阿道尔诺从这种"主体与客体同一论"出发否定哲学基本问题的意义。他认为关于主体与客体何者为第一性的争论，"乃是一个前辩证法的活动。"[1] 因为辩证法就是肯定主体与客体的同一。因而从辩证法观点看来，不存在谁决定谁，谁派生谁，谁先谁后的问题。他声称："真正的唯

---

[1] Theodor W. Adorno, *Negative Dialectics*, New York: Seabury Press, 1973, p. 205.

物主义"并不是一种以物质为宇宙本体的"新型的一元论",而应该是辩证的、包括主体与客体之间相互作用的一个不断发展的过程。在这里,阿道尔诺似乎不偏不倚地把主体与客体放在同等的地位上。然而其实质是:反对客体在本体论上的首要性,而强调"主体在本体上的首要性"。他公开说,客体仅仅是"一个术语上的面罩",它的"物质方面"在认识论中"被精神化了",即使有什么不能被精神化的东西,那也只是"按主观目的进行的分析"来说的,即是说,是我们在进行分析时,为了与主观相区别而暂时把它当成一种没有被精神化的物质。而在这种分析中,"主体的首要性看来是没有疑问的"。[1]

阿道尔诺的"主体与客体同一论"不仅否定了客观物质世界,而且否定了辩证法的客观性,他把辩证法归结为"主体与客体同一",否认主体之外的客观辩证法,而实际上是把辩证法主观唯心主义化。

阿道尔诺不仅把辩证法唯心主义化,而且把辩证法形而上学化。阿道尔诺首先反对马克思主义关于对立面同一或统一这个辩证法的核心的理论。他把辩证法的"同一性"理解为排斥一切差异的"绝对的同一"。他认为只有这种"同一性"才是"合理的同一性",而把现实中一切包含差异的同一性,即"对立面的统一"或"矛盾",说成是"不真实"的。在他看来,这种同一性是虚假的同一性,实质上是非同一性。他明确地指出:否定的辩证法"怀疑一切同一性","辩证法即是对非同一性的一贯认识","传统思维的错误就在于将同一性当作最终的"。[2]

其次,阿道尔诺反对否定与肯定的辩证统一,反对否定之否定规律。他认为,否定与肯定是不能有任何联系的。肯定就是绝对的肯定,凡是肯定的地方就没有否定;反之,否定则是绝对的否定,凡是否定的地方就没有肯定。他说:"否定之否定等于肯定"乃是"反辩证法的原则","否定一个否定并不导致否定的反面,这只能证明否定得不够彻底"。他声称自己的"否定的辩证法的宗旨就在于力求使辩证法摆脱肯定的特征"。他还说,他的"这种否定并不像黑格尔所说的本身也是一种肯定","否定的东

---

[1] Theodor W. Adorno, *Negative Dialectics*, New York: Seabury Press, 1973, pp. 192 - 193.
[2] Ibid., p. 145, p. 149.

西一直是否定的，直到它消失为止，这是与黑格尔的根本分歧所在"。① 因此，他直言不讳地把自己的"否定的辩证法"称为"崩溃的逻辑"。他甚至说："我不害怕被人指责说这是一种无结果的否定。"② 总之，阿道尔诺的"否定"观是一种形而上学的"否定"观。在这里见不到任何辩证法的踪影，有的只是形而上学。因此他的"否定的辩证法"，归根到底只是对辩证法的否定。

在"否定的辩证法"的理论的指导下，阿道尔诺对西方"发达的资本主义社会"，甚至对现代西方物质文明进行了形"左"实右的否定和批判。他从不批判或否定资本主义经济制度，而只认为，现代资本主义的生产取消了人们在本质上的差别，人们不仅在劳动职能上而且在需要和思想习惯方面都被单一而广加宣扬的文明划一了。他又说，有目的的、有意识的社会化，已取得了如此大的进展，自由、自发性越来越少，人们被"降低为单纯的原子"。文明与工业毁灭了个性和自由，过度提高的物质生产，失去了本来作为一种手段的意义而成为绝对的目的了。因此他断言，人在本质上"被贬低了"。阿道尔诺揭露资本主义对人性的摧残，在某种程度上有积极意义，但是他从人本主义出发，把矛头指向工业的发展，而不是资本主义经济制度。

既然如此，那么如何克服异化，达到人性的"复归"呢？阿道尔诺根据他的绝对否定的理论是提不出任何积极主张的。他说："我们不想知道什么是人，以及什么是人类事物的合理组成，但是我们知道人不应该是什么，以及人类事物的何种组成是错误的……"③ 因此，唯一可行的办法便是不断地否定，不断地批判，其结果必然流于没有希望的悲观主义和虚无主义。应当指出，法兰克福学派形"左"实右的现代乌托邦的"革命理论"，包括马尔库塞的"大拒绝"的斗争策略，都是以阿道尔诺的否定理论为根据的。

（三）弗洛姆的"批判的社会理论"

第一个把法兰克福学派的批判的社会理论弗洛伊德化的是弗洛姆。

---

① Theodor W. Adorno, *Negative Dialectics*, pp. 153 – 160.
② Theodor W. Adorno, "The Actuality of Philosophy", *Telos*, No. 31, 1977, p. 130.
③ 引自《社会批判论集》，第 86 页。

第十三章 弗洛伊德主义与法兰克福学派

埃里希·弗洛姆（Erich Fromm）是美国著名的心理学家和社会学家，是法兰克福学派早期的重要代表人物，也是美国新弗洛伊德主义的主要代表人物。他出生于德国美茵河畔的法兰克福，早年在海德堡大学学习，获哲学博士学位。从20世纪20年代起他开始了从事弗洛伊德心理分析的研究，后来在法兰克福心理分析研究所工作；并参加了霍克海默尔领导的社会研究所的工作。1934年他因受纳粹政权的胁迫而流亡美国，在纽约社会研究所、美国心理分析研究所工作，并先后在哥伦比亚大学、耶鲁大学、密执安大学和纽约大学任教。他还是美国新弗洛伊德学会的创始人。他的主要哲学著作有《逃避自由》（1941）、《西格蒙德·弗洛伊德的使命》（1959）、《马克思关于人的概念》（1961）、《在幻想锁链的彼岸》（1963）、《分析的社会心理学和社会理论》（1970）等。

弗洛姆早年深受弗洛伊德心理分析理论的影响。成为法兰克福学派的主要成员后，他极力鼓吹把弗洛伊德心理分析理论与马克思主义的革命理论"结合"起来，实际上是与法兰克福学派的批判的社会理论结合起来，以建立"弗洛伊德的马克思主义"。

弗洛姆对弗洛伊德的心理分析理论推崇备至，认为弗洛伊德的"里比多"理论是"关于人的科学的卓越贡献"，[①] 并认为弗洛伊德关于"社会文明是社会病害的根源"这一观点的提出是他的"巨大的历史功绩"等等。但是作为一个新弗洛伊德主义者，他与其他一些新弗洛伊德主义者一样，认为弗洛伊德的理论有片面性，它只强调欲望冲动对人的行为的意义，无疑这是他的重大贡献，但是却忽略了社会环境或社会文化对人的个性的影响，这是它的不足之处。

弗洛姆以同样的态度评价马克思的学说。他认为马克思是一位"更加渊博，更加深刻的思想家"，他从社会经济的方面考虑了"人类行为的愿望和志趣"，这是他的巨大功绩。但是他断言马克思的学说与弗洛伊德的学说一样，也有其片面性。它过分地强调了人是理性动物的一面，强调了社会经济因素如政治因素对人的行为的作用，而忽略了人的非理性的一面，忽略了心理因素，即本能的欲望冲动对人的行为的作用。

因此弗洛姆断言，弗洛伊德主义与马克思主义都是"新人道主义"的理

[①] Erich Fromm, *Beyond the Chains of Illusion: My Encounter With Marx and Freud*, 1962, p. 12.

论，它们都对人的学说做出了杰出的贡献。前者从个人的心理方面，后者从人类的社会方面，为人类解放指出了前途和方向。因而他认为，当前迫切的任务是把二者"科学地""结合"起来，各取所长，互补其短，把它们"糅合"成一种"完美的"批判的社会理论。他说："我试图找出弗洛伊德学说中仍然保存的真理，而排除那些需要修改的原理。对于马克思的理论我也试图同样这样去做。最后我力图得出一种综合体，从这两位思想家的理解和批判中是应当得出这种综合的。"① 弗洛姆认为，他的批判的社会理论——"弗洛伊德的马克思主义"就是这种"科学的""综合体"。

弗洛姆断言，随着人类文化从原始社会，经过中世纪到资本主义社会的发展，人获得了"自由"。但这是一种"消极的""可怕的"自由，因为冷酷的自由竞争引起了人们的"孤寂"和"恐怖"等"不安全感"。他写道："某些强大的超人力量如资本和市场，开始对人产生威胁。因为每一个人对他都变成了潜在的竞争者。他同别人的关系变成冷漠无情和彼此敌对的了。因而这种新的自由是同一种犹豫、软弱、怀疑、孤寂和恐怖的情感紧密地联系在一起的。"因此他认为，当前人类文化的作用是对人的本性的压制，科学技术的进步不能为人类造福，而只能对人类产生种种消极的影响。它压制和摧残人的本性，干预人的自然生活，破坏人与自然的关系。他说在科学技术高度发展的现代工业社会，人的本性受到了极大的摧残，人已不再是自然的人，而变成了一架"没有思想、没有感情的机器"②。他认为，这是因为当前的科学技术是建立在功利主义的基础上的，人的物质利益的满足，是以压制其本性为前提的，因此人类文明愈发展，科学技术愈进步，对人的本性压制和摧残也就愈严重。因而他认为：当前社会的迫切问题，即社会革命的根本任务，不是把人类从资本主义制度的压迫奴役下解放出来，而是使人的本性从社会文明的压制下解放出来，以获得"积极的自由"。

弗洛姆也谈社会革命，但是他的社会革命理论也是以弗洛伊德主义的理论为基础的。因此他所说的"革命"，不是社会根本制度的革命，而是"心理的革命"，即"本能结构的革命"。而革命的手段，不是阶级斗争，而是他

---

① Erich Fromm, *Beyond the Chains of Illusion: My Encounter With Marx and Freud*, 1962, p. 9.
② Erich Fromm, *The Sane Society*, Routledge, 2001, p. 124.

们鼓吹的"人本主义的心理分析"和"爱的教育"。弗洛姆说：在现代工业社会中，由于人们还保留着某些非理性的特征，因此还需要经历一个心理净化的过程，使人的内心获得解放，成为"新型的道德完善的人"。他主张建立"专家委员会"和"最高文化委员会"协助政府来实行这种教育。

弗洛姆也把他的未来的理想社会称为"社会主义"，并号召人人为"社会主义"而奋斗。但是他们说的"社会主义"不是马克思所说的消灭阶级，消灭剥削，按劳分配或按需分配的社会主义—共产主义，而是"心理健全""没有冲突""互助互爱""共同协作"的"理想的""人本主义的社会主义"。在这个社会中人们不再有"孤寂""恐惧"等"不安全感"，而获得"积极的自由"了。弗洛姆认为未来的"人本主义的社会主义"应该是建立在"爱情"基础上的"社会主义"。因为"爱"是人的本性，是人与人彼此联合的基础。他写道："假如我们能用于实现技术乌托邦的智力、干劲和热情，用来实现新的联合起来的人类乌托邦，那是有可能获得成功的，因为人类应生活于友爱与和平之中。"[1] 他还认为，"人本主义的社会主义"中的宗教，应该是"爱"的宗教。恩格斯批判费尔巴哈说："可是爱啊！——真的，在费尔巴哈那里，爱随时随地都是一个创造奇迹的神，可以帮助克服实际生活中的一切困难，——而且这是一个在分成利益直接对立的阶级社会里。这样一来，他的哲学中的最后一点革命性也消失了，留下的只是一个老调子，彼此相爱吧！不分性别，不分等级地相互拥抱吧，大家一团和气地痛饮吧！"[2] 用这段话来批判弗洛姆的理论，那是再适合不过的了。

（四）马尔库塞的"批判的社会理论"

赫伯特·马尔库塞（Herbert Marcuse, 1898—1979）是法兰克福学派的著名左翼代表人物。他出生于德国柏林的一个犹太人家庭，年轻时曾参加过社会民主党，不久退党，进柏林大学和弗赖堡大学跟随存在主义创始人海德格尔学习哲学，获博士学位。嗣后，他在法兰克福社会研究所任职，成为该学派的一个重要成员，并随社会研究所迁居美国，第二次世界大战期间任职

---

[1] 弗洛姆：《实有或存有》，1976年德文版，第394页。
[2] 《马克思恩格斯选集》第4卷，第236页。

于美国国务院情报研究局,战后在哥伦比亚大学、哈佛大学工作,后在布兰代斯大学和圣地亚哥的加利福尼亚大学任教。60年代末他积极支持学生造反运动,被人誉为"新左派哲学家""青年造反者的明星和精神父亲"。

他的主要著作有:《理性与革命:黑格尔和社会理论的出现》(1941)、《苏联的马克思主义》(1958)、《爱欲与文明》(1955)、《单面人》(1964)、《论解放》(1969)、《从富裕社会中解放出来》(1969)、《反革命与起义》(1972)等。

马尔库塞继弗洛姆之后极力鼓吹"弗洛伊德主义的马克思主义"。他断言,马克思主义忽略了人的心理的研究,这是它的理论中的"空白",必须以弗洛伊德主义作为"补充"。并在这个基础上提出了关于"发达工业社会"的理论。他说,马克思的理论是对古典资本主义的情况的概括,它是正确的。但是自1929年以后,由于时代改变了,资本主义已进入一个新的时期:"发达工业社会"时期,他的许多理论就"失灵"了。马尔库塞断言,马克思在考察从资本主义到社会主义的过渡时期时,提出了两个并行不悖的预言:一是随资本主义生产的发展,资本主义的经济将日趋崩溃;二是随着资本主义生产的发展和经济的日趋腐朽,工人阶级的政治意识将日益加强,无产阶级的革命运动将日趋高涨。但是,历史发展的事实只证明了前一个预言的正确,而"否定"后一个预言。这是由于马克思忽略了社会心理分析的缘故。因为在"发达的工业社会"中,由于实行国家干预经济和高生产、高消费政策,统治者对工人阶级的压制和统治,不再是经济的,而已转为意识形态的或心理的了。这时,人们不仅受统治者的外部的,即物质的压制和统治,而且,更严重的,还受内部的意识形态的压制和统治,即一味追求物质享受以满足虚假的欲望,而不再有精神的追求,在心理上已麻痹消沉,完全失去"批判"精神了。因而"在发达资本主义国家中,资本主义的发展不再是与革命的高潮相适应,而是与革命潜力的低潮相适应的"[①]。马库尔塞认为,这个事实恰好说明了马克思主义理论有"不足"的地方,它必须以弗洛伊德的心理分析理论加以"补充"。不言而喻,这是以弗洛伊德主义篡改马克思主义。

---

① 马尔库塞:《反革命与起义》,1972年英文版,第5页。

马尔库塞从弗洛伊德的心理分析理论出发,对马克思主义的革命的理论和实践做了全面的"重新"论述。他认为:人的本质是本能的冲动,而其核心是爱欲的冲突。他说:"幸福的实质就是自由","自由的原型就是欲望压制的解除"。① 因此,社会批判的锋芒主要不是对向资本主义的经济制度,而是社会文明和"技术理性"对个人爱欲的压制。他认为,人类文化和科学技术是与个人的自由和幸福相对立的。科学技术愈进步,个人的爱欲和本性所受的压制也就愈深。他说:"人的历史就是一部压制史","技术的进步……扩大奴役"。② 这样他就把资本主义罪恶的症结从其腐朽的社会制度转向文化和科学技术。

马尔库塞把社会文化对人的本性的压制分为两类:"基本的压制"和"多余的压制"。他认为,在人类发展的早期,由于生产力低下,为了组织劳动,消除匮乏,社会文化对人的本性的压制,在一定程度上是必要的,因而他称这种压制为"基本的压制"。但是他认为,超出这种限度的压制是统治者为了维护其统治所强加的压制,因而是"多余的压制"。③ 在此基础上,马尔库塞把人类历史分为两个阶段:近代以前的阶段和近代以后的阶段。他认为:在前一阶段,社会文化对人的本性的压制大多属"基本的压制",而近代以后,特别是在科学技术高度发展,物质财富十分丰富的今天,社会文化对人的本性的压制全属"多余的压制"了。因此,他认为,现在已经是实现解放人性,彻底解除欲望压制的时候了。

那么,被压制的人们为什么不起来革命,而恰恰相反,自1929年以来,无产阶级的革命运动进入低潮,工人阶级"消极沉默"了呢?马尔库塞认为,这是由于发达工业社会的统治者利用科学技术的发展和物质财富的丰富而加强了对人的意识形态的压制和统治的缘故。他在《单面人》一书中对当前资本主义的弊病做了种种揭发。他写道:当前的"发达工业社会"是一个"全面遭受压制的社会"。社会文明对个人的本性实行了全面的管理和统治。这表现在:一、国家资本主义和超国家资本主义对社会命

---

① Herbert Marcuse, *Eros and Civilization: A Philosophical Inquiry into Freud*, Bosten: Beacon Press, 1955, p. 17.

② 马尔库塞:《反革命与起义》,第4页。

③ Herbert Marcuse, *Eros and Civilization: A Philosophical Inquiry into Freud*, Bosten: Beacon Press, 1955, p. 37.

脉的操纵；二、对科学、技术、文化和政治的总体性的集中、管理和协调；三、庞大的现代化的宣传广告工具对个人的欲望的"制造"和控制，等等。他认为，在发达工业社会中，科学技术是一种新型的社会统治力量，科学技术的发展也就是对社会统治和个人控制的扩展。因而随着现代科学技术的发展，对个人本性的压制，无论在广度和深度方面都强化到了前所未有的地步。他说：从广度方面看，由于现代科学技术的应用，社会文化对人性已实行了全面的统治，不仅在政治、经济、教育等领域是如此，而且已深深侵入私人生活。个人已完全无法摆脱报纸、杂志、电影、电视，以及其他种种现代化宣传广告工具对内心的控制和管理。广告术成了操纵群众爱好的手段，"高消费和商品化的生活方式"给人灌输假的需要和色情的满足以转移和抑制个人反抗社会的内心冲动。从深度方面说，随着现代科学技术革命带来的高度机械化和自动化，个人的自由与创造已丧失殆尽。"发达工业社会"已成为一个吞噬个人本性的"工艺装置"；"个人主义的合理性被压制成工艺的合理性"，人变成了统治者的消极的机械工具而失去了反抗精神。他写道："我们的社会是依靠压倒一切的效率和提高生活水平来统治人的，它用技术而不是用恐怖来征服一切社会的离心力量。""技术的控制已达到这样的程度，以至一切矛盾都像是不合理的，一切反抗都似乎是不可能的了。"[1]

总之，马尔库塞认为：在高度的物质和技术发展的发达工业社会中，人在物质和技术的压制下已变成只求物质，不求精神；只顾现实，不讲未来；只按技术合理性行动，而没有批判性和创造性的"单面人"了。社会也变成了"没有反对思想""没有反对派"的"单面社会"了。他认为这就是"当代人的全面的异化"。[2] 马尔库塞的这种理论控诉了资本主义的腐朽的意识形态对劳动人民的精神压制，这无疑有一定的积极意义。但是他把这种压制的根源归结为科学技术而不是腐朽的资本主义经济制度，这显然是错误的。

从上述理论出发，马尔库塞认为，当前的社会革命不再是推翻政权和

---

[1] Herbert Marcuse, *One-Dimensional Man: Studies in the Ideology of Advanced Industrial Society*, Bosten: Beacon Press, 1964, p. 9.

[2] Ibid., p. 25.

第十三章 弗洛伊德主义与法兰克福学派

改变经济制度的政治革命和经济革命,而是改变人的心理结构,解除人的心理压制的"生物学的革命"或"心理学的革命"。他写道:"反对发达工业社会的压制的革命具有奇特的非正统性质。它与历史上先前的革命很不相同,它反对的是富裕社会的人和事的商品化形式,和富裕社会所强加于人的假的价值标准和道德原则",而并不涉及社会经济制度。[①] 他认为,传统的政治概念不再有效了,政治解放不再能离开个人的解放了,归根结底它只能是心理的解放了。因此他认为,革命应当从"意识革命"或"本能革命"入手,建立"反文化"战线,形成新意识。现在需要有新的"哲学人本学",用以培养"新型的人"。他所说的"新型的人"就是"性本能彻底解放"的人[②]。马尔库塞有时也主张"大拒绝":拒绝服从专制统治,参加抗议游行和青年学生造反运动,但这不是为了推翻旧政权和旧制度,而仅是"唤醒"人们的被压制的"反抗精神"。

马尔库塞对他的未来理想社会绘了"蓝图"。他承认他的"蓝图"是乌托邦的。但是他认为批判的哲学需要乌托邦,因为批判的哲学着眼于未来。他要实现"从马克思到傅立叶(空想社会主义者)的过渡,从现实主义到超现实主义的过渡"[③]。他认为:他的乌托邦的社会主义社会,不是建立在马克思所说的生产资料公有制基础上的各尽所能、各取所需的社会;而是一个没有任何压制,没有任何统治的性的解放的社会。他认为,到了那时,"多余的压制"已彻底消失,人们从现有的劳动和一夫一妻制的家庭中解放出来。"自由的时间变成为个人生活的内容,工作变成了人的能力的自由发挥。爱欲关系将普遍化,并发展成为一种爱欲的文明,而劳动则将永远废止而被游戏所取代。"[④] 他认为,到了那时,一切冲突、敌对、反抗统统消失了,出现的是满足和肉体的感受,是对立的统一和"宁静生存的真正和谐"。这里明显地表现了他的弗洛伊德主义的思想,反映了他既憎恨现代垄断资本主义又害怕社会主义,企图走第三条道路的空幻的心愿。

---

① Herbert Marcuse, *An Essays on Liberation*, Bosten: Beacon Press, 1969, p. 57.
② 参看《使一代人获得自由》,1968 年英文版,第 177 页。
③ Herbert Marcuse, *An Essays on Liberation*, Bosten: Beacon Press, 1969, p. 22.
④ Herbert Marcuse, *One-Dimensional Man: Studies in the Ideology of Advanced Industrial Society*, Bosten: Beacon Press, 1964, pp. 170–179.

那么实现这种理想社会的社会力量是什么呢？在马尔库塞看来，不是发达工业社会的工人阶级，而是知识分子。在他看来，马克思关于无产阶级是社会主义革命的领导力量的学说，是建立在无产阶级贫困化理论基础上的。这在自由资本主义时代是正确的。但到了今天，对于"发达工业社会"已经不适用了，因为它已经是"富裕的社会"了。工人阶级在物质生活方面已不再贫困化，而是跟资本家一样"坐汽车""住大厦"，过其"豪华舒适"的生活，已经完全被资本主义社会"同化"了。马尔库塞说："这是真话，在当前的美国，白领工人和蓝领工人都能够同他们的老板一样，到外地去度假。他们能够穿得同样漂亮，并且能够找到足够的钱去购买从前只有统治阶级才买得起的玲珑物品和奢侈品……就消费方面说，社会阶级已经同化了，工人阶级已经跟资本主义社会合为一体了。"① 因此他得出结论说：工人阶级已经不再是资本主义社会的"否定力量"，而是它的"肯定力量"了。② 既然工人阶级已完全丧失革命性成了当前社会的肯定力量，自然，它不再是领导革命的阶级了。显然这是对客观事实的歪曲和对无产阶级的污蔑。在西方，由于垄断资本主义的不断集中，资本家与工人的收入差别不是不断缩小，而是不断扩大了。它对工人的剥削率不是不断下降，而是不断上升了。诚然由于世界革命力量的发展和劳动者自身的斗争，他们的工资有所提高，但是这仍然远远落后于资本主义劳动生产率的增长，落后于由于社会发展而不断提高的物质文化需要的增长。他们的劳动条件可能有所改善，生活水平可能有所提高，但是相对于资本家的生活水平说来它不是提高，而是降低了。这是无可否认的客观事实。至于说：工人阶级已"融合"于资本主义，那更是错误的。由于工人阶级所受的剥削不是消失而是加深，无产阶级与资产阶级之间的矛盾的对抗性质并没有根本改变，也不可能根本改变。诚然，工人运动随着复杂的社会条件的变化而时起时伏。但是这种对抗性矛盾仍然存在着，潜伏地发展着。

那么，革命应该由谁来领导呢？马尔库塞认为，这只能是包括他自己在内的少数先知先觉者——法兰克福学派的成员们。因为只有他们才真正

---

① 引自《国际社会主义杂志》1965 年 4 月号，第 142 页。
② 参看《批判的社会理论的观念》，1969 年德文版，第 188 页。

懂得应该革命和如何革命。他还认为,青年知识分子由于酷爱"自由",酷爱本性的解放,他们是革命的先锋力量。他写道,革命"有赖于一个新的主体的出现……那就是担负着生产过程中愈来愈显得属于要害任务的社会阶级,即技术和科学的知识分子干部,这些人转过来使传统工人阶级的意识活跃化,而学校和大学生中的那些未被同化的知识青年,则是这个发展中的催化剂"①。

马尔库塞认为,未来理想社会的实现,并没有客观的必然性,它完全依赖主体的能动性。革命在他们的"弗洛伊德主义的马克思主义"理论的指导下,通过青年知识分子的催化,把发达工业社会的工人阶级和第三世界的革命力量,以及"其他种族、其他肤色的受剥削者和受迫害者,失业者和不能就业者"统统发动起来,那么他的上述乌托邦的理想是有可能实现的。② 马尔库塞片面夸大知识分子的作用是错误的。革命的知识分子只有在无产阶级的领导下,与劳动人民建立巩固的联盟,才能充分发挥其先锋和桥梁作用。

最后,还需要提及一下,马尔库塞在哲学领域中激烈地批判了实证主义各流派哲学,尤其是维特根斯坦、赖尔、奥斯汀等人的"日常语言哲学"。他认为,实证主义是一种为"单面社会"效劳的"单面的思想"或"单面的哲学"。因为它只讲科学、抹杀对人的研究。而人,他认为,才是哲学的真正主体。这表明了西方人本主义思潮与科学主义思潮的"对立"。

(五) 哈贝马斯的"批判的社会理论"

尤尔根·哈贝马斯(Jürgen Habermas)是德国著名的哲学家、社会学家,法兰克福学派的第二代理论家。他 1961 年在玛尔堡获大学教授资格后在海德堡大学任教,1964 年任法兰克福大学哲学社会学教授,并协助阿道尔诺领导法兰克福社会研究所的工作,1969 年离研究所至施塔恩堡任科学技术世界生活条件研究所的领导人。60 年代末,他反对学生造反运动,指责左翼的学生领袖为"左翼法西斯主义者"。哈贝马斯是法兰克福学派的

---

① 引自《批判哲学论丛》,1973 年英文版,第 222 页。
② Herbert Marcuse, *One–Dimensional Man: Studies in the Ideology of Advanced Industrial Society*, Bosten: Beacon Press, 1964, p. 257.

右翼代表人物。他的主要著作有《理论与实践》（1963）、《技术与科学是意识形态》（1968）、《认识与兴趣》（1968）、《晚期资本主义的合法性问题》（1973）、《历史唯物主义的重建》（1976）。

哈贝马斯继承并发展了马尔库塞等人的理论。他跟马尔库塞一样，认为社会的时代已经"改变"了，马克思主义"过时"了，它应该做全面的"修正"。他把法兰克福学派的批判的社会理论进一步拨向右转。

哈贝马斯曲解社会历史。他断言：人类社会历史的发展经历了三种社会形态：一、原始社会；二、传统社会，即从奴隶社会到自由资本主义社会；三、19世纪末叶开始的晚期资本主义社会。与马尔库塞一样，他宣扬"资本主义本性已经改变"的论调，断言马克思处于自由资本主义时代，他的许多理论分析在当时是有效的，但今天，历史已进入晚期资本主义社会，它具有许多不同于早期的社会形态的新特征。这些新特征"破坏了那种标志自由发展的资本主义特征"。[①] 马克思的理论已经不再能解释这些新特征，它必须做相应的"修正"了；而他的理论就是对马克思的理论的这种"修正"和"发展"。

那么，晚期资本主义社会有哪些不同于自由资本主义的新特征呢？哈贝马斯认为，它具有下列两个新特征或新趋向。一是国家政权对经济和社会生活的干预；二是科学与技术的密切结合，并日益成为第一生产力。他认为，正是这两个新趋向给晚期资本主义社会带来了许多新变化。这些新变化，主要有以下几点：

首先，在晚期资本主义社会中，由于国家政权对经济生活的干预，以国家政权为主要内容的政治力量已深入渗透经济领域，造成了经济和政治的界线的消失和经济基础与上层建筑的界线的消失（原来作为上层建筑中的主要力量的国家政治，现在已成为经济基础的主要力量了）。马克思在早期资本主义时期所做出的关于政治与经济的关系的分析，经济基础与上层建筑的关系的分析；以及由此得出的关于经济决定政治、经济基础决定上层建筑的结论于是便失效了。因为"政治已不再仅仅是上层建筑现象"，"资本主义国家对经济生活的积极干预，已使上层建筑与经济基础的原来的依赖关系完全改变"，"社会与国家的关系已不再是马克思理论所规定的经济基础与上层建筑

---

① 哈贝马斯：《文化与批判》，1977年德文版，第71页。

的关系了"。① 哈贝马斯这种论调显然是不正确的。政治与经济，基础与上层建筑是互相对立又辩证统一的哲学范畴。经济决定政治，基础决定上层建筑；但同时政治与上层建筑又反作用于经济和基础。国家政权对经济的干预从来就有，并不是当代特有的现象。如英国早期资产阶级政权推行圈地运动加速资本的原始积累等等就是。但不能因而就说经济与政治、基础与上层建筑之间就没有区别了。其实政治是经济的集中表现，如果它不作用于经济，对经济没有任何"干涉"作用，它也就不成为政治了。

其次，哈贝马斯认为，在晚期资本主义社会中，由于科学技术日益成为第一生产力，而国家政权因深入经济领域而掌握了科学技术的管理和使用，因而科学技术就日益成为统治人民的政治、经济、文化生活的工具和"解放的桎梏"。② 技术统治代替了过去的政治统治。政治、经济、文化和意识形态领域内的全面性的压制和奴役代替了过去单纯的政治和经济的压制和奴役。晚期资本主义社会对人民的统治，已由外部的政治统治，深入到私人生活统治和内心的意识形态和心理本性的统治了。哈贝马斯的这个论点也是错误的。诚然，在资本主义社会中，科学技术掌握在统治阶级手里，成为他们统治和剥削劳动人民的工具，但这并不能代替反动阶级的政治统治。他们的政治统治仍然是主要的。

再次，哈贝马斯与马尔库塞一样，认为在晚期资本主义社会中，由于国家资本主义的发展，以及企业内部科学技术管理的加强，资本家已被排除出整个生产过程的管理之外，技术的统治已代替过去阶级统治，过去的阶级矛盾的情况已经有了改变。它们不再具有"阶级冲突的形式"，而在许多方面已被技术管理上的矛盾所取代了。③ 这是错误的。显然，西方的国家资本主义不过是垄断资本主义的一种形式，资本家不直接参加企业管理只表明他们的腐朽性，而掌握企业所有权的资本家仍然是工人的直接剥削者。

最后，哈贝马斯错误地认为，在晚期资本主义社会中，由于科学技术已成为主要生产力，提高劳动生产率的主要因素已不再是劳动者（工人）的劳动技术和劳动强度，而是科学技术的应用和革新。因而剩余价值的源

---

① Jürgen Habermas, *Legitimationsprobleme im Spätkapitalismus*, Frankfurt am Main: Suhrkamp, 1973, p. 341.
② 哈贝马斯：《文化与批判》，第 76 页。
③ Jürgen Habermas, *Theorie und Praxis*, Frankfurt am Main: Suhrkamp, 1971, p. 229.

泉也不再是工人阶级的劳动，而是科学技术的发明和应用了。他写道："不再是对工人的剥削，而是科学技术的革新本身成了剩余价值的来源。"因此他进而得出结论说，"马克思的劳动价值学说已经失去了应用的前提"，"直接从事生产的劳动力已越来越失去它的原来的作用与意义"。①

与马尔库塞一样，哈贝马斯还错误地认为，在晚期资本主义社会中，由于国家干预经济而实行福利主义，工人阶级的物质生活水平大大提高了。工人虽仍被排除在生产资料的所有权之外，但是他们的生活、安全、教育不再与资本家有重大的差别了。同时，由于"生活水平的提高，他们已经没有兴趣于直接经济形式的社会解放"，已经失掉了"原来的阶级意识"，不再是"社会的批判力量"了，也就是说：马克思主义关于无产阶级是社会主义革命的领导力量的科学论断已经过时了。他写道："工人，作为直接生产者的劳动力越来越失去其作用与意义"，"无产阶级无论在客观上或主观上都不再是无产阶级了。今天，就连在工人阶级最先进阶层中也发现不了阶级意识，尤其是革命意识。任何无产阶级革命的理论在此条件下已失去它的对象"。②

从上述种种错误论断出发，哈贝马斯得出结论说：资产阶级与无产阶级在政治领域与意识形态领域的对立已经"隐藏"或"潜伏"。资产阶级与无产阶级的阶级斗争已日趋消沉，马克思主义关于阶级斗争的理论已经过时，"它的阶级斗争的范畴已不再能到处搬用"，不再能无条件地应用于现在，而必须加以"修正"了。他说，诚然在资本主义社会的结构内部冲突依然存在，如"生产社会化与资本私人占有的冲突"依然存在，但它们已"不再具有阶级斗争的政治形式，而退居于次要的地位了"③。

哈贝马斯还认为：晚期资本主义社会的危机依然存在，但是它已不是过去的经济危机和政治危机，它已被排除出社会经济基础之外，而转入社会生活的其他领域，并通过科学技术的统治和文化的统治而得到缓和。因此它"已经不带有客观的制度的危机的性质"了。④ 这是一种无视于客观

---

① 哈贝马斯：《文化与批判》，第75页。
② Jürgen Habermas, *Theorie und Praxis*, Frankfurt am Main：Suhrkamp, 1971, p. 229.
③ 哈贝马斯：《文化与批判》，第31页。
④ Jürgen Habermas, *Legitimationsprobleme im Spätkapitalismus*, Frankfurt am Main：Suhrkamp, 1973, p. 60.

事实的论调。自70年代以来,资本主义世界的经济处在长期的萧条和危机之中,这也反映了资本主义制度的腐朽和危机。

哈贝马斯与马尔库塞一样,认为当前的社会问题,主要从政治和经济的领域转移到意识形态的领域。即当前主要的问题已不再是政治的和经济的奴役和压制,而是意识形态的或人的本性的奴役和压制,"人已经达到全面的异化"了。哈贝马斯认为,对这种"异化"最"敏感"的是物质生活优裕而精神上要求"自由"的小资产阶级及其青年学生。他说:"应该把人们熟知的马克思主义理论颠倒过来。""不是物质的贫困,相反而是物质的过剩是小资产阶级的需要结构的崩溃的基础……只有一种心理上对物质福利的厌恶,才会对那种被意识形态掩盖着的官僚化的劳动方式和生活方式的强制特别敏感。"① 这就是说,革命的力量已经不再是工人阶级,而是青年知识分子了。

那么,应该怎样来解决这些现实的社会问题呢?哈贝马斯提出了与马尔库塞不同的右的方案,他不赞成青年知识分子的造反运动,不赞成马尔库塞的"大拒绝"(不干活,不与政府合作)的方案;而认为有效的道路是采取社会的改善,即"建立合理的行政机构",改善人与人之间的"交往关系"以及"民主化"和人心的人道化;而这,他认为有赖于坚持不懈的教育,有赖于对社会进行理论的批判。

哈贝马斯错误地认为,由于上述时代的变化,马克思关于生产力与生产关系的理论已经过时,"生产力""生产关系"这两个概念应被"劳动"和"相互作用"这两个概念来代替了。这就是说,人与人之间的主要关系,已不再是生产关系,而已扩大到各方面的"交往关系"了。而"民主"即人与人之间的"对话",思想的互相交流,是解决当前社会问题的重要手段。他认为,在资本主义的早期,政治上是"民主"的。当时,公众通过社会舆论能对国家行政机构进行监督和限制。但是,后来随着国家对社会生活的干预和科学技术日益成为统治工具,这种"民主"就丧失了。② 因而重新实行"民主",特别是"健全"议会制以及加强公众舆论对行政机构的监督,并实行"高等学校的民主化",以保护青年知识分子

---

① 哈贝马斯:《文化与批判》,第84页。
② 哈贝马斯:《文化与批判》,第31页。

的"自由意志",加强对人民的教育,是当前重要的"革命"任务。众所周知,资产阶级的"民主""自由"不过是资产阶级专政的装饰品。用"民主""自由""健全议会制"等口号来冒充革命,不过是资产阶级改良主义的陈词滥调。哈贝马斯重复这些陈词滥调,恰好表明了他的自由资产阶级右翼的立场。

哈贝马斯曾经跟马尔库塞一样,在哲学上批判过实证主义。他认为,实证主义把哲学的主题局限于科学的领域,而抹杀人的研究,因此,他反对把"哲学科学化"的实证主义。60年代末,在西德曾引起了一场以他与阿道尔诺为一方,阿利别尔特与波普尔为另一方的法兰克福学派与实证主义(批判理性主义)的大争论;70年代初,又发生了他与卢曼(Niklas Luhmann)之间的法兰克福学派与结构主义的大争论。

但是,近年来,哈贝马斯的理论出现了某些与实证主义相妥协的演变,他主张用释义学和语言分析来沟通"科学"和"批判理论",以弥补其"批判理论"的不足。因而有人认为,他的理论已有"越出"法兰克福学派的迹象。这被人们看作人本主义与科学主义两大思潮有互相融合趋向的一种表现。

第十四章 逻辑原子主义与逻辑实证主义

　　逻辑原子主义与逻辑实证主义是两个有亲密血缘关系的流派。后者是从前者直接演化出来的。它们都是实证主义和马赫主义的后裔。如果说，马赫主义是实证主义的第二代，那么，逻辑原子主义、逻辑实证主义以及后来的日常语言哲学（第十五章中将论述）等都是实证主义的第三代。

　　逻辑原子主义产生于20世纪初，逻辑实证主义则产生于20世纪20年代。它们的共同特征是马赫主义（或实证主义）的数理逻辑化。20世纪初，自然科学的研究深入原子内部，以研究低速宏观客体为对象的古典物理学在整个自然科学中的重要地位，已为研究高速微观粒子为对象的现代物理学所取代。当时爱因斯坦的狭义相对论和广义相对论都已经建立，经过薛定谔、海森堡、玻尔和狄拉克等人的努力，量子力学的基本理论也逐渐形成。相对论和量子力学的建立，大大促进了原子物理学、固体物理学和原子核物理学等学科的形成或发展，标志了人对客观规律的认识已从宏观世界向微观世界的更深层次深入。由于微观世界及其规律不能为人们所直接感受，现代物理学具有高度抽象性、数学化和逻辑化的特征，这促使作为现代数学的一个重要分支的数理逻辑的形成和发展。数理逻辑又名"现代逻辑"或"符号逻辑"，是亚里士多德的演绎逻辑的符号化和现代化。它是用数学方法研究关于推理、证明等问题的一门学科。其内容主要有命题演算、谓词演算、算法理论、递归论、证明论、模型论和集合论等。莱布尼茨最早提出过有关它的思想，布尔和皮亚诺对它的形成做出一定的贡献。但是真正建立起数理逻辑这门学科的是德国的弗雷格和英国的罗素。数理逻辑的出现不仅对现代物理学等学科的发展有重要意义，而且对自动化系统和电子计算机的设计都有极为重要的意义，因而它被人们公认为一门十分重要的新兴学科。而逻辑原子主义和逻辑实证主义，就是现代物理学的高度抽象化、数学化、逻辑化等特征的歪曲反映，以及数理逻辑的唯心主义化和绝对主义化的表现。正由于逻辑实证主义具有"适应"现代物理学和数理逻辑的"科学性"外衣，自20世纪30年代后，它就逐渐取代实用主义在西方哲学界的地位，成为西方影响最大的哲学流派之一。

逻辑原子主义和逻辑实证主义属科学主义（实证主义）思潮。它们的基本思想来源于孔德的实证主义和马赫主义。如果说孔德的实证主义以歪曲生物学为特征，马赫主义以歪曲物理学为特征，那么作为实证主义第三代的逻辑原子主义和逻辑实证主义则是以歪曲现代物理学和数理逻辑为特征的。

一　逻辑原子主义

逻辑原子主义的创始人是英国哲学家、数学家、逻辑学家罗素，而其后继者则是奥地利的哲学家、逻辑学家维特根斯坦（前期）。

（一）罗素的逻辑原子主义

如前所述，贝特兰·罗素是英国新实在论的创始人之一。他的新实在论思想是马赫主义与柏拉图主义的"结合"。但是，自1914年以后发生了明显的变化，他抛弃了原来哲学思想中的柏拉图主义（客观唯心主义）成分，发展了马赫主义（主观经验主义）因素，并使它数理逻辑化，从而形成了逻辑原子主义这个新流派。

罗素的逻辑原子主义思想最早表现在他的著作《我们关于外部世界的知识是科学方法在哲学中的作用范围》（1914）一书中。其他有关这方面的著作有《心的分析》（1921）、《物的分析》（1927）、《哲学概论》（1928）等。

1. "逻辑是哲学的本质"

罗素在《我们关于外部世界的知识是科学方法在哲学中的作用范围》一书中，提出了"逻辑是哲学的本质"的新口号。这个口号说出了逻辑原子主义和逻辑实证主义的共同本质，标志了新实证主义（逻辑原子主义、逻辑实证主义等）的问世。这个口号是建立在实证主义理论基础上的。罗素肯定了实证主义的原则。他认为认识只能局限于经验的领域，经验以外是否有物质存在，以及物质与意识的关系等传统的哲学问题是不可知的，没有意义的。他写道"一种真正科学的哲学,并不提出,也不企图提出关于人类或宇宙的命运问题的回答"①。此时他已不再像前一阶段时那样,为了害怕"孤单""麻烦"而肯定"物质世界客观存在"的"假设"了。相反,认为这种假设是不必要的,多余的,应该挥舞起"奥卡姆的剃刀",毫不留情地把它砍掉;也就是说更加明显地主观经验主义化了。②

这时罗素继续坚持实证主义的观点,认为科学的任务是根据思维经济的原则对观察和实验中获得的经验材料做化繁为简的整理。但是罗素认为,有一个问题马赫主义没有解决,那就是哲学的任务是什么的问题。传统哲学认为,物质与意识的关系问题是哲学的根本问题,实证主义否定了这个问题,认为哲学不应该讨论这个问题。那么新的"科学"哲学的任务应该是什么呢?过去的实证主义的哲学家们,无论是孔德、穆勒或马赫,都没有明确回答过这个问题。罗素对它做了回答。他认为"逻辑是哲学的本质。"这就是说,如果科学的任务,如马赫主义所认为那样,是对经验材料做出化繁为简的逻辑整理,那么哲学的任务就是对科学的陈述进行逻辑的分析,分析、检查它们在化繁为简的逻辑简化过程中是否完全符合逻辑法则,有没有因逻辑混乱而造成的错误,以保证科学体系的逻辑严密性或正确性。这样,他就否认了哲学的根本问题是物质与意识的关系问题,而把它说成仅仅是逻辑问题。不言而喻,这是一种主观经验主义的口号。

为此,罗素在《我们关于外部世界的知识是科学方法在哲学中的作用范围》一书中,提出了他的新哲学的四条纲领,以表明他的"新哲学"区别于其他旧哲学的"新"特征或"新"本质。这四条纲领是:

(1) 认识必须局限于经验的范围,而不能超越经验的范围;否则就是独断论、形而上学。

(2) 新哲学的任务是逻辑分析,即对科学的陈述进行逻辑分析。

(3) 逻辑分析不能给人们以任何新知识。

(4) 新哲学的逻辑分析的意义是使科学的陈述逻辑清晰,不致引起思想混乱和理智的迷惑。③

---

① Bertrand Arthur William Russell, *Our Knowledge of the External World*, Chicago and London: The Open Court Publishing Company, 1914, p. 5.

② Ibid., p. 107.

③ 康福斯:《科学与唯心主义的对立》,生活·读书·新知三联书店1964年版,第91—92页。

以上的第一条旨在坚持实证主义（马赫主义）或主观经验主义原则，后三条是对他的新口号："逻辑是哲学的本质"的具体说明。总的是表明把马赫主义逻辑（数理逻辑）主义化是他的新哲学的最根本的特点。

对于上述新纲领的第四条，罗素曾在别的地方做了进一步的说明。他表明，他所说的哲学的逻辑分析能防止科学陈述的逻辑混乱，有两层意思：一是防止违反逻辑法则，如违反同一律、矛盾律而产生逻辑混乱；二是防止由于逻辑上的"误解"而造成传统哲学上的唯物主义与唯心主义的争论。在罗素看来，在哲学史上争论多年的重大哲学问题，如世界的本质是物质还是精神，以及物质与精神的关系等问题，都不是真正的问题，而只是由于语言中的"逻辑混乱"或逻辑"误解"造成的，因此，只要在逻辑上作必要的澄清，这些"无谓的"争论就可冰融瓦解。他写道："只要是真正的哲学问题，都可以归结为逻辑问题。""每个哲学问题，当经受必要的分析和澄清时，就可看出，它或者根本不是真正的哲学问题，或者是具有我们所理解的含义的逻辑问题。"[①] 例如，他认为，哲学史上争论了几千年的关于"一般"与"个别"的关系问题，就是由于误解了"一般"这个词的逻辑意义而造成的。人们都习惯地说"所有人皆有死"，"张三是人，所以张三有死"，于是就产生了"所有的人"这个"一般"或"共相"。其实我们经验中只有个别的人，并没有"一般的人"。"一般的人"只是代表"张三""李四""王五"等的"逻辑符号"或"逻辑构造"而已。其他如"物质"也是这样，人们经验中并没有一般的或抽象的物质，而只有各种由具体的色、香、味、声等感觉所构成的具体事物。所谓"物质"，也不过是代表这些具体经验事物的"逻辑构造"或"逻辑符号"而已。因此，他断言，如果人们能够"正确地"理解和运用逻辑，对科学陈述作"正确"的"逻辑分析"，那么如上面所说的"一般"与"个别"的关系，以及"物质"与"意识"的关系等传统的哲学问题，就全都成了毫无意义的问题了。不言而喻，这是一种割裂"个别"与"一般"的辩证统一、否认"一般"并把"个别"归结为主观感觉的主观经验主义观点。

2. "逻辑原子主义"

罗素之所以自称他的哲学为"逻辑原子主义"，在于他把经验世界归

[①] 洪谦：《西方现代资产阶级哲学论著选辑》，第221页。

结为许多孤立的原子事实（主观感觉）的机械集合。他写道：要了解任何主题的实质的途径是分析，对某一事物不断进行分析，直至无可分析为止，那时所剩的就是逻辑原子。

罗素同意马赫关于事物是"要素"的"复合"的观点。不过他对它做了两点"修正"：一是把马赫的"经验要素"改称为"给予材料"（即经验所给予的材料）；二是他认为"给予材料"中不仅包括马赫所指的色、香、味、声、硬、软、冷、热等感觉要素，而且还包括由这些感觉要素构成的经验事物之间的关系，如"大于""小于""在前""在后"等。他写道："所谓事实，就是事物的性质和关系。"① 罗素之所以对马赫的"感觉要素"作如此的扩大，是为了适应他在数理逻辑领域的扩大——与他关于逻辑不仅包括主谓式命题而且包括关系式命题的主张是相适应的。其结果，是把作为物质存在形式的时间和空间主观经验主义化。

如前所述，罗素认为：哲学的任务是对科学的语言进行逻辑分析，而他认为科学语言是表述经验世界的，因而对科学语言进行逻辑分析应与对经验世界进行逻辑分析相一致的。他认为，认识经验世界的方法是分析的方法，即把复杂的经验世界分解为各个最基本的原子单位，然后对这些原子单位逐一地认识的方法。他说："以一件一件的、细节的和可证实的分析来代替仅依据想象而提出的大批未经验的空泛说法，这是一种伽利略式的进步。"② 但是他不认为"感觉要素"或"物"是构成经验世界的"原子单位"，而认为构成经验世界的"原子单位"是"原子事实"，即，如"这朵花是红的""此花比那花香"等这样一些最基本的感性经验的事实。③

罗素之所以否认"感觉要素"或"物"是构成经验世界的原子单位，而认为"原子事实"是构成经验世界的原子单位，是与他的数理逻辑方面的理论相对应的。因为从语言学和逻辑学的角度看来，一个孤立的词，是没有任何意义的，它不能被认为是语言和逻辑的最基本单位；只有由几个词所构成的语句，才具有语言方面的意义，才是逻辑和语言中的基本单位。譬如"花""红"等单个的词，并没有任何语言的意义，

---

① 洪谦：《西方现代资产阶级哲学论著选辑》，第 221 页。
② Bertrand Arthur William Russell, *Our Knowledge of the External World*, Chicago and London: The Open Court Publishing Company, 1914, p. 4.
③ 洪谦：《西方现代资产阶级哲学论著选辑》，第 238 页。

即它并没有告诉你任何意思；而"这朵花是红的""那束花是香的"等由几个词按一定的句法结合起来而构成的语句，就有了意义，才是语言和逻辑的基本单位。

罗素认为：由几个原子命题用"假使""或者""除非"等连接词连接起来就构成分子命题，如"这朵花或者是红的，或者不是红的。"等等。用许多原子命题和分子命题以逻辑法则进行推理，就构成语言系统。罗素还认为：语言是表述经验事实的。原子命题表述原子事实，分子命题表述复合事实，整个语言系统则表述整个经验世界。因此，语言与经验世界的关系是表述与被表述的关系。语言表述经验世界如果正确，如果它符合于经验事实，就是真的；反之就是假的。因而，从这个意义上讲，罗素坚持真理的"符合"论，即认为真理就是语言与事实"符合"。不过这是一种主观唯心主义的"符合"论，而不是唯物主义的符合论。因为他所说的语言与事实的符合，并不是语言与客观事实相符合，而是语言与主观的经验或主观的感觉相符合。

罗素从他的数理逻辑的观点出发，认为确定一个原子命题是否是真的，其方法是把它与原子事实相比较。如"此花是红的"这个原子命题是真还是假，要看它与经验事实是否相一致。如果相一致，就是真的，否则就是假的。[①] 但是，他认为，分子命题就无须如此，譬如说："火星上或者有生命，或者没有生命"这句话必然是真的，它无须根据事实就可以确定。又如说"如果 $A = B$，$B = C$，则必 $A = C$"，这也必然是真的，无须根据事实，而只需根据逻辑法则就能够确定。凡符合逻辑法则的就必然是正确的，反之，必然是错误的。这是为什么呢？这种逻辑的必然性是从哪里来的呢？罗素一如既往地认为经验世界中是没有这种必然性的，经验世界中只有重复性，没有必然性。

正如列宁所指出，逻辑法则系客观的普遍关系的反映。由于罗素否认这一真理，于是一个"奇妙"的问题就产生了。经验世界中并没有必然性，而逻辑却有其必然性，而且逻辑法则的必然性决定了经验世界的构成形式（即由许多孤立的原子事实组成整个经验世界构成形式）的必然性，这种必然性不来自经验世界，那么它来自何处呢？早在新实在论

[①] 洪谦：《西方现代资产阶级哲学论著选辑》，第237页。

时期，罗素的回答是它来自"共相"世界。现在他不再谈柏拉图的"共相"世界了，如前所述，他已把"共相"（一般）改变解释为一种"逻辑结构"或"逻辑符号"了。他现在的回答是：逻辑法则的必然性是"先天的"，即它具有"先天性"。他写道："在纯粹的逻辑中，从不提及原子事实，我们完全局限于形式，而不问哪些客体可以满足这些形式。因此，纯粹逻辑是独立于原子事实之外的；但是，反过来原子事实在某种意义上也是独立于逻辑之外。纯粹逻辑和原子事实是两个极端，一个是完全先天的；一个是完全经验的。"[①] 不管罗素当时对"先天性"这个词如何理解，但是他在这个问题上未能把主观经验主义坚持到底，而残留有唯理论的先验论思想却是不言而喻的。他自己也承认这一点，他说："逻辑知识并不来自经验，经验主义哲学因而也不是全部都可以被接受的。尽管这种哲学在用于逻辑以外的许多问题时是很优越的。"[②] 这正是后来逻辑实证主义者们不肯承认罗素是他们的始祖，而只承认他是他们的先驱者的原因之一，也就是他的逻辑原子主义与后来的逻辑实证主义在理论上的主要区别之一。

（二）维特根斯坦的逻辑原子主义

维特根斯坦是逻辑原子主义的另一创始人。他是罗素的学生，但是在哲学思想上两人互有影响。

路德维希·维特根斯坦（Ludwig Wittgenstein，1889—1951）生于维也纳的一个知识分子家庭。他年轻时对叔本华的意志主义颇有兴趣，在德国的柏林高等技校学习航空工程学，后经弗莱格（Gottlob Frege，1848—1925）推荐随罗素学数理逻辑，深受罗素的逻辑原子主义思想的影响，是继罗素之后提倡逻辑原子主义的一个重要人物。1933 年以后，维特根斯坦的哲学思想发生重大变化，他抛弃了前期的逻辑原子主义思想，趋向于日常语言分析的观点。1951 年，维特根斯坦死于癌症。

维特根斯坦的关于逻辑原子主义方面的著作有《逻辑哲学论》。他的后期思想和著作留待"日常语言哲学"一章中阐述。

---

① 洪谦：《西方现代资产阶级哲学论著选辑》，第 237—238 页。
② 洪谦：《西方现代资产阶级哲学论著选辑》，第 225 页。

1. 全部哲学是语言批判

"全部哲学是语言批判"——这是维特根斯坦哲学思想的中心,[①] 也是后来逻辑实证主义的一个重要原则。这个命题是建立在实证主义原则基础上的。它是对罗素的"哲学的本质是逻辑"这一命题的进一步阐发。

实证主义的原则是:知识必须局限于经验范围之内,不能超越于经验之外。根据这个原则,维特根斯坦认为,语言是表述经验事实的,因而语言的表述必须限于经验范围之内。经验范围之内的是可说的,说了有意义,人们听得懂;经验范围之外的是不可说的,说了没有意义,人们听不懂,因而对它们应保持沉默。[②] 不言而喻,这是一种主观经验主义的说教。

维特根斯坦认为,要使说话有意义,使人听得懂,必须具备几个条件:一是符合逻辑句法,如说"此花是香的",它符合逻辑句法,有意义;如说"香此是花的",它不符合逻辑句法,没有意义,人们就听不懂。二是必须表述经验范围以内的事情,即表述经验事实。维特根斯坦认为,传统的哲学问题,如经验之外是否有物质或精神存在,以及物质与意识的关系等问题,都是经验以外的"形而上学"问题,都是没有意义的"伪问题";对于它们,人们听不懂,因而也没有真假可言。他还断言,唯心主义与唯物主义都是一些讨论"伪问题"的"形而上学",因而都是没有意义的"伪哲学"。他写道:"关于哲学的大多数命题和问题不是虚假的,而是无意义的。因此我们根本不能回答这一类的问题,我们只能确定它们的荒谬无稽,哲学家们的大多数问题是由于我们不理解我们语言的逻辑而来的。"[③]

在维特根斯坦的"全部哲学是语言批判"这个命题中,还包含着另一个重要原则,那就是著名的"经验证实原则"。这是后来逻辑实证主义的根本理论原则。维特根斯坦先于他们提出并讨论了这个原则的精神。"经验证实原则"的内容是:任何一个命题只有能被经验证实或否证者才有意义;反之,如不能被经验证实或否证的,即无法用经验证实它是真还是假的,就没有意义,它们都是一些形而上学的"废话",它们都应该从科学

[①] Ludwig Josef Johann Wittgenstein, *Tractatus Logico - Philosophicus*, 1922, C. K. Ogden (trans.), London: Routledge & Kegan Paul, *Originally published as "Logisch - Philosophische Abhandlung"*, in *Annalen der Naturphilosophische*, XIV (3/4), 1921, 4.003.

[②] Ibid..

[③] Ibid..

哲学中排除出去。① 维特根斯坦断言：传统哲学中的许多问题，就是这样一些应该从"科学哲学"中排除出去的"形而上学"的"废话"。这样，他就把"物质世界客观存在"这样一类重要命题，都当作"废话"而全排除于科学之外了。

2. 图像论

维特根斯坦的逻辑原子主义与罗素的逻辑原子主义基本相同。但是它具有赤裸裸的唯我论和神秘主义的特点。

与罗素一样，维特根斯坦认为：最基本的经验事实是经验世界的原子事实。在语言中与原子事实对应的是基本命题，基本命题是语言的最基本单位，它是由几个词按照一定的逻辑句法构成的。由几个原子事实构成一个复合事实，一切原子事实和复合事实构成整个经验世界；与此相对应，几个基本命题构成复合命题，一切基本命题和复合命题构成整个复杂的语言系统。

维特根斯坦认为，语言或命题"描写"或"摹写"经验事实，因而语言或命题是经验事实的"图像"或"形象"。这就是他的"图像论"。但是应该指出，他的图像论并不是反映论。这是因为，首先，他们说的"图像"，不是客观物质世界的图像，而是主观感觉或主观经验的图像；其次，他所说的"图像"并不是映像，而是一种符号，就像乐谱是音乐的符号一样。他写道："最初看来，命题似乎不是现实的图像，可是乐谱最初看来似乎也不是音乐的图像。我们的发音符号（字母）好像也不是我们口语的图像，而这些记号语言还是它们所代表的东西的图像。"又说："我们利用命题的感性上可以感知的记号（声音或文字等）作为可能的情况的投影。"② 因此他的"图像论"在本质上是一种主观经验主义与符号主义的理论。他的"图像论"后来并没有被逻辑实证主义所接受，逻辑实证主义用约定主义代替了这种图像论。维特根斯坦在后期也抛弃了这种理论，而代之以"语言游戏说"。

---

① Ludwig Josef Johann Wittgenstein, *Tractatus Logico - Philosophicus*, 1922, C. K. Ogden (trans.), London: Routledge & Kegan Paul, *Originally published as "Logisch - Philosophische Abhandlung"*, in *Annalen der Naturphilosophische*, XIV (3/4), 1921, 2.223, 6.53.

② Ibid., 4.011, 3.11.

3. 经验的或然性与逻辑的必然性

像罗素一样,维特根斯坦认为,经验事实只有重复性而没有必然性,不能从过去的重复中预知未来,归纳法是没有可靠的逻辑根据的。他断言:因果性、必然性是由于过去经验不断地重复而在心理上形成的一种"迷信"或"假设"。他写道"不能从现在的那些事件推论出将来的事件。相信因果联系就是迷信。""明天将出太阳,是一种假设。"等等。[1]

维特根斯坦从否定必然性进而否定自然科学的客观性。他断言自然科学是人们用以为满足自己一定的需要而服务的一种手段。人们为了使复杂的自然现象化繁为简,从经济思维的原则出发做出了必然性和规律性的"假设"。他写道:"整个现代世界观的基础是一种错觉,所谓自然规律是自然现象的一种解释。"[2]

维特根斯坦认为:经验事实中虽没有必然性,但是在逻辑中却有其必然性。因为命题演算,逻辑推理都必须按一定的逻辑法则进行,不能违反。他写道:"只有逻辑必然性","逻辑中没有偶然的东西","逻辑之外一切都是偶然的"。[3] 因而他断言,不是事实规定逻辑,而是逻辑规定事实。那么,这种逻辑的必然性是从哪里来的呢?维特根斯坦遇到了罗素同样遇到的难题,他也做了与罗素相同的回答。他认为:逻辑的必然性不是经验的,而是"先天的"。他写道:"逻辑是超验的","逻辑的先天性的实质在于我们不能非逻辑地思考"。[4] 这样他就与罗素一样,未能把主观经验主义贯彻到底(错误的主观经验主义也不可能贯彻到底),而在这个问题上陷入了先验论。

在逻辑问题上,维特根斯坦遇到的另一个"难题"是"逻辑是不可说的"。如前所述,维特根斯坦坚持经验证实的原则,认为语言是表达经验事实的,凡是经验事实都是可说的,非经验的则是不可说的,对于不可说的应保持沉默。现在,他既然认为逻辑法则是非经验的,那么逻辑法则自

---

[1] Ludwig Josef Johann Wittgenstein, *Tractatus Logico – Philosophicus*, 1922, C. K. Ogden (trans.), London: Routledge & Kegan Paul, *Originally published as "Logisch – Philosophische Abhandlung"*, in *Annalen der Naturphilosophische*, XIV (3/4), 1921, 5.1361, 6.36311.

[2] Ibid., 6.371.

[3] Ibid., 6.37, 6.3.

[4] Ibid., 6.13, 5.4731.

然应该是不可说的东西了。他写道:"命题不能描述本身反映在命题中的逻辑形式。"① 但是他是一个逻辑学家,他不仅说了大量关于逻辑必然性的话,而且还说了大量关于数理逻辑的新见解。他一面坚持逻辑是不可说的,一面又大谈逻辑法则及其必然性,这充分表明了他的理论的自相矛盾,以至罗素也不得不指出他的这种矛盾。罗素写道:"使人发生犹豫的是这样的事实,即维特根斯坦先生终于还是说出了一大堆不能说出的东西。"② 后来逻辑实证主义者们也在这个问题上大伤脑筋。不过他们后来抛弃了罗素和维特根斯坦关于"逻辑先天性"的见解,用"约定主义"来"解决"这个矛盾。那么先验的逻辑与经验的事实之间有什么关系呢?为什么经验的事实必须服从于先验的逻辑呢?为了回答这个问题,维特根斯坦提出了另一个错误的见解,那就是逻辑是经验事实的"空间"或"框架"的见解。他断言:逻辑是一种先验的空间或框架,经验事实必须表现于或存在于这个先验的空间或框架之中。因而他坚持逻辑空间是现实世界的框架和界限。他写道:"逻辑空间中的各种事实就是世界","逻辑充满着世界,世界的界限也是逻辑的界限"等等。③

4. 唯我论

维特根斯坦坚持赤裸裸的唯我论。他断言纯粹的"自我"是存在的。他写道:"真正有一种在哲学上可以非心理地来谈论的'自我'的意义。""实际上唯我论所说的东西是正确的。"④ 不过他认为"自我"不存在于经验世界中,不存在于逻辑必然性的框架中,因而它是看不见、听不着的。这正如我有我的眼睛,但我的眼睛在我的视野之外,我不能看到它,然而我自己却清楚地体会到它的存在一样。⑤ 这就是说,"自我"虽然看不见,听不到,但是人人都能清楚地体验到"自我"的存在,并无法怀疑"自我"的存在。他并从此出发而断言:自我在经验世界之外,而经验世界却是在自我之中。因此"世界是我的世界","我死了世界就消灭了"。他还从体验到"自我"的存在,而推论出体验到上帝的存在。他妄言"上帝"

---

① 维特根斯坦:《逻辑哲学论》,郭英译,商务印书馆1962年版,4.121。
② 维特根斯坦:《逻辑哲学论》,郭英译,第3页。
③ 维特根斯坦:《逻辑哲学论》,郭英译,1.13,5.61。
④ 维特根斯坦:《逻辑哲学论》,郭英译,5.641,5.62。
⑤ 维特根斯坦:《逻辑哲学论》,郭英译,5.633,5.6331。

与"自我"一样也是存在于经验之外的。[①] 因为在他看来"上帝"与"自我"一样也是无可怀疑的。他最后的结论是:"世界是神秘的。世界的神秘不在于世界是怎么样的,而在于世界是这样的",即经验世界中没有"自我""上帝",但是大家却能清楚地"领会"到"自我"和"上帝"。[②] 维特根斯坦还断言:由于"自我""上帝"是在经验之外的,因而对于它们是不可说的。可是他同样又大说其"自我"和"上帝"存在的道理。众所周知,维特根斯坦是一个著名的逻辑学家,然而在其哲学论述中竟如此自相矛盾,不顾逻辑,这正好表明了他的这种理论的错误。

后来的逻辑实证主义者们继承了罗素和维特根斯坦的许多重要思想,同时又"抛弃"了他们的先验论、唯我论和神秘主义等明显不合理的成分,从而从罗素和维特根斯坦的逻辑原子主义的理论中,演化出了逻辑实证主义这个新的哲学流派。

二 逻辑实证主义

逻辑实证主义是在罗素和维特根斯坦的逻辑原子主义思想的哺育下形成的。20世纪20年代,德国哲学家石里克(Moritz Schlick,1882—1936)在奥地利的维也纳大学任教期间,组织了一个哲学小组,经常讨论罗素和维特根斯坦的哲学思想,后来逐渐形成为一个流派,因此有人称它为"维也纳学派"(其实还有柏林小组、华沙小组等)。它自30年代后开始流行,其中心后来由欧洲大陆转移到美国,并与美国的实用主义有合流趋向。它对西方思想界,特别是自然科学界有一定影响。但自50年代以后就走下坡路,现在已经衰落了。它的代表人物除石里克外,还有卡尔纳普,艾耶尔(Alfred Jules Ayer)、纽拉特(Otto Neurath,1882—1945)、赖欣巴哈(Hans Reichenbach,1891—1953)、亨普尔(Carl Hempel)等。他们中的许多人对数理逻辑有较大贡献。卡尔纳普的《世界的逻辑构造》(1928)、《哲学与逻辑句法》(1934)、《语义学导论》(1942);赖欣巴哈的《科学哲学的兴起》(1951)、《量子力学的哲学基础》(1949)和艾耶尔的《语

---

① 维特根斯坦:《逻辑哲学论》,郭英译,6.432。
② 维特根斯坦:《逻辑哲学论》,郭英译,5.641,6.432。

言、逻辑和真理》等是这个流派的主要代表作。他们之间的观点互有差异，但是基本观点是一致的。自1936年石里克去世后，卡尔纳普被公认是这个流派的领导人。

鲁道夫·卡尔纳普（Rudolf Carnap，1891—1970）美籍德裔的著名数理逻辑学家、哲学家，早年在德国耶拿大学和布赖斯顿的弗赖堡大学学习，是著名数理逻辑学家弗莱格的学生。1926—1931年任维也纳大学哲学讲师并参加了石里克所领导的维也纳小组，成为逻辑实证主义学派的重要成员，1931—1935年任布拉格大学哲学教授，1935年赴美讲学，后因欧战爆发，留在美国并加入美国籍，担任芝加哥大学、洛杉矶加利福尼亚大学哲学教授等职。他的哲学观点基本上代表了逻辑实证主义这个流派的观点。

（一）卡尔纳普论"经验证实原则"

如前所述，维特根斯坦首先提出了有关经验证实的思想，并未明确提出这个原则，后逻辑实证主义明确提出了这个原则，并把它看成整个逻辑实证主义理论的基石。"经验证实原则"是一个主观经验主义的原则，它规定：知识必须依据经验，任何命题只有表述经验内容，即只有能被经验实证或证伪的，才有意义，否则就没有意义。石里克说，"一个命题只有在下列的条件下才能说明其意义：就是它通过一种试验可以区别的，可以断定它是真的或假的"，否则"它是空洞无意义的"。[①] 例如"这支粉笔是白的"它是有意义的，因为它是可以通过观察来鉴别其真伪的。"巴黎有一座很高的铁塔"也是有意义的，我们可以到那里去看一看它是否存在。逻辑实证主义者声明，所谓经验的可否证实，是指"原则上"的可否证实，而不是指技术上一时的可否证实。例如，"火星上是否有生命"这个命题在技术上可能一时无法检验，但是在原则上仍是可检验的，因而它是有意义的。但是，他们断言另一类如："经验之外是否有物质存在""物质与精神何者第一性，何者第二性"等传统的哲学命题，其内容超越于经验之外，无法用经验判定它们的真伪，因而它们是没有意义的"伪"命题，或没有表述任何内容的"废话"。这样他们和罗素、维特根斯坦一样，把

[①] 石里克：《实证主义与实在论》，载《西方现代资产阶级哲学论著选辑》，第268页。

"物质世界客观存在"等唯物主义的重要命题,都看作毫无意义的"废话",而排斥于科学之外了。

但是科学应区分事物的本质,而本质是不能被经验直接证实的。例如一把钥匙,它的色泽、重量等等表面现象可以为经验所直接判定,而它的本质,即它是铅是锡还是锌,就无法单凭感性经验而直接鉴定。为此逻辑实证主义者们不得不放宽他们的经验证实原则的范围,承认经验的间接证实。卡尔纳普说:"我们必须肯定两种证实:直接证实与间接证实。"① 所谓"直接经验证实",就是"当下经验的证实",例如亲眼看一看这块金属的色泽,亲手掂掂这块金属的重量,等等。所谓"间接经验证实"就是在直接经验的基础上,通过演绎推理的方法证实。卡尔纳普说:"现在我们注意到间接证实的问题,因为这个问题对于我们比较重要。一个不能直接证实的命题,就只能通过间接的证实,即对从这个命题与其他已证实的命题一起推导出来的命题加以证实。"② 卡尔纳普以"这把钥匙是铁做的"这个命题为例:说明这种间接证实的过程如下:

(1)"这把钥匙是铁做的",这是一个有待证实的命题。

(2)"铁制的东西放在磁铁附近就会被吸引",这是一个已经被证实的物理定律。

(3)"这是一块磁铁",这也是已经被证实的命题。

(4)"把这把钥匙放在磁铁附近"这可以通过行动被直接经验证实。

(5)"这把钥匙会被磁铁吸住",这是一个预言,也可被直接经验证实。

卡尔纳普指出:如果这个预言被直接经验证实了,命题(1)就得到了间接的证实,反之就被间接地证伪了。③

但是卡尔纳普等逻辑实证主义者们认为:间接证实是不可靠的,因为它们的"确证"只是或然的,而不是必然的。这是因为:1."磁铁能吸铁"这是一个从过去的经验中归纳出来的命题,它是否适用于今天,只有或然性没有必然性。2."铁能被磁铁吸引"这只是铁的一个属性,不是它的全部属性,铁的属性是无限的,因而对它的确定性的间接证实也是不可

---

① Paul Rudolf Carnap, *Philosophy and Logical Syntax*, London:Routledge, 1935, p. 10.
② Ibid., p. 11.
③ Ibid., pp. 11 – 12.

能的。卡尔纳普写道:"绝对的确定性,我们是得不到的,因为可以从命题(1)中演绎出来的命题是无限的。我们在将来总有找到相反例子的可能性,不管它的或然率有多小。因此,命题(1)是不可能完全被证实的,我们只能说它是一个假设。"①

经验的间接证实果然不可靠,经验的直接证实就可靠吗?开始,他们认为没有问题,但是后来有了争论,以至改变了着法。其理由是:

首先,感觉中有错觉和幻觉。早在古希腊、罗马时期,怀疑主义者们就提出:对于同一事物,不同的人有不同的感觉,同一个人对于同一事件在不同的生理、心理等条件下也有不同的感觉,等等。赖欣巴哈在他《科学哲学的兴起》一书中就论述了直接经验证实的这种不可靠性。他无可奈何地承认,仅凭直接经验,人们连幻梦与现实也无法判别。他写道:"当我们做梦时,我们并不知道我们在做梦,只有以后醒来时,我们才能认清我们的梦是梦。那么,我们怎能自称我们现在的经验是属于比梦中的经验更可靠的类型呢?"又说:"现在我们在清醒中还是在梦中,这是无法判定的。我们经验过一些梦境,我们以为清醒了,但是错了,我们在做梦。同样的事情现在会发生吗?我们不能排除我们将在以后若干时候能发现我们现在是在梦中的可能性……我们并没有这种不会发生的绝对保证。"② 这是主观经验主义走投无路的最好供词。

其次,直接经验即感觉具有主观性或私人性。这是因为每个人只能感受自己的感觉,无法感受别人的感觉。因而各人对于同一个事物的感觉内容是否相同是无法判定的。我看这朵花是"红"的,别人也说是"红"的。我感觉中的"红"与别人感觉中的"红"是否相同,由于彼此不能互相交流,因而它是无法判定的。何况人们已经知道,正常人的感觉与色盲患者的感觉是不一样的。那么所谓经验的直接证实,究竟应以谁的直接经验为准呢?

于是他们就放弃了经验的内容的证实,而改以经验的语言表述的证实。因为,各人所感觉的内容虽然是私人的,不能互相交流,但是人们的语言却是共同的,可以互相交流的。我感觉中的"红"与你感觉中的

---

① Paul Rudolf Carnap, *Philosophy and Logical Syntax*, London: Routledge, 1935, p. 13.
② 赖兴巴哈:《科学哲学的兴起》,1954年英文版,第29、265页。

"红"，其经验内容是否相同，虽无法判定，但人们对它所使用的语言符号："红"却是共同的，它们是可以互相交流，彼此鉴定的。因而后来，逻辑实证主义者们放弃了原来关于以个人直接经验的内容的证实这个见解，而改为以共同语言的证实的见解，即不以直接经验的内容作为判别命题真伪的基础，而改以共同的观察记录陈述作为判别命题真伪的基础了。他们的前一种观点，人们称之为"现象主义"，而称后一种观点为"物理主义"或"约定主义"。卡尔纳普原先倾向于现象主义，经与纽拉特争论后，他就倾向于物理主义或约定主义了。

但是，这种约定主义并不能最终拯救逻辑实证主义。当讨论进一步深入时，新的问题又相继出现了。例如：1. 科学的观察陈述必须是正常人的观察陈述。例如一个色盲患者的观察陈述是不能用来判定"这朵花是红的"这个命题的真伪的。那么由谁来鉴别正常人与非正常人呢，由医生来鉴别吗？医生自身需要别人鉴定。例如医生 A 需要医生 B 鉴定，医生 B 又需医生 C 鉴定……这样就陷进无穷回归这个可怕的陷阱中去了。2. 科学的观察陈述必须是列尽具体条件的观察陈述，这是因为对于同一个事物在不同时间、地点、条件下的观察结果是可以不一样的；如在不同光照和不同介质的条件下，观察到的物体的颜色和形状是不一样的。但是条件是无限的，要列尽具体条件是不可能的，等等。逻辑实证主义者们深深为这些问题所困惑，以至最终不得不宣布放弃这个基本原则（如奎因等人），从而导致了这个流派的衰落。

卡尔纳普等人的经验证实原则的根本错误在于夸大了感性经验在认识中的作用。感性认识在认识过程中具有重要的作用。没有感性认识，就没有理性认识，因而也就不会有实践。但是感性认识可能有错误（错觉、幻觉等），它必须与理性认识结合，并通过实践来纠正。马克思主义告诉我们：实践是检验真理的标准。逻辑实证主义者们不肯承认这个标准，而把它归之于感觉经验，从而只能在主观经验主义的泥潭里翻滚而无法自拔。

（二）卡尔纳普论"语言的两种职能"

排斥"形而上学"是逻辑实证主义坚持经验证实原则的主要目的之一，实际上他们是企图排斥唯物主义。但是，如果根据这种观点，那么不仅物质与意识的关系等哲学问题没有意义，就是连善、恶、美、丑等许多伦理学和美学中的价值问题也都将因不能被经验证实与证伪而被视为"伪"问题,而被拒斥于讨论之外了。为此,他们遭到了"否弃道德原则","无视美丑区别"的社会责难。为了逃避这种责难,他们提出了关于语言的两种职能的理论。

卡尔纳普断言语言有两种性质完全不同的职能:表述职能(representative function)与表达职能(expressive function)。他说:"我们必须区分语言和文字的两种职能:一种是表述职能,另一种我们称之为表达职能。"① 他认为,语言的前一种职能——表述职能的任务在于表述经验事实。它的命题都是表述经验事实的命题,如"这朵花是红的""那只天鹅是白的"等等。它们都适用于经验证实的原则,即能凭经验判明它们的真伪,因而它们是有意义的命题。但是,语言的后一种职能——表达职能,它们并不表述经验事实,而只表达个人的内心世界,即自我的感情、意志和愿望等等(逻辑实证主义并不把内心的感情等列入经验之列)。如伦理学、文学等方面的命题或句子都属于这类命题或句子。它们虽有表达个人感情的作用,并能以此感染别人,但是却没有任何表述经验事实的作用。它们是无所谓真与假的,因而它们是没有任何意义的。卡尔纳普写道:"形而上学的命题,就像抒情诗一样,只有表达作用,没有表述作用,它们既不真,又不假,它们对任何也不肯定,因而既不包含知识,也不会有错误,它们完全在知识领域之外,即是在真与假的范围之外的,它们就像笑、抒情诗和音乐一样是表达性的。"②

卡尔纳普声称,他上面所说的"形而上学命题没有意义"只是指在认识论或科学知识方面没有意义,而不是说没有任何社会生活方面的"价值"。如伦理学的一些有关善与恶的命题,文学艺术方面的一些有关美与丑的命题,它们从认识论或知识论方面说来虽没有意义,但是从人类社会的生活方面说来却是有价值的,因而是一些不具有意义,但具有价值的命题——"价值命题"。③

卡尔纳普还认为,唯心主义与唯物主义的命题也都属这类命题,它们跟伦理学命题和文学命题一样。没有表述作用,却有表达作用,即虽不表

---

① Paul Rudolf, *Philosophy and Logical Syntax*, London: Routledge, 1935, p. 27, p. 29.
② Ibid..
③ Ibid., pp. 23 – 25.

述任何经验事实,但却表达了哲学家们的内心感情,因而都是有"价值"的。他说:如"一元论"表达了哲学家的内心世界的"宁静与和谐","二元论"表达了哲学家的"永久奋斗"精神;唯心主义表达了哲学家的心理方面的"内向性",唯物主义表达了哲学家的心理方面的"外向性"等等。① 因此,在他看来,唯物主义与唯心主义一样,并没有认识客观世界的指导意义,而仅是一种哲学家的心理倾向。他还以同样的理由肯定了宗教神学的价值。因为他认为,宗教神学能给人们以"安慰和希望"。因此卡尔纳普说:"形而上学的非理论的性质,并不是它本身的缺点,一切艺术都有这种非理论的性质,可是它并不因而对个人生活和社会生活就失去高尚的价值。形而上学的危险是在于它的欺骗性,它给人们以知识的假象,但却并不具有任何知识性,这就是我们所以反对形而上学的理由。"②

卡尔纳普声明:他们抛弃形而上学,但并不抛弃传统哲学的全部内容。他们认为,传统哲学的内容大体上包括下列三个方面:1. 形而上学;2. 心理学;3. 逻辑学。卡尔纳普说:"我们可以将传统哲学分为三种主要的问题和理论,为了简便起见,我们将这三部分称为形而上学、心理学和逻辑学。"③ 他认为,传统哲学的第一部分:形而上学部分,由于它们的命题的性质与文学、伦理学的命题相同,应归入文学艺术的范围。传统哲学的第二部分:心理学部分,由于心理学已采用实验的方法,它已发展成为一门独立的经验科学,它应与物理学、化学、生物学等一起归入经验科学的范围。因而他认为,余留下来的只是传统哲学的第三部分:逻辑学部分。他说:"这样一来,最后,哲学就只是逻辑(广义的'逻辑')了。"④ 因此,他断言今天科学哲学的任务应不是讨论物质与意识的关系等问题,而是对科学的语言体系(命题系统)进行逻辑的分析。他说:"形而上学与其说是理论,毋宁说它们是诗歌。用科学方法来研究自然的哲学,其对象并不是自然科学,因此科学哲学的任务是对科学作逻辑分析,或者说,是对科学的语言系统作句法分析。"⑤

---

① Paul Rudolf, *Philosophy and Logical Syntax*, London: Routledge, 1935, pp. 29 – 30.
② Ibid., p. 31, p. 9.
③ Ibid..
④ Ibid., p. 31, p. 84.
⑤ Ibid..

卡尔纳普等逻辑实证主义者们关于语言两种职能的绝对区分是错误的。首先，语言（科学语言）不是表述主观经验世界，而是表述客观物质世界的。它们是客观物质世界的本质和规律的反映。其次，文学语言和伦理学语言也并非单纯表达内心世界的，它也表述客观世界，因为美丑善恶都是对客观事物和行为的表述和评价，它们也有客观标准。而哲学，乃是自然知识和社会知识的概括和总结，在阶级社会中，它们是不同阶级的世界观，它们或者正确，或者错误地表述了客观世界。逻辑实证主义者们把文学语言、伦理学语言和哲学语言说成是不表述客观世界的纯粹心理或感情的东西，这就从根本上否定了评价善恶、美丑，唯心主义和唯物主义的客观标准，把它们归结为完全相对主义的东西，在客观上为错误的文学、伦理学和哲学理论效劳。最后，逻辑实证主义者们否定传统的哲学问题，即关于物质与意识的关系等问题，把它们归结为毫无意义的形而上学问题也是错误的。哲学是世界观和方法论的统一。物质与意识关系等哲学的根本问题，也是世界观和方法论的根本问题。否定它们，把它们说成是毫无意义的"形而上学"，这就从根本上否定了哲学的世界观和方法论的意义，否定了哲学对认识世界和改造世界的极为重要的指导作用。

总之，"哲学只是逻辑句法"，"哲学的方法只是逻辑分析的方法"，这就是他们的结论，而这些结论的真实内容是拒斥辩证唯物主义，肯定主观经验主义。

应该指出，自20世纪40年代以后，逻辑实证主义从逻辑分析的阶段发展到语义分析阶段，即认为哲学的任务不仅是对语言进行逻辑句法分析，而且还应对它进行语义分析。但是，他们所说的语义分析，仅仅是从语言形式的角度进行的语义分析，因而，并没有改变他们上述主观经验主义的立场。

（三）卡尔纳普论"两种真理：经验真理与逻辑真理"

卡尔纳普把哲学的任务看作对科学进行逻辑句法分析。这里涉及对科学的定义问题。什么是科学？他们认为，科学是表述经验事实的，因此一切科学都是经验科学。经验科学的任务是对观察和实验中所获得的经验事实作逻辑系统化和简明化的表述。因此科学是使经验事实逻辑系统化的语言系统或命题系统。这个系统由两类不同性质的命题或句子：对象句子和句法句子组成。① 对象句子表述经验事实如"这朵花是香的""那只天鹅是白的"等等。它们是对经验事实的记录陈述。句法句子是表述有关概念（语词）和命题（句子）之间的逻辑句法关系的陈述。它们的任务是使经验的表述逻辑系统化。

与上述两类命题相联系的是两类不同性质的真理：经验真理和逻辑真理。所谓经验真理，就是根据经验证实原则已经被经验（观察和实验）证实的经验命题或事实命题。如果这个命题被观察证实了，它就是经验真理。所谓逻辑真理，则是符合逻辑法则的逻辑陈述，它们并不表述经验事实，只表述经验符号之间的逻辑句法关系。因此它们只要符合逻辑句法的规则，就是真的；否则就是假的。卡尔纳普说："一个语句是真的或是假的，仅根据语言的规则就可以知道的。"②

卡尔纳普等逻辑实证主义者断言：科学的经验真理是或然真理，而逻辑真理则是必然真理。为什么科学的经验真理是或然真理呢？他们认为，因为科学命题是对经验事实的普遍陈述，它来自对经验事实的归纳。归纳法是从过去推知未来，从个别推知一般的逻辑方法。他们认为，用这种方法得到的真理，只能是或然的，不能是必然的。因为过去的经验重复只表明过去，并不表明未来。它并不能保证今后必然重复，赖欣巴哈说："我们没有办法预测未来。迄今为止，我们看到太阳每天早晨出来，因而相信它明天也会出来，但这是没有根据的……为什么河流明天不会往山上流呢。"③ 他们认为，诚然，同一类事情在过去经验中出现的次数愈多，它们在今后的经验中出现的可能性也就愈大，但它告诉人们的只是一种或然性，即概率，而不是必然性，即它们只是或然真理，而不是必然真理。他们断言：事实上在经验事物中是没有任何必然性的，我们推知的只是概率。赖欣巴哈写道："归纳推论的研究属于概率理论的范围内，因为可观察的事实只能使一个理论具有概率的正确性，而永远不能使一个理论绝对地确定。"④

但是逻辑真理却是必然真理。为什么呢？因为，他们认为，逻辑真理

---

① Paul Rudolf, *Philosophy and Logical Syntax*, London: Routledge, 1935, p.60.
② Ibid., p.48.
③ 赖欣巴哈：《科学哲学的兴起》，第88页。
④ 赖欣巴哈：《科学哲学的兴起》，第231页。

表述的不是经验事实，而是逻辑关系，而逻辑关系本质上是一种同义的反复。例如"2＋2＝4""单身汉是没有结婚的男人"等命题都是永真的逻辑真理。它们所以永真，是因为它们并没有表述任何经验事实，而只是一些与经验事实完全无关的同义反复或重言式命题。如"2＋2"是"4"的同义词，说"2＋2＝4"无异于说："4＝4"；"单身汉"是"没有结婚的男人"的同义词，说"单身汉是没有结婚的男人"无异于说"没有结婚的男人是没有结婚的男人"。在这里，只是在形式上做了同义词的替换，并没有告诉人们以任何新的经验知识，它也不可能告诉人们以任何新的经验知识。赖欣巴哈说："演绎的价值是立足于它的空虚上的，正因为演绎不会把任何东西加在前提里面，它就可以永远应用而不会有失误的危险。说得更确切一些，结论不会比前提可靠。演绎的逻辑功能便是把真理从给予的陈述中传递到别的陈述中去——但这就是它所能办到的全部事情。"[①]

逻辑真理既然不告诉人们以任何经验事实，而只是同义反复，那么它与上述"形而上学"一样，是一些"毫无意义"的"废话"吗？不，他们认为，逻辑真理虽不能告诉人们以经验知识，但是却能使经验知识化繁为简，化无条理为有条理，使它们系统化、简明化。它们与数学中的"0"相似，"0"是"一无所有"，但却在数学的演算过程中起着极其重要的简化作用。作为同义反复的逻辑真理也与之相类似。因此，它与上述"形而上学"不同，在认识论领域中不是没有意义的。

卡尔纳普等逻辑实证主义者认为，经验真理要根据"经验证实原则"受经验的检验；逻辑真理则受逻辑句法规则的检验。即一个逻辑陈述只要它是符合逻辑句法规则的就是真的，否则就是假的。那么为什么逻辑陈述一定要符合逻辑句法规则？这些逻辑句法规则又是从哪里来的呢？马克思主义告诉我们，逻辑法则是客观现实的最一般关系的反映。他们却否认这一点。然而他们也不同意唯理主义的逻辑先验论，而认为逻辑句法规则是人们任意约定的。这就像博弈规则是博弈者们任意约定的（如玩纸牌的规则是玩纸牌的人们所约定的）一样。他们认为，逻辑句法规则一旦为社会所约定，人们就必须采取"容忍"的态度而遵守之，因此卡尔纳普称这种约定主义的原则为"容忍原则"。他写道："对于语言的形式，我们在每一

[①] 赖欣巴哈：《科学哲学的兴起》，第37—38页。

方面都有完全的自由；不论构造句子的规则和变形规则（后者通常称为基准和推论规则），都可以十分任意地选择。"①

他们十分推崇这种约定主义的见解，认为把逻辑句法规则归结为人的约定是他们的重大贡献。因为他们认为，经验主义在反唯理主义的长期斗争中所以未能取得彻底胜利，就是由于未能从根本上驳倒"逻辑法则先验性"的见解，如他们的先驱者罗素和维特根斯坦就是这样。现在他们做到了，因而经验主义就彻底胜利了。卡尔纳普就曾因此而得意地写道："逻辑之船终于克服最后的障碍而驶离大陆了，现在展现在我们面前的是广阔无际的海洋。"②

逻辑实证主义者关于逻辑问题的许多看法是错误的。虽然他们中的许多人是逻辑学家，对数理逻辑有过重要的贡献。应该承认，逻辑实证主义者们并没有从根本上否定演绎逻辑，相反，他们中的某些人还发展了演绎逻辑，因为数理逻辑属演绎逻辑。但是，他们是归纳主义者，因为在知识的来源问题上他们根本否认演绎法，认为知识仅来源于归纳法。这种观点是错误的；其错误的根源在于割裂了归纳法与演绎法的辩证统一。马克思主义告诉我们：归纳法与演绎法是辩证统一的。如果把两者形而上学地割裂开来，那么它们都不能给人以新知识；反之，如果把两者辩证地结合起来，并置之于以实践为基础的整个认识过程之中，那么两者都是获得新知识所不可缺少的环节。逻辑实证主义把演绎推理看作与经验事实无关的同义反复，其错误就在于割裂了演绎推理与归纳推理的联系。试以1672年牛顿发现白色的日光由七色合成为例。牛顿从雨后彩虹、日光透射喷水泉而发生七彩等等自然现象中归纳出"日光可能由七色合成"的假设。并以此假设为前提，通过演绎推理得知：如果七彩合成白色的日光，那么通过三棱镜的分解，白色的日光就能分成七彩。后经三棱镜分解的实践检验，白色的日光果真分解成为七彩，并再通过聚光镜复可将七彩合成白光，从而证实了上述假设，获得了新的科学知识。如果把上述演绎推理过程孤立起来考察，其前提是"七彩合成白光"，结论是"白光分成七彩"，这的确近乎同义反复，没有给人以新知识。但是事实并非如此。因为，在这里，前

---

① 卡尔纳普：《语言与逻辑句法》，1937年英文版，第15页。

② 卡尔纳普：《语言与逻辑句法》，第15页。

提仅仅是假设。而结论，经演绎推理并经实践的检验，却成为确实无疑的新知识。其实，如果真如逻辑实证主义者们所认为的那样，演绎推理仅是同义反复，那么它仅是一种思维游戏，也就不可能在认识过程中占有如此不可缺少的重要地位了。

（四）赖欣巴哈论"科学是假设"

赖欣巴哈认为，一切科学的理论、原理和定律都是假设。理由是：它们都是来自归纳的经验真理，而归纳真理或经验真理都不是必然真理，而只是或然真理，即假设。例如牛顿力学是对天上运动和地下运动的经验现象的归纳，所以它是或然真理；达尔文进化论是对生物演化的经验现象的归纳，它也是或然真理。它们对于未来来说却不是绝对确定的，而仅是一种可能的假设。赖欣巴哈写道："一切科学知识都是概率性知识，只能在假定的意义上被确认。""如果我们所说明天下雨的概率是百分之八十，我们就假定明天会下雨，并据此而行动；如果我们得到消息，股票市场也许会跌价，我们就卖出我们的股票。如果我们说，申请某一职位也许可以获得高薪，我们就去申请。虽然所有陈述都只是或然的，但我们却当它们为真，并据此而行动，也就是说，我们把它当作假设。""科学知识就是这样一些预言性的假设。"①

由于一切科学理论、原理和定律都是或然性的假设，对于未来它们可能正确也可能不正确，因而它们都是相对真理。今天是真的，明天可能变成假的，应用到这个地方是真的，应用到另一个地方可能会是假的。例如几百年来都认为牛顿力学是真理，但是近几十年来却发现它错了，它已经被爱因斯坦的相对论所代替了。但是，爱因斯坦相对论的真理性也是相对的，明天它也有可能变成假的，而为另一种概率更大的新的理论所代替。总之，科学中没有永远正确、绝对正确的永恒真理；也没有永远成功、绝对成功的科学家。科学家在科学实践中是成功还是失败，全凭"机遇"。赖欣巴哈甚至这样写道："自然中的事件与其说像运行着的星体，不如说像滚动着的骰子；这些事件是为概率所控制，而不是为因果性所控制的。科学家与其说是先知，不如说像赌棍，他只能告诉你最好的假定，而绝对不能事先知道这些假

---

① 赖欣巴哈：《科学哲学的兴起》，第241页。

定是真还是假。"① 逻辑实证主义的科学观是一种相对主义的科学观。它的根本错误在于否定科学真理的相对性与绝对性的辩证统一。科学真理是绝对的，因为它正确地反映了客观事实，科学真理又是相对的，因为它只是在一定条件下或一定程度上正确地反映了客观事实。科学真理的发展是一个从相对真理走向绝对真理的过程，或者说是一个不断发展科学真理中的绝对真理因素的过程。牛顿力学真理是相对的，这不是说它是或然的，而只是说它在一定条件下，即宏观—低速运动的条件下才是必然的。爱因斯坦相对论也是如此。不过它比牛顿力学具有更多的绝对真理因素，因为它比牛顿力学具有更大程度和更广范围内的必然性，它既适用于宏观—低速运动，又适用于微观高速运动。逻辑实证主义不仅把科学真理的相对性与它的绝对性形而上学地对立起来，因而因肯定科学真理的相对性而否定它的绝对性，而且还把科学真理的相对性错误地与或然性等同起来，因而把它说成一种假设或猜测。从而把科学等同于赌博，把科学家等同于赌棍，这再好不过地表明了他们的哲学的基本观点是何等错误。

（五）卡尔纳普论"实质的说话方式"与"形式的说话方式"

卡尔纳普等逻辑实证主义者认为：在科学命题系统中有两类性质不同的命题或句子：对象句子和句法句子。他们还认为，人们在说话中有两类性质不同的说话方式：实质的说话方式与形式的说话方式。所谓实质的说话方式，就是用对象句子表述经验事实的说话方式，例如科学家们在表述科学事实时就采用这种说话方式。所谓形式的说话方式，就是用句法句子表述逻辑句法关系的说话方式，例如逻辑学家在分析语言中的逻辑句法关系时就采用这种说话方式。卡尔纳普写道："实质的说话方式的语词指的是事物，而形式的说话方式所涉及的只是语言的形式。"②

如果人们在不同场合分别采用上述不同的说话方式，如在表述逻辑句法关系时，采用形式的说话方式；在表述经验事实时采用实质的说话方式，那么许多因语言的意义的误解而造成的争论，就不会发生了。但是事实并非如此，人们在表述经验事实时，果然总是采用实质的说话方式，但

---

① 赖欣巴哈：《科学哲学的兴起》，第 248—249 页。
② 卡尔纳普：《哲学与逻辑句法》，傅季重译，上海人民出版社 1962 年版，第 64 页。

是在表述逻辑关系时,却常常习惯于使用实质的说话方式,这不仅由于人们不是逻辑学家,不习惯或不善于用形式的说话方式说话,还在于形式的说话方式比较抽象、空洞,不如实质的说话方式生动而容易令人理解。卡尔纳普说:一般说来实质的说话方式比较合乎习惯,易于了解,它经常比形式的说话方式简短而富于想象性,因而应用实质的说话方式经常是需要的。① 所以他认为,不仅人们在日常生活中,就是逻辑学家在专门论述逻辑句法时,也常常会有采用实质的说话方式的情况。这样就使得在上述两类句子(命题)之外,出现了第三类句子(命题):假的对象句子。"假的对象句子"就是一种在形式上像是表述经验事实,实质上却是表述逻辑句法关系和句法句子。卡尔纳普说:"有许多语句,实质上是句法句子,可是它却具有一种欺骗的形式,这种形式使得人们认为它们是对象句子。"② 例如下列三句语句分别属句法句子、对象句子和假对象句子:

1. "巴比伦是一个大城市。"这是一句对象句子,因为它表述了巴比伦这个城市的空间面积(大)这一个经验事实。

2. "我在讲话中使用了'巴比伦'这个词。"这是一句句法句子,因为它并没有表述任何经验事实;"巴比伦",在这里所表示的仅是一个词,或一个语言符号。

3. "我在讲话中讲到巴比伦。"这是一句假对象句子,形式上似乎讲到了巴比伦这个城市,实质上它与上一句句子是一样的,这里的"巴比伦"所表示的,也只是一个词,或一个语言符号。

卡尔纳普等人认为,假对象句子是人们在日常生活中,甚至在逻辑句法的专论中都是难以禁用的一种句子。但是它却具有"危险性"。他们认为:许多传统的哲学句子就是这类句子。历史上发生过的许多唯心主义与唯物主义的争论,其根源就在于对这类假对象句子的误解,即是把假对象句子误解为真对象句子的结果。卡尔纳普说:"大多数哲学语句就是这样欺骗我们的,因为它们都是假对象句子。"③ 因此他们认为,如果把传统哲学中的假对象句子解释成为句法句子,即不用实质的说话方式而用形式的

---

① 参见洪谦《西方现代资产阶级哲学论著选辑》,第309页。
② Paul Rudolf, *Philosophy and Logical Syntax*, London:Routledge, 1935, p.68.
③ Ibid., p.67.

说话方式讨论问题,那么它们的一切对立就可立刻消失,所有无谓的争论就自然平息了。卡尔纳普说:"种种毫无根据的哲学争论是可以凭借把争论中的这些实质说话方式翻译成为形式的说话方式而予以解决的。"① 他举例如下②:

哲学句子(假对象句子)	句法句子
a. 贝克莱:物是感觉材料的结合;	b. 每一个只有物的名称的句子都等于一类不具有物的名称的句子。
a. 唯物主义者:物是原子的结合;	b. 每一个具有对象名称的句子,都等于具有时空坐标和一定物理学的描述算符的句子。

这意思是说,贝克莱的主观唯心主义命题:"物是感觉的复合"与唯物主义的命题:"物是原子的复合",都属假的对象句子,它们的"事物""感觉"和"原子"这几个词,并不表述经验事实;而仅表示一个词,一个语言的符号。唯物主义把"原子"这个符号与"物"这个符号互相等值,贝克莱把"感觉"这个符号与"物"这个符号互相等值,其实"原子"这个符号与"感觉"这个符号也是互相等值,可以彼此替换(互译)的。因而如果把他们这两个句子都翻译成句法句子,那么它们之间的对立就立即"消失",矛盾就可以调和,争论也就自然休止了。卡尔纳普写道:"哲学家们之间最常见的争论是关于物是什么的问题。实证主义者认为'物是感觉材料的结合';实在论则认为'物是物理材料的结合',于是毫无意义的争论就开始了。其实,双方都可以是真的,问题出在说话的方式上。"③

逻辑实证主义者的这种见解显然是荒谬的。世界是物质的,还是精神的;物是原子的组合,还是感觉的组合等等这样一类具有根本性的重大问题的争论能把它们归之于仅仅是语言的误解吗?显然,这是由于他们的主观经验主义的观点作祟。原来,他们把万物归结为感觉。在他们看来,"物质""原子"不过是"感觉"的同义词,即"感觉"的不同符号。因而他们认为,说"世界是物质的",无异于说"世界是经验";说"物由

---

① Paul Rudolf, *Philosophy and Logical Syntax*, London: Routledge, 1935, p. 69.
② 洪谦:《西方现代资产阶级哲学论著选辑》,第303页。
③ Paul Rudolf, *Philosophy and Logical Syntax*, London: Routledge, 1935, p. 81.

原子组成",无异于说"物由感觉组成"等等。这样他们就可以在日常生活中大谈"物质",在科学研究中大谈"原子",而在哲学中则大谈其主观经验主义,而不会与科学和常识过分相悖了。然而,归根到底,他们仍然是主观经验主义与荒唐的唯我论。

（六）卡尔纳普的"物理主义——方法论的唯物主义"

卡尔纳普和纽拉特等逻辑实证主义者宣称,他们反对本体论的唯物主义,但不反对"方法论的唯物主义"。不仅如此,他们还是"方法论的唯物主义"者,因为他们主张"物理主义"。

那么,他们所主张的"物理主义"究竟是什么呢？

逻辑实证主义认为,科学是表述经验世界的。经验世界是统一的,因而科学也应该是统一的。但现在的情况是,各门学科都各自的专门概念、术语,从而造成了互相之间的隔阂。例如物理学有物理学的语言；化学有化学的语言；生物学有生物学的语言；各门社会科学有各门社会科学的语言等等。因而为了实现科学的统一,就应该实现科学语言的统一。那么应该在哪一门科学语言的基础上统一起来呢？卡尔纳普认为,应该是物理学语言。因为他认为,色、香、味、声、大、小、方、圆等等物理概念都是经验世界的基本概念。而各门科学是表述经验世界的,如果把各门学科的语言都翻译成物理语言,那么它们就达到彼此流通而互相统一了；或者说,就可以把一切科学的对象都还原为色、香、味、声等经验要素了。卡尔纳普写道："物理主义的理论认为,物理语言是一种普遍的科学语言,也就是说,一切属于科学的任何层次领域的语言,都可以等价地翻译成物理语言。从这就推出,科学是一个统一体系,在这体系里没有根本不同的对象或领域。这就是关于科学统一的理论。"[1]

但是,使用物理语言最为困难的学科是心理学。心理学研究的是人的内心心理活动,人的内心心理活动是无法用大、小、方、圆等物理概念来表述的。如欢乐、愤怒、牙痛、心慌等等心理状态如何用物理语言表述呢？为了克服这种困难,卡尔纳普采用了行为主义的立场,即用躯体的外部行为来代替内心的心理活动。他认为,描述内心心理状态的语句与描写

---

[1] 卡尔纳普:《语言的逻辑句法》,第320页。

外部躯体状态的语句是彼此等值,可以转换的。卡尔纳普写道:"为了便于说明,我们可以以这样一个心理的陈述为例:'在十点钟时 A 先生发怒了'。我们知道与这个语句同义的物理语句是:'在十点钟时,A 先生的身体起了变化;呼吸率和脉搏率增加,某些肌肉紧张,并产生了某些强暴的行为,等等'。"① 这就是说,"愤怒"这个心理学的语词,与"面红耳赤""咬牙切齿""暴跳如雷"等物理学的语句是同义或等值的,人们应该以后者替换前者,因为后者是物理语言,是观察命题或经验事实的记录陈述。只有这样才能达到科学陈述的"主观间性"(即主观之间,各个人之间)和普通性,才能达到经验科学在物理语言基础上的统一。卡尔纳普写道:"我们知道,与物理主义有密切联系的是科学的统一这个主张。假如每个语句可以翻译为物理语句,那么这种语言便是包罗一切的语言,是科学的一种普遍语言……各种科学就构成一个统一科学了。"②

卡尔纳普等人认为,由于他们主张物理主义,主张把心理的描述归结为物理的描述,因而在这个意义上他们是"唯物主义"的。不过不是"本体论的唯物主义",而是"方法论的唯物主义";因为在本体论上他们是坚持经验主义(实际上是主观经验主义)的,即坚持讨论经验之外是否有物质存在是没有意义的。卡尔纳普写道:"可以认为肯定物理语言是普遍语言的观点是方法论的唯物主义;……我们这种研究问题的方法通常被称为实证主义的,但是它也可以称作为唯物主义的。只是不要忽略旧式的唯物主义与方法论的唯物主义之间的区别就行了。"③ 不言而喻,卡尔纳普等人的"物理主义"并不是真正的物理主义,而是主观经验主义。因为他们并不把整个客观世界归结为经验之外的原子、分子等物理客体的结合,而是把它归结为色、香、味、声等主观感觉的结合。卡尔纳普等人把人的主观心理活动归结为人的外部行为活动,这不是物理主义,而是行为主义。而他们的行为主义是主观经验主义的。因为他们并不承认人的行为存在于主观经验之外,而把它们最终仍然归结为色、香、味、声等主观感觉的结合。马克思主义唯物主义并不否认心理现象。但是它正确地认为心理活动

---

① Paul Rudolf, *Philosophy and Logical Syntax*, London: Routledge, 1935, pp. 89 - 90.
② Ibid., p. 97.
③ 康福斯:《科学与唯心主义的对立》,第 172 页。

属于意识现象,它是第二性的,是客观社会物质生活条件的反映。总之,卡尔纳普等人的"物理主义"并不是真正的物理主义,而是企图把客观世界的一切,以及人的内心心理都归结为主观感觉的主观经验主义。而他们的方法论也不是"唯物主义"的方法论,而是主观经验主义的方法论。

第十五章　日常语言哲学学派

第二次世界大战前，当逻辑实证主义在欧洲大陆开始流行的时候，英国出现了另一种与它有亲缘关系的哲学流派——日常语言哲学学派。逻辑实证主义与日常语言哲学学派都是语言哲学，都属新实证主义，是实证主义的第三代。它们都断言讨论经验范围以外的问题就是"形而上学"，都主张对语言进行分析。不过，逻辑实证主义属形式语言或人工语言哲学。它反对日常语言，认为日常语言词义含混，逻辑混乱，它是造成表述含义不清以及"形而上学"无谓争论的根源。因而主张抛弃日常语言，仿照数理逻辑，另创一种理想化的人工语言或形式语言。这种语言的每一个符号（词）都代表一个能为经验证实或证伪的确切的经验含义；每一个句子都根据数理逻辑化的逻辑句法严格构成。他们认为，只有使用这种语言才能根本消除科学表述中的含混和歧义，彻底清除哲学中的唯心主义和唯物主义等"形而上学"的无谓争论，从而使科学和哲学得以健康、正确的发展。但是如前所述，逻辑实证主义的这种主观经验主义的主张，在理论上遇到了许多无法克服的困难。日常语言哲学就是企图克服这种困难而另创的一种实证主义语言哲学。它所以称为"日常语言哲学"是由于它主张日常语言是完善的。它认为各种"形而上学"争论和科学认识错误的根源，不在于日常语言本身，而在于人们没有正确了解、使用日常语言的规则或方法，错误地使用了日常语言。它还认为，日常语言与人们生活密切相关，它丰富多彩，不断变化，远非任何人工语言或形式语言所能替代。

　　日常语言哲学和逻辑实证主义的思想都渊源于英国新实在论的两个创始人：摩尔和罗素。如果说罗素是逻辑实证主义的先驱者，那么摩尔则是日常语言哲学的先驱者。摩尔断言传统哲学中的"形而上学"问题，如世界的本原及物质与意识的关系等问题，都是因违背常识的观点所引起的，因而主张通过用常识的观点解释语言的意义，以"解决"唯物主义与唯心主义的"纠纷"。摩尔的这种思想后来为维特根斯坦（后期）所继承和发展，以至形成日常语言哲学这个新的流派，因此，维特根斯坦（后期）被人们公认为这个流派的奠基人。

日常语言哲学发祥于30年代英国的剑桥大学，它的主要代表是威斯顿（John Wisdom）；战后流行于牛津大学，它的代表人物有赖尔（G. Ryle, 1900—1976）、奥斯汀（J. L. Austin, 1911—1960）、斯特劳逊（P. Strawsen）、厄姆逊（J. O. Urmson）等人。人们称前者为"剑桥学派"，称后者为"牛津学派"，或合称为"剑桥—牛津学派"。后来这个流派又流传到美国。美国的日常语言哲学的代表者则有布莱克（Max Black）等人。60年代后它逐渐衰落，但在今天的英国和美国仍有一定影响。

一　维特根斯坦的日常语言哲学

维特根斯坦自1929年从奥地利重返剑桥大学后（1933年前后），在摩尔的影响下，他的哲学思想发生了很大的变化。他抛弃并批判了前期关于"语言是现实的图像"，"语言是描写现实的逻辑结构"等"图像论"的思想，接受并发展了摩尔关于日常语言分析的观点，从而为日常语言哲学这个流派的理论奠定了基础。

维特根斯坦的后期思想的著作有许多是在他死后出版的，主要有《哲学研究》（1953）、《蓝皮书》和《棕皮书》（1958）等。

（一）不问意义，只问用途

维特根斯坦在他的《蓝皮书》中开宗明义地提出这样一个问题："什么是词的意义？"他说，这个问题很有"魔力"。人们总千方百计地企图去寻求这个问题的答案，总以为存在着一种与语言的每一个语词（如名词、形容词等）一一互相对应的经验对象或性质。如"火"这个词的意义就是我们经验中的"火"；"红"这个词的意义就是我们经验中的红色，等等。但是他认为，事实上并非如此简单。当人们问"什么是真理？""什么是时间？""什么是美？"并企图寻找它们的对应物时，就感到茫然了。他说：

"我们觉得：我们不能指出答复这些问题的任何东西，但是又应该指出某种东西，我们面对着哲学上使人感到困惑的重要根源之一，就在于我们要给名词找到一个它的对应物。"①

他认为，事实上这类问题的提出本身就是错误的，人们根本就不应该提出这类问题，更不应该去寻找这类问题的答案。应该提出的不是"词的意义是什么"，而是"词的用途是什么"的问题。这是因为任何一个孤零零的词，如"火"或"红"等都是没有任何确定的意义的，它并不能确切地告诉人们以什么。而只有把它们结合在一个句子中，如"火是红的""夕阳红如火"时，才有一定的意义。而且一个词在不同句子的结合中可以有不同的意义，如"火是红的""他有一颗火热的心""烈火在心头燃烧"这三个不同语句中的"火"就各有不同的意义。不仅如此，就是同一个语句，在不同的语境中其意义也可以完全不同。如"大家奋勇前进！"这句话，军官在作战中用它来向士兵下达命令时，要士兵们拿着武器向前杀敌；老师在课堂上用以教育学生时，是要学生们好好学习，努力向上等等。他又说："你真是一个好人！"这句话可以用来表扬人，也可以用来讽刺人，这全看语境或讲话人的语气。总之，他认为语言是与人的活动不可分地联系着的，对于在现实中使用着的语言，至少对于它的大多数语词，是不能抽象地做出普遍性释义的。因此，他向人们提出一个"忠告"："不问意义，只问用途。"他说："如果能作这样的问题替换，那么我们就能从寻找'意义'的对应物这个束缚中解放出来了。"②

(二) 语词是工具

在维特根斯坦看来："语言是一种工具，语词也是一种工具。"③ 应该把语言和语词看作一种用途可以变化的工具。他认为，一种工具，其本身是没有什么意义的，它的意义在于用途。语言也是这样。"语言的意义在于它的用途。"他比喻说：一把螺丝刀，它本身是没有任何意义可言的，它的意义全由它的用途决定，即要看人们用它来干什么。例如：拿它来启螺丝，它就

---

① Ludwig Josef Johann Wittgenstein, *The Blue and Brown Books* (*BB*), 1958, Oxford: Blackwell, p. 1.
② Ludwig Josef Johann Wittgenstein, *Philosophical Investigations*, 1953, G. E. M. Anscombe and R. Rhees (eds.), G. E. M. Anscombe (trans.), Oxford: Blackwell, §549.
③ Ibid., §41, §11, §7.

有启开螺丝的意义。拿它来开罐头、撬窗户或伤害人，它的意义就变了，就变成另一类工具或凶器了。语言的语词也是这样。一个孤零零的词，很难说它的意义是什么。它的意义，像工具的意义一样，全在于它的用途，全在于人们用它来表示什么。因此他说："想想工具匣中的工具吧，其中有锤子、钳子、锯子、螺丝刀、戒尺、锅、胶、钉子和螺丝钉，等等。词的功能有各种各样，正如这些工具的功能有各种各样一样。"[1]

（三）语言是一种游戏

维特根斯坦认为，除了语言的工具性特征之外，语言还有一个重要特征，即它的社会性。也就是说，语言不仅是一种工具，而且是一种社会性的工具。这种工具不是为私人所独有的，而必须在社会中共同使用。因此，他把语言比喻为一种博弈或游戏。他说："我把语言与行动的结合叫作语言游戏。"[2] 他经常把语言跟游戏或博弈相比较。他说游戏必须有游戏人共同遵守的规则才能进行。玩球，在篮球赛中必须遵守篮球赛的规则，如只许手接，不许脚踢；在足球赛中就必须遵守足球赛的规则，只许脚踢，而不许手接了。玩纸牌也是这样，同一张纸牌在不同的纸牌游戏中，它的作用是不同的。你要玩牌，你就不仅应认识各种牌，而且还必须懂得各种玩牌的规则。一张纸牌的作用（意义）是由玩牌的规则决定的。在不同的规则下，它的作用（意义）是可以不一样的。同样，语言也是这样，它也有说话者必须共同遵守的规则。同一个词，在不同使用中它的意义也不一样。因此，你要正确地说话，你就不仅应认识各种词，而且还必须懂得使用这些词的规则，严格地遵守这些规则，按这些规则正确地使用并领会各种语词；否则就会产生各种词义的误解，从而引起各种"形而上学"的纠纷。他说："什么是一个词"的问题，类似"什么是一个棋"的问题。一个棋必须按一定的规则走动才能在整个棋戏中起作用；一个词同样也必须按一定的规则结合在句子中才能在说话中表现出一定的意义。[3] 他还说：弈棋的规则不是私人的，而是弈棋双方所共有的。语言的规则也是这样，

---

[1] Ludwig Josef Johann Wittgenstein, *Philosophical Investigations*, 1953, G. E. M. Anscombe and R. Rhees (eds.), G. E. M. Anscombe (trans.), Oxford: Blackwell, §41, §11, §7.

[2] Ibid..

[3] Ibid., §108.

"私人的语言"或"私人的规则"都是荒唐可笑的。①

(四) 哲学的治疗——到日常语言的使用中去

维特根斯坦认为,哲学的绝大多数错误,产生于哲学家对语言的误解。过去的哲学家们都不懂得语言是一种工具,它们必须在使用中才有意义,而离开语言的日常使用,孤立、静止地去考察语言及其语词的意义,枉费心机地去寻找它们的对应物。其实,离开语言的使用,离开语词在使用中的用途去考察语言的意义,就像离开工具的使用及其在使用中的用途去考察工具的意义一样,是不会有结果的。他认为,哲学中的许多问题,就是哲学家们离开语词的日常使用,而去考察它们的意义所产生的。他写道:"不是每一个看起来像句子的句子都能用来认识事物,不是每一种工艺在我们的生活中都能得到应用。我们所以会把许多废话列入哲学命题的范围,其原因就在于我们对这类命题的应用考虑得很少。"②

他认为,"形而上学"是一种精神病症的语言。精神病患者讲话总是语无伦次,没有意义,别人听不懂。形而上学也是这样一类病症性的语言。属于形而上学的语言人们也听不懂,没有意义。为什么?因为形而上学哲学家不按照日常语言的规则讲话,不在具体用途中考察它们的意义;而是违反规则,脱离用途,盲目地去寻找它们的绝对意义。例如什么是"物质",什么是"精神",什么是"时间",什么是"真理",等等。在人们日常语言的使用中,它们的意义是清楚的,从来不会因此引起争论,而哲学家们离开日常语言的使用去寻找它们的绝对的对应物,于是就陷入了争论。例如人们在日常语言中总是把经验中的事物称为"物"或"物质"并按一定的日常语言规则使用它,因而从不争论。如人们日常说:在这个皮包中有物,就是说要移动它必需费力。而哲学家们却偏偏离开它的具体使用,孤立、静止地去寻找它的绝对对应物,于是就发生了无谓的争论,产生了许多形而上学问题。总之他认为,哲学的争论都是哲学家们离开语词的日常使用,而孤立地去考察它们的绝对

---

① Ludwig Josef Johann Wittgenstein, *Philosophical Investigations*, 1953, G. E. M. Anscombe and R. Rhees (eds.), G. E. M. Anscombe (trans.), Oxford: Blackwell, §119, §202.

② Ibid., §205.

意义的结果。他说:"当语言休息的时候,哲学问题就产生了"①;"哲学的混乱"总是发生于"语言像机器那样闲着的时候,而不是在它工作着的时候"②。

维特根斯坦认为,真正哲学的任务应该是"治疗"语言的精神病,应该是为哲学家们澄清语言的混乱而提示方向。他认为,一个在理论上困惑的哲学家,就像一个想到屋外去,而到处找不到门的人,或一只误入捕蝇瓶,而到处碰壁的苍蝇一样。他的哲学就是要以"语言为武器,对理智上的着魔进行斗争"③,为到处碰壁而不得出的苍蝇指出飞出瓶去的道路。④

那么,怎样才能做到这一点呢?他认为,正如没有一种包治一切精神病的绝对治疗法那样,也不存在一种解决一切哲学问题的绝对唯一的哲学方法。而应该对不同的病症采取不同的治疗,即对症下药。但是有一点总是共同的,那就是把词的使用从形而上学的方式返回到日常语言的方式中去,即对哲学问题进行日常语言的分析,按日常语言中使用的意义来理解和使用各种哲学范畴,并以日常语言中使用这些语词的实例,以补充哲学家们对它们的理解的不足。他写道:"必须把语词从它们的形而上学的用途带回到它的日常用途中来"⑤,"哲学绝不能干涉语言的实际使用,而只能描述语言的实际使用"⑥,又说:"我所能给予人们的一切只是一种方法。我不能给你们以任何新的真理。""我正在做的工作只是劝人们改变他们的思想方式。""如果哲学不能促进你对日常生活中重要问题的思考,不能使你比任何新闻记者更慎重、负责地使用那些危险的词句,那么研究哲学对你还有什么用处呢?"

总之,维特根斯坦认为,他的语言哲学是一种治疗社会心理疾病的方法。它的任务在于给"着了魔"的哲学家解除精神上的迷乱,并给他们以哲学上的安宁。所以他说:"哲学的成就在于发现这种或那种胡说,以及

---

① Ludwig Josef Johann Wittgenstein, *Philosophical Investigations*, 1953, G. E. M. Anscombe and R. Rhees (eds.), G. E. M. Anscombe (trans.), Oxford: Blackwell, §38, §132.

② Ibid..

③ Ibid., §109, §309.

④ Ibid..

⑤ Ibid., §116, §124.

⑥ Ibid..

由于理智上的失足而造成的肿伤。"[1] "我们应摧毁的是哲学中的空中楼阁，我们要清扫的是语言的基地，而哲学的空中楼阁就是建立在这个基地上的。"[2] 他认为，如果能这样做，那么所有传统哲学中争论不休的问题，就能烟消云散了。

如前所述，早期的维特根斯坦提倡语言的"符合论"或"图像论"，主张寻找语言（语词和语句）的对应物，以确定语言的意义。后来他一反这种见解，主张语言根本没有固定的经验内容，其意义完全随语境的变化而变化，这是由于他在原来的主观经验主义的道路上陷入绝境。不得不倒向相对主义。应该承认，语言的意义可以随语境的变化而变化。一个语词或语句，在不同的语境中可以有不同的含义。但不能因而就否定它们固有的客观内容。如"火"这个词的意义就是客观实在的火，虽然于"烈火在英雄的胸膛中燃烧"这一类词句中它的意义有了改变，它不再指客观实在的火，而是指英雄内心的革命气概了。但是这只是一种文学的引申，并不能因而就否定"火"这个词的固有的客观内容。否定语言所反映的客观内容，就否定了物质第一性、意识第二性这个唯物主义的根本原则，就必然倒向唯心主义和相对主义。维特根斯坦称坚持"物质第一性、意识第二性"这个唯物主义基本原则的观点为哲学的"迷乱"，而叫嚷要用他的日常语言哲学的观点来"治疗"这种"迷乱"，其实质只是在反对唯物主义，宣扬陈腐的主观经验主义和相对主义。

二 英国赖尔的日常语言哲学

维特根斯坦的后期哲学思想为英国的日常语言哲学学派的产生奠定了基础。以赖尔等人为代表的英国日常语言哲学家，就是在维特根斯坦的后期哲学思想的基础上发展起来的。

英国日常语言哲学学派——牛津学派的成员众多，他们的观点也互有差异，但是在基本观点上是一致的。他们都对逻辑实证主义以符号逻辑作

---

[1] Ludwig Josef Johann Wittgenstein, *Philosophical Investigations*, 1953, G. E. M. Anscombe and R. Rhees (eds.), G. E. M. Anscombe (trans.), Oxford: Blackwell, §193.

[2] Ibid., §118.

为澄清哲学问题的手段的见解表示怀疑和没有热情，反对把语言归结为一种演算，而对日常语言有浓厚的兴趣，并坚信通过对日常语言的研究能澄清哲学的各种混乱。

吉尔伯特·赖尔（Gilbert Ryle，1900—1976）是英国的著名哲学家。他是英国牛津大学的形而上学教授和著名分析哲学杂志——《心》的编辑。人们公认他是英国日常语言哲学即牛津学派的主要代表人物。他的主要著作是《心的概念》（1949）。这本书被人称是战后最有影响的哲学著作之一。其他还有《哲学论证》（1945）、《两难论法》（1954）、《论思维》（1979）等。

赖尔继承并发展了维特根斯坦的后期思想。他同意后期维特根斯坦的观点，认为传统哲学或形而上学的错误根源在于错误地理解和使用日常语言；因而，正确地使用日常语言以清除误解，是日常语言哲学的任务。他写道："以新的语言形式揭示另一种语言形式所不能揭示的东西，这是哲学分析的内容，也是它仅有的功用。"因此，哲学的任务是"从语言的习惯用法中找出经常发生的误解和荒谬学说的根源"[①]。

赖尔认为，传统哲学或"形而上学"的错误是"范畴性错误"。为了论证这一点，他提出了下述关于三类陈述的理论。

赖尔认为，所有日常语言中的句子或陈述可以分为三大类：1."范畴陈述"；2."假设陈述"；3."混范畴陈述"或"半假设陈述"。[②] 他认为，这三类陈述的性质是彼此不同的，必须加以严格区分。他以"割断树上苹果的果柄"这一事实为例，分析了这三类陈述的区别。他说，人们对于"割断树上苹果的果柄"这个事实，可以做下列五种不同的陈述。

（1）"一只苹果挂在树枝上"；

（2）"挂在树枝上的苹果服从牛顿的万有引力定律"；

（3）"我割断挂在树枝上的苹果的果柄"；

（4）"苹果受万有引力的作用跌落在地面上"；

（5）"苹果因割断了果柄而跌落在地面上"。

他认为，这五个陈述分别属上述三种不同类型的陈述。

---

① 转引自安东尼·弗鲁编《逻辑与语言》第1集，1955年英文版，第15页。

② Gilbert Ryle, *The Concept of Mind*, London: Penguin Books, 1949, p. 138, p. 141.

首先，(1)(3)(5)的陈述都属第一类陈述——"范畴陈述"。他认为，所谓"范畴陈述"就是表述经验事实的陈述。它们所表述的内容是人们能经验得到的事实，因而它们是能通过经验检验以判别其真伪的。如我可以到树前看一看苹果是否真的挂在树上；我自己经历到是否真的割断了苹果的果柄；我可以亲眼观察到割断了果柄的苹果是否真的跌落在地面上。

其次，陈述(2)属"假设陈述"。他认为，所谓"假设陈述"就是一种人们经验不到，而只是为了解释经验事实的方便而做出的暂时性的假设。如该陈述中的"万有引力"就是这样一种非经验的，为了解释经验事实而做出的方便的假设而已。

最后，陈述(4)是"混范畴陈述"或"半假设陈述"。他认为，所谓"混范畴陈述"或"半假设陈述"就是一种既表述经验事实，又包含假设的上两种陈述的混合体。而陈述(4)，既表述了"苹果落地"这一经验事实，又包含有"万有引力"这个非经验的假设，因而它就属这类陈述。

赖尔认为，传统哲学中许多形而上学问题的争论都是混淆上述三种不同性质的陈述的结果。

赖尔认为，由于心理活动是人们经验不到的，人们经验到的只是外部行为活动。因为许多表述内心心理的陈述，如有关表述人的虚荣心、妒忌心、喜、怒、哀、乐等等的陈述，都不属范畴陈述，而只是假设陈述。因为我们经验不到别人的喜、怒、哀、乐，而只能经验到别人的各种行为表现；而有关喜、怒、哀、乐等陈述则不过是对人们的各种行为表现的各种推测或方便的假设而已。如"喜"是对人的"眉开眼笑""手舞足蹈"等一组行为的方便假设；"怒"是对人的"咬牙切齿，暴跳如雷"等一组行为的方便假设等等。但是，有些人由于不懂得这两类陈述的区别，把表述人的内心心理的"假设陈述"或"半假设陈述"误认为"范畴陈述"，从而把有关喜怒哀乐、虚荣心、妒忌心等等方便的假设当作与大地河山等等经验事物一样是"存在"的东西了。他写道："有些人相信心身之间存在着完全的对立是由于他们相信它们是属于同一逻辑类型的词的缘故。"①

赖尔断言，有些人对共相（一般概念）的认识也是这样。赖尔认为，"共相"也不是经验中的东西，它只是一种方便性假设。但由于一些人把

---

① Gilbert Ryle, *The Concept of Mind*, London: Penguin Books, 1949, p. 87, pp. 327–350.

有关表述"共相"的"假设陈述",误认为"经验陈述",于是就企图如寻找各种具体经验的事物那样,去寻找各个假设性的"共相",这就像参观了马革达伦学院、波德里昂学院等所有的学院后,还企图去参观"大学"一样荒唐。

总之,赖尔认为,人们由于把那些表述心理和共相的"假设陈述"误认为"经验陈述",于是就人为地把"心"与"物"、"共相"与"个体"对立起来,从而产生了二元论以及唯心主义与唯物主义的对立。他批判了笛卡尔的二元论。他认为笛卡尔关于"机器里的幽灵"的理论是这种混淆的典型。他也批判柏拉图、康德等人的唯心主义哲学和历史上种种唯物主义哲学,他认为他们都犯了同样的"范畴性错误"。因为,在他看来,讨论物质与意识的关系问题,就像讨论"这个数字的味道如何?"或"这一天的末尾是否在楼上?"这类问题一样荒谬。

赖尔的根本错误在于不能正确地理解个别与一般及其辩证关系。他跟其他主观经验主义者一样,否定个别事物的客观存在,把它归结为主观的感性经验;同时,又否认一般寓于个别之中,把一般、共相和抽象的理论曲解成仅仅是便于解释经验事实的任意的假设,从而就否定了物质的客观实在性,并把物质与意识的关系等哲学根本问题的争论错误地归结为一种"毫无意义"的争论。

三 美国布莱克的日常语言哲学

美国日常语言哲学以布莱克为代表。

麦克斯·布莱克(Max Black)是美国的著名哲学家。他出生于俄罗斯的巴库,早年在英国剑桥大学学习数学,而后进伦敦大学研究哲学,得博士学位后,在该校任讲师,1940年离英赴美,加入美国籍,先后在伊利诺斯大学、康乃尔大学任哲学教授。他的主要著作有《语言与哲学》(1949)、《模型和隐喻》(1962)、《维特根斯坦〈逻辑哲学论〉指南》(1964)等。

布莱克早年在剑桥大学时深受摩尔和维特根斯坦的影响,强调日常语言分析对解决"形而上学"问题的重要性。他与维特根斯坦一样,认为传统哲学的问题和争论,都是由于哲学家们对一些重要哲学范畴的使用违背了日常语言的使用规则所引起的。他的批判矛头看来似乎指向唯我论和怀疑论。实际上，却是在掩盖他的日常语言哲学的主观经验主义的性质。他说：唯我论者和怀疑主义者怀疑"时间""外部世界""他人意识"的实在性，从而在哲学上造成了困惑和混乱，其根源就在于误用了语言。如果我们运用日常语言分析的方法，对他们的论据稍加分析，那么这些困惑和混乱就能立即冰融瓦解了。①

众所周知，主观经验主义把万物归结为自我感觉的复合，从而否认了自我感觉之外一切人和物的存在，陷入了唯我论或怀疑论。实证主义思潮的各流派，包括日常语言哲学，它们为了逃避唯我论而采用的共同手法是，把感觉说成为集体的感觉。他们宣称：物，不仅是自我的感觉的复合也是他人的感觉的复合。他们并不否定他人和他人的感觉存在，他们并不是唯我论者。但是这种说法是与他们的基本论点相违背的。因为他们断言，人只能感知自己的感觉，无法知道自我感觉范围以外的事情。既然如此，他们有什么理由断定在自我感觉之外还有别人的感觉存在呢？对于这个问题，实证主义各流派总是含糊其辞，回避解答。布莱克把"批判"的矛头指向唯我论和怀疑主义，其最终目的也在于此。他说：日常语言中所称的"经验"总是既指"我的经验"，同时也指"你的经验"和"他的经验"，这是大家所习惯的共同用法，因而在日常语言中从来没有发生过哲学混乱。而唯我论和怀疑主义者的错误，就在于把"经验"错误地理解为"私人的经验"，即"只有自己才能知道，别人无法知道的东西"或"与外部表现没有任何联系的东西"②，从而就产生了自我经验之外是否还有他人和他人的经验存在的形而上学问题。③ 因而他认为，只要取消对"经验"一词的上述哲学理解，而恢复日常语言所使用的理解。那么这类哲学争论也就自然消失了。④

布莱克等人的日常语言哲学强调尊重常识的观点，这并非错误。因为常识的观点是朴素的唯物的观点。人们在常识中是从不怀疑客观物质世界的存在的，在日常生活与日常语言中从不会发生关于经验之外是否有物质存在的问题。因此，日常语言哲学家们如果真正尊重常识观点，他们就应

---

① 布莱克：《语言与实在》，1949年英文版，第3页。
② 布莱克：《语言与实在》，第20页。
③ 布莱克：《语言与实在》，第18页。
④ 布莱克：《语言与实在》，第3页。

该坚持唯物主义，反对主观经验主义。但是事实上并非如此。他们所谓"尊重常识"，不过是维护主观经验主义，反对唯物主义的一种遁词。布莱克说："经验"是什么意思？根据"常识"的观点，"经验"既是指"你的经验"，又是指"我的经验"。因而肯定"物"是主观经验并不是唯我论。这显然不是什么常识的观点，而只是新老实证主义所惯用的逃避唯我论的遁词而已。

应该指出：常识的观点是应该尊重的，因为它是唯物主义的。但是，常识的观点并不是绝对正确的，因为它是原始的、朴素的，因而有时可能是错误的。能彻底批判并粉碎形形色色唯心主义和形而上学认识论，给人以科学的世界观和方法论的不是常识的观点，而是真正科学的哲学——辩证唯物主义。

第十六章 批判理性主义

批判理性主义与逻辑实证主义是两个姊妹流派。它们都产生于20世纪20年代的奥地利，互相影响，有共同的特征，在长时期中，许多人把批判理性主义看成逻辑实证主义内部的一个支派，但是两者的区别是明显的。有些观点甚至是针锋相对的。批判理性主义产生的自然科学方面的背景与逻辑实证主义相同。如前所述，当时作为现代自然科学之前沿科学的现代物理学有了迅速的发展。相对论、量子力学的建立彻底否定了原子不可分等机械论观点，它们给人们留下了前所未有的深刻印象。它们表明科学真理的发展是一个不断通过发现新理论，否定旧理论而从相对真理走向绝对真理的辩证过程，从而粉碎了长期统治科学家头脑的把科学真理奉为绝对真理的绝对主义观点。总之，现代物理学的发展，以及随现代物理学发展而发展的现代化学、现代生物学等等其他学科的发展，不仅揭示了客观世界的相互联系，相互转化的复杂、辩证的图画，而且还揭示了科学前进运动中的否定性的辩证性质。逻辑实证主义和批判理性主义都从哲学上反映了当时自然科学的新特点，不过它们各自歪曲地反映了这些特征的不同方面。如果说逻辑实证主义是现代物理学的数学化和逻辑化的特征在哲学上的歪曲反映，那么批判理性主义所歪曲反映的则是现代物理学发展的否定性或辩证性。20世纪上半期，由于现代物理学的数学化和逻辑化的特征特别引人注目，故逻辑实证主义盛行一时。自20世纪50年代以后，随着自然科学的进一步发展，逻辑实证主义对上述特征所做的主观唯心主义歪曲的荒谬性逐渐暴露，而科学发展的辩证性和否定性则更加明显。于是批判理性主义代替逻辑实证主义在西方流行起来。不过自60年代以后，它就开始衰落了。它的创始人是当代著名的哲学家波普尔，其他代表人物则有阿利别尔特等人。

卡尔·波普尔（Karl Popper）是著名英国哲学家，出生于奥地利的维也纳，早年对被称为西方三大思潮的弗洛伊德心理学、爱因斯坦相对论和马克思主义都发生过浓厚的兴趣。在政治上他拥护社会民主党和共产党，后因革命遭受挫折，思想右转，以至反对马克思主义。他早年在维也纳大学学习哲学，获博士学位后曾在中学教书。他于大学求学和中学任教期间，与维也纳小组的成员关系密切，互相切磋，创立了批判理性主义哲学。第二次世界大战期间，他在新西兰的坎特伯雷大学讲授哲学，战后赴英国，任伦敦经济学院哲学教授，并加入了英国籍。英国政府曾授予他爵士称号。他于1969年退休。他的主要著作有：《研究的逻辑》（1933）、《科学发现的逻辑》（1956）、《历史决定论的贫乏》（1944—1945）、《开放社会及其敌人》（1945）、《猜测与反驳》（1963）、《客观知识》（1972）以及与神经生理学家艾克尔斯合著的《自我及其脑》（1977）等。

波普尔的哲学体系庞大，可分科学哲学，社会历史哲学，本体论三大部分。

一　波普尔的证伪主义的科学哲学

科学哲学是波普尔哲学的主要部分。他称他的科学哲学为批判理性主义，有时又称之为"证伪主义"；因为他反对逻辑实证主义的"经验证实原则"，针锋相对地提出了一个与之相反的"经验证伪原则"。

（一）反归纳主义与经验证伪原则

波普尔在1920年代就提出了经验证伪的原则。他的这个原则是建立在反归纳法的基础上的。

1. 反归纳主义

波普尔认为，归纳法只能告诉人们以过去，不能告知人们以未来。他还举了三个例子："过去太阳每二十四小时内升落一次"，现在已被马赛人在比戴河发现"半夜的太阳"而推翻了。"凡人必死"或"每一代生物要死"，已被细菌（或癌细胞）自身分裂繁殖而不死所否定了。"面包给人以营养",由于法国农村发生麦角中毒事件而被反驳了。① 波普尔也反对逻辑实证主义关于归纳知识具有或然性的见解；其理由是：(1) 过去重复不能保证今后或然重复，也许今后不再重复了；(2) 从数学观点看，无论过去的重复数有多大，它只是一个有限数，而未来是无限的，一个有限数与无限数之比，其所得概率只能是零。总之，波普尔认为，归纳法不是科学的方法；它既不能给人们以未来的必然性知识，也不能给人们以未来的或然性知识。人们应该把它拒斥于科学研究领域之外。应该承认，波普尔的上述论证如用以批判归纳主义是正确的，因为离开演绎法，单纯的归纳法确实不能给人以普遍性知识；但他用以否定归纳法则是错误的，因为归纳法是认识真理过程中的一个必要环节。

2. 经验证伪原则

波普尔的经验证伪原则是建立在上述反归纳法的基础上的。

波普尔认为，科学的理论或命题，不可能被经验证实，而只能被经验证伪。这就是他的著名的证伪主义原则。其根据是：任何科学理论都具有普遍有效性，因而任何科学陈述都必然是普遍陈述或全称陈述，如"任何两物摩擦都生热"等等。但是经验所观察的仅是具体事物，经验所能证实的只是个别陈述或单称陈述，而个别不能通过归纳法上升为一般；因而经验也不能通过证实个别而证实一般。如人们能通过观察而证实这只天鹅是白的和那只天鹅是白的，但不能证实所有天鹅都是白的，等等。总之，他认为否定了归纳法也就否定了经验对科学理论的可以证实。

波普尔认为，经验虽不能通过证实个别命题而证实科学的普遍性理论；但却能通过证伪个别命题而证伪科学的普遍性理论。例如经验虽不能通过证实"这只天鹅是白的""那只天鹅是白的"，而最终证实"所有的天鹅都是白的"这个普遍性命题；但却能通过证伪"这只天鹅是白的"或"那只天鹅是白的"，而立即证伪"所有天鹅都是白的"这个普遍性命题。波普尔这里所采用的证伪的逻辑方法是演绎法，它用符号表示是〔$(t \to p) \cdot (\bar{p} \to \bar{t})$；〕即：如果 t，那么就 p；由于非 p，所以非 t。②

---

① Popper Karl, "Replies to My Critics", in Paul Arthur Schilpp, ed., *The Philosophy of Karl Popper*, Chicago: Open Court, 1974, pp. 1022 – 1023.

② Karl Popper, *The Logic of Scientific Discovery*, translation of *Logik der Forschung*, London: Hutchinson, 1959, p. 75.

波普尔反对逻辑实证主义的经验证实原则是正确的，这不仅如波普尔所指出的那样，感性经验只告知人们个别，它不能证实一般（普遍），而且还在于感性经验具有主观性，它可能给人种种错觉和幻觉。因而它不仅不能证实一般（理论），也不能如波普尔所主张那样，证伪一般（理论）。后来，他的学生拉卡托斯就明确地指出了这一点。其实正如上面多次所指出：检验理论的准则不应是感性经验，而是实践。因为只有实践，而且仅仅只有实践，才能不仅把感性认识与理论认识结合起来，而且把主观认识与客观实在结合起来，从而达到既能检验感性认识，又能检验理性认识（理论）的目的。

3. 划界标准

波普尔所说的"划界"，是科学与非科学或与"形而上学"的划界。逻辑实证主义认为，科学与形而上学的划界标准就是经验证实原则：即任何命题，凡能被经验证实或否证的，就是科学的；否则就属"形而上学"。波普尔与之相反，认为科学命题根本不能证实，而只能证伪。因此科学与非科学的划界标准应该不是经验证实原则，而是经验证伪原则：即一切知识命题，只有能被经验证伪的，才是科学的，否则就是非科学的。[①]

波普尔指出，他这里所说的"可证伪"是指逻辑上的可被证伪，即凡是逻辑上可以被经验证伪的命题或理论，都是科学的理论。它既包括历史上已被经验证伪的理论，如地心说、燃素说等，也包括至今尚未被证伪，但在逻辑上将来有可能被证伪的理论，如爱因斯坦的相对论和量子力学理论等等。而任何在逻辑上不可能被经验证伪的永远正确、绝对正确的理论或命题，他认为都是非科学的命题。根据上述观点，波普尔认为下列几类命题都是非科学的。

（1）重言式命题：如"单身汉是没有结婚的男人"，它仅是同义词更换，并不表述任何经验内容，因而是非科学的。

（2）列尽各种可能性的逻辑命题：如"明天这里可能下雨，也可能不下雨"。它们是不可能证伪的命题，因而是非科学命题。

（3）数学命题：它们与逻辑命题一样，同属同义反复，是逻辑永真而

[①] Karl Popper, *Conjectures and Refutations: The Growth of Scientific Knowledge*, London: Routledge, 1963, p. 257.

不能证伪的非科学命题。

（4）形而上学命题：即物质与意识关系等传统的哲学命题。它们讨论的是"经验之外"的问题，"无法用经验证实或证伪"，因而也是非科学的命题。

（5）宗教神话：它们与"形而上学"命题一样，也属经验之外的非科学命题。

（6）伪科学：它们虽讨论经验问题，但用词含义不清，论断模棱两可，无法用经验证伪，因而也是非科学的。如占星术、相面术、弗洛伊德性分析心理学和阿德勒个体心理学，等等。

波普尔认为科学与非科学的区分是相对的，它们是可以互相转化的。有些"形而上学"理论，由于科学技术条件的变化，可以转化成为科学的理论。如古代的原子说和进化论等等，原本是形而上学的，到了近代，都转变成科学的理论了。①

4. 形而上学实在论

波普尔反对逻辑实证主义关于形而上学命题没有意义应予排斥的观点。他认为科学命题固然有意义，形而上学命题也并非没有意义。因为任何科学家都必须有一定的本体论观点，即"形而上学"观点作为方法论的指导。他写道："把形而上学描绘成为无意义的废话是浅薄的。""我倾向于另一种看法，如果没有任何纯思辨的有时甚至是十分朦胧的形而上学的信仰，科学发现是不可能的。"②

在对待"形而上学"问题上，波普尔自称是一个实在论者。他坚持实在论的观点，即承认肯定经验之外物质世界存在的观点是有积极意义的。③这是因为，他认为，实在论观点无论对科学研究或人生态度或社会伦理都有积极的意义。

首先实在论对科学研究有指导意义。科学的任务在于寻求客观真理。如果否定客观世界存在，科学研究就变成主观游戏，科学家就不会有积

---

① Karl Popper, *Conjectures and Refutations*: *The Growth of Scientific Knowledge*, London: Routledge, 1963, pp. 257–258.

② Karl Popper, *The Logic of Scientific Discovery*, translation of *Logik der Forschung*, London: Hutchinson, 1959, p. 36, p. 38.

③ 卡尔·波普尔：《卡尔·波普尔自传》，载《卡尔·波普尔哲学》，第13页。

极、严肃和认真的科学态度了。

其次实在论对于人生态度有积极意义。如果否定客观世界的存在，人生在世，就成一场空梦，那还有什么人会抱积极的态度呢？

最后实在论对社会关系和伦理关系有积极意义。他认为，如果否认在我之外还有他人存在就不会有人去关怀他人的苦乐，也就没有什么伦理道德可言了。

波普尔虽然拥护实在论，但反复声明，他所拥护的是"形而上学的实在论"，即认为这种实在论并没有任何科学根据或认识论根据的；它仅是一种必需的假设。他写道："我始终是一个形而上学实在论者"，"但我也尊重相反的意见，认为没有价值认真地去讨论它"①。

波普尔的划界标准显然是不可取的。例如他把极为重要的基础性学科——数学排斥于科学之外。其实科学与哲学（他称之为形而上学）的划界是相对的。各门具体科学不能没有世界观（哲学）的指导。关于这一点波普尔自己也认识到了，因而他与逻辑实证主义者不同，承认物质世界的客观存在。不过他不称此为唯物主义，而称之为"形而上学实在论"。这仅是一种"羞羞答答的唯物主义"，即把它看作一种虽然必要，但非科学的"假设"。这表明他的哲学立场在基本上与逻辑实证主义一样，是主观经验主义或实证主义的。

（二）理论是大胆的猜测

波普尔否认理论来源于观察，坚信"理论先于观察"。

1. 理论先于观察

波普尔坚持理论先于观察。其理由是：首先，科学的观察具有目的性和选择性，这种目的性和选择性是由科学家的理论、观点、兴趣和期望等决定的。他认为，经验事实无限复杂，观察只能选择其中的有限部分，如果什么都想观察，其结果是什么都观察不到。而选择，则必须以理论、观点为指导。他举例说：现在我坐在书房里，如果有人命令我把所观察到的一切都如实地记录下来，我就不知如何记录是好。我坐在书桌前，书桌上有墨水、纸张；阳光从窗外射入，室内的明暗随云层的变化而不断变化；

---

① 卡尔·波普尔：《卡尔·波普尔自传》，载《卡尔·波普尔哲学》，第13页。

窗外的大街上有汽车不断嘟嘟地驶过；报童的卖报声由远而近；我的心内思潮起伏，情绪万千；……该记录下什么好呢？

他认为，由于科学的观察必然具有目的性和选择性，因而在不同的理论、观点的指导下，对于同一种情况的观察结果总是不同的。如1919年爱丁顿观察日食，其目的在于检验爱因斯坦的广义相对论，所要观察的是太阳背后的那颗恒星是否出现，以期证实光线经过太阳附近的引力场是否弯曲；而其他天文学家所要观察的则是别的现象。他说："我们总是按照一种预想的理论去观察一切事物的。""我们的观察不是随机摄影，而更像是一个有选择的作画过程。"①

其次，在观察中必须有理解，无理解的观察只是熟视无睹，而理解必须在一定的理论、观点的指导下进行。这就会影响观察的结果。他以格式塔心理学的鸭兔图实验为例。该实验证明，对同一张鸭兔图，不同的人可以有不同的理解：一个被预示为兔的人，看它像兔；而另一个被预示为鸭的人，却把它理解成鸭。他说："我们的一切观察和实验都是在一定的理论指导下进行的。除了用理论的理解之外，不能有别的理解。"并说："总之，我相信理论先于观察和实验，因为观察和实验只有在理论的关系中才有意义。"②

有人诘问：观察虽必须以理论为指导，在此意义下理论先于观察，但理论的任务在于解释观察，从这意义上说，观察又应先于理论。波普尔的回答是：两者是互相循环的，但这种循环不是无限的，如追本穷根，还是理论先于观察。如初生的婴儿在还没有观察时就已经有了理论或知识，那就是对母亲的抚爱和喂养等的期望。此外还有一种先天的重要的期望，那就是期望能对自然界做出普遍性的解释。他说："我们生来就有许多期望，生来就有许多知识，它们在心理上和遗传上是先天的，它们先于一切观察和经验。"

从上述见解出发，波普尔同意康德关于"理性给自然立法"的先验论观点。他认为，普遍性和规律性不是来自自然界，恰恰相反，它是人们给

---

① 中国社会科学院哲学研究所自然辩证法研究室编：《自然科学哲学问题丛刊》第1期，中国社会科学出版社1984年版，第11页。

② Karl Popper, *The Poverty of Historicism*, 2nd edition, London: Routledge, 1961, p. 98.

予自然界的。不过他不同意康德关于理性的立法必然正确,即它是永恒真理的观点,而认为它们也是有可能错误的。因而他认为,对理性应抱批判的态度,并因此自称是"理性主义者"。不过不是传统的理性主义,而是"批判的理性主义"。

波普尔坚持观察具有选择性是正确的,但这是对客观实在的选择,而不是主观的捏造。他坚持观察必须以理论为指导也是正确的,因为感性认识与理性认识互相依存,互相渗透,是辩证统一的。但波普尔断言理论先于观察是错误的,这是一种唯心主义的先验论观点。因为归根到底理性认识来源于感性认识。一个闭目塞听的人是不会有任何知识的。至于他把婴儿和动物的本能跟科学知识混同起来,抹杀两者的本质差别,那就不正确了。

2. 科学开始于问题

波普尔认为,从知识的来源来说理论先于观察,从科学的发展来说则科学开始于问题。这是因为理论是一种对自然界的普遍性的猜测,而猜测总是从问题开始的。①

那么,什么是问题呢?他认为问题就是矛盾或不一致。② 首先是理论与观察的不一致;其次是理论与理论之间的不一致;最后是理论内部的不一致。有了这些不一致或问题,人们就要对它们做出猜测,于是就有了理论。因此他断言:"理论开始于问题。"③ 波普尔的这个观点是正确的,因为正如他所说,问题就是矛盾,而矛盾推动认识的发展。不过,还应该指出,推动认识发展的根本矛盾是理论与实践的矛盾。

3. 理论出于"灵感"

理论既不来自经验事实的归纳,又不来自同义反复的演绎,那么理论从何而来?波普尔认为它来之于科学家的灵感,即灵感对问题所做出的普遍性的猜测。

他认为,科学家在创立理论时他的依据是多方面的,既要依据前人的知识,又要依据过去和当下的经验,但是,这些都是参考性的,而理论的

---

① Karl Popper, *Conjectures and Refutations*: *The Growth of Scientific Knowledge*, London: Routledge, 1963, p. 222.

② Ibid., p. 316, p. 222.

③ Ibid..

真正提出必须依赖于科学家的一种莫名其妙的灵感。他说："我们应该承认，我们的探索常常是依赖于灵感的。"① 他并且说，许多伟大的科学家，如爱因斯坦等都承认这种灵感。

波普尔认为，"灵感"是一种非理性的、非逻辑的东西，它突如其来，神秘莫测。他公然把"灵感"与柏格森的"创造性直觉"等同起来，说"这种非理性就是柏格森的'创造性直觉'"，② 从而公然承认了非理性主义与直觉主义。

4. 理论是大胆的猜测

波普尔断言理论仅是一种猜测，是一种在先天的期望的推动下，对自然界所做出的普遍性的猜测。由于它仅是大胆的猜测，因而总是不正确的，总有一天要被经验证伪，而为新的猜测所代替，因而它是一种暂时的假设。他说："我们的科学并不是认识……我们绝不能认识，我们只能猜测。"

波普尔认为牛顿力学就是一种猜测或暂时性假设，所以它被实验的事实证伪了；爱因斯坦的相对论也仅是一种猜测或暂时性假设，它也有一天会被证伪，而被新的猜测或假设所取代。他说："即使是那些已得到充分确证的科学理论，也总归还是一种假说、一种猜测。""这可以教导哲学家们懂得科学……仅是由大胆的、思辨的猜测所组成的。"显然，波普尔缺少辩证法思想，他不能理解真理的相对性和绝对性的辩证统一。

（三）"知识的增长"理论

波普尔认为科学的理论都是猜测，它们最终都逃不脱被证伪的厄运。那么科学的理论还有进步可言吗？如果有，它的进步标志在哪里呢？波普尔在他的"可证伪度"的理论中回答了这个问题。

1. 可证伪度

波普尔认为，任何理论都是可证伪的，因而都具有"可证伪性"。但是每一个理论的可证伪性的程度，即"可证伪度"是不一样的。有的理论容易被证伪，它的可证伪度就高；有的理论不容易被证伪，它的可证伪度

---

① Karl Popper, *Conjectures and Refutations*: *The Growth of Scientific Knowledge*, London: Routledge, 1963, p. 30.

② Karl Popper, *The Logic of Scientific Discovery*, translation of *Logik der Forschung*, London: Hutchinson, 1959, p. 32.

就低。那么如何判别理论的可证伪度呢？波普尔认为，人们可以从下面两个方面判明它。

（1）理论表述的内容愈普遍，它的可证伪度就愈高。试比较下面两个陈述或命题：

命题 A：所有天体的运行轨道是封闭圈的。

命题 B：所有行星的运行轨道是封闭圈的。

命题 A 比命题 B 的普遍性程度高。因为命题 A 讲的是所有的天体，它包括恒星、行星、卫星、彗星、流星等一切天体；而命题 B 只讲了天体中的一小部分：行星。同时，命题 A 比命题 B 容易证伪；因为如发现流星的运行轨道是非封闭圈的，命题 A 就被证伪了，而命题 B 却未被证伪。因而命题 A 比命题 B 的可证伪度高。

（2）理论表述的内容愈精确，它的可证伪度就愈高。试比较下面两个陈述：

命题 A：所有天体的运行轨道是封闭圈的。

命题 C：所有天体的运行轨道是椭圆的。

命题 A 讲的是封闭圈，命题 C 讲的是椭圆；封闭圈只是对天体的运行轨道的一个粗略的规定，而椭圆则是一个比较精确的规定。如果一旦发现有一颗天体的运行轨道是非椭圆，而是正圆或其他封闭圈时，命题 C 就被证伪，命题 A 则并没有被证伪，因而命题 C 比命题 A 的可证伪度高。

由此可见，理论的可证伪度的高低，是与它们所表述的经验内容的普遍性和精确性（总起来则是丰富性）有关的。一个理论的经验内容愈丰富，它们的可证伪度就愈高。他说："理论的普遍性和精确性程度随其可证伪度的增加而增加，因此我们可以把一个理论的严格性程度与它的可证伪度等同起来。"[1]

2. 理论的进步性的标志

波普尔认为检验理论是否进步有两个方面的标准：一个是理论方面的标准，另一个是事实方面的标准。他认为理论方面的标准是可证伪度。如前所述，一个理论的可证伪度高，它的经验内容的丰富性就高。它就比其

---

[1] Karl Popper, *The Logic of Scientific Discovery*, translation of *Logik der Forschung*, London: Hutchinson, 1959, p. 141.

他经验内容不丰富的理论进步。但是理论的可证伪度高，只表明它的进步性可能高，即"潜在进步性"高，至于是否真正进步，还要看它是否能经受经验的实际检验。只有经受了经验的检验，得到了经验的确证，它才是一个真正进步的理论。① 波普尔口口声声宣称科学理论的发展是经验内容的增加，而不肯承认是认识客观世界的扩大和深化，这是由于他在认识论上坚持主观经验主义的缘故。

波普尔认为，科学的发展过程就是各种理论互相竞争的过程。进步的理论在竞争中不断战胜和取代落后的理论，科学就得以发展。

3. "确证"与"证实"

但是，这里存在一个问题。如前所述，波普尔认为科学理论是不能被经验证实的。但他又说：一个实际上进步的理论，必须得到经验的"确证"。那么什么是"证实"什么是"确证"，两者有什么区别呢？

波普尔认为，"证实"与"确证"是两个在性质上完全不同的概念。他所说的"证实"（Verification），就是在内容方面证明理论是真理，在时间方面证明它永远正确，不再被证伪了。而"确证"（Corroboration）则不同，它并不证明理论是真理，也不证明它永远正确，而只是证明它暂时经受了经验的检验。一个理论，今天被"确证"了，明天却可能被证伪，而且今后总有一天要被证伪。因为任何理论都是逃不脱最终被证伪的厄运的。因而任何理论都是不能被经验证实，而只能被经验暂时地"确证"的。②

既然"确证"并不证明理论是真理，那么它证明理论是什么呢？关于这个问题，他的看法是有变化的。

早期，在《研究的逻辑》一书中，波普尔认为，经验对理论的确证，只是证明了理论的一种"气质"或"品质"（mettle）；至于是什么"气质"，他却含糊其辞，避而不答。但是从他论述的上下文看，他是说证明了理论的一种确实性（positivity）③；至于这种"确实性"与真理的关系究竟如何，他没有说明。后来，特别自60年代以后，他提出了一个"逼真性"的概念，明确地肯定它是证明了理论的一种"真实性"或"逼真性"。

---

① Karl Popper, *Conjectures and Refutations: The Growth of Scientific Knowledge*, London: Routledge, 1963, p. 242.

② Ibid., p. 266.

③ Ibid..

（四）证伪主义的真理观

波普尔对真理的看法是有变化的。他虽始终认为科学的任务在于寻求真理。但是，什么是真理？他的看法却前后不一致。

1. 什么是真理

波普尔于1935年以前，对于什么是真理的问题，由于理解不清，总是避而不答。1935年，他接受了塔尔斯基的真理的定义后，才经常议论这个问题。[①] 他同意塔尔斯基的"真理符合论"，认为真理就是"与事实相符合"。不过塔尔斯基的真理论只限用于语义学范围，而他却把它推广到认识论领域。因为他是一个实在论者，他肯定物质世界的客观存在。

由于坚持真理是与客观事实相符合，他承认客观真理。他认为，真理是客观的，它是不依人的意志和愿望而转移的。他说："一个理论可以是真的，即使没有人相信它；另一个理论可以是假的，尽管我们充分地相信并接受它。"[②]"它不依我们的权力和喜爱而改变。"[③] 他强调承认客观真理的重要性。他认为，只有承认客观真理，才能鼓励科学家们深究客观世界的奥秘。

2."不能认识真理，只能探索真理"

但是，波普尔否认科学能认识客观真理，因为他不同意唯物主义的反映论。他认为，唯物主义的反映论是一种朴素的幼稚的认识论。它虽肯定客观世界的存在，这无疑是正确的，但却断言认识是反映客观现实，这就未免"天真幼稚"了。因为如前所述，在他看来，由于客观世界存在于人的经验之外，它是不可能被人经验或认识到的。他写道："真理……我们也许永远不能得到它，也许即使得到了它，也不知道。"因为"它是在我们可及的范围以外的"，"它隐藏得很深，我们不能探入其深处"。[④]

不过波普尔认为科学虽不能认识真理，却能够"探索真理"。因为，对于客观世界，人们虽不能反映它但却能猜测它；即根据问题对它做出探

[①] Karl Popper, *Conjectures and Refutations*: *The Growth of Scientific Knowledge*, London: Routledge, 1963, pp. 223 – 224.

[②] Ibid., p. 225.

[③] Ibid., p. 375.

[④] Ibid., p. 229.

索性的猜测。①

3. "逼真性"与"逼真度"

波普尔认为，由于科学理论只是猜测世界，而不是反映世界，因而它不可能是真的，而毋宁说它是假的，即它总有一天是要被经验证伪的。但是，他认为，这不是说科学与真理就绝对无关了，因为它能通过不断的猜测而逼近真理。猜测、证伪、再猜测、再证伪……这就是科学接近真理的道路。他写道："我们的目标是通过批判以找到愈来愈接近真理的理论"，"我们虽然不知道距离真理有多远，但要我们能愈来愈逼近真理"。②

波普尔还认为，一个理论（猜测）只要它被经验确证过，就说明它的内容具有一定的真实性；但是由于理论仅是猜测，它又必定有一定的虚假性。因而，它是真实性和虚假性的统一。任何科学的理论由于具有一定的真实性，所以它能得到经验的确证；又由于它具有虚假性，所以又难逃将来被经验证伪的厄运。

波普尔把科学理论具有的逼近真理的性质称为"逼真性"，而称它们的逼真性的程度为"逼真度"。他指出，不同理论具有不同的逼真度。理论愈进步，它的逼真度就愈高。如以 VS（a）表示理论（a）的逼真度，ST（a）表示它的真实性内容的量，SF（a）表示虚假性内容的量，则理论（a）的逼真度可以公式表示如下：

$$VS(a) = ST(a) - SF(a)$$

这就是说：理论的逼真度与它的真实性内容的量成正比；与它的虚假性内容的量成反比。一个理论的真实性内容的量愈大，虚假性内容的量愈小，它的逼真度就越高；这个理论也就愈进步。因此他认为科学的发展过程，归根到底就是理论的逼真度不断提高的过程。

不过，波普尔认为，科学的最大逼真度"仅仅是一个遥远而不可能达到的理想"。因为首先理论是猜测自然，而不是反映自然，它不可能绝对地正确；其次世界是无限的，科学的发展也是没有终极的。

从上述观点出发，波普尔批判了真理论中的相对主义与绝对主义。他

---

① Karl Popper, *Conjectures and Refutations: The Growth of Scientific Knowledge*, London: Routledge, 1963, p. 30.

② Ibid., p. 231.

认为相对主义否认客观真理,绝对主义妄图穷绝真理,它们都是错误的。①

在波普尔的真理论中具有许多合理因素,但又充满着矛盾和混乱。他承认真理是认识与客观实在相符合,但又坚持休谟主义的不可知论。他断言人不能认识(反映)世界,但又肯定人能猜测世界,并通过猜测与证伪(清除错误)而不断逼近客观真理。波普尔的这种真理论跟实用主义和逻辑实证主义的真理论相比较,无疑是一个进步,但毕竟是有错误的。其错误的根源仍然是认识论上的主观经验主义。

(五)科学发展的模式

1. 科学发展的"四段式"

波普尔认为,科学的增长过程是:(1)科学开始于问题;(2)科学家针对问题提出各种大胆的猜测,即理论;(3)各种理论之间展开激烈的竞争和批判,并接受观察和实验的检验,筛选出逼真度较高的新理论;(4)新理论被科学技术的进一步发展所证伪,又出现新问题。以上四个环节,循环往复,不断前进。他还把这四个环节的无穷循环过程图式化为:$P_1 \to TT \to EE \to P_2 \cdots\cdots$

在这里"P_1"表示问题,"TT"表示各种互相竞争的理论,"EE"表示通过批判和检验以清除错误,"P_2"表示新的问题。这就是他的著名的科学发展动态模式。有时他称之为"四段式"。这个模式并不完全符合科学发展的事实,它遭到了后人的批判,但是却为西方的科学哲学指出了新方向。后来西方科学哲学的历史主义学派就是沿此方向发展出来的。

2. "试错法"

波普尔认为,从上述四段式中可以看出:科学的根本性质是"猜测与反驳",科学的根本方法是"试错法",即"尝试与清除错误的方法"。他认为,科学的试错法要取得应有的成果,就必须做到下面三条:(1)提出充分多的不同类型的理论;(2)各种理论提出足够丰富的猜测性的内容;(3)经受足够严格的经验的检验。他还认为可以把上述三条简化为两条:(1)充分大胆的尝试;(2)足够严格的检验。或更进一步简化为一句格言:"大胆尝试,严格检验。"

---

① Karl Popper, *Conjectures and Refutations: The Growth of Scientific Knowledge*, London: Routledge, 1963, pp. 95–113.

波普尔还把他的"试错法"与达尔文的进化论联系起来,因而有时称他的试错法的认识论为"进化论的认识论"。他认为,凡是生物都有适应环境的本能,这种本能就是"试错法"。那就是:对外界刺激做出的各种尝试性的变异,并通过生存竞争,自然选择,筛选出最能适应环境的新物种,以实现生物进化的能力。他认为,最低生物——阿米巴(变形虫)的试错法是伟大科学家爱因斯坦的试错法的前身,二者只有如下的区别:(1) 阿米巴的试错法是本能的、无意识的;爱因斯坦的试错法是理性的、有意识的。(2) 阿米巴的试错法是非批判的;爱因斯坦的试错法是批判的,即他正视错误,批判错误。(3) 阿米巴的试错法所淘汰的是具有错误的自身躯体,它在错误中灭亡;爱因斯坦的试错法所淘汰的是错误理论,他在错误中学习和前进。因此他说:"从阿米巴到爱因斯坦恰好是一步。"[①] 波普尔把现代科学研究的方法与阿米巴适应环境的本能等同起来,这显然是错误的。

3. 从错误中学习

从上述试错法的理论出发,波普尔提倡三种科学精神。

(1) 提倡敢于犯错误的精神。他认为,真理与错误是不可分地联系的,科学只能在不断清除错误中前进。因此,他提出了一个著名的口号:"从错误中学习。"他认为科学家应不怕犯错误:"他们应该始终记住……科学是试验性的事业,错误是在所难免的。""科学史……仅是一部不可靠的猜想史,或一部错误的历史。"[②] 因而科学中"怕犯错误只是一种可怜的愿望"[③],"全部问题在于尽可能快地犯错误",使自己在连续的失败中"成为一个特定问题的专家"。[④]

(2) 提倡批判精神。他认为,科学是在竞争中发展的,只有批判,才能前进。他说:"科学的方法是批判的方法","批判……是任何理智发展的主要动力"[⑤]。

[①] Karl Popper, *Objective Knowledge: An Evolutionary Approach*, Oxford: Clarendon Press, 1972, p. 246, p. 186, p. 181.

[②] Karl Popper, *Conjectures and Refutations: The Growth of Scientific Knowledge*, London: Routledge, 1963, p. 216.

[③] Ibid..

[④] Ibid., p. 316.

[⑤] Ibid..

他勉励科学家们要敢于批判别人,敢于批判权威。他说:"在知识领域中不存在任何不向批判开放的东西"。他也要科学家们敢于批判自己,他说:"我们必须力求推翻自己的答案,而不是辩护它。"① 他认为,这往往是难以做到的。

(3)提倡"否定"或"革命"精神。他认为,否定旧理论是产生和发展新理论的前提,科学家们应有敢于否定别人的理论的精神,也应有勇于否定自己的理论的精神。他勉励科学家们在开始建立新理论之初,就应当着手千方百计地去否定它。他认为,爱因斯坦就是这样的典范。

但是,有人批判他的这种见解。认为,反例往往不是否定理论的因素,相反,而是发展理论的因素。如天王星的轨道异常的发现,非但没有否定牛顿理论,相反,恰是发展了他的理论。因而如果一发现反例就抛弃理论,这就未免过于轻率,也与科学发展的历史事实不符。为此,他后来稍稍修改了这种主张,认为科学家既要有革命精神,又不应过分失于轻率,但究竟应具体怎样做,他没有具体的论述。后来,他的一些后继者们就批判了他的这个见解,提出了新的科学发展模式。

二 波普尔的改良主义的社会政治哲学

波普尔认为,"猜测与反驳"的方法不仅适用于自然科学,而且适用于社会科学。他的社会政治哲学就是"猜测与反驳"的方法在社会政治领域中的应用。

(一)反历史决定论

波普尔的社会政治哲学是建立在反历史决定论基础之上的。他所反对的历史决定论是:(1)肯定历史发展有内在规律;(2)肯定对社会的未来能做出预言。②

首先,波普尔否定社会历史发展的规律性。他的主要论据是:

---

① Karl Popper, *The Logic of Scientific Discovery*, translation of *Logik der Forschung*, London: Hutchinson, 1959, p. 16.

② Karl Popper, *The Poverty of Historicism*, 2nd edition, London: Routledge, 1961, p. 3.

1. 自然现象有重复性；社会历史现象没有重复性（历史不可能重复）。

2. 自然是简单的、非人为的现象；社会是复杂的，人为的现象，人们可根据各自的自由意志任意创造历史。①

其次，波普尔否认预言历史事件的可能性。他认为，预言必须依据规律，既然社会历史的变化没有规律，因而也就不可能预言社会历史的未来。他说历史的预言是"骗术"，并污蔑马克思是"错误的预言家"。

波普尔的这些论点是错误的。社会现象与自然现象一样有重复性和规律性。生产关系必须适合生产力这个社会历史发展的根本规律就在各个社会历史形态中重复地起着作用。人类社会正遵循着资本主义必然为社会主义所代替这个规律前进着，历史证明了马克思主义的理论是"科学的预言"；而波普尔的否定社会规律的言论才是"骗术"。

（二）改良主义的"逐步的社会工程"

波普尔妄言，"乌托邦主义"与历史决定论有天然的联系。"前者力图预言未来社会；而后者力图实现前者的预言。"② 他说："马克思主义就是一种乌托邦主义：历史决定论的乌托邦主义。"③ 并说社会主义和共产主义是一种乌托邦的社会工程。

波普尔提倡"逐步的社会工程"。他说："逐步的社会工程，即对社会进行逐步的、切实可行的改造。""它是试错法在社会科学中的应用，就像在自然科学中一样它是行之有效的。"④

波普尔认为，他的"逐步的社会工程"比马克思主义"乌托邦"社会工程优越，其实质是以资产阶级改良主义反对马克思主义的社会革命理论。

（三）资本主义的本性已经改变

波普尔污蔑马克思主义的"社会主义—共产主义"是"封闭社会"，而他的逐步社会工程力图实现的是"开放社会"。他断言，西方世界正走向开放社会；它的罪恶的本性已经改变了。他说，马克思对早期资本主义

---

① Karl Popper, *The Poverty of Historicism*, 2nd edition, London: Routledge, 1961, pp. 8 – 12, p. 74.
② Ibid..
③ Karl Popper, *The Open Society and Its Enemies* (Volumes 2), London: Routledge, 1945, p. 164.
④ Karl Popper, *The Poverty of Historicism*, 2nd edition, London: Routledge, 1961, p. 58, p. 64.

的分析是正确的,当时资本主义正处于自由竞争时期,"经济的强者任意欺凌和统治经济的弱者",贪得无厌地"延长工时","降低工资"剥削和掠夺工人。① 但是,这种时代今天已成过去。由于国家实行"干涉主义""制定各种保护经济弱者利益的政治纲领和实施限制剥削、限制工时、劳动保护、失业救济等劳动立法","无约束的放任资本主义"已"不复存在",资本主义的本性已经改变了。②

首先,波普尔断言资本主义的剥削已不复存在。他不承认剥削就是榨取工人的剩余价值;而认为"所谓剥削,就是延长工时,降低工资"。③ 他认为,如今由于劳动立法的实施,工时减少,工资提高,剥削现象已经"消失"了。④

其次,他宣称经济危机已被控制了。他断言,经济危机只是"放任资本主义"时期自由竞争的产物;而今国家采取干涉经济政策,经济危机已得以控制了。因而马克思主义关于资本主义经济危机的学说已经失效。⑤

再次,他断言失业现象已经消失。他说马克思关于产业后备军的理论在今天"成熟的资本主义社会"已经失效。"我要强调指出,那种认为不可能通过采取逐步措施以消灭失业现象的信念,与前些年那些关于永远不能解决空中飞行问题的无数物理学证明一样是武断的。"⑥

最后,他断言无产阶级贫困化现象已不复存在。他说:"马克思关于无产阶级贫困化的学说,在自由资本主义时期的自由劳动市场中是有效的;今天由于普遍成立工会和提高工资福利,工人生活已显著地提高了。无产阶级贫困化已变成历史的陈迹了。⑦

波普尔的最后结论是马克思关于资本主义必然死亡,社会主义必然胜利的理论已被历史"证伪"。

波普尔的这些言论是不符合事实的。上述资本主义罪恶现象是资本主义经济制度的必然产物,是生产社会化和生产关系私有制的矛盾的必然表现。

---

① Karl Popper, *The Open Society and Its Enemies* (Volumes 2), London: Routledge, 1945, pp. 152–153.

② Ibid., pp. 154–155.

③ Ibid., p. 201.

④ Ibid., p. 152, pp. 228–229.

⑤ Ibid., pp. 223–224.

⑥ Ibid..

⑦ Ibid..

只要资本主义剥削制度存在一天,这些罪恶现象就一天不会消失。客观的事实就无情地否定了波普尔的这种谬论。当前西方世界正处于长期的经济萧条中,失业大军的队伍不是已经消失,而是正在迅速扩大;资本家对工人的剥削,不是已不存在,而是日益加深。人类社会历史正按照马克思的预言发展着,因而已经被证伪的不是马克思主义,而恰恰是波普尔的错误理论。

三 波普尔的"突现进化论"的本体论

自50年代以后,波普尔发展了他的本体论学说。他的本体论学说主要是"突现进化论",以及关于"三个世界"的理论。

(一) 突现进化论

波普尔接受并"发展"了达尔文的进化论思想,提出了一种突现进化论的宇宙观。他认为,宇宙的发展经历着一个突现进化的过程,其具体的图景是:最初,在大恒星中出现重原子核;而后在空间某处突然出现有机分子;再后突然出现的是生命;而后又突然产生意识;再后又突然出现人类的精神产品如文学艺术作品和科学理论技术产品等等。他明确指出,推动宇宙多层次进化的不是什么宇宙之外的"造物主",而是物质的宇宙自身的创造力。无疑,波普尔的这个理论具有一定的合理性。

(二) "三个世界"的理论

波普尔认为可以把上述宇宙进化的多层次性分为三大基本层次:1. 物理世界层次;2. 精神世界层次;3. 客观知识世界层次。他简称之为三个世界。他写道:"我想如果引进三个部分的划分可使我们正在讨论的问题更显得清楚些。第一是物理世界,即物理实体的宇宙……我称之为'世界1';第二是精神状态世界,它包括意识状态,心理素质和无意识状态,我称此为'世界2';但是还有第三世界,即思想内容的世界,实际上是人类精神产物的世界,我称之为'世界3'。"[①]

[①] Karl Popper, *The Self and Its Brain: An Argument for Interactionism*, with J. C. Eccles, London: Springer International, 1977, p. 38.

波普尔所称的"第一世界"就是物理世界,即客观物质世界的一切物质客体及其现象。如物质及其能量,一切生物有机体,包括人体及其脑等等;他所说的"第二世界"就是主观意识,包括各种心理活动以及认识活动等等;他肯定"第二世界"是"第一世界"发展到一定阶段的"突现"的产物。但他否认意识是第二性的,而认为它是与"第一世界"同样实在的。其理由是物质固然能作用于意识,如不进食就没有精力,但意识对于物质尤其是对于人和动物的躯体也同样能起反馈作用,它能直接支配躯体,并通过躯体的活动而表现出来。

波普尔还肯定了"第三世界"或"客观知识世界"的存在。这是指一切体现于客观物体中的精神内容或知识内容:如体现于语言、文学、艺术、神话故事、书本中的问题、猜测(理论)、论据,以至技术装备、图书、工具、仪器、房屋建筑,飞机轮船等等之上的精神内容或知识内容。他肯定它们是人造的,即人类主观意识的产物。但认为它们不属于第二世界,因为他认为它们是已经"客观化"于"第一世界"中的思想。他认为这些"第三世界"的对象也是实在的。理由是:1. 它们已客观化于外在物理世界之中;2. 它们能通过"第二世界"的中介作用于"第一世界",从而成为"改变第一世界的有力工具"。如科学知识("第三世界")通过人的理解和运用("第二世界")而改造自然("第一世界")等等;3. 它们是"独立自主"的,即它们具有不依人的意志为转移的内在关系和发展模式。例如数学中的奇数、偶数、公式、方程以及他所制定的科学发展"四段式"都不是任意的,而是有其独立的客观规律和联系的。

波普尔还认为上述三个世界所以是同等实在的,还在于它们是同等地相互作用的。

波普尔认为"第一世界"与"第二世界"是相互作用的。如衣食能给人以温饱和充沛精力,这是"第一世界"作用于"第二世界"。人的坚强意志能克服各种客观困难,这是"第二世界"作用于"第一世界"。"第二世界"与"第三世界"也是相互作用的。如音乐家因情感激动而写出优美的乐章,是"第二世界"作用于"第三世界";优美的音乐能激发听众的内心感情,是"第三世界"作用于"第二世界",等等。他认为肯定"第三世界"对"第二世界"的反馈作用是十分重要的。因为一般人认为科学家可以根据本人的主观意愿任意创造出"第三世界"的对象(科学理论），因此在研究科学的认识论和方法论时，总只是着重研究科学家的"第二世界"，即他们个人的内心心理或认识活动，而忽视对"第三世界"，即科学知识的自身发展的"自主性"，也即他所制定的"$P_1 \to TT \to EE \to P_2$"这个科学发展动态模式的研究。

波普尔认为，"第一世界"与"第三世界"也是相互作用的。不过它们不是直接地，而是间接地通过"第二世界"的中介而相互作用的。他认为，这方面最好的例子是脑（第一世界）与语言（第三世界）的相互作用。它们通过"第二世界"（人的意识）的中介而相互作用，结果不仅促使了脑的进化，而且也促进了语言的发展。他认为从这个意义上说，人及科学知识的发展都是通过"三个世界"的互相作用而实现的。因此，不承认"三个世界"的"实在性"及其同等的相互关系，就无法科学地理解和研究人及其科学知识的产生与发展。①

波普尔上述"三个世界"理论的发表在西方学术界曾引起广泛而热烈的争论。应该指出这个理论在根本上是错误的。世界是物质的，它统一于物质。因而没有"三个世界"，只有一个世界：客观物质世界。但是不可因此否认意识或意识现象，只是它们并不是独立于物质之外，与物质同等实在的东西。它们是高度发展的物质——人脑的一种能动地反映物质的属性及其表现。同样，文化、艺术作品等人造物是意识能动作用（即通过实践改造物质世界的作用）的表现。它体现或表现了意识的能动作用，但并不独立于物质世界之外。意识是主观的，但其内容是客观的，因为它是客观事物在人脑中的反映。人们应该肯定意识内容的客观性，但不能因而肯定它与外界事物一样是同等实在的。波普尔的错误就在于把意识内容的客观性夸大为意识本身的客观性和实在性。

应该肯定意识和意识现象的发展是有其内在规律的。人的主观心理活动是有规律的，心理学的任务就在于研究这些规律；人的思维活动是有规律的，逻辑学的任务就在于研究这些规律；同样，各种社会意识形态：如科学、文学、艺术、宗教等等的变化和发展也是有其内在的规律的，各种有关研究各种意识形态的科学的任务就在于研究这些规律。但是，这些规

---

① Karl Popper, *Objective Knowledge: An Evolutionary Approach*, Oxford: Clarendon Press, 1972, pp. 119-122.

律是客观物质世界的反映，并受其制约的。例如，爱因斯坦相对论，既不会产生于古希腊罗马时期，也不会产生于牛顿时期，而只能产生于 20 世纪初。因此，波普尔强调研究意识形态特别是科学知识发展的规律性（动态模式）是正确的，但他因而得出"三个世界"的结论却是错误的。

应该承认物质与意识以及意识现象的相互作用的辩证关系，但是这并不是波普尔关于"三个世界"同等作用的理论。它们的互相作用并不是同等的。正确的结论应该是在"物质决定意识"的前提下，肯定意识对物质的能动作用。否则就是夸大意识的作用，势必陷入唯心主义。波普尔关于"三个世界"同等作用的理论就是如此。

波普尔关于"三个世界"的理论在 20 世纪 50 年代以后的提出是有其客观原因的。今天正处于信息大爆炸的时期，科学资料浩如烟海，科学技术突飞猛进，如何把它们作为一个专门的领域，从事客观的研究，以寻找其内在规律性，就成了一个十分重要的问题，他的这个理论就是这种情况的一种反映。

波普尔的哲学，在西方的科学哲学史中占有承上启下的地位，它是西方科学哲学从逻辑主义到历史主义过渡的重要环节。

第十七章　逻辑实用主义

逻辑实用主义又名新实用主义或实用主义分析哲学，是流行于当前美国的一个哲学流派。它是从逻辑实证主义中演化出来的，是逻辑实证主义与实用主义合流的产儿。逻辑实证主义自 50 年代以后盛极而衰，其原因除了它的最根本的理论——经验证实原则不能自圆其说外，更重要的还在于不能适应自 20 世纪 50 年代以后现代自然科学发展的新形势。自 50 年代开始，西方世界发生了科学技术革命，它使科学的发展出现了大分化和大综合两个相反相成的趋向。现代科学发生了大分化，学科愈分愈多，愈分愈细，据大致的统计，已出现了几千门新学科。与此同时，又出现了大综合，建立了许多综合性的学科，大体有以下三类：1. 边缘性学科：如物理化学、化学物理、量子化学、分子生物学、量子生物学、生物物理化学等等，它们都以原有学科的相邻点为生长点，把原来各自独立的基础性学科彼此联合起来。2. 横断性学科：它研究五种运动形态所共同具有的某些方面：如系统论研究共同的系统方面，信息论研究共同的信息方面等等，从而把五种过去看来似乎各自独立的基本运动形式相互联系起来，构成为一个有机整体。3. 综合性学科：如环境科学、空间科学等等都是把许多不同性质的学科融合为一体的新兴的综合性学科。如环境科学就是以生态学和地球化学为主，并广泛结合化学、生物学、地质学、医学、工程学等其他各种学科的理论和技术；以研究人类活动所引起的空气、水、土地、生物等环境或生态问题的综合性学科。与这些边缘性学科、横断性学科和综合性学科的出现相联系的是整体性观点以及系统方法，结构方法、模型方法等等整体论方法在科学中被广泛采用。这些都反映了客观世界的辩证统一，表明了自然科学是相互联系，彼此制约的统一整体。逻辑实证主义自称是"科学哲学"，它的理论与现代自然科学发展的这种新趋向完全相背离。它属于分析哲学。它强调分析的方法而否定综合的方法；强调科学的原子主义，而否定科学的辩证联系。它把科学理论形而上学地或机械地看成按照经验证实原则分别经过经验实证的许许多多各自孤立的命题的集合，而否定或忽视科学的学科、理论、原理、定律、命题之间的互相联系的辩证关系。总之，它否定科学理论的整体性和辩证性，成了现代自然科学发展的理论阻碍，以致不得不被人们抛弃而衰落。逻辑实用主义就是应这种情况而产生的。它是逻辑实证主义的改造。它抛弃了"矛盾百出，无法自圆其说的逻辑实证主义的经验证实原则"这个教条，而接受了适合于现代自然科学发展新趋向的整体论观点，并把它与实用主义结合起来，从而创立了一个新的哲学流派：逻辑实用主义。奎因是这个流派的创始人，其他代表人物则有哥德门（Nelson Goodman）等。

威拉特·奎因（Willard van Orman Quine）是当代美国著名的逻辑学家和哲学家，早年在奥伯林大学学习数学，1930年毕业后继续在该校进修，后进哈佛大学，在怀德海门下研究数理逻辑，1932年获博士学位后去欧洲，在布拉格结识了逻辑实证主义的大师卡尔纳普，后者对他的思想具有很大的影响。1936年他回到美国，在哈佛大学任教，是哈佛大学皮尔士哲学讲座的教授，1979年退休。他的哲学方面的主要著作有《从逻辑观点看》（1953）、《语词和对象》（1960）、《逻辑哲学》（1969）、《本体论的相对论》（1969）等。

一 奎因的"经验主义的两个教条"

奎因最著名的一篇文章是《经验主义的两个教条》。该文1951年发表于《哲学评论》杂志，后收集在《从逻辑观点看》一书中。这篇文章的发表在美国哲学界曾引起强烈的反响。他在这篇文章中指出，逻辑实证主义的两个根本原则：1.逻辑真理（分析真理）与经验真理（综合真理）绝对区分的原则；2.经验证实的原则应作为两个不必要的教条而予以抛弃，并应以实用主义观点补充其不足。他说："现代的经验主义受两个教条的约束：一是相信不依赖事实的分析真理和以事实为根据的综合真理之间存在着根本区别；另一是还原论，即相信每一个有意义的陈述都等值于某种以指称直接经验的名词为基础的逻辑构造。"因而他主张应放弃"这两个教条""而转向实用主义"。① 这篇文章的发表,从根本上动摇了逻辑实证主义的理论基础。它表明逻辑实证主义开始衰落,同时也表明奎因从逻辑实证主义向逻辑实用主义的转变。

(一) 否定严格区分两种真理的原则

逻辑实证主义把两种真理:逻辑真理(分析真理)和经验真理(综合真理)严格区分开来。他们认为:经验真理来自经验事实的归纳或综合。如"日出于东""摩擦生热"等,它们是或然的。而逻辑真理是同义的反复或重言式命题:如"2+2=4""单身汉是没有结婚的男人"等,它们仅仅是两个彼此等值的逻辑符号的互换,与经验事实无关,是分析真理,因而是必然真理。卡尔纳普等传统的逻辑实证主义者都认为这两种真理的区分是绝对的,不能互相混淆,否则就会在逻辑上和科学上造成混乱。但是奎因反对这种见解。他认为没有纯粹的分析真理,也没有纯粹的综合真理。它们的区分是相对的,而不应是绝对的。严格区分这两种真理的见解是错误的,它不但是现在经验主义,即逻辑实证主义的教条,而且也是传统经验主义的教条,因为历史上自休谟以来的经验主义都错误地坚持这种主张。

为什么这两种真理的区分应该是相对的而不是绝对的呢?奎因的回答是:在科学理论中没有与经验事实绝对无关的纯粹的逻辑真理。他举例论证如下:

有下列两个命题:

(1)"单身汉是脾气古怪的男人。"

(2)"单身汉是没有结婚的男人。"

传统的逻辑实证主义者们认为,命题(1)是经验真理,因为它是从经验事实中归纳或综合出来的,它是或然真理。因为单身汉的脾气多数很古怪,但并非个个必然古怪。命题(2)是逻辑真理,因为"单身汉"就是"没有结婚的男人"的同义词,如作同义词的替换,则它无异于说:"没有结婚的男人是没有结婚的男人",它于经验事实无关,因而是必然真理。

---

① Willard Van Orman Quine, *From a Logical Point of View: Nine Logico - Philosophical Essays*, Cambridge: Harvard University Press, 1964, p. 110.

第十七章 逻辑实用主义

对传统的逻辑实证主义的上述分析,奎因持不同见解。他问道:为什么说:"单身汉"与"没有结婚的男人"是同义词,它的根据在哪里?有人可能会说:这是词典的规定。但是奎因继续追问:是谁做出了这种规定呢?词典不是"圣书",它是词典编纂者写成的。那么,词典编纂者根据什么做出这种规定的呢?他可能抄自另一本权威著作,然而权威者又是根据什么做出这种规定的呢?穷本追源,最后只能归结到经验事实,即这是来自经验事实的归纳或综合。这样,命题(2)就不再是纯粹的同义反复,即不再是单纯的逻辑真理,而在本质上成为综合真理或经验真理了。他写道:"例如把'单身汉'定义为'没有结婚的男人'。但是我们怎么知道'单身汉'就应被定义为'没有结婚的男人'呢?我们可能诉诸身旁的词典,但是能把词典编纂者的明确陈述奉为法律吗?显然这是本末倒置。词典编纂者是一位经验科学家,他的任务是把已经发生的事实记录下来。要是他把'单身汉'解释为'没有结婚的男人',那是因为他相信在他著作之前人们已经流行着或在用法上已经存在着它们的同义关系了。"[①]

奎因的这种论证也可以改换成另一种方式表述:对于命题(2)有人可以反驳:它根本不是一个真理。因为在西方流行同居,单身汉往往是"结了婚"的,只是他们没有按法律手续结婚罢了。如此他们就得替"结婚"这个词下定义,说"结婚"应该是"按一定手续在政府机关登记,并举行一定仪式"的同义词,但是这样又必须为"政府机关"与"一定仪式"等等下定义。一个定义必须要另一些定义来定义它,这样就陷入了无穷回归的困境,最后只得把它归之于经验事实的归纳或综合。于是,它最后又变成经验真理或综合真理了。

奎因就这样推翻了逻辑实证主义关于两种真理绝对区分的教条,从而得出了如下相反的结论:

(1) 科学的分析真理必须以综合真理为基础;两者是互相依存,不能绝对分割的。

(2) 由于分析真理是建立于综合真理基础上的。因而不仅科学的综合真理不是必然的,而是或然的;就是分析真理归根到底也非必然真理,而

[①] Willard Van Orman Quine, *From a Logical Point of View: Nine Logico – Philosophical Essays*, Cambridge: Harvard University Press, 1964, p. 24.

具有或然性。

（3）既然两种真理互相依存，都非必然而只有或然性，因而它们的区分也只是相对，而不是绝对的。

因此奎因断言："寻找由经验决定的综合陈述，与在任何情况下都有效的分析陈述之间的分界线，那是十分愚蠢的。"①

奎因的这个分析是深刻的，它在一定程度上道出了归纳与演绎这两种逻辑思维方式的互相联系的辩证关系，但是由于他没有正确哲学思想的指导，进而他未能在这个问题上做出正确的结论，相反却走上了实用主义的道路。

（二）否定经验证实的原则

经验证实的原则是逻辑实证主义的一个根本原则。逻辑实证主义认为，任何命题只有能被经验证实或证伪，才有意义，否则就没有意义。奎因原属逻辑实证主义成员，他曾经赞同这个原则。但自50年代以后，他开始对这一原则进行全面的反思，逐渐形成自己的见解，并主张把这一原则作为一个经验主义的教条抛弃掉。这是因为自30年代维也纳小组开始建立这个原则时起，它就受到了各方面的批判，引起了各种争论。而到50年代初，它已经被批判得千疮百孔，事实上已难以再坚持下去了。

它大体遭到了来自下面几个方面的批判。

首先，来自自然科学家们的批判。逻辑实证主义自称是唯一的"科学哲学"，自认它是建立在现代自然科学，特别是现代物理学基础上，为现代科学提供方法论的。但是它的这个原则，却与现代科学，特别是与现代物理学绝不相容。这是因为科学的任务在于发现规律，而规律却不能直接为感官所感受，特别是现代科学的研究领域已向宇观与微观这两个方向扩展和深入，现代物理学已深入到物质结构的更深层次，而高速—微观的客体却不能为经验所直接证实。正如有些科学家所指出：如果根据逻辑实证主义的这个原则，那么现代物理学就将全都成为没有任何意义的废话了。

其次，来自其他各哲学流派的批判，如批判理性主义者波普尔对它的

---

① Willard Van Orman Quine, *From a Logical Point of View: Nine Logico - Philosophical Essays*, Cambridge: Harvard University Press, 1964, p. 42.

批判。波普尔自20世纪30年代初，逻辑实证主义开始建立时期起，就对它的这个原则进行了抨击。他指出：没有纯粹的经验观察，任何观察都必须在一定的理论、观点的指导下进行，而在不同理论、观点的指导下，对同一事实，可得出不同的观察结果，因而他认为任何科学命题都不能被经验所证实，而只能被它所证伪，因此他提出了一个相反的原则：经验证伪原则。

最后，来自逻辑实证主义内部各种不同意见的争论。逻辑实证主义的成员们一般都坚守这个原则，但如何理解和解释这个原则，却时有互相矛盾而最终无法解决的争论。如开始只承认直接经验的证实；后来承认间接经验的证实；后又把经验内容的检验改为观察陈述的检验等等。

总之，至50年代，逻辑实证主义的这个原则已陷入极度的困境而无法自解，只有抛弃这原则才有出路。奎因敏锐地看到了这一点。

奎因称经验证实原则为"还原论"的原则。因为这个原则要求一切科学命题都必须能还原为经验命题，从而得以为经验所证实。他说："这在根本上是一种还原论；坚持每一个有意义的陈述都必须能还原为直接经验的陈述（真的或假的）。"[①]

奎因指出，这种还原论的见解早在洛克、休谟的经验主义理论中就已初见端倪。休谟认为，每一个观念都必须能还原为经验，从而能受经验的检验。逻辑实证主义的经验证实原则不过是这个观点的语言学表述，即把"观念"改为"命题"或"陈述"，即认为每一命题或陈述只能还原为经验陈述，从而能为经验所检验才有意义。在奎因看来，这是错误的。因为单凭感性经验是无法证实一个命题的。因为理论具有整体性，而感觉具有主观性和私人性等等。奎因的这种批判无疑是正确的。

奎因在批判、抛弃了逻辑实证主义的经验证实原则后，提出了一种"新"的见解以替代这个原则，从而创立了逻辑实用主义。这种新见解的内容主要有二：1. 检验知识的意义的最小单位，不应该是一个观念（如洛克、休谟等所主张），也不应是一个命题或句子（如逻辑实证主义所主张），而应该是整个科学理论系统。他说："现在我极力主张：即使以句子

[①] Willard Van Orman Quine, *From a Logical Point of View*: *Nine Logico‐Philosophical Essays*, Cambridge: Harvard University Press, 1964, p. 38.

为单位,也是把单位划得过细了。具有经验意义的单位不应该是句子,而应该是科学的整体。"① 2. 检验科学理论的真伪的准则,不应该是"经验的观察",而应该是经验的实用性,即不在于它是否为观察所证实,而在于它在主观经验中是否有用。有用的就是真的,无用或有害的就是假的。这样他就以实用主义的原则替代了经验证实的原则,从而使逻辑实证主义实用主义化了。

二 奎因的整体性的科学观

逻辑实证主义认为:科学是一个命题系统,它是许多能各自独立地被经验证实或证伪的"原子句子"(基本命题)的砖瓦所构成的大厦。奎因反对这种见解。他认为,诚然,科学是由物理、化学等学科所组成的,每门学科又可分为许多原理和定律,每个原理和定律又可通过许多命题来表述。但它们是互相联系、互相影响的。科学是一个由许多互相联系、彼此影响的命题和原理所组成的经纬交错的整体性的大网络。这个网络的四周与经验事实直接接壤。处于网络边缘的是政治、历史、医学、工程学等具体科学和应用科学,它们与经验事实直接联系着,灵敏地随着经验事实的变化而迅速变化。处于这个网络内层的是物理、化学等理论科学,它们不与经验事实直接接壤,但通过应用科学的中介,受经验事实的间接影响。高度抽象的数学和逻辑则处于网络的中心,它们远离经验事实,一般不随经验事实的变化而变化。但是,这种稳定性也是相对的,它们并不如逻辑实证主义所认为的那样,是与经验事实绝对无关的永恒真理,而是通过理论科学与应用科学的多层中介与经验事实相联系的。当理论科学、应用科学因经验事实的变化而发生巨大变化时,数学和逻辑也会因而发生变化。如近些年来逻辑学中多值逻辑等的出现就是明显的例子。所谓多值逻辑是相对于通常的二值逻辑而言的。在二值逻辑中,一个命题或真或假,不能既真且假,命题只有真、假两个值;但在多值逻辑中则不同,一个命题可有三值,也可以有四值、五值以至无穷多值。它是 20 世纪 20 年代由卢凯

---

① Willard Van Orman Quine, *From a Logical Point of View*: *Nine Logico - Philosophical Essays*, Cambridge: Harvard University Press, 1964, p. 42.

西维奇（J. Lukasiewicz）和波斯特（E. L. Post）提出来的。后来在电路（网络）分析及量子物理学上的应用而得到发展。由于量子物理学所研究的微观客体的运动规律具有统计性，即在一定时间，一定地点，它不是或在这里，或不在这里，而是有多大的可能性在这里，因而可以适用多值逻辑。奎因写道："我们所谓的知识（或信念）是一个统一的整体。从最偶然的地理和历史事件的知识，到最深刻的原子物理学规律，乃至最纯粹的数学和逻辑学规则，它们组成一个人造的大网络。这个网络的边缘与经验紧密接触。"①

奎因强调科学理论的整体性的观点是正确的。他反映了现代科学一体化或整体化的新趋向。但是他对这种整体性做了实用主义的解释，从而使他的整个哲学走上了实用主义的错误道路。

三 奎因的逻辑实证主义与实用主义的结合

（一）科学是预测未来的经验的工具

奎因同意逻辑实证主义的观点，认为科学是一个概念系统（或命题系统）；他也同意实用主义的观点，认为科学是应付环境的工具。于是他把二者结合起来，认为科学不仅是一个概念系统，而且更重要的，是一个用来应付环境的工具的概念系统。他说："作为一个经验主义者，我继续把科学的概念系统看作根本上是用过去的经验来预测未来的经验的工具。"②

如前所述，逻辑实证主义与实用主义虽同属主观经验主义，但是在真理观上是互有差异的。逻辑实证主义把检验真理的标准归结为"经验"对单个命题的"证实"。它认为，任何命题已被经验证实的，就是真的；反之，就是假的。实用主义则把检验真理的标准归结为主观经验的实用性，认为任何理论，只要它在应付环境中是有用的，就是真的，反之就是假的。由于接受了实用主义的工具主义观点，奎因便把科学归结为应付环境的工具，而反对上述逻辑实证主义的真理观。

---

① Willard Van Orman Quine, *From a Logical Point of View: Nine Logico - Philosophical Essays*, Cambridge: Harvard University Press, 1964, p. 42.

② Ibid., p. 44.

奎因反对把检验真理的标准归结为经验的证实。他认为这是逻辑实证主义的教条，它只能使理论导致不可救药的混乱，只有抛弃这个标准，采用实用主义的标准，才能使经验主义理论从混乱中"解脱"出来。他说："我认为探究一个概念系统作为实在的映像的绝对正确性，是没有意义的。我们评价概念系统的标准应该根本改变，应该不是同实在相符合的实在论标准，而是实用的标准。因为概念是语言，而概念和语言的目的在于通信和预测未来的有效性。"①

（二）"杜恒—奎因原则"与"译不准原则"

奎因还反对把检验真理的知识单位归结为单个命题。在他看来，科学虽然是一个命题系统或概念系统，但是它的许多命题和理论不是各自孤立，而是互相联系、不可分割的。人们不能以单个命题为单位各自检验它们的真伪性。当某一命题或理论与经验事实发生冲突时，人们就无法判定，是该命题或理论错了，还是周围与它相联系的其他命题和理论错了。因为人们可以调整周围的命题和理论，以保持它的真值。他说："谈个别陈述的经验内容，就会使人误入歧途。""因为经验的意义的单位不是个别陈述，而是科学的整体。"② 他举例说：在文艺复兴时期，大量天文观察与托勒密的地心说不相一致。当时人们本来可以调整周围的理论，即以增加本轮和均轮以保持地心说的真值。而人们之所以放弃地心说，改用日心说，并不是由于地心说被证伪了，而仅仅是由于用日心说比较方便和实用。又如，近几年来，有些科学家主张用多值逻辑代替二值逻辑以"简化"量子力学，这也不是说二值逻辑被证伪了，而是因为用多值逻辑比较方便和实用而已。总之，他认为，任何一个孤立的命题或理论是无法被经验证实或证伪的。它们是真是伪，必须从科学的整体性和实用性方面去考虑。他写道："任何情况下的任何陈述都可以被决定是真的，如果我们对系统中的其他部分作足够的调整的话。即使是一个很具体的陈述，如果它与经验事实不符，我们也可以以幻觉为理由而保护它。反过来，由于同样

---

① Willard Van Orman Quine, *From a Logical Point of View: Nine Logico - Philosophical Essays*, Cambridge: Harvard University Press, 1964, p. 79, p. 42.

② Ibid. .

的原因,任何陈述都不能被看作绝对真理而不被修改的。有人甚至提出过修正逻辑的排中律以简化量子力学的方法。"① 奎因的这个观点,即科学是一个整体,它的个别命题或理论不能被经验证实或证伪的观点,被称为"杜恒—奎因原则"。因为约定主义者杜恒(Pierre - Maurice - Marie Dubem,1861—1916)也曾提出过类似的思想。这个原则对于后来的"科学哲学"的历史主义学派有重要的影响。

奎因还把上述原则应用于语言分析,这就是"译不准原则"。这个原则的具体内容是:"可以用种种不同的方式编辑成使一种语言翻译成为另一种语言的指导手册,所有这些手册都跟有关的语言行为的倾向在总体上融合一致,但是在这些指导手册之间却不能相互一致。"② 它的意思是说:两种从来互不相通的语言是无法正确(根本)地互译的。其理由在于语言是由"观察命题"和"理论命题"构成的。观察命题,由于它与经验事实直接联系,大体上说它们互译的正确性是可以由观察条件检验的。例如,当你看到一个土人指着一只母鸡说了一句话,你就猜想他可能在说"这是一只母鸡。"下次当你看到一只母鸡时,你同样说这句话,他表示同意。再下一次并没有母鸡时,你再说这句话,他表示反对。于是,根据这些经验条件(语境),你就可以大致确定这句话的意思。然而理论命题则不然。如前所述,由于理论命题并不与经验事实直接联系,而只是解释经验事实的人为的虚构。只要在解释经验的"总体上融洽一致",人们就能对理论做出任意的调整和虚构。因而这些理论命题就不能在语言的指导手册上互相一致,即不能正确(根本)地互译。

奎因的这些理论是不正确的,他对科学理论的整体性做了相对主义和实用主义的错误解释。马克思主义告诉我们,科学是客观实在的反映。客观世界是普遍联系、相互制约的统一体,因而,反映客观现实世界的科学理论也是一个普遍联系、相互制约的整体。但是,这并不能因而否认每个科学理论的相对独立性。因为客观事物既是相互联系,又是相互区别(相对独立)的。把任何事物从普遍联系中绝对孤立起来考察,固然是错误的、形而上学的,但是因强调普遍联系而否定或抹杀它们的相对独立性,

---

① Willard Van Orman Quine, *Word and Object*, Cambridge: MIT. Press, 1960, p. 43.
② Ibid., p. 27.

以及与其他事物的质的区别,从而得出对于任何一个理论不能客观地判别其真伪,这也是错误的,是主观主义、相对主义和虚无主义的。他的上述"杜恒—奎因原则"与"译不准原则",就是这种主观主义、相对主义和虚无主义的产物。

奎因从上述实用主义的工具主义真理观出发,终于走上了相对主义的道路。他否定真理的客观性和绝对性,认为"绝对真理是不存在的"[①]。他把科学理论简单地归结为一种方便的假设,认为所有的科学理论,都只是方便的临时的假设。今天认为这样方便,就假设这是真理,明天认为那样方便,就假设那是真理。他写道:"物理对象只是作为方便的中介物而被概念地引进的。它只是一种不可简约的假设。在认识论上它们就如同荷马史诗的诸神一样不存在。"[②] 因而他宣称在认识论上承认原子、分子、基本粒子等物理客体的存在,就像承认荷马诗史中的诸神的存在一样荒唐可笑,因为"从认识论方面来说,物理对象与诸神同处于神话的地位;它既不比后者更好一些,也不比后者更坏一些"[③]。他不仅认为物理对象是神话,而且认为全部科学对象都是神话。他写道:"全部科学,包括数理的、自然的和天文的……都带有它的精制的神话的虚构,它们是以规律的简单性为其目标的。"这样,他就根据其"方便""有用"的实用主义原则,把真理完全说成是主观随意的假设,最后错误地把科学理论与宗教神话完全等同起来。

四 奎因恢复"形而上学"

奎因也把传统哲学说成是"形而上学"。但是他不同意逻辑实证主义的观点。他主张,"形而上学",无论是唯物主义还是唯心主义,都是有意义的。这是因为:1. 科学家不可能没有任何本体论观点的指导,任何科学理论的研究都必然是在一定本体论观点的指导下进行的。用他的话说:任何科学理论都包含"本体论的承诺"。2. 检验理论是否有意义的标准不在

[①] Willard Van Orman Quine, *From a Logical Point of View: Nine Logico - Philosophical Essays*, Cambridge: Harvard University Press, 1964, pp. 43 - 44.

[②] Ibid. .

[③] Ibid. , p. 45.

于它是否能为经验所证实或证伪,而在于它在应付环境中有用还是无用。有用的就有意义,无用的就无意义。因此,任何"形而上学"理论,不论是唯物主义或唯心主义,也不论是伦理学或宗教神学,只要它们在应付环境中有用就有意义,否则就无意义。他举例说:人们都看到许多红的花、红的房屋和红的夕阳:有人认为共同的红的性质是客观实在的,而具体的花朵、房屋、夕阳是不实在的,这就是唯心主义;有人认为共同的红的性质是不实在的,而具体的花朵、房屋和夕阳是客观实在的,这就是唯物主义;有人认为两者都是实在的,这就是二元论。这三种看法到底哪一种正确,就要看它们在对付经验(应付环境)中哪一种方便、有用,如果唯心主义观点方便、有用,唯心主义就是真理;如果唯物主义或二元论观点方便、有用,唯物主义或二元论就是真理。他认为,在科学研究中由于只需从经验材料出发,无须肯定经验之外还有物质存在,因而唯心主义是真理,唯物主义是谬误;在日常生活中,由于人们习惯于肯定物质世界的客观存在,因而唯物主义是真理,唯心主义就变成谬误了。他写道:"在这里我们有两个互相竞争的概念系统,现象主义(按:即主观经验主义)与物理主义(按:即唯物主义)哪一个应当获胜,各有各的优点,各有其特殊风格的简单性。我认为每一个都值得发展。每一个都可以说是更为根本的,虽然在不同意义上。在认识论来说,现象主义是根本的,从物理上(即生活中)说来,物理主义是根本的。"①

这里,奎因似乎分别肯定了唯物主义与唯心主义这两种"形而上学"各自不同的"意义",表现出"兼收并蓄"的姿态;但是他又认为,他的逻辑实用主义是科学的哲学,而科学哲学的任务在于为科学研究提供方法论,他写道:"从科学哲学的观点看来,物理对象是为了使我们关于经验之流的报道完整化和简单化而设定的东西;从现象主义的观点看来,物理对象的概念系统仅是一个方便的假设,它比朴实的真理(按:即唯物主义)较简单。"② 因而他认为,他的逻辑实用主义是经验主义,而不是唯物主义的。这就表明了他的主观经验主义的立场。

---

① Willard Van Orman Quine, *From a Logical Point of View: Nine Logico - Philosophical Essays*, Cambridge: Harvard University Press, 1964, p.17.

② Ibid..

由此可见，奎因继实用主义者刘易士和操作主义者布里奇曼等人之后，把逻辑实证主义进一步实用主义化了。对此，他直言不讳："卡尔纳普、刘易士等人在选择语言形式科学结构的问题上，采取了实用主义的立场；但是他们的实用主义在分析和综合的想象的分界线上停止下来了，而我拒绝接受这条分界线，拥护一种更为彻底的实用主义。"① 他的这段自白明确说明他把逻辑实证主义与实用主义最终"结合"起来了。因此，人们称他的理论为"逻辑实用主义"或"新实用主义"。

---

① Willard Van Orman Quine, *From a Logical Point of View: Nine Logico - Philosophical Essays*, Cambridge: Harvard University Press, 1964, p. 46.

第十八章　科学哲学的历史主义学派

科学哲学的历史主义学派或历史学派是盛行于当前西方特别是美国的一个科学哲学流派。它与波普尔的批判理性主义有直接的理论联系。同时，奎因的逻辑实用主义思想对它也有一定的影响。这个流派产生于20世纪50年代末，流行于60年代以后。当时自然科学已有了新的发展，如上章所述，发生于20世纪50年代和60年代的科学技术革命促进了科学的大分化和大综合，出现了各种新兴的边缘性学科、横断性学科和综合性学科，表现出现代自然科学的整体性。除此之外，现代自然科学的发展还越来越明显地表现出另外一些特征：那就是自然科学与社会科学的互相渗透。由于数学在社会科学中的广泛应用，数量经济学、地理环境社会学等等新兴学科的出现，以及把经济、法律等社会科学与物理、化学、生物等自然科学，以及医学、工程等应用科学结合为一体的环境保护科学等综合性学科的出现，都标志了自然社会与社会科学的不可分的联系和渗透。此外，自然科学对社会的政治、经济、文化生活的作用和影响也日益加强。如它给社会带来表面的物质繁荣的同时，也给社会带来了核战争的威胁、生态平衡的破坏等等重大的危害或不安。同时，政府对全国性科学研究的计划、组织和管理也大大加强。至于现代科学发展的规律性这一特征，自50年代以后，也逐渐为西方人士所觉察和承认。众所周知，在20世纪以前，科学的发展是缓慢的、累积式前进的。一个公认的理论，如牛顿理论，在该领域内持续统治了几百年。在这个漫长的时期内，科学的新贡献不是推翻该理论，而是通过大量的新观察和新实验继续证实、补充、完善和发展该理论。现代科学的发展则不然。一个刚被公认的理论就常常迅速被新实验所推翻，从而为另一个更新、更进步的理论所取代。即它的发展不仅是量的积累，而且是通过量的积累与质的否定的交替而实现的。如相对论对牛顿理论的辩证否定，量子理论对机械原子论的辩证否定，以及宇称不守恒定律对宇称守恒定律的辩证否定等等均是。现代科学的这些新特征，不论是自称为科学哲学的逻辑实证主义或自称比逻辑实证主义更为科学的批判理性主义，都不能与它相适应，它要求科学哲学的研究与社会历史的研究结合起来，而科学哲学的历史主义学派，则是对这种科学要求的一种反映。

如前所述，逻辑实证主义只重视科学命题系统的静态的逻辑分析。波普尔的批判理性主义则开始转向动态地研究科学发展的模式。但是，他只是从纯逻辑、纯理性方面去探讨这种模式；而不是从科学与社会的关系中，从科学发展的历史事实中来探讨和总结这种动态模式的。他有时偶尔也引用一两件科学史上的事例，但只是用以证明他的观点。因而，他的"猜测与反驳"的科学发展模式不免失之过简；而且与科学发展的历史事实不尽相符。后来他的后继者们（其中有的是他的学生），总结了当时科学发展的情况，继承了他的关心研究科学发展动态模式的观点，又批判了他只重视理性分析，而忽视社会、历史分析的缺点，把科学哲学的研究与科学史的研究结合起来，从而形成了科学哲学的历史主义学派。

"科学哲学"的历史主义学派的代表人物有库恩、拉卡托斯、费耶阿本德、阿伽西（J. Agassi）等。他们的观点各异，学说差别甚大，如库恩倾向于实用主义，拉卡托斯接近于波普尔的批判理性主义，费耶阿本德属于虚无主义，而新近出现的新历史主义学派的某些人物，如夏佩尔则具有唯物主义的倾向。尽管如此，提倡科学哲学与科学史相结合，并重视科学发展动态模式的研究则是这个学派的共同特征。

一　库恩的"科学革命的结构"的理论

托马斯·库恩（Thomas Kuhn）是当前美国颇负盛名的科学哲学家和科学史家，是历史主义学派的最主要代表人物。他早年求学于哈佛大学，先后获物理学学士、文学硕士、哲学博士和法学博士学位，曾在普林斯顿大学指导科学史和科学哲学的研究，现任麻省理工学院科学、技术与社会项目的教授，曾任美国科学史学会主席，并且是美国科学院院士。他的主要哲学著作有《科学革命的结构》（1962）、《量子物理学史料》（1970）、《必要的张力》

(1977)、《黑体理论和量子不连续性》(1978) 等。

(一) 科学的发展与"范式"

1. 科学的发展是"渐进"和"革命"的不断交替

库恩于 20 世纪 40 年代在哈佛大学研究物理学。此时他第一次接触到科学史,并同时对皮亚杰的心理学著作产生兴趣。库恩后来说:"正是皮亚杰帮助我理解了亚里士多德的物理学。"库恩的著述绝大部分都涉及科学史,因此他曾一再声明他是一个科学史家而不是哲学家。库恩的科学史观即他的科学哲学思想,据他自称,来源于两个方面:一是科学的训练,二是对科学哲学的长期兴趣。他从 1947 年开始研究科学史,经过 15 年潜心反思,于 1962 年出版了其最主要的著作《科学革命的结构》。此书在西方自然科学界和社会科学界引起了强烈的反响,形成研究、讨论此书的热潮,从而为库恩赢得了世界性的声誉。原书只有 180 页,译成中文也只有 127000 字,但西方不少人却称之为一部"极其严谨的箴言录"。库恩曾允诺扩充此书,不过后来他说,我终于明白,我再无话可说了。

科学是如何发展的? 其发展的规律是什么? 这是以库恩为代表的历史学派最为关注的问题。在反对逻辑经验主义的科学发展的"逐渐积累"观时,库恩是同意波普尔的观点的。他说,"逐渐积累"观将导致我们"把科学史看成是一堆轶事或年表"[1]。但是库恩也反对波普尔关于科学的发展是"不断推翻的增长"的观点。他认为这是一个悖论,因为单纯的"否定"或"推翻",就不可能有增长,而且它也不符合历史的发展事实。

库恩在批判归纳主义与证伪主义的错误观点的同时,并吸收了两者的合理成分,提出了一种新的科学发展的模式。他坚信科学发展的实际过程是一个进化和革命、积累和飞跃、连续和中间的不断交替的过程。他认为科学发展的历史明显地体现了这个过程。他说,"在科学研究的历史记载中明确地显示出了我的这种科学观",因此他要求"充分倾听历史的呼声",即用历史的方法从科学发展的历史事实中揭示这种过程。故此,人们称他的科学哲学理论为历史主义的科学哲学理论。

---

[1] Thomas S. Kuhn, *The Structure of Scientific Revolutions*, Chicago: The University of Chicago Press, 1970, p. 1.

2. 科学的"范式"

库恩的科学哲学区别于逻辑实证主义和批判理性主义的另一重大特点是关于科学的整体性的观点。他不同意逻辑实证主义和批判理性主义的传统见解，否认科学是许多能各自被经验证实或证伪的命题的单纯集合；而同意奎因的观点，认为它是由许多相互联系，彼此影响的命题和原理有机构成的统一整体。关于这个重要思想，突出地体现在他的关于科学"范式"的理论中。① 因而范式的理论是库恩的"科学哲学"的理论核心，也是把握他的整个"科学哲学"理论的关键。只有正确理解了他的这个理论，才有可能正确把握他的整个"科学哲学"思想。"范式"（paradigm）原文来自希腊文，含有"共同显示"的意思，由此引出模式、模型、范例等义。

但是，库恩从来没有对"范式"这个十分重要的概念作过明确的、定义性的解释；而是在不同的场合常常作不同的阐述。在仅100余页的《科学革命的结构》一书中，他先后对这个概念竟做了20多种不同的解释。

库恩认为，"范式"这个概念与"科学家集团"或"科学共同体"这个概念是密切相关联的。它是"科学家集团"或"科学共同体"的成员们所"共同具有的东西"。他说："在我的《科学革命的结构》这本书里，'范式'一词，无论实际上还是逻辑上，都很接近于科学共同体这个词。一种范式是，而且也仅仅是一个科学共同体成员所共有的东西。反过来说，也正是由于他们掌握了共有的范式才组成了这个科学共同体。"②

库恩所说的"科学共同体"，就是指在科学发展的某一历史时期该学科领域中持有共同基本理论、基本观点和基本方法的科学家集团。他说："科学共同体是由一群经历了相同的教育和业务的传授，吸收了相同的技术文献，获得了相同的学科训练的科学专业的从事者所组成的。"③

---

① Thomas S. Kuhn, *The Structure of Scientific Revolutions*, Chicago: The University of Chicago Press, 1970, p. 11.

② Thomas S. Kuhn, *The Essential Tension: Selected Studies in Scientific Tradition and Change*, Chicago: The University of Chicago Press, 1977, p. 291.

③ Thomas S. Kuhn, *The Structure of Scientific Revolutions*, Chicago: The University of Chicago Press, 1970, p. 177.

那么,"范式"与"科学共同体"的关系如何,即它是科学共同体所共同具有的什么东西呢?库恩有时说它是科学家集团所共有的"传统"①;有时说它是科学共同体所共有的"模型或模式"②;有时又说它是科学共同体"把握世界的共同理论框架"③;有时又说是科学共同体所共有的"理论上和方法上的信念"④等等。后来他又把"范式"称作为"专业基体"(Disciplinary matrix)。

从上可见,库恩所称的"范式"或"专业基体",主要是指以下两个方面:(1)从心理上说它是科学共同体所共有的信念;(2)从理论和方法上说它是科学共同体所共有的"模型"或"框架"。总起来说:它就是某一科学家集团在某一专业或学科中所具有的共同信念。这种信念规定了他们共同的基本理论、基本观点和基本方法,为他们提供了共同的理论模型和解决问题的框架,从而形成该学科的一种共同的传统,并为该学科的发展规定了共同的方向。

库恩在《科学革命的结构》一书中,列举了历史上科学"范式"的一些例子。如托勒密的地心说是早期天文学家集团的范式,它为他们规定了基本的理论、观点和方法,从而为他们提供了考察问题和解决问题的模型或框架,并为当时天文学的发展规定了方向;又如哥白尼的日心说是哥白尼以后天文学家集团的范式,它为他们规定了新的基本理论、观点和方法,提供了新的考察问题和解决问题的模式和框架,并为后来天文学的发展确定了新的方向,等等。

库恩认为,"范式"并不是科学家们共同认识世界的结果,即它并不是认识论意义上的知识体系,而仅是科学家集团的共同信念。他认为,在一定历史时期,科学家集团的成员们由于接受共同的教育和训练,以共同的基本理论、基本观点和基本方法取得了相当的成就,从而在心理上产生了一种共同的信念,认为这种基本理论、观点和方法是该学科解决一切疑难的钥匙(模式和框架),从而形成该学科的范式,所以他说:"范式"不

---

① Thomas S. Kuhn, *The Structure of Scientific Revolutions*, Chicago: The University of Chicago Press, 1970, p. 177.
② Ibid..
③ Ibid..
④ Ibid..

是别的，它是一种"信念"，就像宗教的信念一样，由于这种信念使科学家们的研究产生一种"虔诚的狂热"，想把自然界"强迫纳入范式所规定的思想框框里去"。①

库恩认为，由于范式不是反映客观世界的知识体系，而仅是社会集团的共同信念，因而它的产生和变化的原因根本不属于认识论的范围，无法单纯从理性中去寻找；而应像对待宗教信仰的产生和变化一样，把它看作一个社会学上、心理学上，或社会心理学上的问题，应该从社会心理和社会历史中去寻找。②

科学中有没有库恩所说的"范式"这一类东西，在西方曾引起热烈的讨论。回答应该是肯定的。诚然，库恩对范式的理解是混乱不清的，他时而这样解释，时而那样解释，把理论、观点、方法、范例，以至仪器设备等等都包括在"范式"之中。这就显得过分庞杂了。但是科学中确实有"范式"或"理论框架"这类东西却是无疑的。

马克思主义告诉我们，世界是普遍联系、相互制约的统一整体。世界中的任何一个具体事物、任何一个领域、任何一个方面，也都是相互联系的统一整体。它们有复杂的内部联系与外部联系；这些联系有主要的、次要的，本质的、非本质的。这就构成了该事物、该领域或该方面的内部结构。这种客观的结构，反映在人的认识中，在方法论上，就形成知识的或理论的框架。人们总企图以一种总的观点或框架去统摄、解释客观的凌乱驳杂的自然现象或社会现象。库恩所说的"范式"就属于这样一类的东西。众所周知，自20世纪50年代以来，由于边缘性学科、横断性学科和综合性学科的大量出现和发展，科学发展的一体化趋向日益明显。在自然科学和社会科学的研究中，"整体性"的观点加强了，"结构"的方法、"系统"的方法、"模型"的方法等等整体性的方法被广泛采用。库恩的"范式"理论，就是现代自然科学和社会科学中的这种科学的整体性观点和科学的整体性方法在哲学上的反映。这是因为库恩本人是个自然科学家，对科学发展的趋势有着敏感的、深刻的感受，再加上他具有一定的哲

---

① Thomas S. Kuhn, *The Structure of Scientific Revolutions*, Chicago: The University of Chicago Press, 1970, p. 5, pp. 151–152.

② Ibid., p. 175.

学素养，因而库恩能够独创性地提出"范式"这个概念来。

科学的范式是客观实在的普遍联系的反映。但是它也含有一定的想象的成分，这是人的认识的能动性的表现。人们在有限材料的基础上构成一种认识的框架，去统摄驳杂的材料，并指导认识继续前进。当知识材料丰富到一个"临界点"时，认识就会发生飞跃，人们修正或更换原来的知识框架，构成新的知识框架，使认识进入一个新的深度，并指导它继续前进。这就是为什么范式不断更替的原因。

库恩的范式的理论中，包含着上述合理的思想，这是应该予以充分肯定的。但他把范式说成是一种主观的心理的东西。这是不正确的。诚然，范式中确实蕴含有许多想象的成分，但是这类想象也是建立在大量客观材料基础上的，而绝非纯粹心理方面的胡思乱想。

应该指出，库恩的范式理论中还包含着另一个重要思想，那就是科学与社会的紧密联系，库恩以前的西方科学哲学不论是逻辑实证主义还是波普尔的批判理性主义，都把科学看作纯粹理性或纯粹逻辑范围内的事情，它与社会历史因素无关。就是从这种观点出发，波普尔把科学的发展说成是独立自主的"第三世界"的发展；库恩的"范式"理论批判了这种观点，认为科学的演变和发展是与科学以外的社会和历史因素紧密联系的。不过他看不到社会的经济因素（社会物质生产）对科学发展的决定作用，而把这种决定性作用归结为社会的心理因素，从而并未摆脱唯心主义的立场，这显然是错误的。

（二）科学发展的动态模式

库恩认为，"范式"是使一门学科成为科学的"必要条件"或"成熟标志"。[1] 任何一门学科只有具有共同的"范式"，才配称为科学；否则就不是科学。

他认为，任何一门学科在没有形成"范式"以前，只处在前"范式"时期或前科学时期。在这个时期，该学科的工作者们各持自己的观点和方法，对各种问题，无不互相争论，莫衷一是。待经过长期争论后，

---

[1] Thomas S. Kuhn, *The Structure of Scientific Revolutions*, Chicago: The University of Chicago Press, 1970, p. 11.

逐渐形成统一的基本理论、观点和方法,即"范式",于是才从前科学时期进入科学时期。他写道:"大概给人们印象最深的是我以前称为在科学发展中从前范式到后范式时期的转变。在转变前,若干学派为了在该领域中取得统治地位而竞争。此后,随着一些著名的科学成就之后,学派的数目大量减少,通常减少到一个,于是一个十分有成效的科学模式开始形成。"①

库恩认为,在人类发展的早期,各门学科都处于前"范式"时期,只是到了后来才先后相继进入科学时期,他认为,从历史上看,最早从前科学时期进入科学时期的是天文学,天文学的最早"范式"是地心说。而后相继进入科学时期的是力学,亚里士多德的力学理论是力学的最早"范式"。再后是化学,化学的最早"范式"是炼金术理论。他认为:最后进入科学时期的是社会科学。属社会科学的各学科,不论政治学、经济学、法律学或社会学等至今无不观点分歧,看法不一,没有一个统一的"范式",因而它们仍处于前"范式"时期,严格地说来,还都没有进入科学阶段,还都不配称为科学。

库恩认为,有了共同的"范式",科学家集团就可以通力协作,科学就得以不断迅速发展。他认为科学的发展是有一定的结构或模式的,但他不同意波普尔的模式,认为波普尔的"猜测与反驳"的模式过分简单化了,科学的发展不是一个简单的不断否定的过程,而是一个否定与肯定、进化与革命交替的过程。这样他就把量变与质变的思想引进科学发展史,制定了一种新的、十分引人注目的科学发展的动态模式。

库恩认为,科学的发展一般经历如下的几个阶段或时期:

1. 常态科学时期

库恩认为,一个学科自出现了统一的范式后,就进入渐进性发展的常态科学时期。所谓"常态"科学就是"常态研究"的科学;而"常态研究","就是根据范式而研究"。②

库恩认为,在常态科学时期,科学家集团对于共同的范式坚信不疑,

---

① Thomas S. Kuhn, *The Structure of Scientific Revolutions*, Chicago: The University of Chicago Press, 1970, p. 178.

② Ibid., p. 25.

正如同宗教信徒们对于共同的宗教教义坚信不疑一样。他说："常态科学不能改变范式"，"常态研究无论在观念上还是在现象上都很少要求创造性的东西"。① 因此，他们的任务不是检查范式、改变范式，而是坚守范式，坚定不移地用范式去解决科学研究中的各种问题。

那么，如果在运用范式中发现有问题，如发现范式跟观察和实验中的事实不一致，以及运用范式解决问题而失败时，应该如何办呢？他认为，这时科学家不是怀疑范式，而是怀疑自己运用范式的能力；不是去检查范式是否正确，而是去检查和审核科学家自己的设计，计算以及使用仪器的条件等方面是否有误差。他比喻说：在常态科学时期，科学活动就像博弈活动或猜谜活动一样，博弈者在博弈活动中遇到死棋，猜谜者在猜谜中遇到难题，绝不会，也绝不能怀疑博弈规则和谜底是否正确，而只能责怪自己的博弈和猜谜的能力。他说：范式犹如工具，"只能责怪人，不能责怪人的工具"。②

库恩把常态科学中的问题称之为"难题"（puzzle）。所以，常态科学时期的科学家不是解决问题，而是解决难题的。他说："我采用难题这个词是为了强调即使是最好的科学家，通常所遇到的困难，就像纵横字谜或死棋那样，只是对他自己的创造性的挑战，陷入困境的是他，而不是现行的理论"。③

库恩还认为，在常态科学时期，由于科学家们盲目信仰范式，教条式地墨守范式，不容许有任何超出范式的突破，因而"它常常压制重大革新"，"严格限制了科学家们的视野"。但是他认为，"这对于整个科学的发展说来却是十分必要的。因为，这样就可以把科学家们的注意力集中在狭小的范围内的一些深奥的问题上，从而迫使他们细致而深入地去研究自然界的某一小部分；否则，科学的进步是不能想象的"。④

2. 反常和危机

库恩认为，在常态科学时期有时会出现反常现象。所谓"反常"就是

---

① Thomas S. Kuhn, *The Structure of Scientific Revolutions*, Chicago: The University of Chicago Press, 1970, p. 102, p. 20.

② Thomas S. Kuhn, *The Essential Tension: Selected Studies in Scientific Tradition and Change*, Chicago: The University of Chicago Press, 1977, p. 271.

③ Ibid., p. 268.

④ Thomas S. Kuhn, *The Structure of Scientific Revolutions*, Chicago: The University of Chicago Press, 1970, p. 24.

观念与范式的预期不相符合，也就是人们无法用范式对现象做出解释。库恩说："反常现象也就是不符合预想的现象"，"反常现象的特征是顽固地拒绝被现有的范式所接受"。①

库恩指出，他所说的"反常"，相当于波普尔所说的"证伪"。不过他完全不同意使用"证伪"这个词，因为他认为反常的出现并不表示"证伪"了一个理论或范式，而不过是对它提出一个反例。在常态科学时期，科学家们对这类反例或反常是并不介意的。他们并不如波普尔所述那样，一出现反常，就会抛弃范式；相反，而是仍然对它坚信不疑，继续对它死守不放。

但是随着常态科学的发展，"科学研究继续不断地揭示出意料之外的新现象（反常）"，"反常现象愈来愈多，并愈来愈频繁"，于是就引起常态科学的"危机"。于是，人们对范式开始怀疑，对它的信念逐渐动摇。库恩说："检验范式总是在解决难题不断失败而引起危机以后才产生的。"②

由于对范式的怀疑，科学家集团的成员们因失去共同信念而分裂，于是引起不同派别的争论。有的主张继续固守旧范式，拒绝建立新范式；有的则主张抛弃旧范式，另建新范式。这标志了常态科学时期的结束，并预示了非常态科学时期或革命时期的到来。库恩说："科学家们面临反常现象或危机时期，对现有的范式采取不同的态度，愿意尝试任何事情，并表现出明显的不满，求助于哲学和基本原则的争论。这一切都是从正常研究过渡到非正常研究的征兆。"③

库恩认为，危机给科学家带来的是分歧和混乱，使他们失去稳定和方向。但是它也给科学家们带来批判精神和创造精神。他说："首先由于危机，才有新的创造。"④

在这个问题上库恩批判了波普尔的观点。波普尔认为，科学的精神就是批判的精神；科学研究在任何时刻都必须坚持批判和革命的原则。库恩不同意这种观点。他认为，科学研究并不是在任何时刻都是批判性的。在常态科学时期，它不是批判的、革命的，而是保守性的和教条式的。只是

---

① Thomas S. Kuhn, *The Structure of Scientific Revolutions*, Chicago: The University of Chicago Press, 1970, p. 97.
② Ibid., p. 145, p. 41, p. 76.
③ Ibid..
④ Ibid..

到了科学的危机和革命时期，它才具有批判性。他说："在一定意义上说，应把卡尔爵士（波普尔）的观点颠倒过来，在常态科学时期，恰恰是抛弃批判性的对话才是科学的标志。一个学科领域，一旦已成为科学，只有在它的基础动摇的危机时期才会出现这种批判性的对话。只有对互相竞争的理论必须进行选择时，科学家的行动才像是哲学家。"①

库恩认为，新范式的出现是危机的终结。"一切危机都随着新范式的出现及其被接受而宣告结束的。"②

库恩列举了科学史上的三次大危机：（1）文艺复兴时期天文学的托勒密体系的大危机；（2）18世纪下半期化学的燃素说的大危机；（3）19世纪末20世纪初的牛顿力学的大危机。③

3. 科学革命时期

库恩认为，相继于危机之后的是科学革命时期。科学革命就是抛弃旧范式建立新范式。他说："科学革命就是旧范式向新范式的过渡。"④

库恩与波普尔一样，在科学家创立新理论问题上持直觉主义或非理性主义的态度。他认为，范式不是科学家的理性思维的结果，而是他们的"神秘的灵感"或"想象的直觉"的产物。它们是在科学家头脑里"一下子涌现出来的"。

库恩认为，新范式与旧范式是根本对立，互不相容的，不抛弃旧范式，就不能建立新范式。但不建立新范式，也不能抛弃旧范式，因为作为一门科学，是不能没有范式的。他说："抛弃旧范式与接受新范式总是同时发生的过程。""如果只抛弃旧范式，不建立新范式就等于抛弃科学。"⑤ 因而他认为科学革命不仅是一种破坏而且也是一种建设，它是"破坏与建设的统一"。因而他称科学革命时期是"破坏—建设性的范式变化时期"。⑥

库恩认为，由于范式不是认识而是信念，因而从旧范式到新范式的转

---

① Thomas S. Kuhn, *The Essential Tension: Selected Studies in Scientific Tradition and Change*, Chicago: The University of Chicago Press, 1977, p. 270.

② Thomas S. Kuhn, *The Structure of Scientific Revolutions*, Chicago: The University of Chicago Press, 1970, p. 64.

③ Ibid., pp. 64–74.

④ Ibid., p. 90.

⑤ Ibid., p. 77, p. 79.

⑥ Ibid., p. 66.

变，不是科学家们的认识的深化，而只是信念的转变或"宗教的转变"。他认为新范式的创立者和拥护者往往是科学家集团中年青的一代。他们受旧范式的熏陶不深，对旧范式的信仰尚不坚定，容易对它产生怀疑，是科学革命中的进步力量；而老一辈科学家，由于长期受旧规范的熏陶，他们中的一些人思想保守，难以放弃旧范式接受新范式，就像一批虔诚的宗教徒，难以放弃旧教义，接受新教义一样，他们常常是科学革命中的保守力量。

库恩还把科学革命比喻为政治革命。他认为：科学革命与政治革命虽然是两种完全不同性质的革命，但是它们有许多相似之处，可以互相对照。如政治革命是从旧制度不堪应付新的政治问题开始的，科学革命则是从旧范式不堪应付新的科学问题而开始的；政治革命以政治危机为先导，科学革命则以科学危机为先导；政治革命必须通过各政治党派之间的激烈斗争而实现，科学革命则必须通过各学科派别之间的激烈斗争而实现；政治革命的任务在于清除旧制度，建立新制度，科学革命的任务在于清除旧范式，建立新范式，等等。他说，正是这个原因，他把科学革命像政治革命一样称作为"革命"。①

应该指出，在库恩的科学革命理论中，贯彻着一个与波普尔的观点十分不同的重要思想，那就是波普尔认为理论能被经验一次性证伪，而库恩则认为，经验不可能证伪理论，经验与理论的不一致，不是对理论的证伪而只是反常，而反常，即使是大量的反常也不能驱逐（证伪）一个理论，因而驱逐（证伪）旧范式的不是反常（反例），而是新范式。

4. 科学发展的动态模式

库恩认为，当新范式最终战胜并取代了旧范式，这就标志科学革命时期的结束，而进入了新的常态科学时期。在新的常态科学时期中，新的范式成了该学科的科学共同体的共同信念。科学研究在新范式的指引下继续积累式地前进。但是到了后来，又出现大量新的反常，陷入新的科学危机，而引起新的科学革命，并实现从新的范式到更新的范式的转变，而进入更新的常态科学时期。科学的发展就是通过这几个环节的不断循环往复而不断前进的。因而他认为，科学的发展，并不如归纳主义者们所认为那

---

① Thomas S. Kuhn, *The Structure of Scientific Revolutions*, Chicago: The University of Chicago Press, 1970, pp. 92 – 94.

样，是量的积累过程，也不如波普尔所认为那样，是不断革命的过程，而是常态科学时期的量的进化与科学革命时期的质的飞跃的不断交替。他说："常态科学与科学革命这两个概念是互补的"，"科学家的革命既有量的丰富，也有质的变化"。[①]

总之，库恩的新的科学发展动态模式可以总结如下：

前科学时期→常态科学时期→反常与危机→科学革命→新的常态科学时期……

库恩的科学发展动态模式在某些方面比波普尔的科学发展模式要合理、进步。波普尔的科学发展模式是否定性的模式，它片面强调了"否定""革命""质变"在科学发展过程中的重要作用，而忽略或抹杀了科学发展过程中的肯定、量变或进化的一面。库恩的动态模式弥补了这个不足，它把科学发展的量变与质变、肯定与否定、进化与革命这两种对立的因素统一起来，使得它比较地符合于科学发展的历史和现状，因而也比较地符合于马克思主义的辩证法，符合于马克思主义辩证法的否定之否定规律。

但是，由于他把"范式"的更替理解为心理上信念的更替，而不是认识的深化，这就把科学发展的客观模式歪曲成为科学家们的主观心理的演变模式，陷入了主观唯心主义的泥潭。其次，库恩断言，科学家在常态科学时期应持保守态度，只有在科学革命时期才应有批判精神。这显然也是错误的。其实所谓科学精神就是实事求是的精神。科学家既应勇于坚持真理，又应敢于批判错误，这两者是辩证统一的。不能勇于坚持真理，也就不会敢于批判错误。在任何时候都不应该只片面地强调一个方面，而忽视、否定另一个方面。否则，只可能给科学的发展带来危害，库恩的片面性理论就具有这种危害。

（三）不可知论的认识论

1. 不可知论和约定主义

库恩的整个科学哲学是建立在不可知论的认识论基础上的。他的不可知论观点，从本质上说来，不过是古代和近代不可知论或怀疑主义的重

[①] Thomas S. Kuhn, *The Structure of Scientific Revolutions*, Chicago: The University of Chicago Press, 1970, p. 8.

复。不过采用的是现代科学的材料，尤其是现代心理学中的一些"新论据"。这些"新论据"有：

（1）格式塔心理学的鸭兔图实验。如前所述，这种实验表明：对一张用线条显示出似鸭非鸭、似兔非兔的图案，两个具有不同心理条件的观察者，可以有不同的观察结果。被预示为鸭的人，看它像鸭；被预示为兔的人则看它像兔而非像鸭了。[1]

（2）汉诺威学院实验。这种实验表明：一个戴上倒置镜头以观察外部景象的人，在开始时，他的视觉极度混乱，迷失方向；经一段时间的适应训练后，整个视野发生改变，重新看清了各种景象，[2] 等等。

以上一些心理学实验表明：外部对象虽然相同，但是在不同的心理条件下，观察的结果却可以不同，甚至完全相反的。

库恩从上述实验材料出发得出了不可知论的结论。他写道："假如有两个人站在同一地点并观察同一方向，我们总会武断地断定他们能得到相似的刺激（如果两人的眼睛看着同一点，刺激是完全相同的）。其实人们并不能做到这一点……因而不应该想象两人的知觉是相同的。"[3]

库恩就是用这种不可知论论证他的范式理论的。他认为，范式不是对客观世界的认识，更不是对客观世界的规律性的反映，它是在不同社会历史条件下形成的科学共同体的共同的心理上的信念。而范式的变化，不是认识的深化，而是心理上的信念的变化，或"格式塔式的转换"。[4] 范式改变了，科学家们眼里的整个世界也就改变了。老一辈科学家们眼里的"鸭"，在新一辈科学家们眼里却变成"兔子"了。因此他写道，"在科学中……知觉的变化伴随于范式的变化"[5]，"同一种刺激可以引起不同的感觉，一个人看到的是鸭；另一个人看到的却是兔。因此我们的结论是：尽管材料是个人经验的最基本要素，但是只有在同一教育语言或科学语言的

---

[1] Thomas S. Kuhn, *The Structure of Scientific Revolutions*, Chicago: The University of Chicago Press, 1970, p. 111.

[2] Ibid., p. 112.

[3] Ibid., p. 192.

[4] Thomas S. Kuhn, *The Essential Tension: Selected Studies in Scientific Tradition and Change*, Chicago: The University of Chicago Press, 1977, p. 266.

[5] Thomas S. Kuhn, *The Structure of Scientific Revolutions*, Chicago: The University of Chicago Press, 1970, p. 114.

科学共同体成员中，才能对相同的材料刺激，做出相同的反应"。

因而库恩认为，由于不同科学共同体的范式不同，他们心目中的世界也就不同。他说："不同范式的拥护者，他们在不同的世界里从事各自的事业……不同范式的科学家们在不同的世界里实践着。他们从相同的方向，看相同的问题，而所取得的结果却是不同的……双方都是看这个世界，看同一个东西，这个东西也没有变化，但是由于在不同的相互关系中看这些东西，他们所看到的却是不一样的。"①

因此库恩认为，科学家们的世界并不是客观外在的世界，而只是主观约定的世界。因为它的内容是由科学家们的共同信念所约定的。他写道：科学家们的世界"是他们的研究工作所约定的世界"，"范式改变了，科学家们所约定的世界也跟着改变了"。②

由于范式的不同并不表明是对同一世界的认识的方面或认识的深度不同，而仅是心理上的信念或"世界观"（意即具有不同范式的科学家有不同的世界）的不同，因而库恩认为，新、旧范式之间是互不相通，不可比较的。这犹如两种彼此对立的宗教教义，互不相通，不可比较一样。他写道："范式是不可比较的"，由于拥护不同的范式而"对同一个情况做出不同理解的两个人，尽管他们在讨论中使用相同的词汇，但是它们的语义是不同的。这就是说，他们是用我所称的不可比较的观点来讲话的。因而更不用说希望他们能在谈论中互相有说服力了"③。

2. 实用主义的真理论

在库恩看来，由于科学的范式不是关于客观世界的知识，而仅是不同科学家集团在不同心理条件下所产生的不同信念，因而它们是没有什么真、假之分，或没有什么真理性可言。这犹如人们对不同的宗教教义可以产生不同的信仰，而这些信仰之间是没有什么真、假可分，或没有任何真理性可言一样。因而他说："在我看来托勒密体系并没有什么错误可言"，"因为它仅是一种（方便的）假设"。

由于受实用主义的工具主义理论的影响，库恩还把真理比喻为科学家集

---

① Thomas S. Kuhn, *The Structure of Scientific Revolutions*, Chicago: The University of Chicago Press, 1970, p. 193, p. 150.

② Ibid., p. 111.

③ Ibid., p. 200.

团所共同使用的工具,即一种用以解除科学研究中的各种难题的工具。他认为,工具只有好坏之分,而无真假之别。任何工具,只要用来得心应手,能顺利解决问题,它就是好的,或比较好的;否则就是不好的或坏的。人们可以在工作中根据需要任意地更换工具,而不必以什么"真理性"或"虚假性"来"无谓地"约束自己。他认为,科学范式就是这样的一种工具。

有时库恩也谈理论的"真"和"假",但是他认为,这仅具有约定性意义。他认为,由于范式仅是科学家集团共同的信念,它具有共同的约定性,因而,有时谈论理论的"真"或"假",仅是就这种约定而定的:符合这种约定的范式或规则的就是"真"的,不符合这种约定的范式或规则的就是"假"的;你拥护这种范式或规则,可以认为这种理论是"真"的,那种理论是"假"的;我拥护那种范式或规则,就可以认为那种理论是"真"的,这种理论是"假"的。

从上述实用主义观点出发,库恩反对波普尔关于真理是与客观事实相符合,以及认识不断逼近真理的"实在论"的真理论。他认为,承认客观真理是幼稚可笑的,肯定科学发展不断逼近真理的见解是十分荒唐的。他说,"科学家并没有发现自然的真理,也没有愈来愈接近真理","任何愈来愈接近真理的观点都是毫无根据的,必须放弃"[①]。他把寻求客观真理说成是"追逐鬼火"。[②]

3. 否定科学发展的客观进步性

库恩由于否认客观真理,否认科学内容的不断深入反映客观实在,他否定科学发展的客观进步性。他认为:既然新、旧范式之间是不可比较的,它们并没有任何客观的真理性内容,既然范式的更换仅是信念的更换,就像宗教信仰的更换一样,它们之间并没有任何继承性和连续性,那么科学的发展只能是一种随机的演化,而绝没有任何客观进步性可言。他写道:"如果要问科学是怎样进步的,令人吃惊的回答是我们一无所知。"[③]库恩批判了通常认为爱因斯坦的相对论比牛顿的理论进步,后者只是前者的一个特例的观点。他说:相对论和牛顿理论是在两种不同规范(信念)

[①] Thomas S. Kuhn, *The Structure of Scientific Revolutions*, Chicago: The University of Chicago Press, 1970, p. 176.

[②] Ibid., p. 277.

[③] Ibid., p. 52.

第十八章 科学哲学的历史主义学派

支配下所做出的两种互不相干的理论,它们各自对"时间""空间""质量"等概念做出完全不同的解释,它们彼此间没有共同的语言相通,它们是不同科学家集团的不同世界,它们的更换是"格式塔式的更换",因而双方无法比较,前者并不比后者在客观上有任何进步可言。①

但是库恩有时也谈论科学的"进步",并且把这种"进步"过程形象地比喻为"进化之树"。他写道:"可以把科学的发展比喻为进化之树,就像生物的进化一样。这是一个单向的、不可逆的过程。因为后期的理论在应付环境变化或解决难题方面总是比早期的理论为好。在这个意义上我不是一个相对主义者,而是一个科学进步的崇拜者。"② 他还说:"随着时间的流逝,科学理论作为一个整体说来,总是愈来愈同自然界相匹配。"③

库恩为什么一方面坚决否定客观真理,把它说成是幻想中的"鬼火",而另一方面又肯定科学发展的"进步性"呢?原来他所说的"进步"并不是科学的客观内容的进步,即愈来愈丰富、深入地反映客观实在,而只是实用主义或工具主义的"进步"。他认为,一种科学的理论或范式,仅是一种人们用以应付环境的工具,它在应付环境中愈是有用,就愈进步;而所谓"同自然界相匹配,"也只是实用主义或工具主义意义上的"相匹配",即工具与工具对象的"相匹配",或如实用主义者胡克所说的"钥匙"(工具)与"锁"(工具的对象)的"相匹配"。所以他明确地写道:"通常的观点是,新理论之所以比旧理论好这不仅在于它在发现和解决问题的意义上是一种比旧理论更好的工具,而且还在于它是对自然界的真实状况的更真实的描绘。这是一种十分错误的见解。"他又写道:"作为一种解决难题的工具,牛顿的力学无疑改进了亚里士多德的力学,爱因斯坦的理论无疑又改进了牛顿的理论。但是,我始终看不出在它们的前后相继中具有什么本体论意义上的发展。"④

---

① Thomas S. Kuhn, *The Structure of Scientific Revolutions*, Chicago: The University of Chicago Press, 1970, pp. 206 – 207.

② Ibid., pp. 205 – 206.

③ Thomas S. Kuhn, *The Essential Tension: Selected Studies in Scientific Tradition and Change*, Chicago: The University of Chicago Press, 1977, p. 285.

④ Thomas S. Kuhn, *The Structure of Scientific Revolutions*, Chicago: The University of Chicago Press, 1970, p. 206.

4. 否定科学与迷信的区分

库恩从抹杀真理与错误的区分进而抹杀科学与迷信的区分。他从上述实用主义的观点出发，荒谬地认为，既然真理不是与客观实在相符合，而仅是应付环境的工具，那么迷信与神话，如果在应付环境中有用，它们跟科学理论一样也都是真理了。他写道："科学史要把过去人们所相信的'科学'部分，跟前人任意扣上'错误''迷信'的部分互相区别开来，愈来愈感到困难了。他们愈是仔细地研究亚里士多德力学、燃素说化学、热质说热力学等，就愈来愈感到，那些过时的自然观，总体上说来，一点也不比今天流行的更不科学一些。"①

库恩的不可知主义和实用主义的真理观显然是错误的。

如前所述，逻辑实证主义片面地强调经验的证实，波普尔的批判理性主义则片面地强调经验的证伪。库恩指出，感性经验既不能证实任何理论，也不能证伪任何理论，这是正确的。因为鉴别真理与错误的标准绝不是感性经验。感性经验，由于只能反映事物的现象或假象，并可能有错误，它是不能证实或证伪理论的。但是库恩把检验真理的标准归结为"方便"和"实用"，这也是错误的，是实用主义的。

应该承认：库恩在论证他的上述理论时所援引的许多心理实验，如格式塔心理学的鸭兔图实验、汉诺威学院的实验等等都是正确的，是科学的。但是他援引这些实验以论证他的不可知论则是错误的。感性经验具有一定的主观性，上述一类实验所能证明的也仅于此，而绝不能证明不可知论。上述心理学实验中所显示的种种错误，都是可以在实践中通过仪器的检查而加以测定和完全纠正的。任何两个心理和理智健全的人，只要稍作鉴别，就会完全同意他们所见到的图像是相同的。

最后，应该指出，库恩否定科学发展的客观进步性这是他的相对主义和不可知论的必然结果。至于他把科学与迷信相混淆，这就更是错误了。因为，众所周知，科学是客观实在的正确反映，而宗教迷信则是对客观实在的颠倒和歪曲。

库恩的"科学哲学"思想后来为拉卡托斯和费耶阿本德所发展。

---

① Thomas S. Kuhn, *The Structure of Scientific Revolutions*, Chicago: The University of Chicago Press, 1970, p. 2.

二 拉卡托斯的"科学研究纲领方法论"

拉卡托斯是继库恩之后的另一位著名历史主义学派的"科学哲学"家,他是波普尔的学生,原属批判理性主义学派,后来受库恩哲学思想的影响。他吸取了库恩对波普尔哲学思想的批判中的合理因素,原则性地修改了波普尔的批判理性主义的"科学哲学"思想,创立了一种新的名为"科学研究纲领方法论"的历史主义"科学哲学"理论。为了表明他的"科学哲学"思想与波普尔"科学哲学"思想的联系与区别,有时他称他的理论为"精致的证伪主义"。如果说库恩的历史主义的科学哲学是受波普尔哲学思想影响的产物,那么,拉卡托斯的历史主义的"科学哲学",则是从波普尔哲学的内部直接演化出来的一种新的哲学学说。

拉卡托斯(Imre Lakatos, 1922—1974)出生于匈牙利的一个犹太人家庭。他在纳粹法西斯统治匈牙利时期是反纳粹抵抗运动的成员,后曾参加匈牙利共产党,并担任过战后匈牙利人民教育部的高级官员职务,1950年在清党运动中被捕入狱,1956年逃离匈牙利,后定居于英国,在英国的剑桥开始其学术生涯,1960年后在伦敦经济学院任教,自此他成了波普尔的同事和学生,1974年去世。他的主要哲学著作有《证明与反驳》(1963—1964)、《证伪与科学研究纲领方法论》(1970)以及与穆斯格累夫合编的《批判与知识的增长》(1970)等。

(一)精致的证伪主义——经验不能证伪理论

拉卡托斯早先专门从事数学哲学的研究。他力图把波普尔的证伪主义理论应用于数学领域。现代西方数学哲学的三大流派:逻辑主义、形式主义和直觉主义都把数学奉为"可靠性与真理性的典范"。认为数学知识是"先验的"或"形式的",自然科学知识是经验的、可变的。众所周知,弗雷格—罗素的逻辑主义认为数学就是逻辑,全部数学均可化归为逻辑。逻辑主义企图从"无可怀疑"的"逻辑公理"出发,演绎出全部数学真理。而希尔伯特的形式主义则认为,无论是数学的公理系统或逻辑的公理系统,其中的基本概念都是没有意义的。其公理只是一行行的符号,无所谓真假。只要能够证明该公理系统是相容的,即不互相矛盾的,该公理系统便可得到承认。但是逻辑主义和形式主义都因其理论最终被证明不能成立,而失败了。因而拉卡托斯在其《经验主义在最近数学哲学中的复兴》一文中断言:数学史证明数学并不是一种超时空、不受经验制约的先验、抽象的东西。数学没有必然性的基础,数学公理的真理性并没有任何保证。因此必须把数学看成拟经验(qauasi-experiment)的理论。拉卡托斯所说的"拟经验的理论"主要有以下几个特点:第一,拟经验的理论是不能被证实的。因为拟经验的理论是一种演绎系统。而演绎系统的特征在于其真理性只能从公理"下传"到定理,而不能从定理"上传"到公理。因此,结论的"经验"的正确性不能被看成对数学理论的真理性的一种证明,至多只能看成一种"说明"。第二,拟经验的理论,其基本原则是寻找具有更大解释力量和启发力量的大胆的富有想象力的假说;其发展的模式是:问题→大胆的猜测→严格的检验→证伪(其中大胆的猜测、批评、对立理论的争论以及问题的转换是进步的媒介),而口号则是"增长与不断革命"。第三,拟经验的理论的性质是由所谓"潜在的证伪者"的性质决定的。事实上,这也就是数学与其他经验科学的区别所在:在数学中不仅有"启发式的证伪者",而还有"逻辑的证伪者"。拉卡托斯的数学哲学最早在《证明与反驳》一文中得到系统的阐述。此文是他在剑桥的哲学博士论文《论数学发现的逻辑》的扩充和发展。它是以一位老师和一群学生进行课堂讨论的对话形式写成的。它再现了数学家们试图证明笛卡尔—欧拉关于多面体的猜想的历史(笛卡尔—欧拉猜想是:对于任何多面体,顶点数 $V+$ 面数 $F-$ 棱数 $E=2$)。这篇论文具有重要的哲学价值和数学史价值,同时又是一部辞藻华丽的文学作品。拉卡托斯生前并未出版此文,因为他还想做进一步的改进。这部著作的中心思想是:数学的发展并不如以往数学家所认为那样,是永远不可推翻的永恒真理的稳步积累,相反,而是按照波普尔的"猜测与反驳"的动态模式前进的。首先,数学家提出的是一个猜测,然后试图"证明"这个猜测,接着提出反例进行反驳。猜测的提出不能保证没有反例出现,而反驳或证伪则在数学发展中起着决定的作用。

拉卡托斯的上述思想后来因波普尔的证伪主义受库恩的批判而有所改变。他进而深入地探讨"科学哲学",提出了他的"科学研究纲领方法论"。拉卡托斯认为:波普尔的证伪主义理论在许多方面是正确的,在许多问题上他与波普尔的观点是一致的。他与波普尔站在共同的立场，反对逻辑实证主义的归纳主义和经验证实原则。他认为，逻辑实证主义的归纳主义和证实主义都是错误的。

但是他并不完全同意波普尔的证伪主义理论。他认为波普尔证伪主义的最根本的错误是关于经验证伪的观点。他说："我与波普尔的观点的最主要的区别是，在我看来理论并不能是他所认识的那样，可能很快被经验证伪，经验的破坏性的反驳并不能淘汰一个理论。"① 拉卡托斯认为经验不能证伪理论的论据有以下几方面：

他认为，经验不能证伪理论的第一个理由是经验的主观性。由于经验具有主观性，不同的人对于同一事实可以有不同的观察结果。因而他说："我把这种所谓观察（或实验）的证实的观点称作为教条。"②

拉卡托斯之所以断言经验不能证伪理论的第二个根据是理论的正确性必需具有条件性。他指出，任何理论只有在一定的条件下才是正确的。"水在100°C时沸腾"这个命题的正确性，必须以一个大气压等为条件；"这只天鹅是白的"这个命题的正确性，必须以在日光照耀下（如在霓虹灯光照耀下，或黑夜则不是）等为条件。但是，由于事物周围条件的无限复杂性，当经验与理论不一致时，这是理论错误，还是周围条件变化所致，是无法确定的。

拉卡托斯认为，科学理论之所以不能被经验证伪，还有一个与上述论据十分类似的论据，那就是关于科学理论的背景知识问题。他同意奎因的观点，认为任何理论都不是各自孤立，而是与其他理论相互联系的，因而与它相互联系的其他理论就构成这个理论的背景知识。当实验事实与科学理论不一致时，是该理论有错误还是背景知识有错误是无法确定的。譬如："科学家通过天文望远镜观测行星以检验行星是否遵循牛顿力学定律运行，这不仅直接关系到牛顿理论，而且还与人们对于太阳系中其他行星的分布知识，作为设计天文望远镜的理论基础的光学知识，大气层的光的折射知识，电磁场与光学传播关系的知识等等，都是直接

---

① Imre Lakatos, *The Methodology of Scientific Research Programmes*, Cambridge: Cambridge University Press, 1978, p. 92.

② Ibid., p. 41.

相关的。如果发现有一颗行星不按牛顿力学定律运行，这是牛顿理论失效，还是上述背景知识有错误是难以断定的。拉卡托斯举了一个十分著名的例子。他写道："试想象在爱因斯坦以前，如果有一个物理学家发现有一颗小行星 P 背离计算轨道运行。他能认为这就证伪了牛顿理论 N 吗：显然不能。他会猜想：一定另有一颗尚未发现的小行星 P′干扰了小行星 P 的轨道。于是他就会计算出小行星 P′的运行轨道，并请一位天文学家去观测。如果观测不到小行星 p′，他就会猜想这是由于小行星 p′的质量太小了，现有功率的天文望远镜观测不到它，于是他会向研究基金会申请建造更大功率的天文望远镜并用以重新观测。如果还是观测不到，他就会因而放弃牛顿理论吗？不会。他还会猜想可能是由于一团宇宙尘埃遮住了小行星 p′，于是他又计算出这团假想的尘埃物质的位置和性质，并要求研究基金会发射一颗用以检验他的计算的地球卫星；但是没有发现这团尘埃物质，他还会继续猜想，可能地球卫星周围有一片磁场，是它干扰了卫星上的仪器；于是一颗新的用以探测磁场的地球卫星又上了天。但是并没有发现磁场。他会因而就认为牛顿理论失效了吗？不会，他还可以继续想出种种其他类似的辅助性假设来……"① 所以他说："经验不能证伪理论。因为任何理论都可以通过适当地调整它的背景知识，使它从经验的反驳中永恒地挽救出来。"②

根据以上种种理由，拉卡托斯得出结论是："实验是不能简单地推翻理论的"③。"科学理论不仅不能被经验所证实；同样，它也是不能被经验所证伪的。"④

但是拉卡托斯并没有因而根本否定波普尔的证伪主义的"科学哲学"。他认为波普尔的证伪主义是初级的、朴素的证伪主义。他虽有许多缺点或错误，但是在许多地方还是正确的，是可以通过修正而改进的。他的"精致的证伪主义"，或他的关于"科学研究纲领方法论"的理论，就是批判地继承和发展波普尔的朴素证伪主义理论的产物。

---

① Imre Lakatos, *The Methodology of Scientific Research Programmes*, Cambridge: Cambridge University Press, 1978, p. 16, p. 17.
② Ibid., p. 95.
③ Ibid., p. 45.
④ Ibid., p. 19.

(二) 科学研究纲领

1. 科学的最基本单元是"科学研究纲领"

拉卡托斯的"精致证伪主义"与波普尔的"朴素证伪主义"的最重要的区别还在于他的"科学研究纲领"的概念。

拉卡托斯与波普尔相反,同时也与传统的逻辑实证主义相反,而与奎因和库恩的观点相类似。他认为,由于经验不能证伪各自孤立的理论,因而科学的最基本单元不应该是各个孤立的理论或命题;而应是互相联系,具有严密的内在结构的完整的理论系统。他说:"精致证伪主义区别于朴素证伪主义的一个重要特征是用理论系统的概念取代理论的概念。""我们评价的不是一个孤立的理论,或理论的集合,而是整个理论系统。因此,精致证伪主义就把怎样评价一个个别理论的问题转变成为怎样评价整个科学理论系统的问题。不是一个孤立的理论,而是一个完整的理论系统,才能被称为'科学的'或'非科学的';如果对一个孤立的理论使用'科学的'术语,那就犯了使用范畴的错误。"[1]

拉卡托斯认为,只有以整个科学理论系统或"科学研究纲领"为"科学哲学"的研究对象,而不是以各自孤立的单个理论或命题为对象,才能正确地理解和解释科学理论的证伪和发展等问题;并在此基础上,才能正确地理解和阐明科学理论的坚韧性和科学发展的继承性等问题。因此他说:"当我们的许多科学知识的范例只是一个个孤立的理论,如:所有天鹅都是白的,并把它们孤立地纳入一个研究纲领中去时,就很难正确地理解科学的生长。""只有把科学解释为研究纲领的场所而不是孤立理论的场所时,科学的连续性和理论的坚韧性等问题……才能得到解释。"[2]

2. "科学研究纲领"的内在结构

拉卡托斯所称的"科学研究纲领"就是一组具有严密的内在结构的科学理论系统。他认为:"科学研究纲领"由下列四个互相联系的部分组成:(1) 由最基本的理论构成的"硬核";(2) 由许多辅助性假设构成的保护

---

[1] Imre Lakatos, *The Methodology of Scientific Research Programmes*, Cambridge: Cambridge University Press, 1978, p. 34, p. 35.

[2] Ibid., p. 87.

带；(3) 保卫硬核的反面启示规则——反面启示法；(4) 改善和发展理论的正面启示规则"正面启示法"。下面对上述四个部分分别做出阐明。

(1) 硬核

拉卡托斯认为，每一个科学研究纲领都有一个"硬核"。所谓硬核，就是这个科学研究纲领的基础理论部分或核心部分。它是"坚韧的""不许改变的"和"不容反驳的"。如果它遭到反驳，整个研究纲领就受到反驳。他举例说，如地心说就是托勒密天文理论系统的硬核，牛顿动力学定律和万有引力定律就是牛顿理论系统的硬核，它们都是不容反驳或否定的；如果它们被反驳而否定了，那么整个托勒密天体学理论系统或整个牛顿力学理论系统的大厦就会整个倒塌。[①]

拉卡托斯的"硬核"与库恩的"范式"十分相似，他自认，他的这个思想是受库恩的范式思想的启发。两者有明显的共同点。那就是：它们都是科学理论系统的基础或核心，都对整个理论系统起决定性作用。但是它们也有重大的区别，这不仅在于库恩的范式的内容比拉卡托斯的硬核的内容要庞杂：前者除基本理论外，还包括基本观点、基本方法，以至规则、仪器等等；而且还在于库恩的范式仅是一种心理的信念，而拉卡托斯是坚决反对这种心理主义的。他认为，他的硬核绝不是心理上的东西，而是一种理性的产物。

(2) 保护带

拉卡托斯所说的"保护带"，是科学理论系统的硬核的保护带。它由许多辅助性假说构成的。因而他又称之为"辅助假说保护带"。它的任务在于保卫硬核，竭尽可能不让硬核遭受经验事实的反驳，从而使它成为名副其实的不可反驳的硬核。

那么保护带是如何保卫硬核，使硬核不受经验反驳的呢？那就是它把经验反驳的矛头主动地从硬核引向自身，不是让理论的硬核而是让构成这个保护带的辅助性假设来承担错误的责任；并通过修改、调整这些辅助性假设来保护硬核，以使它不受经验的反驳。他举例说：例如各种本轮和均轮的假说，就是保护地心说这个理论硬核的托勒密天体理论系统的保护

[①] Imre Lakatos, *The Methodology of Scientific Research Programmes*, Cambridge: Cambridge University Press, 1978, p. 48.

带。当天文观测与托勒密学说不符时，科学家们就以修改本轮和均轮等辅助性假说以避免地心说遭受经验事实的反驳。他写道，"我们必须建立一些辅助性假说"，使它们在这个硬核的周围形成一个保护带，并且必须把经验反驳的矛头从硬核转向这些辅助性假说，正是这些辅助性假说所构成的保护带，正是由于它们不得不首当其冲地遭到经验的检验，而不断调整和再调整，甚至完全更换，硬核才得到保护而成为硬核。

（3）反面启示法

"反面启示法"是一种方法论上的反面的（或译为消极的）禁止性规定，它本质上是一种禁令，禁止科学家们把反驳的矛头指向硬核，而要科学家们竭尽全力把它们从硬核转向保护带；并以修改、调整保护带的办法，保护硬核，免使它遭受经验的反驳。他写道："纲领的反面启示法禁止我们把经验反驳的矛头指向'硬核'，反之，大家必须发挥聪明才智，坚定不移地保卫这个硬核。"[①]

拉卡托斯认为，通过调整保护带以保护硬核使其不受经验攻击的办法可以是多种多样的。例如修改辅助性假设：如托勒密时期的天文学家们就是通过修改本轮和均轮等辅助性假说，以保护地心说的。增设辅助性假设：如牛顿理论的拥护者们通过增设新行星的假设以解释天王星的摄动现象而保护动力学定律和万有引力定律，使它们免受攻击，等等。

（4）正面启示法

与反面启示法相反，正面启示法是一种积极的鼓励性规定。它提倡并鼓励科学家们通过增加、精简、修改或完善辅助性假设等办法，以发展整个科学研究纲领。因而如果说反面启示法的任务是消极地免使硬核受经验的攻击，那么正面启示法的任务就在于积极地发展科学研究纲领。他写道："正面启示法是由一组提示或暗示组成的。它们提示或暗示如何改进和发展科学研究纲领的'可反驳'部分，即通过如何修改、精练'可反驳'的保护带，以发展整个科学研究纲领。"[②]

显然，拉卡托斯的"科学研究纲领"的概念，是库恩的"规范"概念

[①] Imre Lakatos, *The Methodology of Scientific Research Programmes*, Cambridge: Cambridge University Press, 1978, p. 48.

[②] Ibid., p. 50.

的改造和发展。但是它比后者具有明显的优点。

首先，拉卡托斯的"科学研究纲领"探讨了科学理论系统的内在的具体结构。库恩的"范式"理论虽反映了科学的整体性，并提出了科学理论系统的内在结构的思想；但是对于这种结构的具体内容，并没有做任何具体的探索。拉卡托斯的科学研究纲领就探讨了科学理论结构的具体内容。不言而喻，这种结构的内容是否符合科学理论的现实，或在多大程度上符合于科学理论的现实，还需探讨。但是它为西方的"科学哲学"指出了新的方向，却是应该肯定的。

不仅于此，拉卡托斯的科学研究纲领的理论还纠正了库恩的范式理论的心理主义的错误。他认为，科学研究纲领并非纯粹的心理的信念，而是认识论领域中的理性的产物。

（三）科学发展的动态模式

拉卡托斯在上述"科学研究纲领"的理论基础上提出了一个既不同于波普尔，也不同于库恩的新的科学发展动态模式。而关于科学研究纲领的进化和退化问题，是这个模式的核心内容。

1. 科学研究纲领的进化阶段

拉卡托斯同意库恩的观点，认为任何反常都不能反驳或否定一个科学研究纲领。但是他认为，任何科学研究纲领都不是永恒的，它不能通过辅助性假设的调整而永远不被证伪。这是因为辅助性假设的调整对科学研究纲领的发展会产生两种不同的结果：进化的结果和退化的结果。

那么什么是科学研究纲领的进化，什么是它的退化，又如何来判定一个科学研究纲领的进化和退化呢？

拉卡托斯认为，权衡一个理论的进化和退化的客观标准在于它的经验内容。一个科学研究纲领如果经过调整辅助性假设后，它的经验内容增加了，或者说它能对经验事实做出更多的预言和解释了，那么它就是一个进步（进化）的研究纲领；否则，就是一个退化的研究纲领。

拉卡托斯认为，科学研究纲领的进步可以分为理论上的进步与经验上的（或事实上）的进步两个方面。所谓理论上的进步，就是经过保护带的调整后，它在理论上比调整前能做出更多的预言；而所谓经验上的进步，就是这种理论的预言，经受了观察和实验的检验。他写道："我们试想一系列经过调整后的理论系统：$T_1 T_2 T_3$……如果每后一个理论比前一个理论有较多的经验内容，即它能预言一些新的，迄今尚未能预料的新事实，那么它就是理论上进步的（构成一个理论进步的问题转换）；如果这些超过前一个理论的经验内容是确实的，即每一个预言不仅在理论上，而且在实际上引导我们发现了新的事实，那么它就不仅在理论上，而且在经验上也是进步的（构成一个经验进步的问题转换）。"①

拉卡托斯认为，只有一个不仅在理论上，而且在经验上做了进步的问题转换的科学研究纲领才是一个成功的研究纲领。他写道："为了保护硬核，辅助性假设经过调整、再调整以至完全更换后，如果这导致了进步的问题转换，那么这个研究纲领就是成功的；如果相反，导致了退化的问题转换，那么它就是不成功的。"②

拉卡托斯列举了科学史上许多著名的科学研究纲领的进步的问题转换的例子。如牛顿理论在17世纪中，不断做出哈雷彗星的运行周期和海王星存在等预言，这是它的理论上的进步；而这些预言相继得到观测的证实，这是它的经验上的进步。又如爱因斯坦的广义相对论预言了光线经引力场弯曲以及光谱线红移，这是它的理论上的进步；它们相继得到观测和实验的证实，这是它的经验上的进步，等等。因而它们都是成功的研究纲领。

拉卡托斯认为，一个科学研究纲领，它处于进步阶段时并不如波普尔所理解那样害怕出现反常。因为它并不会轻易地被反常所否定；恰恰相反，它不介意反常，并不断吸收、消化这些反常，化不利于自身的反例（反常）为有利于自身的正例，从而不断发展自己。他认为这方面最好的例子是牛顿理论。他说："牛顿的引力理论是一个很典型的例子。它可能是有史以来最成功的研究纲领。在刚诞生时，它被淹没在'反常'（或'反例'）的汪洋大海中，并受到支持这些反常的另一些观测理论的反对。但是牛顿派科学家们用他们卓越的聪明才智和坚韧精神，把这些反例一一转变为正例。从而推翻了支持这类反例的那些观测理论，并在自己的发展过程中又提出了许多新的反例而一一予以解决，终于把几乎所有的困难都

---

① Imre Lakatos, *The Methodology of Scientific Research Programmes*, Cambridge: Cambridge University Press, 1978, pp. 32–33.

② Ibid., p. 48.

转变成为自己的胜利。"① 他认为另一个典型例子是普劳特的理论。普劳特于1815年提出了所有纯化学元素的原子量都是整数的理论。当时他清楚地知道存在着许多与这个理论不符合的反例；但是他并不介意于这些反例，而认为仅是由于化学物质不纯的缘故。后来经过他的拥护者们的长期努力，终于把一个个的反例转化为正例，从而使这个理论得到胜利。② 他写道："这个例子说明，一个研究纲领可以诞生于充满敌意的环境中，它非但并不惧怕，反而完全藐视这种环境，并一步一步地改进情况而取得胜利。"③ 他说："由此可见，波普尔关于理论一旦遇到反常就必须被否定和抛弃的观点是多么与科学史的事实不符。"④

但是，拉卡托斯也不同意库恩关于在常态科学时期（拉卡托斯的研究纲领的进化时期）只有一个范式垄断整个科学领域，而不会有其他竞争者的观点。他认为库恩的这个观点也是不符合事实的。科学史表明：一个研究纲领就是在进化时期也总常常有一个或多个其他研究纲领与它竞争。如在光学领域中有微粒说与波动说的长期之争，地质学领域中有火成说与水成说的长期之争等等。他写道："库恩称之为'常态科学'的东西是一种独占垄断地位的研究纲领。但是事实上这种情况是罕见的。科学史过去是，而且今后也应该是一个研究纲领的相互竞争史。竞争开始得越早，它们就进步得越快。""理论的多元论"比"理论的一元论"更好，在这一点上，波普尔和费耶阿本德是正确的，而库恩是错误的。⑤

2. 科学研究纲领的退化阶段

拉卡托斯认为，没有一个科学研究纲领是永远进步的，当它进化到一定时期，就必然要转入退化阶段，因而历史上的任何成功的科学研究纲领都只能暂时的成功，它们都有一个从进步到退化的发展或演变过程。例如托勒密地心说的天体理论，原来是一个进步的研究纲领，它曾对许多天文现象做出过成功的预言。但是到了文艺复兴以后，它就转化成为

---

① Imre Lakatos, *The Methodology of Scientific Research Programmes*, Cambridge: Cambridge University Press, 1978, p. 48.
② Ibid., p. 54.
③ Ibid., p. 55.
④ Ibid., p. 99.
⑤ Ibid., p. 69.

一个退化的研究纲领了。因为它已不再能做出新的预言,而只是消极地、勉为其难地做无谓的辩解而已。又如牛顿理论,在17、18世纪也是一个十分成功的研究纲领,但是到了19世纪末,就逐渐转化为退化的研究纲领了。

拉卡托斯认为,当一个科学研究纲领转入退化阶段时,反常就成为它的不利的东西。日益增加的反常,越来越使科学家们疲于应付。这时他们不再蔑视反常,相反,而且不得不把注意力集中于反常。① 而这正是库恩所说的"危机"时期到来的标志。

然而,拉卡托斯认为,否定或证伪一个退化研究纲领的绝不是观察和实验中的反例,即反常。因为,"任何观察陈述的实验报告都不能单独地证伪一个理论","即使有上百个已知的反常我们也不能认为这个理论就此被证伪了"。②

那么,由谁来否定或证伪一个退化的研究纲领呢?拉卡托斯的回答是:另一个比它更进步的研究纲领。他写道:"是否有任何客观的根据以摒弃或淘汰一个纲领呢?我们回答是:存在另一个竞争的研究纲领;它不但能够解释对手的以前的成功,并且比对手有更大的启发力。它能够代替这个对手。"③ 因此拉卡托斯认为,一个研究纲领的被否定或证伪,不仅是在于它转入退化的时候;而且还在于出现了比它具有更多的经验内容的新的研究纲领的时候。"在一个新纲领出现之前,是不存在什么证伪的。""我们清除一个研究纲领,只有当它长期处于退化,并有一个更好的竞争者去代替它的时候。"④ 因此拉卡托斯宣称:他并不根本否定证伪主义,而认为,任何理论总是有一天要被证伪的;但不是被观察和实验的反例即反常所证伪,而是被另一个新的更进步的理论所证伪。因此否定或证伪理论的不是观察和实验,而是新的理论。这就是他的精致的证伪主义与波普尔的朴素的证伪主义的重大区别所在。他说:"对于朴素的证伪主义说来,一个理论是被一个与它相冲突的'观察陈述'所证伪的,对于精致的证伪主义说来,

---

① Imre Lakatos, *The Methodology of Scientific Research Programmes*, Cambridge: Cambridge University Press, 1978, p. 52.
② Ibid., pp. 35 – 36.
③ Ibid., p. 69.
④ Ibid., p. 42.

证伪理论的不是'观察陈述',而是一个比它更进步的理论。"①

3. 进化的研究纲领取代退化的研究纲领

拉卡托斯指出,新理论代替旧理论就是库恩所说的"科学革命"。它必须具有如下几个特征:新理论(T')比旧理论(T)具有较多的经验内容;新理论(T')能解释旧理论(T)原先的成功,或者说在新理论(T')的内容中包含了旧理论(T)的不可反驳的内容;新理论(T')多于旧理论(T)的经验内容得到了观察和实验的确证。②

拉卡托斯认为,历史上的进步的研究纲领证伪并取代退化的研究纲领的例子是很多的。如进步的哥白尼日心说的天文学理论证伪并取代了退化的托勒密地心说的天文学理论,进步的爱因斯坦相对论取代了退化的牛顿理论等等。他解释说:"譬如,爱因斯坦相对论所以比牛顿理论进步,就在于它不仅解释了牛顿理论所能解释的每一件事情;而且还能在一定范围内解释一些已知的反常。此外它还预言了光线非直线传播等,并且有一些得到了确证。"③

但拉卡托斯认为,科学家在淘汰一个退化的研究纲领时必须慎重,应该注意以下几点:

(1) 不要急于淘汰萌芽状态的研究纲领。他认为,处于萌芽状态中的新的研究纲领往往不完善,还在进步中,它们可能一时不能做出预言,或虽做出预言,但一时得不到观察和实验的确证。因而看来似乎是退化的,其实却在进化中,对于它们就不能轻易地持否定态度而不予以保护。他举例说:"例如早期的热运动理论看来似乎长期落后于热素说,只是自1905年布朗运动发现后,它才超过后者,并导致原子理论的发展。"他并以此做出结论说:"这些事例启示我们,绝不是能因暂时没有超过对手就轻易排除一个萌芽状态的研究纲领……任何萌芽式的研究纲领,只要它能够合理地重建进步的问题转换,它就应受到庇护,而不让受似乎比它有力的对手的攻击。"④

---

① Imre Lakatos, *The Methodology of Scientific Research Programmes*, Cambridge: Cambridge University Press, 1978, p. 32.

② Ibid., p. 33.

③ Ibid., p. 39.

④ Ibid., pp. 70–71.

（2）一个退化的研究纲领可能由于新生而转化为进步的研究纲领。他说："有时还会发生这样的情况，当一个研究纲领转入退化阶段后，由于一次小小的改革，或一次创造性的问题转换，而又转变为进步的研究纲领。"① 他认为光的波动理论就是一个例子。开始是牛顿的微粒说战胜惠根斯的波动说，后来后者获得新生，反过来又战胜了前者。

那么，如何才能确定一个研究纲领的真正退化？何时才能说一个研究纲领最终被证伪而应予抛弃呢？观察和实验能对此做出"决定性的判决"吗？拉卡托斯的回答是否定的。他认为，实验绝不是这种"最后裁决者"。在科学研究领域中，任何时候都不存在这种"判决性实验"。一个研究纲领今天被实验"裁决"为"失败"或"退化"了；明天，经科学家们的再解释，它又可卷土重来，重新成为一个有生命力的研究纲领。如前所述的光学领域中的微粒说和波动说就是这方面的最好例子。他写道："必须明白，一个对手即使大大地落后，也有可能反败为胜，一方的任何优势也不能被认为是决定性的；任何纲领都有胜利的可能，同时，任何纲领也都有失败的可能。"② 因而他认为，"根本不存在判决性实验这类的东西。一个轻率的科学家可能轻率地断定他的实验打败了一个研究纲领，部分科学家也可能轻率地接受他的科学断言；但是如果'被打败的'阵营中的某一个科学家，在几年以后，对它做了合理的再解释，那么，'判决性实验'这个尊敬的头衔就可能被撤销，'失败'可能反而成为它的一个新的胜利"③。

那么，何时才能确定一个研究纲领的退化或证伪呢？拉卡托斯不能明确回答。他只是含糊其辞地说："如果证伪有赖于更好的理论的出现，依赖于发明能够预言新事实的理论，那么证伪就不简单是一种理论与经验基础之间的关系，而是互相竞争中的理论、原初的'经验基础'与由竞争而产生的经验增长之间的复杂关系，因而应该说证伪是一个历史的特征。"④ 也就是说："在这个问题上，人只能做'事后诸葛亮'。它只能等待历史来

---

① Imre Lakatos, *The Methodology of Scientific Research Programmes*, Cambridge: Cambridge University Press, 1978, p. 51.
② Ibid., p. 112.
③ Ibid., p. 86.
④ Ibid., p. 35.

确。"① 拉卡托斯的这种"事后诸葛亮"理论受到了许多人的嘲笑，费耶阿本德讽刺它是一种辞藻装潢。因为它毫无理论的指导意义。

4. 科学发展的动态模式

综上所述，我们可以清楚地看出，在拉卡托斯关于科学研究纲领理论中蕴含着一个新的科学发展的模式。这个模式大体可以公式化如下：科学研究纲领的进化阶段→科学研究纲领的退化阶段→新的进化的研究纲领证伪并取代退化的研究纲领→新的研究纲领的进化阶段……

拉卡托斯的这个模式不同于波普尔的不断革命模式，它既体现了科学发展过程中的质变，也体现了它的量的进化，同时它也不同于库恩的模式，这主要在于库恩把科学的发展归结为非理性的信念的变换，从而根本否认了科学理论的真理性及其发展的继承性和进化性，而拉卡托斯反对这种心理主义，承认科学发展的继承性（连续性）与进步性。拉卡托斯写道："我所说的'科学革命'绝不是库恩所理解的宗教式'范式'的变换，而是理性的进步。"②

从以上拉卡托斯的论述中可以看出，拉卡托斯批判了库恩的心理主义后又重新回到了波普尔的证伪主义立场。不过不是朴素证伪主义，而是精致的证伪主义。拉卡托斯的精致证伪主义与波普尔的朴素证伪主义的根本区别之一在于后者坚持科学理论能被经验证伪，而拉卡托斯则否认之。他认为感性经验不能证伪理论。证伪理论的只能是一种具有更多经验内容，或具有更大预见性的新理论。拉卡托斯否认感性经验能证伪理论的点是正确的。因为如前所述，感性经验是具有主观性的，它可能给人以错误或幻觉。拉卡托斯清楚地看到了这一点。但是，一个理论也不可能被另一个理论所证伪，因为一个理论即使它具有更大的预见性，这种预见性也仍需实践的检验。因而检验理论的真理性的标准不可能是别的，而归根到底只能是实践。拉卡托斯的理论之所以被人讽刺为"事后诸葛亮"，其原因也在于此。应该指出，拉卡托斯强调预见性对于科学的重要意义，这是他比波普尔和库恩进步的地方，也是他的科学发展模式优越于波普尔和库恩的模

---

① Imre Lakatos, *The Methodology of Scientific Research Programmes*, Cambridge: Cambridge University Press, 1978, p. 112.

② Ibid., p. 10.

式的地方。但可惜到此为止了，他不能进而肯定检验真理的标准是实践这一根本性的重要原理，这是由于他的主观经验主义思想的作祟。

（四）精致证伪主义的真理论

1. 真理与经验的预见性

拉卡托斯提出了一种既不同于库恩，又不同于逻辑实证主义与波普尔的朴素证伪主义的真理论。

如前所述，逻辑实证主义根据经验证实的原则认为，任何命题凡能被经验证实的就是真的，否则就是假的。波普尔的朴素证伪主义则认为，真理就是命题与客观事实相一致，因而任何理论凡是与客观事实相符合的就是真理，否则就是谬误。然而由于任何命题只有通过经验才能检验，而经验不能证实理论，只能证伪理论，因而科学理论只能通过经验的不断证伪而逼近真理。库恩则坚持实用主义的工具主义的真理论。他认为理论既不能被经验证实，也不能被经验证伪，它仅是一种应付环境的工具和一种心理的信念。

拉卡托斯不同意上述种种真理观。首先他不同意逻辑实证主义与波普尔的朴素证伪主义的真理观，并称它们是"独断主义的真理论"。因为他认为，理论是不能被经验证实或证伪的。同时，他也不同意库恩的实用主义的真理观，他认为，真理并不仅仅是心理的信念，或有用的工具，而是有它"经验基础"的。这个"经验基础"就是它的"经验内容"。如前所述，他认为，一个进步的研究纲领，由于它具有较多的经验内容，或较大的预言性，它就能证实自己的"真"并证"伪"一个经验内容比较少、预见性较小的退化的研究纲领。而这就是科学研究纲领"真"与"伪"的"经验基础"。他写道："这就是方法论证伪主义所建立的'经验基础'方法论证伪主义的证伪，与独断主义的证伪是很不相同的。对独断主义说来，如果一个理论被证伪，它就被证明是假的；对于方法论证伪主义说来，如果它被'证伪'它也许仍是真的。"①

应该承认拉卡托斯否弃实用主义的真理论，这是一个进步。但是他所提出的"精致证伪主义"的真理论仍然是错误的。因为如前所述，检验真理的

---

① Imre Lakatos, *The Methodology of Scientific Research Programmes*, Cambridge: Cambridge University Press, 1978, p. 24.

标准不是他所说的"科学的预见性",而是实践。应指出,拉卡托斯的真理观还具有明显的相对主义的色彩。他认为真理完全是相对的。同一个理论,相对于预见性小的理论说来是"真"的,相对于预见性大的理论说来则是"假"的,这样就抹杀了真理与错误的客观区别,混淆了两者的界限。

2. 精致证伪主义的划界标准

拉卡托斯在他上述科学研究纲领理论的基础上提出了自己的划界标准。他认为科学与非科学的划界标准既不是"证实"或"证伪"的原则,也不是范式;而应是新的经验事实的预见性,即任何理论凡能不断预见新事实的,就是科学的,否则就是非科学的。因此他认为,同一个研究纲领,在其进化时期是科学的;而转入退化时期就变成非科学的了。如托勒密的天体理论、燃素说、热素说等,原来是科学的,现在都成为非科学的了。他说:"只有当问题转换至少在理论上是进步的时候,我们才'承认'它们是'科学的',否则我们就认为它们是'伪科学'而'否弃'之。"[1]

拉卡托斯认为,他的这个划界标准是"经验"标准,不过不是"经验的证实"或"经验的证伪"而是"经验的预见"。他写道:"一个已长久被人们承认的经验标准是与观察事实相一致,而我们的这个经验标准是能预见新的经验事实。"[2] 他认为,他的划界标准与波普尔的划界标准虽不尽同,但是都以经验为基础,这一点却是共同的。他写道:"进步和退步的问题转换的划界思想,正如本文所讨论的那样,是建立在波普尔的工作基础上的。的确,这个划界标准与波普尔的著名的划界标准几乎是相同的。"[3] 但是他认为,他的划界标准与库恩的划界标准是根本对立的,因为库恩根本否认以经验为标准,而主张以共同体(科学家集团)的心理因素(范式)为标准,从而他根本否定了科学理论的经验性质,完全陷入了心理主义的泥潭。

拉卡托斯在划界标准问题上犯了类似的错误。应该承认,拉卡托斯对逻辑实证主义和波普尔朴素证伪主义的划界标准的批判,以及对库恩的划界标准的批判都有一定的正确性。但是,他的"经验预见性"的划界标准

---

[1] Imre Lakatos, *The Methodology of Scientific Research Programmes*, Cambridge: Cambridge University Press, 1978, p. 34.

[2] Ibid., p. 35.

[3] Ibid., p. 44.

则是错误的。他断言：区分一个理论是科学还是伪科学，完全取决于它所处的时期，当它处于进化阶段时是科学的，处于退化阶段时就是伪科学的，这样实际上就混淆了科学与伪科学的明确界线，从而为后来费耶阿本德的科学虚无主义打开了方便之门。

3. 科学的继承性与进步性

与拉卡托斯的真理论相联系的，是他的关于科学发展的继承性和进步性的问题。如前所述，波普尔是主张科学发展的继承性与进步性的。库恩则反对这种继承性和进步性。在这个问题上，拉卡托斯站在波普尔的一边，反对库恩的观点。他与波普尔一样，认为科学理论的发展过程是一个经验内容的不断增长的过程。随着经验内容比较丰富的进化理论不断取代经验内容比较不丰富的退化理论，科学知识的经验内容就越来越丰富，它的预见性就越来越高，因而它也就越来越进步。他写道："科学理论通过很长的途径，可以导致更多的真理和更少的错误的结果，从而在严格的技术意义上，可以得到'真实性'的不断增长。"[1] 拉卡托斯承认科学有进步，这是正确的。但是科学的进步，主要的并不如他所说的那样，表现于经验内容的增长，而是认识客观世界的扩大和深化。

（五）"科学哲学"与科学史的结合

1. 内部史与外部史的结合

拉卡托斯提倡用"案例研究"（Case Studies）的方法研究科学史。"案例研究"就是分析科学史的典型事例。这对"科学哲学"的历史主义学派后来的发展有很大的影响。他通过这种方法的研究提出了一种"科学史的理性重组"。他认为，科学史可分为"内部史"与"外部史"两个部分。所谓"内部史"，就是科学理论自身发展的历史或理性自身发展的历史，它是科学史家各自以自己的科学方法论为指导编纂出来的，可以用动态模式来表述的。所谓"外部史"就是内部史以外的各种因素对科学发展的影响的历史：如社会思想、社会制度，以及各种社会事件对科学的发展的影响等等。他认为，对于科学史说来，内部史是主要的，外部史是次要的；

---

[1] Imre Lakatos, *The Methodology of Scientific Research Programmes*, Cambridge: Cambridge University Press, 1978, pp. 100–101.

内部史起决定作用，外部史起影响作用。① 因而作为一个科学哲学家或科学史家既不应忽视科学发展内部史，也不应忽视它的外部史。"内部史总是必须以经验的外部史作补充的，否则人们将无法解释为什么孟德尔遗传学在50年代的苏联会被禁止；也无法解释为什么某些研究种族遗传差别的人种学派和研究外援的经济学派在60年代的盎格鲁·撒克逊国家中会声名狼藉等等。"②

2. 科学哲学与科学史的结合

拉卡托斯认为，"科学哲学"是研究科学发展动态的模式的，这个动态模式就是内部史的模式。而内部史是科学史的内部历史，即它是体现于科学发展的历史事实之中的，因而科学哲学家必须从科学发展的历史事实中去寻找和检验他们的模式（科学研究方法论）。而科学史家则必须以先进的科学哲学（先进的科学研究方法论）为指导。因而他认为"科学哲学"与科学史是密切联系不可分割的。"没有科学史的科学哲学是空洞的科学哲学，而没有科学哲学的科学史是盲目的科学史。"③

3. 科学方法论或科学发展模式的评价标准

从上述观点出发，拉卡托斯讨论了关于鉴别科学发展模式（或科学方法论）的科学性或进步性的标准问题。他说，现在科学哲学家们已经提出许多科学发展的模式或科学方法论：如实证主义或归纳主义的逐渐积累性模式，朴素证伪主义的不断革命的模式，库恩的常态科学与科学革命的交替发展模式，以及他自己的"科学研究纲领方法论"的模式，等等。他认为这些模式都是可以互相比较，并通过比较对它们做出科学性和进步性的正确评价的。他认为，这个评价准则就是科学发展的历史事实。这就是说，越是符合科学发展历史事实的模式，就越是进步的模式；反之则是退化的模式。他写道："我要提出一条关于如何评价这类科学方法论的准则；……它不直接使用逻辑—认识的批判也可以批判这类方法论。这个批判的基本观念就是所有方法论都起历史编纂（元历史）的理论作用。因而可以通过批判它们所指导的历史理性重纂来对它们做出评价。"这就是说"历史"可以看作对它们的理性

---

① Imre Lakatos, *The Methodology of Scientific Research Programmes*, Cambridge: Cambridge University Press, 1978, p. 117.

② Ibid., p. 114.

③ Ibid., p. 102.

重纂的"检验"。①

拉卡托斯用这个准则评价了现有的各种模式。他认为，逻辑实证主义的逐渐积累模式与波普尔的不断革命模式，由于它们与科学发展的历史事实不符，已经被科学史和库恩等人的新的进步的模式所"证伪"了。但是他的科学发展模式却比库恩的模式更符合于科学史，因而是当今最进步的科学研究纲领方法论。但是它也并不是最后的，如果今后出现更符合于科学史的新的科学哲学理论和科学发展模式，他就应修改或放弃自己的理论和模式。

拉卡托斯认为，研究科学发展的模式不应该离开科学史，不应该纯思辨地局限在理性思维的范围，而应该把它与科学史结合起来，即从科学发展的历史事实中去探索并检验这种模式，这个见解是深刻的。它在客观上体现了逻辑的与历史的统一的辩证法思想，虽然这对于拉卡托斯说来是不自觉的。

但是也应该指出，拉卡托斯的这个思想并不完全正确。科学发展虽有自己的内在逻辑，但归根到底是受客观社会物质生活条件制约的。因此对于科学发展规律及其模式的研究，不仅应与科学史结合起来，而且更为重要的还应与社会物质生活条件的变化的研究结合起来，但是拉卡托斯不能认识到这一点，却攻击马克思主义的这种观点为"粗俗""错误"的观点。② 这表明了他的世界观的局限性。

拉卡托斯和库恩关于科学哲学与科学史相结合的思想在西方发生了重大的影响，它已成为当前西方科学哲学的新方向。

三 费耶阿本德的"无政府主义的认识论"

库恩的"科学哲学"思想中的消极性因素，后来为美国的另一名"科学哲学"家费耶阿本德所发展，费耶阿本德把库恩思想中的错误的东西发挥到了极端。

保尔·费耶阿本德（Paul Karl Feyerabend）是美国著名的科学哲学家，他出生于奥地利的维也纳，第二次世界大战期间曾应征入伍，当过军官，

---

① Imre Lakatos, *The Methodology of Scientific Research Programmes*, Cambridge: Cambridge University Press, 1978, p. 122.

② Ibid., p. 104, p. 105.

并因受伤跛足。1947年他进维也纳大学学习历史、物理学、天文学，1951年获哲学博士学位，后去英国向维特根斯坦求教，因后者早卒而转到波普尔门下。他曾在英国的伯里斯托尔大学、德国的柏林自由大学、美国的加州伯克利大学、耶鲁大学任教，并曾任加州伯克利大学的科学史和科学哲学系主任。他的主要著作有《反对方法：无政府主义认识论纲领》(1975)、《自由社会中的科学》(1978)等。

据费耶阿本德自述，早年他曾受逻辑实证主义者克拉夫特和波普尔的影响。在他的早期的哲学思想中原具有一定的唯物主义成分。他反对"物是感觉复合"的主观唯心主义见解，坚持朴素的"实在论"观点，认为世界上存在的东西比观察到的现象要多得多，科学的任务就在于逐步发现并认识这些客观对象并找出它们的性质及其相互关系。[①] 但是，他也接受了一些实用主义的见解，认为"实在论"太狭隘了，哥白尼时代的天文学家们对日心说的解释，其依据仅是简单性原则，因而工具主义也是可取的等等。但是，后来由于受库恩等人的影响，他的哲学思想发生了重大的变化。他把库恩思想中的某些相对主义和非理性主义因素发展到了极端，从而构成了一种无政府主义认识论的"科学哲学"理论。

(一) 科学非理性化

传统的"科学哲学"都把科学看成理性的事业，认为科学理论的发现依据归纳法，它是理性的。科学理论的证明和检验依据演绎法以及观察和实验，它也是理性的。波普尔等人修改了这种见解，认为科学理论的发现是非理性的，它产生于非理性的"灵感"或"直觉"。科学理论的检验和竞争则是理性的，它依据的是演绎法以及观察、实验的证伪。库恩发展了波普尔哲学思想中的非理性主义因素，认为，不仅科学理性的发现是非理性的，就是科学理论的检验和竞争也是非理性的，因为科学理论不是认识而只是一种信念。费耶阿本德则进一步发展了上述库恩的非理性主义思想。他明确地提出科学不能排除非理性，而且它比通常所理解的要非理性得多。它既可以用理性的方法，也可以用非理性的方法，其中包括用迷信的方法，因为科学本身与迷信相类似，它只是一种信念。他以科学史上的

---

① Paul Karl Feyerabend, *Science in a Free Society*, London: New Left Books Ltd., 1978, pp. 69–70.

"哥白尼革命"为例论证了这种观点。他断言一般人认为哥白尼的天文学革命的胜利是理性的胜利,这是错误的。其实它并不是完全靠理性,而且也依靠非理性,而且主要是靠"伽利略的诡计"取胜的。

费耶阿本德认为,历史上对"哥白尼革命"的胜利的解释有以下几种:(1)经验主义的解释:认为日益增加的新观察资料证伪了托勒密的地心说,证实了日心说。(2)约定主义的解释:认为对于日益增加的新观察资料说来,日心说的解释比地心说的解释方便。(3)库恩的危机理论的解释:认为由于地心说的信念陷入危机,必须以日心说的新信念更换旧信念。(4)拉卡托斯的研究纲领的解释:认为地心说已经退化,必须以预见性高的进步的日心说代替之,等等。但是,他认为以上这些解释都是不符合科学发展的历史事实的,因而是不能令人信服的。首先,他认为,经验主义的解释是错误的。经验是既不能证实也不能证伪理论的,因为没有中性的观察。观察必须在一定的理论的指导下进行,对于同一个事实,在不同理论的指导下,可以得出不同的观察结果,即"理论污染了观察";其次,约定主义的解释也是错误的,因为哥白尼体系并不比托勒密体系简单;再次,库恩的危机理论的解释也是不符合历史事实的。因为,他认为,当时托勒密体系并未表现出"摇摇欲坠"的危机状态;最后,拉卡托斯的研究纲领方法论的解释也是不能令人信服的,因为哥白尼本人并未批评托勒密体系不能做出正确的预见。那么"哥白尼革命"是如何胜利的呢?他的回答是,主要依靠"伽利略的诡计",即依靠伽利略的"能言善辩"的宣传。

费耶阿本德断言:在伽利略时期,观察材料原本有利于地心说,而不利于日心说。因为如果地球是绕日运动的,那么居住于地球之上并随地球绕日运动的人们就会有各种运动的感觉,如石头下落就不会是直线,而应是斜线等等。但是经验的事实并不是如此。只是由于伽利略在《关于两大世界体系的对话》一书中的诡计式的解释和宣传才使"哥白尼革命"取得了胜利。[1] 他写道,"伽利略之所以取得胜利,是由于他的风格和精明的说明技巧,是由于他的著作是用通俗的意大利文写成,而不是用古老深奥的拉丁文写成的,是由于他迎合于激烈反对旧思想的人们,以及与他们相适

---

[1] Paul Karl Feyerabend, *Against Method*: *Outline of an Anarchistic Theory of Knowledge*, London: New Left Books Ltd., 1975, Chapter 7.

应的认识标准"①，等等。这就是说"哥白尼革命"的胜利，并不完全是理性的胜利，而且也是"诡计"的胜利或"非理性"的胜利。他写道："没有'混乱'，就没有知识。不经常排除理性，就没有进步。"② 这样，他就把科学事业进步非理性主义化了。

（二）科学是最新的宗教

逻辑实证主义以来的科学哲学都坚持科学与非科学（包括宗教迷信）的分界。逻辑实证主义坚持以经验的证实为划界标准，批判理性主义坚持以经验的证伪为划界标准，库恩坚持以范式为划界标准，拉卡托斯则坚持以对研究纲领的评价为划界标准。费耶阿本德与他们相反，他坚持应根本取消划界标准的讨论。在他看来，由于科学与宗教迷信、理性与非理性都对认识起重要作用，因而两者根本无须划界。关于它们的划界标准问题，只是一个虚无缥缈的"神话"而已。他断言，科学虽然取得了许多结果，但是，不能否认，它们的许多成果的取得是得益于非科学或宗教神话的。天文学的发展最早得益于毕达哥拉斯主义和柏拉图主义对圆的崇拜和偏爱，医学得益于巫婆、接生婆和江湖郎中的实践。根据现代人类学的研究，原始神话、巫术和宗教在理论结构上与科学非常相似，并有着密切的联系。他还列举了我国西医学中医的例子。他认为针疗、艾灸等非科学因素对医学科学都有很大的促进，等等。因而他说："科学经常被非科学方法和非科学成果所丰富。""我们的结论是：科学与非科学的分离不仅是人为的，而且对于知识的进步也是有害的。如果我们想要理解自然，控制物质环境，那么我们必须使用一切方法和思想，而不只是其中的科学。关于科学之外，就无知识的论断只是另一种最方便的神话而已。"③ 他还称这种只肯定科学知识，不肯定宗教迷信的观点为"科学的沙文主义"。他认为，早在17、18世纪，科学受宗教的压制，它是一种进步的力量。现在，特别是第二次世界大战以后，科学已经完全解放，并进而成为一种专横和压制其他意识形态的力量，而人们仍然只肯定科学，不肯定宗教迷信，这就犯

---

① Paul Karl Feyerabend, *Against Method: Outline of an Anarchistic Theory of Knowledge*, London: New Left Books Ltd., 1975, p. 141.

② Ibid., p. 179.

③ Ibid., p. 305.

了科学沙文主义的错误。他写道:"科学只是人们用以应付环境的工具之一,而不是唯一的工具。它并不是绝对可靠的。现在它的势力太大,干涉过多了,如果任其发展,就会有过分的危险。"① 他又说:"科学是一种最新的、最富有侵略的、最教条的宗教,因而除实行政教分离外,还必须辅以政府与科学的分离,只有这样才能实现人道主义。"② 费耶阿本德的这种见解是错误的。科学理论,特别是早期的科学理论,如我国古代的中医学,很可能夹杂有宗教迷信等非科学的成分,但是人们不能因此而否认科学与宗教迷信的区别,恰恰相反,而是应该严格地分清两者的区别,剔除其中宗教迷信的糟粕,发展它们的合理的科学的因素。费耶阿本德否认科学与迷信的区别,只可能给人类的认识和科学的发展带来混乱。

(三) 无政府主义的认识论

费耶阿本德反对科学方法论的研究,宣扬无政府主义的认识论或方法论。他认为,科学本质上是一种无政府主义的事业,它没有普遍的规范性的方法。这是因为世界是一个巨大的未知实体,我们必须对选择保持开放,不能预先对自己作任何限制,以束缚自己的手脚。他认为,从哥白尼理论的胜利、古代原子论的提出以及现代原子论的兴起等等的历史事实中可以看出,任何一种方法论的规则,不论它在表面上如何有理,或在认识论上有多么可靠的根据,都不是绝对可靠的。相反,科学的发展却是通过自觉的冲破这些规则的束缚而实现的,因而他主张应该把一切"普遍性规则"和"僵化的传统"统统当作"中国妇女的缠脚布"那样彻底抛弃,正确的口号是"无碍于科学进步的唯一原则是:怎么都行"。③ 他并称此为"无政府主义的认识论"。他写道:"科学本质上是一种无政府主义事业,理论上的无政府主义比认为应按法则和秩序行事的观点更符合人性,更容易鼓励进步。"④

费耶阿本德反复宣称:他的"无政府主义"只是方法论的或认识论的

---

① Paul Karl Feyerabend, *Against Method: Outline of an Anarchistic Theory of Knowledge*, London: New Left Books Ltd., 1975, p. 217.
② Ibid., p. 295.
③ Ibid., p. 23.
④ Ibid., p. 17.

无政府主义，而不是政治上的无政府主义。他并不同意，并讨厌政治上的无政府主义，因为它只关心某些特殊集团的利益，而很少关心人类的利益或幸福。他还认为：如果用"达达主义"（Dadaism 或译为达达派，现代西方的一种否定文化传统，否定现实生活的文艺流派）以代替"无政府主义"这个词可能会更合适些。①

费耶阿本德反对程式性或规范性的科学方法是正确的。因为科学研究是一种十分复杂的创造性活动，它不能受一种固定不变的刻板方法的束缚。但是他因而反对人们对科学方法论的研究，从而鼓吹"怎么都行"则是错误的。这正如没有"程式性"或"规范性"的博弈法，它必须随机应变，但不能因而否定对博弈法的研究一样。

（四）乌托邦的自由社会

费耶阿本德从反对"科学主义"的立场出发，进而反对科学本身。他受存在主义等人本主义思潮的影响，断言在20世纪，科学已经发展成一个怪物，它压制人的本性，使人变成为一种没有魅力，没有幽默，而只有可怜、冷漠和自负的机械装置。他妄言人们把科学的地位抬得太高了，从而使"最富创见和最有胆识的思想革命家都俯首帖耳于科学的判决"。例如："无政府主义的鼻祖克鲁泡特金企图打碎所有的现存制度，但没有触及科学。易卜生尖锐地批判了资本主义社会的各个方面，但仍坚持科学是真理的准则。列维—施特劳斯否定西方思想是人类成就的最高峰，但他的门徒们恰把科学排除于这种看法之外。马克思和恩格斯则毫不动摇地确信，科学有助于工人争取思想解放和社会解放的斗争。"② 他惊呼今天的科学已经完全变成为一种最富有挑衅性的最独断的宗教制度了。③ 因而他要求建立一个反科学垄断的"乌托邦社会"——"自由社会"。

那么，什么是费耶阿本德所憧憬的乌托邦式的"自由社会"呢？他断言：这个社会应与所有现存的社会不同。在这个社会里"所有的传统（不论是科学与宗教迷信等等）都有相同的权力、地位和教育权"，"它没有任

---

① Paul Karl Feyerabend, *Against Method: Outline of an Anarchistic Theory of Knowledge*, London: New Left Books Ltd., 1975, p. 21.

② Paul Karl Feyerabend, *Science in a Free Society*, London: New Left Books Ltd., 1978, p. 75.

③ Ibid., p. 220.

何特殊的信条,例如理性主义的信条或人本主义的信条等等。"至于这种"自由社会"的具体结构如何,他承认他自己也说不清楚,并且也无须说清楚。① 在这里,费耶阿本德所宣传的实际上已经不是方法论的无政府主义,而是政治上的无政府主义了,尽管他自己并不承认是一个政治上的无政府主义者。

费耶阿本德的科学哲学理论的错误是显而易见的,它遭到了许多西方科学哲学家和科学家的批判。后来,从对它以及对库恩等人的错误思想的批判中,分化出了一个新历史主义学派。

---

① Paul Karl Feyerabend, *Science in a Free Society*, London: New Left Books Ltd., 1978, p. 30.

第十九章　科学哲学的新历史主义学派

新历史主义学派是历史主义学派的继续和新的发展。它产生于20世纪60年代末70年代初。自库恩，特别是自费耶阿本德提出了"无政府主义认识论"后，非理性主义思想泛滥，造成了科学哲学的危机。于是又出现了一些哲学家，他们一方面肯定并继承历史主义学派把科学哲学与科学史相结合的思想；另一方面又批判了库恩、费耶阿本德的相对主义和非理性主义的错误观点，从而逐渐形成了新历史主义学派。

一　新历史主义学派概况

（一）新历史主义学派的形成

1969年西方科学哲学界在美国伊利诺大学召开学术会议。这个会议是新历史主义的起点，会上许多人批判了库恩和费耶阿本德等人的非理性主义思想。例如美国著名科学哲学家夏佩尔在会上做了《科学理论及其信息域》的学术报告，提出了"信息域"理论，该理论得到许多哲学家的赞许。会议的结果使原先一些赞同库恩观点的科学哲学家开始转向批判库恩和费耶阿本德，从而逐渐形成了新历史主义学派。美国哲学家萨普（F. Suppe）所编的《科学理论的结构》（1973）一书反映了这次大会的成果。

伊利诺大会以后，以夏佩尔为首的一批哲学家继续不断在杂志上撰文或著书，进一步批判库恩和费耶阿本德思想，建立自己的学说。1978年召开的内瓦达会议总结了伊利诺会议后十年来新历史主义的发展，集中讨论了科学发现问题。《科学的发现、逻辑和理性》和《科学的发现、案例研究》（尼克斯编，1980年）这两本书是这次会议的成果汇编。内瓦达会议标志着新历史主义的进一步成长。

新历史主义学派继承了西方科学哲学，特别是历史主义学派的科学哲学思想中的一些合理因素。如肯定了波普尔关于探讨科学发展模式的思想，肯定了历史主义把科学哲学与科学史相结合、动态研究科学的思想，以及理论渗透观察，不存在中性观察语言等观点。同时批判了逻辑实证主义企图寻找一个适用于任何科学理论的逻辑构造、适用于一切科学的方法这种对科学的静态研究方式，批判了库恩、费耶阿本德等人的历史相对主义和非理性主义思想。但是，新历史主义学派成员之间的哲学观点并不一致，甚至有重大分歧。大体说来，夏佩尔和劳丹分别代表了这个学派内部的两个不同的方向。以夏佩尔为代表的新历史主义学派的一翼，一般坚持物质世界客观存在的科学实在论观点，坚持科学是理性活动，坚持探讨科学发现和科学进步等问题的必要性和重要性，表明他们与老历史主义学派的观点有显著的区别；以劳丹为代表的新历史主义学派的另一翼，他们虽然在一定程度上也坚持并论证了科学的合理性，但是却反对科学实在论，否认科学发现是理性的活动（即认为科学发现是非理性的），并具有比较浓厚的实用主义色彩，从而表明他们与老历史主义有较多的共同性。

（二）新历史主义学派内部的基本观点的分歧

1. 关于对待科学实在论的分歧

长期以来西方科学哲学大都拒绝讨论经验之外是否存在物质世界的问题。无论是逻辑实证主义或库恩的理论都持此观点。波普尔表现出向唯物主义靠拢的倾向。他坚持"形而上学的实在论"，即坚持物质世界的客观存在，但否认它是科学认识的结果，而认为其仅是一种必要的假设。W. 塞拉斯的科学实在论则较为彻底地坚持了物质世界客观存在的唯物主义观点，认为科学知识是外部世界的摹写。以夏佩尔为代表的新历史主义学派的"左翼"成员在一定程度上接受了 W. 塞拉斯和普特南等人的科学实在论思想的影响，或多或少地倾向于唯物主义或科学实在论。他们中的一些人也自称是科学实在论者，在不同程度上，以不同方式肯定外部世界的存在，认为科学的任务在于认识外部世界。例如，瓦托夫斯基(Wartofsky)认为"发现的活动并不是创造或发明一个新的世界，而是创造或发明一个解释世界的方式"①。科学的发现是使存在于自然界中的种种事物之间的联系显现出来,这种联系本身是客观存在,科学就在于承认它、揭示它。新历史主义学派中的一些成员们的这些观点反映了西方广大自然科学家和一些哲学家对主观经验主义或实证主义的厌恶和向唯物主义靠拢的倾向。但是,以劳丹为代表的新历史主义学派的另一翼的成员们,却继续坚持老历史主义学派的固有观点,认为肯定物质世界存在是一种毫无科学根据的形而上学,宣称科学实在论是"教条",等等。

2. 关于科学发现是否是理性活动的分歧

无论是以夏佩尔为代表的新历史主义学派的一翼,或是以劳丹为代表的新历史主义学派的另一翼,他们都反对老历史主义特别是费耶阿本德的非理性主义,都坚持科学是理性的事业,认为科学不能没有理性。但是劳丹等只承认科学理论的验证和竞争是理性的,而认为科学理论的发现是非理性的,因而在这个问题上,他们的态度并不彻底,而夏佩尔等新历史主义学派的另一些成员们的观点则与之不同,他们不仅坚持科学理论的验证和竞争是理性的,而且坚持科学理论的发现也是理性的。

在存在不存有"发现的逻辑"这个问题上,新历史主义学派的一些成员们意见也不完全一致。他们大都主张不使用"发现的逻辑"这个术语,以避免人们以为存在一种严格的适用于一切科学发现的逻辑程序的误解。他们主张改用"发现的理性"、"发现的方法论"或"发现的推理"等其他术语代替之。这是因为,虽然不存在普遍适用于一切科学发现的机械的规范性程序,然而在不同的具体科学研究中,确实存在一些不同的发现规则、程序或启发法。

至于到底存在着哪些具体的科学发现的规则、程序或启发法。由于他们研究的案例不同,所强调的方法也有不同。但是总的说来,他们的研究是富有成果的。例如温沙特(W. Wim-satt)研究了群体生物学中归纳法的倾向,认为归纳法在科学发现中是重要的。许多人认为类比在科学发现中起着很大的作用。如达尔顿(L. Darden)指出,从达尔文和摩尔根的情

---

① Marx W. Wartofsky, "Scientific Judgment: Creativity and Discovery in Scientific Thought", in Thomas Nickles (ed.), *Scientific Discovery: Case Studies*, Dordrecht: D. Reidel Publishing Company, 1980, p. 13.

况看，类比和领域间联系对理论的形成起重要的作用，而且领域间联系作为一种新思想的来源，它比类比更好些。麦海诺斯（P. Mchey-nolds）研究了时钟技术（包括由类似时钟装置的自动机）对人类行为和思想的影响，以及时钟的隐喻对方法论考虑的刺激，指出隐喻在运动理论的创立和发展中起着重要作用。马金浓（E. Mackinnon）分析了海森堡等人在创立量子理论过程中的物理模型的作用。斯高特（W. T. Scott）、夏佩尔等提出了结构的解释作用。克鲁帕（E. Gruber）研究了达尔文的早期思想的发展，提出了"逐步发展的系统方法"。他将达尔文思想的发展看成一系列系统的思想阶段，每一个系统（阶段）是相对稳定的，它在比较确定的新的洞察下逐渐发展。

新历史主义学派中很多人认为，过去几代哲学家将科学的发现与科学的证明截然分开是错误的。事实上发现和证明是互相联系，不可分开的。它们是一个钱币的两面。证明的论证常常就是发现的论证，反之亦然。因而在这个意义上，可以把证明的逻辑看成发现的逻辑。古汀（G. Gutting）写道："科学就是发现，发现就是证明。"[①] 新历史主义学派的这个观点在一定意义上是正确的，因为把发现与证明截然分开是形而上学的观点。证明过程中包含着发现，而发现不能离开证明。一个没有证明的见解仅仅是猜测、假设或臆想，只有得到证明时，它才算是发现了。

新历史主义学派的许多成员还研究了过去一直被人们忽视，但在科学发现的实际过程中起着重要作用的一种方法——"溯因法"或"溯因推理"。

溯因法早在亚里士多德时期就已经被人们发现。亚里士多德曾论及这种方法。他列举过三种类型的推理：归纳推理、演绎推理和称之为"απαγωγη"的推理。后来，皮尔士将它译为"abduction"，这就是现在我们所讲的"溯因推理"。可以说，皮尔士是第一个将溯因推理理论化的人。他在1910年给保罗·卡拉斯的信中说，过去他常把溯因推理和归纳推理混同，现在才认识到溯因法与或然性无关。皮尔士提出应该把溯因法、演绎法和归纳法作为与科学研究的不同阶段相对应的三种方法。归纳法和演绎法是与理论的检验相对应的，它们的任务在于检验理论；溯因法则与科学

[①] Gary Gutting, "The logic of invention", in Thomas Nickles (ed.), *Scientific Discovery, Logic and Rationality*, Dordrecht: D. Reidel Publishing Company, 1980, p. 14.

理论的生成相对应，它的任务在于发现理论。

皮尔士所说的溯因推理可以形式化如下：

观察到意外的事实 C；

如 A 为真，C 则是当然的；

因此，有理由猜想 A 是真的。①

皮尔士虽然把溯因推理初步理论化了，但他的分析和阐述是不完善的，而且是比较模糊的。

汉森（N. R. Hanson）在《发现的模式》一书中对皮尔士的溯因推理做了肯定，并结合科学史上的发现对它做了进一步阐述。由于汉森此书是在 1958 年出版的，他在书中肯定科学的发现中存在逻辑，这种逻辑就是溯因法。因而西方哲学界都把他看作几十年来第一个提出"科学哲学"应该研究发现的逻辑的人。现在，溯因法问题已成为新历史主义学派研究的重要问题之一。当然，新历史主义学派的成员们对这个问题的意见也是不一致的，有的表示肯定，有的则持否定态度。

二 夏佩尔的信息域理论

新历史主义学派的成员众多，夏佩尔是他们的主要代表。

达德利·夏佩尔（Dudley Shapere）是美国的著名科学哲学家，1957 年获哈佛大学哲学博士学位，曾在俄亥俄州州立大学、芝加哥大学、伊利诺大学、马里兰大学执教，1983 年任马里兰大学科学史与科学哲学委员会主任，美国文学与科学院院士。他在批判库恩和费耶阿本德等人的非理性主义思想的同时，吸取百家之长，提出了一种引人注目的"信息域"的理论。这种理论得到了许多西方著名科学哲学家如萨普、图尔明（S. Toulmin）、达尔顿（L. Darden）、尼克斯（T. Nickles）等人的高度评价，认为它代表了一种"新方向"。夏佩尔的主要著作有《自然科学的哲学问题》（1965）、《伽利略的哲学研究》（1974）、《理由及其知识的探索》（1984），主要论文有《科学理论及其信息域》（1969）、《论结构性理论与

---

① Martin V. Curd, "The logic of discovery: an analysis of three approaches", in Thomas Nickles ed., *Scientific Discovery, Logic and Rationality*, Dordrecht: D. Reidel Publishing Company, 1980, p. 213.

进化性理论的关系》（1974）、《发现、理性与科学进步》（1974）、《作为科学革命的哥白尼主义》（1975）、《论科学的变化》（1978）等。

（一）信息域概念

夏佩尔的理论体系的中心问题是科学发展的理性问题，在这个体系中，核心概念是"信息域"（Domain of information）。这是他提出的新概念，他用这个概念来说明科学的发现和发展是理性的，以说明科学的本质。所以，要了解他的整个理论，首先必须了解他的"信息域"概念。

夏佩尔在《科学理论及其信息域》一文中给"信息域"下了定义。他写道："我们发现在科学中，一系列信息逐渐集合成为一个信息域，它具有下述特征：1. 构成信息域的各个信息项之间具有某种联系；2. 如此联系着的信息域蕴含着某个问题；3. 这个问题是很重要的；4. 当前的科学技术水平已有可能解决这个问题。我称能满足这些条件的信息体为'信息域'。"[①]

对于这个定义，夏佩尔做了进一步的说明。他说，他要用"信息域"概念代替逻辑实证主义关于"观察—理论"的二分法。逻辑实证主义把观察与理论绝对地对立起来，而他的"信息域"的"信息"既包括"事实"也包括"理论"。[②] 他反对逻辑实证主义等传统哲学在探讨科学理论的来源时所持的：所有"事实"都是"原子的"这种观点，而接受奎因、库恩等人的"整体论"观点，认为科学理论的研究是由一个个互相联系而构成整体的因素、项（item）所规定，而不是由一个个孤立的事实所产生的。他也反对老历史主义学派片面强调理论、范式、信念的作用，而忽视事实的倾向。总之，他认为科学的研究必须从事实出发，应研究由诸多事实和理论交织在一起的，以及与此信息域密切相联系的有关知识背景的整体。

夏佩尔认为，"信息域"是人们在长期的生活和科学实践中自然地形成的。它具有极大的启发力。它促使人们开动脑筋去思考它所提出的问题。信息域具有时代性，不同时代可以形成不同的信息域。16、17世纪形成力学信息域，18世纪形成化学信息域，19世纪形成电磁学和热力学的

[①] Dudley Shapere, "Scientific theories and their domains", in Frederick Suppe (ed.), *The Structure of Scientific Theories*, Urbana: University of Illinois Press, 1974, p. 525.

[②] Ibid., p. 528.

信息域。每个时代的信息域，都是由该时代的社会经济条件、科学技术水平和人类智力的发展水平等复杂因素所决定的。

夏佩尔的"信息域"类似于我们所说的学科研究领域，但比"学科研究领域"一词灵活。它可以指各具体学科的领域，也可以指跨学科的领域。信息域甚至可以指某个个别科学家的特殊的研究领域。

信息域不是固定不变，而是可变的。人们认为某个信息域是重要的，就集中精力去确定该信息域的范围。这种活动不仅使已知因素可以有更大的精确性，而且还可能发现新因素，甚至有时改变信息域自身的特性。有时信息域问题所提出的理论性答案的自身又可作为信息域的对象，从而形成新的信息域，推动科学的发展。[1]

夏佩尔正是通过"信息域"概念，来说明科学是如何通过（事实的、理论的）科学信息之间相互联系而形成一定的科学研究领域，并根据研究领域自身的内在因素提出问题，提出有希望的研究路线，以及对问题的解答。从而说明科学发现、发展的合理性。

（二）科学发现的"推理模式"

为了强调和论证科学理论的发现，像科学活动的其他过程一样，是理性的而不是非理性的活动，夏佩尔通过科学史上许多科学发现的具体案例的分析，提出并阐明了几种科学发现的重要"推理模式"。

夏佩尔认为，要承认科学发现是理性的，就必须承认科学的发现在方法论上具有一定普遍性。夏佩尔反对把科学的发现归结为某一种刻板的模式，但是他认为："个别情况中的理性，往往可以被认为是普遍适用于其他许多情况的原则"，并称此为"关于科学推理的可普遍性的基本前提"。[2]

夏佩尔认为，科学发现的推理模式是多种多样的，他无意也不可能对这些模式进行完全的分类。他提出了两个具有典型意义的、十分重要的推理模式："结构性推理模式"（compositional reasoning pattern）和"演化性推理模式"（evolutionary reasoning pattern）。

---

[1] Dudley Shapere, "Scientific theories and their domains", in Frederick Suppe (ed.), *The Structure of Scientific Theories*, Urbana: University of Illinois Press, 1974, pp. 531–532.

[2] Ibid., pp. 524–525.

所谓结构性推理模式是指：某一"信息域"提出的问题启发我们从结构（横断面）方面，特别是从深一层的物质结构中去寻找问题的答案。这是人们探寻物质结构的重要的推理模式。

"信息域"内的各个构成因素从数量上形成有序排列（其类型主要有两种：周期性的、非周期性的）。信息域中的构成因素的这种有序性启发人们去考虑物质内部结构的有序性。

周期型结构是指随着某一因子的数量增加，该因子的函数值发生周期性变化的结构。夏佩尔以化学元素周期表为例对它做了说明。当时不少化学家还认为原子不可分，但这个既反映序列又反映周期的元素周期表（信息域）的启发力如此之大，以至促使人们极力探求原子内部的秘密。最后，科学家们提出了关于电子在核外周期分布的假设以解释周期表，从而说明了元素化学性质周期性变化的原因。

夏佩尔由此概括出周期型结构推理的几个条件："①确定 D（某一信息域）是有序排列；②这种序列是周期性的；③这种序列是非连续的；④这种有序性和周期性具有普遍性和精确性；⑤其他一些有关的信息域要求结构性解释理论；⑥在其他一些有关信息域中，某些结构性理论曾做出成功的解释或有成功的希望；⑦有理由假设，信息域 D 可能与这些信息域联合成一个较大的信息域。"[①]

夏佩尔说：根据这些原则，人们就可以考虑探求结构性理论的"合理性程度"，"对于一个信息域来说，在期待发现一个结构性理论中，某种研究路线的探求越是合理，这七个条件就越能得到满足"[②]。如果一个信息域中各构成因素具有某种有序的但不是周期性的联系，这种有序性可呈递增、递减、运动状态等排列，那么对于这样的信息域就可用非周期型结构性推理模式。

以光谱分析为例，19 世纪科学家在研究光谱中提出：为什么不同元素的谱线不同？为什么同一元素有几条谱线？为什么各谱线有较高的稳定

---

① Dudley Shapere, "On the Relations Between Compositional and Evolutionary Theories", in Francisco Jose Ayala and Theodosius Grigorievich Dobzhansky（eds.）, *Studies in the Philosophy of Biology: Reduction and Related Problems*, Berkeley: University of California Press, 1974, pp. 190 – 191.

② Dudley Shapere, "Scientific theories and their domains", in Frederick Suppe（ed.）, *The Structure of Scientific Theories*, Urbana: University of Illinois Press, 1974, pp. 541 – 542.

性？为什么这些光谱的数据和已知元素的联系是如此一致？这些问题启发人们从化学物质的构成，从原子结构的内部去寻找答案。

在研究中，科学家们还根据当时声学已取得的重大的研究成果，运用了类比法。他们感到，光谱分析这个信息域的成功的关键在于建立一个与声音相似的原子振动的理论。他们猜测各种元素的原子也有不同的振动，故产生不同的外部效应——光谱。而且同一种元素的原子振动也会产生几种谐振，而其外部效应就是同一元素有几条谱线。这种猜测后来得到了证实。

演化性推理模式是启发人们从时间（纵断面）上去研究事物的各构成因素的前后相互关系，即启发人们去研究组成信息域的个体的时间发展的推理模式。夏佩尔认为，像19世纪末20世纪初的天体光谱分类、化学元素的演化，以及特别是在19世纪中叶以后的关于物种进化的理论都是属于这种类型。

夏佩尔以天体光谱分类来说明这种模式。在19世纪，光谱学家提出了恒星光谱分类法，把光谱相近的那些恒星归为一类，又按恒星光色相同的归为一类。后来发现这两种分类基本上是一致的，即同一种光色的恒星往往具有同一种光谱特征。光色与光谱有密切的对应关系。于是光谱学家按有限的几种光色，把许多恒星分成几大类，它们形成一个信息域，启发人们去探索这种对应关系。

天文学家希望根据这个信息域以研究天体演化的规律，而这个问题的解决在很大程度上借助于类比法。地球上的金属物质在从灼热到冷却的过程中其颜色从白、蓝逐渐变为红、暗红。这表明物体的活力从最强逐渐减弱的过程。于是他们猜想到物体光色的有序变化体现了物体本身活力的衰变过程。光色的不同体现了物体演化顺序的时间系列。

当时哈金斯等人已证明星球的化学物质与地球上的物质大致相同，这就使得科学家能够将地球上的光色变化与恒星光色相类比。从而把各组恒星按其光的白、蓝到红的顺序排列，意味着恒星从"年轻"到"年老"的顺序，系统地确定了各类恒星的这种演化序列，从而建立了星体演化理论。

夏佩尔指出，在这里，类比的作用是很大的。第一，它把天体光谱的信息域的连续序列跟物体的冷却过程的温度序列联系起来，这就使人可能想到演化的顺序；第二，它提出了进化的方向（这个方向是不可以根据天体光谱本身推出来的);第三,它提出了可能采取的研究的方向。①

夏佩尔还从上述科学发现中概括出演化性推理的条件如下:

①如果一个信息域是有序性的,而且这种序列可以看作序列构成因素的递增或递减,那么就有理由推测这个序列是某种演化的结果,并有理由去探索其答案。

②如能找到适当的类比,上述推测就更有理由,这种类比作为一种背景信息,来自其他相关的"信息域"。它们已确定类似的序列是时间序列。

夏佩尔指出,这两条并不包括所有推测和寻找演化性理论的推理种类,特别是生物进化论,因为它太复杂了。但是这两条是期待和研究演化性理论的非常基本的和重要的原则。

(三) 科学知识的客观性和真理性

夏佩尔不仅坚持科学是理性的事业,而且坚持科学知识的客观性以及人们获得真理的可能性。

夏佩尔说,传统的哲学认为科学的客观性依赖于那种"纯粹的"、未加理论解释的"事实",认为只有以这种事实为基础的理论或者得到这种事实证明的理论才是客观的。然而最近四十年科学哲学已得出这样一个普遍公认的观点,这就是,在科学研究的过程中,总是存在着预先假定的前提,存在着背景知识理论,这种预先假定的前提和背景知识不仅决定着对经验的解释,而且决定着科学的研究过程,它似乎已成为科学思维和科学发展的必然的特征。但这样就产生了一个困难,即科学就不可能是客观的了(按传统的对"客观"的解释)。夏佩尔说,出路有两条,一条是宣布所谓的科学客观性是神话、幻想;一条是把客观性和理性,跟预先假设前提一致起来。库恩等许多科学哲学家选择了前一条路,他们认为预先假设前提最终是任意的,按这些观点,科学中的一切都是由任意的预先假定前提所决定的,是预先假定前提的结果,这样就走向相对主义。夏佩尔是走的第二条道路。

夏佩尔说,最近二十年已确立了下面三个观点:

---

① Dudley Shapere, "Scientific theories and their domains", in Frederick Suppe (ed.), *The Structure of Scientific Theories*, Urbana: University of Illinois Press, 1974, pp. 552–553.

（1）关于经验的分类和描述，关于经验的问题和探讨这些问题的方法，对问题解答的期待（或要求），以及经验研究的目标，所有这些都依赖于预先的假设，依赖于预先假设的信念。夏佩尔把这种信念称为背景信念。

（2）科学的发展变化不仅包括我们关于自然的基本信念，而且包括上面所说的科学的所有方面。

（3）所有这些方面的改变也都依赖于"背景信念"的改变。

夏佩尔指出，我的任务是在承认这三个观点的前提下如何把科学的变化看成是客观的。解决这个问题的关键在于，事实上，并不是所有的信念都可以作为背景信念，某一科学研究所选用的背景信念并不像库恩、费耶阿本德所认为的那样，是任意的。那些作为背景信念的信念必须符合三个条件：（1）成功的，也就是那些在过去科学研究中证明是成功的知识；（2）令人信服而无可怀疑的；（3）与研究课题或问题有着清楚的联系的。

夏佩尔说，我所讲的客观性与传统哲学是不一样的。因为那种纯粹的、未加理解的事实是不存在的，背景信念总是影响着"事实"和对事实的解释。但是，只要这种背景信念满足于上面这三个条件，科学所获得的知识就是客观的。

当然，夏佩尔这里所说的"背景信念"似乎是有点理想化了，他自己也承认这一点。但他说，科学倾向于这一点，科学在许多例子中做到了这一点，而且随着我们知识的不断增加，这种情况就越明显。

与此相类似，夏佩尔提出了自己的真理观。

他说，哲学史上曾提出过三种真理理论：符合论，一个信念或命题为真，当且仅当它符合实体；一致论，一个信念或命题为真，当且仅当它和其他的信念或命题在逻辑上相一致；实用论，一个信念或命题为真，当且仅当它"有用"。夏佩尔认为，符合论注重的是直观，这种观点认为，用来判断一个命题真假的东西，一定是和这种命题本身不同的东西，和用来证明这个命题的理由所不同的东西。这种观点割断了理由和真理之间的联系，无论我们证明这个命题的理由多么充分，我们也不能确定我们是否已获得了真理，这种观点很容易倒向怀疑论。实用论和一致论强调真理和我们的"理由"之间存在着一定的联系，真理被定义为"一致"或"有用"。这种理论忽视了真理具有不同于和不依赖于我们理由的因素，这样它们又濒于相对主义的边缘，因为如果我们有两个相矛盾的理论，它们同样都很有用，或者它们自身都同样地具有逻辑一致性，难道我们能说它们都是真的？

夏佩尔认为，这三种真理观都有错误，但也都含有合理的成分。夏佩尔提出：真理应具有三个条件，即"成功性""无怀疑性""相关性"。"成功性"体现了实用论的合理成分，"相关性"体现了一致论的合理成分，"无怀疑性"体现了符合论的合理成分。他说，符合这三个条件的信念或命题就是真的，这样，这三个传统的真理观的合理因素就都保留下来而它们各自的弱点却被避免了。

夏佩尔说，我所讲的真理并不是那种绝对不变的真理，并不是那种不依赖于我们的思想、不依赖于我们的认识的那种不变的真理。我也并不保证我们的认识趋向于或收敛于这种绝对真理。夏佩尔称这种绝对真理的论点是先验的推断。但他说，我并不否认我们有可能获得符合"事物存在方式本身"的真理。如果一个命题被认为是十分成功，几百年后也没发现具体的怀疑理由，而且不存在其他与此相矛盾的成功命题存在，那么，我们就没有理由怀疑它符合"事物存在方式"，没有理由怀疑它就是关于"事实存在方式的真实的说明"。

（四）科学实在论

夏佩尔认为自己提出了一个与传统实在论不同的科学实在论。

夏佩尔说，我这种实在论和传统实在论不同，传统实在论认为，我们必须预先假定一个独立于我们而存在的客观世界，必须保证我们关于它们的论断是正确的。他说，他的科学实在论不提供这种保证，它并不预先假设存在着某种具体特征的客观世界，甚至不预先假设（作为先验的必然性）一定存在着一个单一的实体，即"宇宙"。

他说，的确我们有充分理由相信自我和独立存在的世界之间的区别。但发展心理学认为，婴儿没有这种区别。既然个体的思维发展表现人类的思维发展，那么人类也是在过去逐步形成关于独立存在的世界的观点的。人们可能会说，一旦我们获得关于独立存在的世界的信念，那我们就必须维护这种信念。夏佩尔认为，也不能这样说，因为在科学的发展过程中，关于世界存在方式的看法经历了很大的变化，例如在量子理论中，"客观的存在"这个词是很值得怀疑的。夏佩尔认为：即使是预先假定某种东西独立我们而存在,这种假定在任何科学事业中都是不起什么作用的,因此它作为科学事业先决条件这个意义也就不存在了。

夏佩尔认为,客观世界存在只是一种信念的总和。他说:"我们不得不得出这样的结论:我们相信存在着独立存在的世界只是等于我们的具体的基本信念的总和,以及我们相信对于任何这种信念总是可能产生怀疑。"[①] 他认为,他这样就可以既不承认关于世界存在的信念是绝对不变的形而上学假定,也可以对科学进行实在论的解释。不言而喻,这是一种不彻底的唯物主义。

三 劳丹的研究传统理论

如果说以夏佩尔为代表的新历史主义学派的一翼把新历史主义的方向引向科学实在论;那么以劳丹为代表的另一翼则把新历史主义的方向引向实用主义。

拉里·劳丹(Larry Laudan)是美国科学哲学界颇有影响的后起之秀。他在美国普林斯顿大学获哲学博士学位,现任匹兹堡大学科学史和科学哲学系主任。

他的主要著作有:《进步及其问题》(1977)等。

(一) 反实在论

劳丹站在实用主义立场上坚决反对科学实在论。他在1981年3月刊载于美国《科学的哲学》杂志上题为"对逼真实在论的反驳"一文中,对科学实在论进行了实用主义的反驳。他声称:塞拉斯、普特南等人肯定科学理论表述外部世界,科学知识的进步是不断增加客观真理的内容,不断逼近客观真理的观点是"逼真实在论",并断言他们的"逼真实在论"是一种毫无科学根据的形而上学的"神话"。

劳丹从他固有的实用主义立场出发,对科学实在论做了如下的批判:

首先,劳丹认为:有许多被科学实在论者认为并不表述外部世界的错

[①] Dudley Shapere, "Scientific theories and their domains", in Frederick Suppe (ed.), *The Structure of Scientific Theories*, Urbana: University of Illinois Press, 1974, p. 88.

误理论,在科学史上却曾一度获得成功。例如,天文学中的地心说、化学中的燃素说、亲和力说和物理学中的以太说等等。它们在科学史上都曾一度成功地解释了许多经验现象,从而被人们认为是获得成功的理论。反之,许多被科学实在论者认为是正确表述外部世界的科学理论,在科学发展史上却并不是一定成功的,而且在一定时期内却表现为不成功的。例如18世纪20年代的光波理论,17、18世纪的热分子运动理论以及19世纪的胚胎学理论等等。他写道:"许多实在论者是这样论述这个问题的:从许多成功的理论可以推论出客观世界是存在的……其实科学并不是那么成功的,而且在很大程度上是不成功的……我认为一个理论所以是'成功',仅是因为它是有效的,即它使用起来很好。"[1] 因此,劳丹得出结论说,科学史的事实并没有为科学实在论提供证据,恰恰相反,而是证明了"有用就是真理"的实用主义真理论的正确性。不言而喻,这是劳丹对科学发展历史事实的歪曲。众所周知,地心说所以在中世纪以前能解释一些天文现象从而获得一定的成功,这是由于它在某种程度上正确地反映了人们在地球表面观察天体运行的现象,因而当人的认识进一步从现象深入到其本质时,它就被日心说所代替了。又如,光波说所以在18世纪20年代未能获得成功,这是由于它只是一种正确反映光的波动性这一个方面的片面真理,它忽视了光的微粒性这另一个重要的方面。因而科学发展的历史事实并没有为劳丹的实用主义真理观提供证据,恰恰相反,而是证明了唯物主义反映论的正确性。

其次,科学实在论认为,先后相继的科学理论之间必然存在着历史的继承关系,后来的理论总是继承和发展了前一个理论的合理内容。劳丹反驳说,科学发展的历史事实并非总是如此。例如,后来的光波说并没有继承早期的微粒说,后来的莱伊尔的均变说并未继承居维叶的突变论,等等。他写道,许多科学史的事实是,后来出现的理论并不能解释某些早先的理论,也并不经常保留早先理论的内容,而往往是把它们当作废物处理的。[2] 其实,十分明显,这也是劳丹对科学史的曲解,科学的发展过程体

---

[1] Larry Laudan, "A Confutation of Convergent Realism", *Philosophy of Science*, Vol. 48, No. 1, March 1981, pp. 22 – 24.

[2] Ibid., p. 39.

现了人类对客观世界的认识的深化过程，后来的科学理论，一般说来总是以扬弃的方式继承了先前科学理论中的正确的东西，清除其错误的东西，从而把真理推向前进。如牛顿理论与相对论的关系就是如此。但是劳丹上面所举的两个例子却有其特殊性，这是由于它们都是由一种片面真理代替另一种片面真理。而科学历史的进一步发展的结果是，这两种片面的真理都在更全面的理论中得到了辩证统一。例如现代物理学中关于波粒二象性的理论就是光波说和光粒说的辩证统一。

（二）"研究传统"的理论

劳丹在反对科学实在论，宣扬实用主义真理论的基础上建立了他的"科学研究传统"的科学哲学。他在1977年出版的《进步及其问题》一书中系统地阐述了他的这种理论。他的这个阐述是从讨论"经验问题"与"概念问题"开始的。

1. 经验问题与概念问题

劳丹认为，科学是一种解决问题的活动，即科学活动以解问题为根本目的。他写道："任何理论的中心任务都在于解决一定的问题。"[1] 他把问题分为两大类。一类是经验问题，另一类是概念问题。他对经验问题的分析并没有什么新的见解，而对概念问题的分析则十分重视。劳丹认为，在他以前的绝大多数科学哲学家和科学史学家都只重视经验问题而忽略了概念问题，这并不是说他们不知道科学史上每每有概念问题的出现，而是说他们对概念问题都抱有偏见，因而常常只是从经验问题方面去考察科学的进步性问题。为了纠正过去科学哲学的这个缺陷，他对概念问题做了比较详细的分析。

劳丹把概念问题分为两大类：一类是内部概念问题，另一类是外部概念问题。内部概念问题是指理论内部出现的矛盾、逻辑不一致，或基本概念的含混不清；外部概念问题是指某一理论与另一理论或另一种基本信条（本体论方面的或方法论方面的信条）相冲突。

劳丹进一步分析了外部概念问题产生的根源。他认为，产生外部概念

---

[1] Larry Laudan, *Progress And Its Problems: Towards a Theory of Scientific Growth*, Berkeley: University of California Press, 1977, p. 70.

问题的主要原因有三：①科学理论之间的矛盾。例如哥白尼学说提出后，它与当时的力学领域的理论发生冲突，后来伽利略解决了这一问题。②理论与当时占主导地位的方法论相矛盾。例如 18 世纪在电学、热学、气体力学、化学和生理学中都出现了以感觉不到的"微妙流体"为前提的假设或理论，这与当时占主导地位的归纳主义方法论相矛盾，因此，曾遭到不少科学家（如"苏格兰学派"）的反对。③理论与当时占主导地位的世界观相矛盾。如 20 世纪的量子力学就因与人们关于因果、机遇、实在等观念的哲学信条相矛盾，因而面临尖锐的概念问题。

劳丹一反以往科学哲学中将经验问题作为基本问题的传统观点，认为大多数概念问题比大多数经验问题更为重要。因为，它对于科学理论的发展说来具有更为重要的意义。

2. 研究传统的本质

劳丹在上述经验问题和概念问题的论述的基础上，提出了他的关于"研究传统"的理论；而关于"研究传统"的概念是他的这个理论的核心概念。

劳丹指出，过去在科学哲学中，人们由于未能区别普遍性的理论体系和具体理论的不同，因而未能提出具有历史可靠性和哲学充分性的科学进步理论。库恩和拉卡托斯的一大功绩就在于区分了"科学理论"中这两种不同的理论类型，并对那种普遍性理论体系（范式，科学研究纲领等）的性质进行了开创性的研究，从而对于现代科学哲学的发展做出了贡献。

但是，劳丹认为这两个人的科学进步理论也有许多严重的缺陷。这主要是：（1）未能看到概念问题在科学竞争和范式评价中的作用；（2）未能真正解决一个范式（或科学研究纲领）与子理论（构成范式，研究纲领的具体理论）之间的关系这一决定性的问题；（3）理论结构十分僵硬，否认范式（或研究纲领）的核心部分有进步或发展的可能性，等等。[1]

在上述批判的基础上，劳丹提出了自己的关于普遍性的理论体系的见解。他称这种普遍性的理论体系为"研究传统"，以与库恩的"范式"，拉卡托斯的"科学研究纲领"相区别，他认为，在一切智力领域内，不管是

---

[1] Larry Laudan, *Progress And Its Problems: Towards a Theory of Scientific Growth*, Berkeley: University of California Press, 1977, pp. 73 – 78.

在科学领域内,还是非科学领域内,都存在着各种各样的研究传统。他写道:"每一种智力部门,不论是科学还是非科学,都有一部充满着研究传统的历史,如哲学上的经验论和唯名论,神学中的唯意志论和必然论,心理学中的行为主义和弗洛伊德主义,伦理学的功利主义和直觉主义,经济学中的马克思主义和资本主义,生理学中的机械论和活力论等等。"[1] 劳丹认为,"研究传统"一般都具有下列共同的特性:

①每一个研究传统都由许多特殊的理论构成,这些理论中有一些是同时存在的,另一些是时间上前后相继的。

②每一个研究传统都具有某些形而上学的和方法论的信条,它们使该研究传统作为一个整体而独立出来,并使之区别于其他研究传统。

③相对于具体理论说来,研究传统是比较稳定的。一般说来,它们往往可以延续一个相当长的历史时期。而具体理论则常常是短命的。

总之,劳丹认为,一个研究传统就是一个为具体理论的发展提供一整套指导原则的理论体系,它的这些指导原则的一部分构成为具体理论的本体论;另一部分则构成为它们的方法论。"简言之,一个研究传统就是一组本体论上和方法论上的'做'和'不做'的规定。"[2] 因此,劳丹将研究传统定义如下:"一个研究传统是一个关于所研究的领域内的实体和过程的一般假设和在这一领域内用以研究问题和建构理论的适当方法的体系。"[3]

劳丹认为,一般说来,组成研究传统的具体理论是可以用经验来直接检验的,因为它们必须做出在特定领域内物体如何运动变化的准确预言;而研究传统对这方面的具体问题不提供详细回答,它只是在一般的抽象的水平上来回答这些问题。因此,研究传统是不能直接被经验检验的。但是,他认为,如果人们由此得出结论,认为研究传统与问题的解决过程无关,那就错了。因为研究传统的全部功能就在于为人们提供解决问题所需要的关键性的工具。因此,对于任何一个研究传统的评价都决定性地与其解决问题的过程联系在一起。

---

[1] Larry Laudan, *Progress And Its Problems: Towards a Theory of Scientific Growth*, Berkeley: University of California Press, 1977, p. 78.

[2] Ibid., p. 80, p. 81.

[3] Ibid..

3. "研究传统"与具体理论的关系

那么，研究传统和具体理论的关系是怎样的呢？劳丹从三个方面分析了这一问题：

第一，这种关系不是一种"必然推导"的关系，即由研究传统不能必然推出组成它的具体理论，由具体理论也不能必然推出它所属的研究传统。例如，19世纪力学研究传统仅仅告诉人们热是一种运动形式，但由此并不能逻辑地推导出分子动力学理论或统计热动力学。同样，从惠更斯的碰撞理论也不能逻辑地推导出惠更斯所属研究传统的各种基本假设。这种必然推导关系所以在两者之间不能成立，其理由是："有许多彼此不一致的具体理论都声称属于同一个研究传统，许多彼此不同的研究传统从原则上说来，可以为某一给定的理论提供基本前提。"①

第二，研究传统对具体理论具有否定性功能。研究传统对具体理论的否定性功能首先是表现在它决定了（虽然不是完全的）具体理论所要研究的范围和各种问题的重要性。"它规定哪些问题为合法问题，应该加以研究；哪些问题为不合法的伪问题，应该加以排斥。研究传统的方法论和本体论都有这种功能。"② 例如，在19世纪后期曾经被认为是物理学的一个中心问题的以太性质问题，在狭义相对论出现后就被取消了，因为狭义相对论的本体论从根本上否定以太的存在。

与此必然相连的是研究传统的强制作用，即"研究传统对某个领域内发展着的理论能起一种限制作用"。例如，"如果研究传统的本体论否定超距作用的存在，那么它就会将任何依赖超距作用的理论作为一种不可接受的理论而加以排斥"。③

研究传统对具体理论的否定性功能还表现在它决定具体理论的概念问题的产生的范围。"事实上，具体理论所面临的大部分概念问题都是由于理论与研究传统之间的不一致所引起的。"科学史上常常有这样的情况，某个具体理论的发展会导致采用与这个理论所属的研究传统所不允许的假定前提，这种矛盾就会成为这一理论所面临的主要概念问题。例如，信奉

---

① Larry Laudan, *Progress And Its Problems: Towards a Theory of Scientific Growth*, Berkeley: University of California Press, 1977, p. 85.

② Ibid., p. 87.

③ Ibid., p. 89.

笛卡尔研究传统的惠更斯在提出一种一般的运动理论后，发现这一理论要在经验上能够成立，必须以自然界存在真空为前提，但是这是与笛卡尔研究传统否定真空存在的前提相矛盾的。这对于惠更斯来说就成为一个尖锐的概念问题。[1]

第三，研究传统对具体理论具有肯定性功能研究传统的这种肯定性功能表现为两种形式。首先是研究传统的启发作用，即"研究传统在构建科学理论的过程中能够起关键性的启发作用"。"这并不意味理论可以从研究传统中直接演绎出来，而是说研究传统能为理论的构建提供重要的思路。"[2] 19世纪初，卡诺在建立他的蒸汽机理论时信奉热素说的研究传统。按照这个传统，热被看作一种物质，能够在宏观物体的各部分之间运动。卡诺将输入和输出的蒸气温差类比于驱动水轮转动的流水落差，从而得出他的热机理论。显然，如果卡诺不把热想象为一种能够从一点流动到另一点而没有损失的守恒物质的话，那么几乎可以肯定，他不能得出他的理论，而把热想象为这样一种物质，是卡诺本人所信奉的热素说的必然结果。

研究传统对具体理论的肯定性功能还表现为研究传统对具体理论的辩护作用。任何具体理论的成立都依赖于许多有关自然界的基本假定，这些基本假设只能由研究传统加以说明和辩护。"例如卡诺在构建他的蒸汽机时，事先就假定了驱动活塞的过程中没有热的损失，他并没有为这个假定提供任何理论的说明。因为当时热素说的研究传统认为热是守恒的。"[3]

4. 研究传统的进化

劳丹将研究传统的进化分为两种基本形式。一种是"通过修改研究传统的一些特定的具体理论而实现的"。这种变化导致研究传统的框架内具体理论的不断精致及其解决问题能力的不断提高。"在一个传统内，科学家一旦发现有更能解决问题的新理论，他就立即放弃以前的旧理论，因为他主要忠实于研究传统而不是任何特定的理论。"[4]

---

[1] Larry Laudan, *Progress And Its Problems: Towards a Theory of Scientific Growth*, Berkeley: University of California Press, 1977, p. 88.

[2] Ibid., p. 90.

[3] Ibid., p. 92, p. 96.

[4] Ibid..

研究传统的进化的另一种重要方式是它最基本核心部分的变化。劳丹指出，这种变化是为大多数科学哲学家（如库恩、拉卡托斯）所否定的。但考查一下科学思想史上许多重大的研究传统，如亚里士多德研究传统、笛卡尔研究传统、达尔文研究传统、牛顿研究传统等就会发现，"几乎不存在一套贯穿其研究传统的整个历史发展过程的教条"，研究传统是可以改变的。在某种情况下，当一个研究传统的支持者发现他们难以通过在该传统内修正理论来消除反常问题和概念问题，而若对研究传统的核心假设作一两点修正，就既可解决问题，又能保住原传统的大多数核心假设时，他们就会做出这种改变；由于这种变化不同于抛弃旧研究传统创立新研究传统的变化，它仍保持了该研究传统的重要部分，故劳丹称此为"研究传统的自然进化"。

（三）科学进步的合理性问题

劳丹坚持科学理论的进步性和科学理论评价的合理性。为此，他研究了科学的"理性"问题。但他对"理性"的理解是从实用主义的立场出发的。

劳丹指出，20世纪哲学中的一个最困难的问题就是"理性"的性质问题。关于这个问题有各种各样的说法。劳丹主张对理性作实用主义的解释。他认为，要弄清科学中的理性的性质，首先要弄清科学的目的。凡是有助于实现科学的目的，即对科学的目的说来是有用的，那么它就是合乎理性的。而科学最根本的目的就是解决问题，因此，只要是对于解决问题说来是有用的，那么它就是理性的。

为了牢固确立他的这种观点，劳丹对下列几个问题进行了分析：

首先，传统的观点都将理性和真理联系起来，认为一个选择的合理性就在于选择了真实的或逼真的陈述。劳丹从反实在论、反唯物主义的实用主义立场出发，认为这是没有根据的。他说，历史上从巴门尼德、柏拉图开始就企图把科学当作探求真理的事业，但是都没有成功。因而都没能提出一条可行的判断理论的"真理性"或"逼真性"的标准。因此我们若依然坚持传统的观点，科学就只能是非理性的了。劳丹提出，只有按照他的实用主义的模式，才能将科学视为一个理性和进步的系统。因为他的模式无须以理论的真实性或逼真性为前提。按照这个模式，说一个研究传统成功或不成功并不是说它是真理或谬误。一个研究传统可能极为成功地产生富有成果的理论，但在本体论和方法论上都有缺陷。相反，一个研究传统可能是真理，但由于其支持者缺乏想象力因而未能成功地产生有成果的理论。因此，抛弃一个研究传统，并不是（也不应该是）说明这个传统是虚假的，而是我们有另一个比它解决问题更为成功的、更加有用的研究传统。

劳丹自己也意识到这种观点有被指责为"实用主义""工具主义""不承认外部实在"的等可能。因此他辩解道，他的模式并不绝对地排斥任何具有科学真理性或高度逼真性的理论，而是认为我们无法判定这种理论的真理性或逼真性，因而把追求真理作为科学的目标，只能是一种可望而不可即的乌托邦。

其次，有些哲学家企图建立一种永恒不变的评价标准，而另一些哲学家（如波普尔、拉卡托斯等）则认为评价标准是发展的。然而劳丹坚持认为，他的这种标准可以用于历史上的各种情况。劳丹指出，这两种观点都忽视了这样的事实：过去的科学家对当时的科学理论做出评价时并不接受我们今天的关于"理性"的标准的限制，而是按他们当时的标准去做出决定。忽视理性选择的时代特征，这将会使我们处于十分困难的地步。

因此，劳丹认为，中心问题在于：我们如何能够继续合乎规范地谈论理论选择的合理性，同时避免将我们时代的标准错误地运用于过去的历史阶段。

劳丹认为，他的实用主义模式部分地解决了这个问题：一方面，它承认理性的一般性质，指出在任何时代、任何文化背景中，科学的理性都在于接受那些最有效、最有用的解决问题的理论；另一方面，它也承认时代和文化背景在决定理论的选择是否"合乎理性"方面也有部分的作用，这种作用表现在它能部分地决定经验问题的分类、概念问题的性质、实验控制的标准、问题的重要性程度等。劳丹认为，他的实用主义模式的"优越性"就在于将特殊的历史标准和一般标准结合了起来。按照他的模式，我们就不能认为在亚里士多德时期将物理学置于形而上学之下是非理性的，也不能认为托马斯力图将科学与宗教信条调和起来的行动是愚蠢和偏见，虽然这样的行为在我们今天看来是不合乎理性的。

与科学理性有关的第三个问题是"可比性"问题。奎因、库恩、费耶阿本德等人强调理论的"不可比性"。他们的理由是：（1）科学理论的术语的定义是含混不清的，在不同的研究传统中，同一个术语的意义是不相同的；（2）理论渗透观察，同一个词所指的东西可能不同。

劳丹认为，这种观点的根本错误在于它假定了只有当一种语言能翻译为另一种语言时，或存在着一种中性语言时，比较才是可能的。实际上，即使科学理论的术语是含糊的，即使理论渗透观察，这也不能排除可以客观地、合理地比较各种理论和研究传统。这是因为：

（1）即使没有中性的观察语言，人们仍可以有意义地谈论关于"同一问题"的不同理论。这是因为大多数问题都是独立于理论的。这就为人们在合理地评价理论解决问题的能力时提供客观基础。例如，从古代以来的一切不同的光学理论，都同样要解决光何以是直线运行，光遇到障碍为什么会改变方向等同样的问题。

（2）即使不同研究传统的理论术语含义不同，人们仍可以比较它们的内部的"一致性""连贯性""简单性"，比较哪一个研究传统或理论能产生更多的精确预言，等等。因此，研究传统理论术语的不可比性并不排除我们对研究传统上述性质的比较。

总之，劳丹得出的结论是：理论之间或研究传统之间是可以比较的，肯定选择理论的合理性和科学的进步性是有意义的。

应该承认，在劳丹的理论中是具有某些合理因素的。如他反对库恩、费耶阿本德等人的明显的非理性主义倾向，主张科学的合理性，强调概念问题在科学发展中的重要意义，以及主张研究传统（大理论）和具体理论（小理论）一样也不是固定不变，而是可变的，即它也是可以进化的等等。但是他的整个理论的体系是错误的。因为它是建筑在实用主义理论的基础上的。应该指出，实用主义在本质上是一种非理性主义。因为"理性"，就是人的认识从感性上升到理性，从现象深入到本质，并揭示客观事物的本质及其规律的辩证的、能动的思维活动。实用主义否定人的认识从具体到抽象、从现象到本质的深化，否定意识对客观事物的本质及规律性的认识或把握，而把科学的理论活动归结为一种应付环境（经验）变化的随机活动，以应付环境的主观的有用或无用来代替对客观世界的本质及其规律的认识和把握，这就在根本上否定了理性在认识过程中的意义，从而陷入了非理性主义。劳丹以这种"隐蔽的"非理性主义来反对和代替库恩、费耶阿本德的公开的非理性主义，其结果在本质上只能是与他们殊途同归。

综上所述，可以看出，新历史主义学派是当前西方科学哲学中的一个新兴学派，它继承了以前科学哲学和老历史主义学派的一些合理思想，同时又反对、批判了他们的许多错误思想，如逻辑实证主义的纯逻辑的静态分析和老历史主义的非理性主义，这无疑是一种进步。特别是以夏佩尔为代表的那一些新历史主义者，他们不同程度地肯定了外部世界的存在，比较正确、全面地肯定了整个科学认识过程的合理性，其中包括科学发现的合理性，并进而探讨了整个认识活动，包括科学发现活动的一些具体的推理过程及其模式，这无疑是他们的重要贡献。这在一定程度上反映了现代科学发展中日益明显的唯物主义和辩证法的性质，并体现了广大西方科学家自觉或不自觉地接受唯物主义和辩证法的进步倾向。但是以劳丹为代表的一些新历史主义者们，他们虽然也不满于老历史主义学派的非理性主义等明显的错误，并对他们的这些错误进行了批判或反驳。但是由于在思想上未能跳出老历史主义学派所固有的主观经验主义和实用主义的窠臼，他们在本质上仍继续走着老历史主义的旧路，与老历史主义在本质上没有多大区别。

第二十章　结构主义

结构主义是流行于当前西方的一个反人本主义的哲学流派。它出现于1950年代的法国，1960年代后迅速流行，并取代存在主义的地位，成为一种时髦的哲学流派，并广泛流传于西欧、北美等其他国家。人们把它的产生和流行看成是对存在主义的一种对抗。

结构主义与上述历史主义学派的产生和流行的时间和历史条件大致相同。不过作为反人本主义思潮的结构主义，产生和（主要）流行于法国与欧洲大陆；历史主义学派则产生并（主要）流行于具有长期实证主义传统的美国与英国。如前所述，20世纪50年代出现的科学技术大革命促进了科学的大分化和大综合，科学的发展出现了一体化（整体化）的趋向。同时，由于自然科学与社会科学的互相渗透，整体性的观点和方法（结构的方法、系统的方法、模型的方法等）不仅被广大自然科学家所接受，而且也为社会科学家、人文科学家所重视和采用，他们对在自己领域中统治已久的宣扬"主体自由创造一切"的存在主义的观点和方法普遍感到不满，而要求以新的观点和方法代替它，这就是结构主义所以代替存在主义流行一时的时代原因之一。

结构主义具有和其他西方哲学流派不同的特点。结构主义不是一个由持有共同哲学观点的专业哲学家所组成的哲学流派，而是一种哲学运动，是一些社会科学家和人文科学家们所共同具有的某种观点和方法——结构主义的观点和方法的总称。某些社会科学家和人文科学家，在人类学、社会学、政治学、心理学、文学、历史学、语言学等领域内，运用一种彼此类似的观点和方法——结构主义的观点和方法，研究自己的学科，建立了各种各样的结构主义的人文科学和社会科学，如结构主义人类学、结构主义语言学、结构主义心理学、结构主义文学理论等等。由于他们具有共同的观点和方法，因而人们称他们的这种观点和方法为结构主义，并把这些学者称为结构主义者。其实他们中有不少人并不承认自己是结构主义者。

结构主义这个哲学运动有其独特的发展过程。它的观点和方法来源于语言学。著名语言学家索绪尔、雅各布森等在语言学研究中提出"结构"的理论，被人们视为结构主义的先驱者。而结构主义的创始人则是法国的人类学家列维-施特劳斯。他首先把语言学中的结构主义的观点和方法视为研究人类社会现象的普遍有效的哲学观点和方法。此后，法国的拉康把它应用于心理学，建立起结构主义的心理学；历史学家福柯把它应用于文化史，建立起结构主义的历史学；文艺理论家巴尔特把它应用于文艺理论，建立起结构主义的文艺理论；"西方马克思主义者"阿尔图塞把它应用于解释马克思主义理论，建立起"结构主义的马克思主义"；等等。于是结构主义这个哲学运动终于形成。

由于结构主义有上述不同的特点，我们对它的评述方式也就不同。拟分如下三个部分叙述：一是结构主义运动的产生和发展；二是结构主义的哲学观点和方法；三是阿尔图塞的"结构主义的马克思主义"。

一　结构主义的产生和发展

（一）结构主义哲学的孕育——结构主义语言学

语言学是结构主义产生的源泉。在此首先应提到著名语言学家索绪尔。他是20世纪最著名、影响最大的语言学家之一。

弗尔特南·德·索绪尔（Ferdinand de Saussure，1857—1913）瑞士语言学家，巴黎大学、日内瓦大学教授，早年著有《论印欧语系元音的原始系统》一书。1906年起在日内瓦大学讲授普通语言学。死后，其讲稿由学生整理成书，名为《普通语言学教程》，于1916年出版。这本书的影响遍及全世界，被誉为语言学发展过程中继往开来的重要著作。在这本书中，索绪尔提出了系统的语言理论，在语言学的观点方法上进行了重大改革。他反对当时在语言学研究中占统治地位的历史比较语言学，反对把语言事实当作孤立的单位。在他看来，语言是一个封闭的系统，因此语言理论也必须是同样的封闭系统，必须重视语言系统中语言要素之间的相互依赖、相互制约的关系。索绪尔还把语言和言语区分开来，认为言语是个人的，语言是集体的。语言是言语活动的社会部分,是个人以外的东西,个人本身不能创造语言,也不能改变语言。接着,他进一步区别内部语言学和外部语言学。他指出,语言是一种记号系统,它由其内部因素和外部因素构成。外部语言学研究语言与人种、文化等语言外部因素的关系;内部语言学则研究语言这个记号系统的内部结构。[①] 在此基础上,索绪尔提出著名的共时语言学与历时语言学理论。

他认为对于语言可以有动态的研究与静态的研究。历时语言学就是动态地研究语言的外部因素的变化;共时语言学则是静态地研究语言的记号系统的内在的不变结构。[②]

索绪尔认为,语言是形式,而不是实体,作为一门科学的语言学,它的对象不应是各人不同的言语,而应该是民族共同的语言;不应该是历时态地研究语言的外部因素的变化,而应该是共时态地研究语言内部不变的系统或结构,索绪尔的语言学理论在语言学研究方面开辟了一条崭新的道路,为结构主义语言学派的产生奠定了理论基础。结构主义语言学产生于 20 世纪 20 年代,分为三个支派:第一个支派是布拉格学派,以特鲁别茨柯依(H. C. Tpyoellkoia)为代表,又称布拉格音位学学派;第二个支派是哥本哈根学派,代表人物有布龙达尔(V. Bröndrl)、叶尔姆斯列夫(L. Hjelmslev);第三个支派是美国的结构语言学派,他们自称为推写语言学派,代表人物是布龙菲尔德(L. Bloomfield)和霍凯特(C. F. Hockett)。他们的共同的观点是:以索绪尔的语言系统(结构)理论为基础,把语言看作一个符号系统,强调共时语言的重要性,强调分析、研究语言的内在结构。

结构主义语言学家们的主要观点是,语言不是一些词或声音的机械拼凑,而是一个记号系统,它具有内在的稳定的结构。一个词只有严格地按照一定的句法结构与其他的词互相联系,构成一定的记号系统才能确定其意义。因而语言学的研究对象不应该是个别、孤立的词;而应该是词或词的意义的相互关系,即它们的内在结构。因而对于语言的任何成分(如一个单词或一个音素)不能分散地、孤立地加以考察,而必须以整体的结构的观点,从其整体性的结构中,从其与其他成分的相互关系中去考察。

---

① 索绪尔:《普通语言学教程》,1922 年法文版,第 4 页。
② 索绪尔:《普通语言学教程》,第 117—140 页。

20世纪50年代，从结构主义语言学派中分化、发展出一个新的语言学派："转换—生成语法"学派。该派在美国语言学界，乃至世界语言学界都占据统治地位。该派的创始人是美国麻省理工学院教授乔姆斯基，因而人们又称它为麻省理工学院学派。

诺姆·乔姆斯基（Noam Chomsky）是美国著名的语言学家。早年在宾夕法尼亚大学学习语言学、数学和哲学。后来在麻省理工学院任教，并在加州大学、英国剑桥大学、伦敦大学讲过学。他的主要著作有《句法结构》（1957）、《笛卡尔语言学》（1966）、《语言和心理》（1968）等。

乔姆斯基的语言学理论的特点是关于"深层结构"的理论。乔姆斯基认为，作为记号系统的语言具有表层结构与深层结构两个层次。过去的结构主义语言学只研究语言的表层结构，而忽略了它的深层结构。乔姆斯基所称的表层结构，主要是指语言的语法结构；而他所称的深层结构，主要是指语言的句法结构。他以下列两个句子为例：

（1）John is easy to please。（约翰容易取悦于人）

（2）John is eager to please。（约翰急于讨好人）

他认为，这两个句子从表面上看，它们的语法结构是相同的，都是"名词+系词+形容词+不定式动词"，但是实际上它们的深层结构，即句法结构是不同的。句（1）是被动句，"John"是"to please"的对象；句（2）是主动句，"John"是"to please"的施者。

乔姆斯基认为，各民族语言各有不同的语法规则，即不同的表层结构；但所有的民族语言却都有共同的句法规则，即共同的深层结构。正因为它们具有共同的深层结构，各民族语言才得以互相翻译或转换。他认为，不同民族语言的翻译过程，就是把一种民族语言的表层结构转换成共同的深层结构，然后再从共同的深层结构转换成另一种民族语言的表层结构的过程。

为什么人类的各民族的语言都具有共同的深层结构呢？乔姆斯基对它做了唯心主义的先验主义的解释。他说，这是因为在人类的心灵中先验地具有一种创造和理解语言的深层结构的机制或能力。正是这种先验的机制或能力在无意识中支配着人的语言行为，因而人们才能不自觉地按照语言的深层结构，生成各种句子，互相交流思想。

为了论证语言的深层结构原则的先验性，乔姆斯基还举了许多例子来说明。他说，为什么一个儿童从周围环境中听到的只是有限的句子，而后来却能创造出无数新的句子，并能听懂无数过去从未听到过的新的句子呢？他认为，这正表明：语言的深层结构不是来自经验的，而是先验的，即来自与生俱来的创造能力。另一个例子是尽管人们在言谈中经常地并一贯地使用语言的语音规则和语法规则，以及它们的句法结构规则，但是除非语言学家，一般并不能意识到它们的存在。即使询问他们，也不能明确地说出这些规则。因而为了强调语言的这种先验性，他有时称他的这种"转换—生成语法"语言学或"笛卡尔语言学"。

（二）结构主义哲学的产生——结构主义人类学

把索绪尔、雅各布森、乔姆斯基在语言学领域内所研究的这种哲学思想，给予普遍的意义，并把它推广应用于社会科学和人文科学领域，从而成为结构主义创始人的是列维－施特劳斯。在此我们应该指出的是，首先提出结构主义语言学的观点具有普遍意义，可适用于其他科学部门的不是列维－施特劳斯，而是语言学家特鲁别茨柯伊。特鲁别茨柯伊强调结构主义语言学理论的普遍意义，认为一切科学部门的发展趋势都是以结构主义代替历史原子主义。但是真正在这方面做出具体成绩，从而在学术界发生重大影响的则是列维－施特劳斯。

克劳德·列维－施特劳斯（Claude Lévi-Strauss）是法国著名的人类学家、哲学家。他出生于一个犹太血统的家庭，早年在巴黎大学学习法律、哲学和心理学，后对人类学感兴趣，毕业后在中学任教。1935—1939年在南美巴西的圣保罗大学任教时，他曾多次深入巴西中部对当地印第安人进行社会调查。40年代初他旅居美国，在纽约社会调查学院任教，1944年起曾任法国驻美大使馆文化参赞；1947年回国后获巴黎大学文学博士学位，并先后任巴黎人类博物馆副馆长，法兰西学院社会学教授，1973年当选为法兰西学院院士。他的主要著作有《亲族关系的基本结构》（1949）、《悲伤的热带》（1955）、《结构人类学》（1958、1973）、《野蛮人的心灵》（1962）、《神话集》（1964—1971）等。

列维－施特劳斯在建立和发展他的结构主义人类学过程中，先后受到结构主义语言学家雅各布逊（Roman Jakobson，1896—1982）和"转换—生成语法"学派创始人乔姆斯基的思想的影响。20世纪40年代，列维－

施特劳斯旅居美国，结识了语言学家雅各布逊，对后者的音位学的结构分析方法极为推崇，并试图把这种方法应用于自己的人类学研究。1957年乔姆斯基的名著《句法结构》一书出版，列维-施特劳斯阅后认为乔姆斯基在语言学中所做出的先验论的哲学观点具有普遍的意义，因而把它应用于人类学。列维-施特劳斯创立了结构主义人类学。他之所以把结构语言学的结构主义方法普遍化和哲学化，是由于受当时科学发展情况的影响。他写道："现代科学每天都奇迹般地扩大着我们的认识，改变着我们的思想方式，因而哲学思考只能从科学中吸取营养。"①

列维-施特劳斯的指导思想是：一切社会活动和社会生活中都深藏一种内在的、支配表面现象的结构，而社会科学和人文科学的任务就是寻找出这种内在结构。他进一步发挥结构主义语言学家的观点，把人看作意指性的生物（Signifying Creature），即是一种能说话，能用记号（符号）表示意义的生物；因而语言是人类社会的纽带，人类世界则是一个普遍的记号化的世界。因此在列维-施特劳斯看来，乔姆斯基所谓人类心灵中的先验的深层结构的创造能力，不仅无意识地支配着人的语言活动；而且还支配着所有由人的行为所构成的社会生活现象。所以，不仅在人类的语言中深藏着支配语言表面现象的深层结构，而且在一切社会活动和社会生活中都深藏着这种内在结构。正是这种内在的结构支配着一切社会现象和人类生活。这样，他的结论是一切社会科学和人文科学，都应该像语言学（结构主义语言学）一样，它们的任务不应局限于描述社会生活的表面现象，而应深入其中，寻找支配这些表面现象的内在结构。他说："语言学与人文科学的关系就如同数学与物理学的关系"，前者对后者有方法论的指导意义，因而"与物理学一样，人文科学应认清它的对象的内在的实在性，而不能局限于主体感觉所能得到的水平上"。②

列维-施特劳斯以上述结构主义思想为指导，着重研究了原始土著部落的亲属关系和神话传说，竭力在这些亲属关系和神话传说的表面现象中寻找出它们的内在结构。

首先让我们看看他是如何寻找原始部落人的神话传说中的内在结构的。

---

① 引自巴黎《新观察家》1980年第816期。
② 列维-施特劳斯：《赤身裸体的人》，1971年法文版，第570页。

列维-施特劳斯用音乐类比原始部落人的神话传说,他认为,音乐之所以能给人以艺术效果,不是由于它自始至终的表面的、感官所能直接感受的声音的变化,而是由于有许多不同的音乐片段在演奏过程中有节奏的重复。有节奏的重复所构成的内在结构赋予各种声音以意义,使它们构成一支乐曲,从而给人以艺术的效果。这正如语言的句法结构给予各种词的意义,从而使它们成为一句能令人理解的话一样。他认为,原始部落人的神话传说也是这样。一个神话,经过许多人的流传,往往会产生许多该神话的变种。从表面上看,在这些同一神话的各种变种之间,似乎杂乱无章,没有任何内在联系,但是以结构主义的观点一经分析,就能发现,它们之间也有着由各种故事片段的重复所构成的内在结构。结构主义者伯蒂解释列维-施特劳斯的这个观点说:"神话的时间是可以颠倒的。一个神话本质上可多次重复。神话的性质反对线性的阅读。时间是可以颠倒的,因为它的任务是展示一个无时间的结构,通过不断重复该结构的因素,把神话印入听众的心里。"[1]

列维-施特劳斯在《神话集》书中,搜集、分析了813个神话传说,对它们一一进行了结构分析,在纷繁、混乱、荒诞、怪异、支离破碎的神话传说中寻找它们的内在结构,从而使它们成为条理清楚,秩序井然,可以理解的东西。他认为:"任何神话一旦产生以后就会变成口头传说。而当它们在没有文字的原始民族中发展时,看来似乎发生着或然性的无规则的变动,而实际上,在其深处都隐藏着稳定的结构。"他以古希腊人的三个神话为例。第一个神话是卡德摩斯神话,内容是天神宙斯骗走了卡德摩斯的妹妹欧罗巴。卡德摩斯因四处寻找他的妹妹,在某处杀死了一条毒龙,引起了斯巴托人的互相残杀;后来在该处建立了忒拜城。第二个神话是奥狄浦斯神话,内容是底比斯王子奥狄浦斯因解开了怪兽斯芬克斯(狮身人面兽)的谜,而杀死了这个怪物,并在不知内情的情况下杀父娶母,后来发觉了自己无意中犯下的罪行,极为悲愤,自己刺盲双目,离宫出走,流浪至死。第三个神话是波吕尼克斯神话,内容是奥狄浦斯的两个儿子厄多先斯和波吕尼克斯在战争中互相斗杀而死。妹妹安蒂戈妮不顾禁令

---

[1] Philip Pettit, *The Concept of Structuralism: A Critical Analysis*, Berkeley: University of California Press, 1975, p. 81.

埋葬了她的哥哥波吕尼克斯。

列维－施特劳斯对这三个神话故事进行了结构分析，把它们分解为许多片断，列表如下①：

卡德摩斯寻找他那被宙斯骗走的妹妹欧罗巴	斯巴托人互相残杀	卡德摩斯杀死了这条龙	拉布达科斯（累奥斯的父亲）＝跛子（？）累奥斯（奥狄浦斯的父亲）＝左撇子（？）
奥狄浦斯娶他的母亲约卡斯	奥狄浦斯杀死他的父亲累奥斯		
安蒂戈妮不顾禁令埋葬了哥哥波吕尼克斯	厄多先斯杀死了他的兄弟波吕尼克斯		奥狄浦斯＝肿痛的脚（？）
		奥狄浦斯杀死了狮身人面兽	

列维－施特劳斯根据此表得出结论，认为上述三种神话故事有着共同的深层结构：那就是第一竖行的各神话片段的内容是过分重视血缘关系；第二竖行各神话片段的内容是过分轻视血缘关系；第三竖行各神话片段的内容是否定人类起源于大地，因为人与大地所生的怪物是相对立的；第四竖行各神话片段的内容是肯定人类起源于大地，因为按照希腊神话的一般说法，由于人类起源于大地，他们开始都不能很好地走路。因此在列维－施特劳斯看来，深藏于这些神话传说中的深层结构是两种对立观念的调和，即人类生于大地，与人类生于男女血缘这两个彼此冲突的观念的调和。他写道："我们发现的是关于人的起源的两种对立意见的一个奇怪的逻辑表述：一种观念是人生于大地，另一种观念是人生于男女。在这些神话传说中，通过想象把二者等同起来，从而解决了这个冲突。"②

在研究原始部落人的亲属关系时：列维－施特劳斯同样运用了结构主

---

① Claude Lévi-Strauss, *Structural Anthropology*, translated by Claire Jacobson and Brooke Grundfest Schoepf, New York: Basic Books, 1963, p. 214.

② Ibid., pp. 215–217.

义的观点和方法。他认为,所谓亲属关系就是一种由血缘关系与婚姻关系所产生的亲属称谓关系。他把这种社会的亲属关系比拟为一种"语言",并称之为亲属"语言"。他说,亲属关系也与语言相类似。语言的句子由许多单词按一定的深层结构组成,亲属关系也是这样。部落成员是亲属"语言"中的"单词",它们也按一定的深层结构而组成亲属"语言",即亲属关系。语言的深层结构规定哪些单词可以与哪些单词结合而构成句子;亲属关系的深层结构的规则规定哪些成员可与哪些成员结合(结婚)而构成亲属关系。

通过以上论述,我们可以看到,列维-施特劳斯把结构主义语言学的理论、观点推广应用于人类学研究,认为无论是神话传说或亲属关系等社会文化现象,它们与语言一样,都内藏着深层结构,这些深层结构都是人类心灵的一种无意识的机制或能力所建立的;而人类学跟语言学一样,其任务不应是单纯描述人类社会的外部现象,而应是通过结构主义的分析以找出隐藏于这些现象中的深层结构。列维-施特劳斯的这种观点反映了现代科学的一体化的趋向,强调了结构观点和结构方法在认识论中的意义。但是他对结构所做的先验论解释是错误的。因为结构不是人所给予的,而是事物自身所固有的。任何事物都是具有普遍内在联系的一个整体,这种内在联系就构成事物的结构。

(三) 结构主义哲学的发展——结构主义的其他学科的相继出现

列维-施特劳斯的上述结构主义理论产生以后,在法国学术界引起很大反响。许多人文科学家和社会科学家纷纷仿效列维-施特劳斯,把结构主义的观点和方法应用于各门具体的人文科学和社会科学,一时兴起各种各样的结构主义的人文科学和社会科学。这标志着结构主义运动发展的新阶段。

在众多的结构主义人文科学和社会科学中,影响较大的有结构主义的文艺理论,这方面的代表人物是罗兰·巴尔特(Roland Barthes, 1915—1980)。巴尔特等人认为,文学艺术作品,不论是诗歌、散文、小说、童话、戏剧、电影、绘画、音乐、雕塑、建筑、时装服饰等,无不是一种"语言"。就像语言的每一个单词必须按一定的句法结构组成句子才有意义一样。任何一首诗歌、一篇小说或一个艺术雕塑等,无不是由其各个部分按一定深层结构组成的整体,它们的每一个组成部分,只有在整体的结构中才具有文学艺术的意义。而这个深层结构是作者的心灵在创作过程中无意识地赋予的，也是欣赏者的心灵在欣赏过程中无意识地感受到的。

除结构主义的文艺理论以外，影响较大的还有结构主义的历史学（文化史），这方面的代表人物是福柯（Michel Foucault）。福柯现任法兰西学院思想史教授。他的主要著作有《词与物》(1966)、《知识考古学》(1969) 等。他认为，人类社会的文化及其历史，不论其现象如何凌乱复杂，它们都受内在的深层结构所制约。他有时称这种结构为"知识型"（épistème）。他认为，"知识型"（结构）决定着社会文化及其历史现象。他写道："我们的思想、我们的生活、我们的生存方式，直至我们的日常行为的细节，无不是同一个组织结构的重要组成部分。它们就像科学和技术一样，也都依存于'人心'的抽象的范畴。"

福柯还把人类文化的发展分为三个时期：(1) 文艺复兴时期；(2) 17世纪的古典时期；(3) 19世纪以来的时期。他认为，这三个时期的文化史各自有不同的结构：(1) 综合的结构；(2) 分析的结构；(3) 立体的结构。由于结构不同，它们的文化的表现也就不同。

此外，还有结构主义心理学等等。法国的结构主义心理学的代表人物是拉康（Jacques Lacan）。拉康是法国精神分析学家、医生。他的主要著作有《拉康论文集》(1966)、《精神分析学的四个基本概念》(1973) 等。他把来源于语言学的结构主义的观点和方法跟弗洛伊德的精神分析理论中的"无意识"的研究联系起来。他认为，"无意识"也是一种"言语"，它具有类似语言的结构。精神病患者对其内心精神状态的自我揭露总是片断的、不连贯的，因此医生必须采用结构主义的"整体构造的方法"，使这些零碎的言语，按其内在的结构组合起来，以体现其内在的精神结构。这样他就从结构主义的立场，改造了弗洛伊德的心理分析的理论。

二　结构主义哲学的基本观点和基本方法

如前所述，结构主义和其他西方哲学流派不同，它不是一个哲学流派，而是一种哲学运动。所以尽管结构主义者们在总的观点和方法方面大体相同，但是在具体观点和方法上却又各不相同。现在，我们只就他们共同的哲学观点和方法做一些说明。

第二十章 结构主义

结构主义哲学的思想核心是"结构"的概念。何谓"结构"？对这个结构主义的基本概念，结构主义者们各持己见，众说纷纭；甚至同一个结构主义者，在同一本结构主义著作中，对它也常常会有不同的用法。"结构"（Structure）一词来源于拉丁文"Structura"它是从动词"Struêre"（构成）一词演变来的，它的原意是部分构成整体的方法。一般说来，瑞士结构主义者皮亚杰（Jean Piaget，1896—1980）在《结构主义》一书中对"结构"一词所下的定义比较有代表性。皮亚杰认为，结构有以下三个特征：(1) 整体性，即结构是按一定组合规则构成的整体；(2) 转换性或同构性，即结构中的各个成分（部分）可按照一定的规则互相替换，而并不改变结构本身；(3) 自律性，即组成结构的各个成分都互相制约、互为条件而不受任何外部因素的影响。大体说来，结构主义者们都认为结构就是一种关系的组合，它是由各个成分（部分）互相依存而构成的一个整体，而部分只能在整体中得到它的意义。列维-施特劳斯说："首先，结构展示出一个系统的特征。它由几个成分构成，其中任何一个成分的变化都会引起其他成分的变化。"[①] 在此必须指出的是，结构主义者所说的结构"，一般都是指深层结构而言。结构主义往往把结构分为深层结构与表层结构两类。"表层结构"是现象的外部关系，"深层结构"则是现象的内部关系，结构主义者所强调和寻求的是"深层结构"，因此，在他们那里"结构"就是"深层结构"的同义词。

结构主义理论是建立在唯心主义哲学基础上的。一般说来，结构主义者都是先验主义者，他们认为，一切由人类行为构成的社会现象，表面看来似乎杂乱无章，其实内蕴着一定的结构。这种结构支配并决定着一切社会现象的性质和变化。但是，这种现象的内部结构并不是客观社会生活自身所固有的，它是由人的心灵的心理机制无意识地创造的，或者说是由人的心灵无意识地把它投射于社会文化现象之中的。因而人的心灵的构造能力是第一性的；社会生活的内在结构或秩序是第二性的。英国哲学家莱恩在《结构主义入门》一书中用下图表明了结构主义的这种先验论观点，这有助于我们对这种先验论观点的理解。

[①] Claude Lévi-Strauss, *Structural Anthropology*, translated by Claire Jacobson and Brooke Grundfest Schoepf, New York: Basic Books, 1963, p. 279.

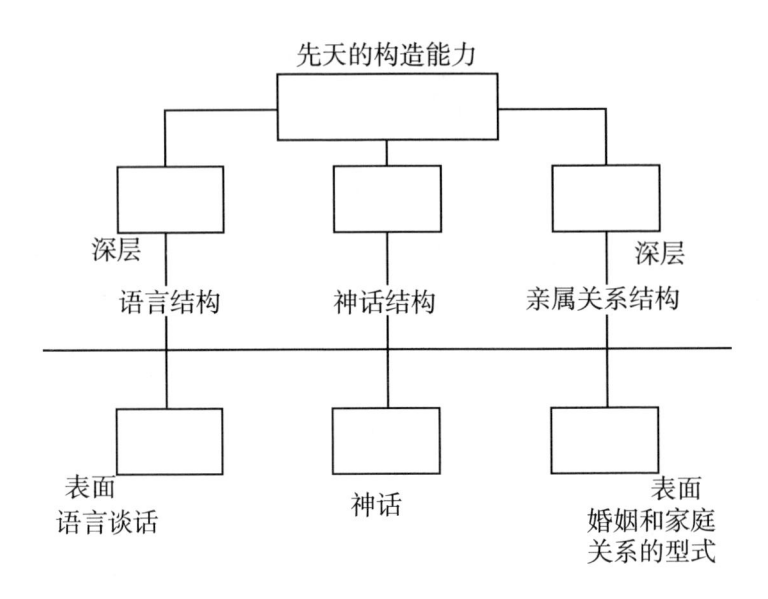

```
            先天的构造能力
        ┌───────┼───────┐
      深层             深层
    语言结构    神话结构    亲属关系结构
    ───┼────────┼────────┼───
      表面                表面
    语言谈话     神话     婚姻和家庭
                        关系的型式
```

　　这清楚表明，结构主义者颠倒了物质与意识的根本关系。他们在哲学基本问题方面站在与唯物主义相反的立场上，走上了唯心主义先验论的道路。因此他们中有些人自称是笛卡尔主义者，并赞赏康德的关于"理性为自然界立法"的观点。但是他们并不完全同意康德的先验论。康德承认先验的"主体"，认为先验"范畴"的原则是先验"主体"的原则。列维－施特劳斯等人则否认这个先验的主体，认为"结构""具有自主的客观性，它是不依赖主体的"。因而他们又常常自称是"没有先验主体的康德主义"。[①]

　　结构主义从上述结构主义的观点出发，在方法论上一般强调如下几点：

　　首先，结构主义者强调整体性的研究，反对孤立、局部的研究。因为任何现象都是许多部分（元素）构成的，而各部分是互相联系的。列维－施特劳斯等人认为，对现象的认识有两种方法，一种是把经验的现象分解为各个成分（部分），对它们孤立地一一加以研究的方法。这种方法把整体仅看作部分的总和，以为认识了各个部分，就认识了整体。当前分析哲学的方法，就是这种方法。他们认为，这种方法是错误的。它虽然有时也能说明部分的一些表面现象，但绝不能说明它们的本性及其真正的意义；

[①] Claude Lévi-Strauss, *The Raw and the Cooked: Introduction to a Science of Mythology* Vol. 1, translated by John and Doreen Weightman, London: Jonathan Cape Ltd., 1970, p. 11.

另一种方法是结构主义的方法,这种方法认为,整体对它的部分在逻辑上有优先的重要性,因为整体性的结构规定着各个成分的联系及其性质和意义;而孤立的各个成分本身是没有意义的。结构主义的先驱者索绪尔说"语言是一个互相依存的语词体系,在这个体系中,每一个语词的确切意义都仅是与其他语词相互依存的结果。"[1] 结构主义者特莱尔(J. Trier)说:只有在整体中才能认识部分,这正如"一个单词的意义的被认识,首先是当把它放在与其邻近的词,以及与其相对立的词的意义相互对照的时候;因为单词之有意义,仅仅是在它作为整体的部分的时候。"[2] 另一个结构主义者伯蒂(Philip Pettit)说得更明确:"意义在于结构","那里有意义,那里就有结构","没有结构就没有任何意义"。[3]

其次,他们强调,认识事物内部的结构,反对单纯地研究外部现象。他们认为,现象虽然看来杂乱无章,但都受其内在结构的统一的支配或规定,因而,研究事物不能像实证主义者那样,满足于经验现象的罗列和描述,而应把握深藏于现象中的结构。

那么应该怎样把握现象内部的结构呢?

结构主义者们认为,由于深层结构并不是现象自身所固有,而是人的心灵无意识地投射于它们之中的。因而,要认识或把握现象的深层结构,不能单凭观察和实验的方法,它不能通过对经验事实的归纳获得,而应该采用一种"重新构造"的方法。它的具体程序是:(一)分析把对象或现象分解成为各个原始组成部分;(二)"配置":把各个组成部分按一定的假设性理论模式组合起来,"重现"对象或现象的"深层结构"。这种假设性模式可以是想象出来的,也可以是从别的学科中借用来的。主要是看它是否能用来解释或说明这些现象,如果能够解释或说明,就表明找到了现象的深层结构;如果不能,就更换或者修改这个想象的模式,直至能够说明。列维-施特劳斯的追随者伯蒂说:"仅仅是观察,不管多少次都不能揭示这类结构,如在奥狄浦斯神话或阿斯狄沃尔故事中所见到的那样,只有根据先验的假定,这种结构才能变成可见的。这个假定可以在分析过程

---

[1] 索绪尔:《普通语言学教程》,第114页。
[2] Philip Pettit, *The Concept of Structuralism: A Critical Analysis*, Berkeley: University of California Press, 1975, p. 13.
[3] Ibid., p. 3, p. 13.

中形成……然后是修改和预言。……没有这种假定，谁会想到把安蒂戈妮埋葬她的哥哥看作血缘关系的过高估计，而把斯巴托人彼此仇杀看作血缘关系的过低估计呢？"①

第三，结构主义在方法论上强调内部因素的研究，忽视或否定外部因素的研究。他们认为，既然是事物的内在结构，而不是外部因素决定着事物及其各个成分的性质和意义；因而它们是"封闭的""自足的"本质上是与外部因素无关的。所以人们对事物的研究应重视内部因素的分析和内在结构的把握，而无须重视外部因素对它们的影响。结构主义者皮亚杰就明确地做出了"自律性"的规定，即肯定结构的各个成分是互为条件、互相制约而不受任何外部因素的影响的，从而他就否认了对外部因素分析的重要性。由于否认外部因素的分析，列维－施特劳斯反对历史唯物主义的社会生产方式决定社会生活的观点，他无视于生产活动对原始人的生活方式的决定作用，而热衷于对社会生活的形式主义的研究。

第四，结构主义在方法论上强调静态（共时态）的研究，忽视或反对历史（历时态）的研究。结构主义者们认为，既然事物的性质和意义是由内部的整体性的结构决定的，而结构不是事物自身所固有，而是人的心灵无意识地投射于现象中的；它是"封闭的""自足的""稳定的"，事物的变化仅是它的表面现象的变化和外部因素的变化，因而他们认为要把握事物的内在结构，无须也不应该历史地去研究事物的变化，而只需静态地考察现象的横断面，考察那些稳定不变的因素。列维－施特劳斯以神话与音乐为例，说："神话与音乐两者都需要时间，但是它们又都否定时间。因为二者都抹杀时间的作用。音乐把欣赏的时间变成共时态的、自律的整体，因而欣赏音乐作品是在通过该作品的内在组织，把流逝的时间固定化起来，使我们能够接触到永恒的结构。""神话也与音乐一样，它是超历史、超过去的。它是时间与永恒结构之间的对立的调和。"② 从上述观点出发，列维－施特劳斯否认人类历史的统一性。他把历史看作"多个历史领域的非连续的集合"，而认为历史的变化仅是不同结构的转换，结构主

---

① Philip Pettit, *The Concept of Structuralism: A Critical Analysis*, Berkeley: University of California Press, 1975, p. 87.

② 列维－施特劳斯：《神话集》，第 23—24 页。

者福柯也认为历史"不再是主体的连续发展,而只是各种断裂结构的间断性变化"。这样他们就否定了历史的发展和进步的意义。列维-施特劳斯并由此而得出下面两个结论:一是现代人的思维并不比原始人的思维进步,否认原始人的前逻辑思维与文明人的逻辑思维的区别;二是否定社会发展的规律性,断言马克思主义的历史决定论跟基督教的世界末日说和各种历史循环论是同等错误的。

最后,结构主义在方法论上强调结构的不以人的意志为转移的"客观"作用,而忽视或否定人的主观能动作用。他们认为,一切社会现象和文化现象的性质和意义都是其先验的结构"命定"的,人的一切行为都无意识地受"结构"的支配,因而人只能体现结构的作用,是结构的"载体",而不能改变结构的作用,成为社会历史的"主人"。因而他们反对存在主义等哲学流派的人本主义观点,认为历史不是像存在主义等所认为的那样是"个人自我"的"自由创造";而是先验的结构的决定物;因而他们认为,存在主义的"自我绝对自由"的理论是十分荒谬的;并认为应该把社会历史的中心从"个人"或"自我"转移到"结构"上来。他们称此为"主体的移心化。"列维-施特劳斯说:"结构主义不是创造人,而且把人消溶掉","必须抛弃主体(人)这个令人讨厌的宠儿,它占据哲学舞台的时间已经太久了"。福柯说:对于结构主义说来"人是像海市蜃楼一样可以消失的东西","它是可以抹掉的,就像抹掉沙滩上的足迹一样"。"世界在开始时不需要人,在结束时也不需要人……人是不需要的,人终将消失。"[1]

结构主义在方法论上的整体性研究和内部结构研究都是正确的。但是它因而排斥局部的研究、外部的研究、历史的研究,以至完全否认人在社会历史中的影响作用则都是错误的。这是一种片面性的表现。正由于此,它最终不能彻底战胜存在主义而逐渐衰落。

三 阿尔图塞的"结构主义的马克思主义"

法国哲学家阿尔图塞等人,主张把结构主义和马克思主义"结合"起

---

[1] 福柯:《词与物》,1966年法文版,第333、396页。

来，主张用结构主义的理论和方法理解和"阐释"马克思主义学说，由此出发而"创立"了一种"结构主义的马克思主义"，成为"西方马克思主义"流派之一。

路易·阿尔图塞（Louis Althusser）是法国著名的"结构主义马克思主义"者。1918年他生于阿尔及利亚的比曼德利，青年时期参加过天主教学生组织，第二次世界大战期间参加过反法西斯战争，曾被德军俘虏；战后在法国巴黎高等师范学校学习，毕业后一直在该校任教。他参加法国共产党，但在理论上与法共领导人加罗蒂有严重分歧。结构主义在法国开始流行后，他坚持用结构主义观点"重新解释马克思主义"，企图把马克思主义"结构主义化"。他的主要著作有《保卫马克思》（1965）、《读〈资本论〉》（1965与E.巴里巴合著）等。他否认自己是结构主义者，但是由于他的理论的明显的结构主义性质，人们公认他是法国结构主义的主要代表人物之一。

阿尔图塞的理论的重要内容之一，就是把"意识形态"与"科学"这两个概念绝对地对立起来。① 他认为，所谓意识形态，就是一种为一定政治利益服务的观念体系，如政治、法律等观念体系，它们都是有明显的阶级性的，是为一定的阶级利益服务，受一定阶级利益支配的，因而是非客观、非科学的。他说：科学是一种没有阶级性，不受阶级利益支配的客观认识活动，而"意识形态乃是一种具有特殊逻辑和特殊规则的陈述体系……它之所以不同于科学，是因为它的实践的和社会的职能压倒理论的或认识的职能"②。阿尔图塞把"意识形态"和"科学"的区别绝对化，人为地割裂理论和实践的联系，并把这种观点用于对马克思主义的研究，这是错误的。

阿尔图塞从上述观点出发，研究了马克思思想发展的历程，从而对之做了不正确的解释。他认为，马克思从青年时期到成年时期，他的思想发展经历了一个从非科学的意识形态时期到科学时期的根本性转变。他认为，马克思的思想发展共经历了三个阶段：第一阶段——1840—1842年，

---

① Louis Pierre Althusser, *For Marx*, translated by Ben Brewster, London：The Penguin Press, 1969, p.13.

② Ibid., p.231.

这是康德、费希特的理性人本主义阶段；第二阶段——1842—1845年，这是费尔巴哈的人本主义阶段。阿尔图塞认为，这两个阶段都是青年马克思的人本主义阶段。当时年轻的马克思积极参加政治斗争，从维护一定的阶级利益出发，主张人本主义。但人本主义是一种非科学的意识形态，因而他的理论还不是科学的；第三阶段——1845年以后，这时马克思已进入成年时期，他的思想发生了根本的转变，从而在认识论上与以前的思想发生了根本性"断裂"，这时他不仅放弃了前期的人本主义思想，批判了费尔巴哈等人的人本主义，"不再把历史和政治建立在人的本质的基础上"，从而从根本上摆脱了费尔巴哈的人本主义的影响，从此他与费尔巴哈、黑格尔等前人的思想已毫无内在的继承性联系。[①] 阿尔图塞说："1845年马克思跟把历史和政治建立在人的本质上的各种理论彻底决裂了"。"与每一种哲学人本主义断绝关系的这种做法，绝不是次要的、细节性的问题，而是马克思在科学上的发现。"[②] 阿尔图塞认为，在这个时期，马克思才开始以客观的态度创立科学的历史理论；特别自1857年《政治经济学大纲》发表后，他的思想才进入完全成熟的时期，才建立了真正的科学：政治经济学。[③] 但是后来他又改口说："只有自1875—1880年所写的《哥达纲领批判》和《评阿·瓦格纳的〈政治经济学教科书〉》这两本书，才表现出马克思的思想的完全成熟。"[④]

阿尔图塞从这种观点出发，还批判了列宁关于马克思主义三个理论来源的精辟论述。他断言："来源"是一个过了时的意识形态概念。马克思主义与德国古典哲学（以及英国政治经济学和法国空想社会主义）并没有任何内在的继承关系，因为它们之间的区别是结构性区别，而不同的结构之间是不可能有历史性的联系的。

应该承认，阿尔图塞看到了马克思主义与黑格尔辩证法以及费尔巴哈人本主义的原则区别，看到了马克思思想的前后转变，这无疑是正确的。

---

① Louis Pierre Althusser, *For Marx*, translated by Ben Brewster, London: The Penguin Press, 1969, pp. 35 – 38.

② Ibid., p. 227.

③ Ibid., p. 35.

④ Louis Pierre Althusser, *Lenin and philosophy and Other Essays*, translated by Ben Brewster, London: New Left Books, 1971, p. 94.

但是他因而割裂青年马克思思想与成年马克思思想的内在联系，否定马克思对人类文化遗产的批判性继承则是错误的。这恰好暴露了他的结构主义的观点和方法的弊害。

在理论与实践及其关系方面，阿尔图塞的解释也是错误的。阿尔图塞认为，实践可分为两类：一类是非理论的实践，如政治活动、生产活动等等；另一类是理论的实践，这就是创立理论，研究理论的活动。① 在他看来，知识和理论并不是客观现实的反映，而是一种理论实践的产物。他反对唯物主义的反映论，并把它归结为经验主义。阿尔图塞说，费尔巴哈是经验主义者，在认识论上受费尔巴哈影响的青年马克思也是一个经验主义者；这是因为他们都把知识和理论说成是主体对客体的本质的抽象，或认识对现实的反映，而反映论就是经验主义。他认为，自1845年以后，马克思由于在思想上发生了根本性转变、在认识上与经验主义发生"决裂"；从而开始转向了辩证唯物主义。② 阿尔图塞把理论思维与作为感性物质活动的实践混淆了起来。这就无异于说理论产生于理论，思想产生于思想，理论自有其并非来源于实践的独立的本源，从而必然背离唯物主义的反映论，陷入唯心主义。

那么什么是阿尔图塞所说的"辩证唯物主义"呢？阿尔图塞歪曲说，辩证唯物主义并不如恩格斯所认为那样是反映自然界、社会和人类思维的一般规律的学说，而是一种科学的哲学研究的活动，或能动的理论实践。他认为，每一种科学理论或非科学的意识形态，都有其内在的理论"结构"或"框架"。这种理论结构或框架支配着整个理论，包括它的内容、形式以及各种问题的提出和解决方式等。而理论结构绝不是客观现实的反映，它是理论创造者在理论的实践中无意识地赋予这个理论的。阿尔图塞认为，无论黑格尔的理论和马克思的理论都有自己的内在结构。黑格尔理论的内在结构是黑格尔的辩证法，马克思的理论结构是马克思的辩证法。他认为，黑格尔的理论结构与马克思的理论结构，也即是黑格尔的辩证法与马克思的辩证法是根本不同的，两者间具有不

---

① Louis Pierre Althusser, *For Marx*, translated by Ben Brewster, London: The Penguin Press, 1969, p. 12, p. 171.

② Ibid., p. 33, p. 73.

可逾越的鸿沟。他写道：马克思的辩证法与黑格尔的辩证法，"两者在本质上和结构上有明显的区别……在马克思那里具有一种与黑格尔极不相同的结构"，因此他坚决反对恩格斯关于马克思把黑格尔辩证法颠倒过来的见解，断言这是一种"歪曲"。①那么，黑格尔的辩证法与马克思的辩证法本质上和结构上的区别是什么呢？阿尔图塞认为，区别在于黑格尔是矛盾一元论者，而马克思是矛盾多元论者。②他认为，黑格尔的矛盾一元论肯定：一切事物的发展自始至终由一对矛盾决定。如黑格尔在《历史哲学》中认为，虽然社会的政治、经济制度和哲学、艺术、宗教等意识形态，似乎都对社会历史的发展起影响作用；但归根到底决定它的发展的是内在的绝对精神。马克思的矛盾多元论则相反，认为决定社会历史发展的力量是多方面的：不论社会经济基础中的生产力与生产关系的矛盾，上层建筑中的、政治、经济、法律制度间的矛盾，以及意识形态中的哲学、宗教、道德、艺术等的矛盾，都是决定社会历史发展的力量。因而他说，对于马克思说来，"矛盾，在原则上是多元地决定的东西"③。他在论述这个观点时还引证了毛泽东同志的言论，认为后者在《矛盾论》中的观点，是与他的这个观点"一致"的。④ 实际上，阿尔图塞是反对区分主要矛盾和次要矛盾的，他常常把经济基础和上层建筑中的各种矛盾都看作社会发展的决定力量。在因果性问题上，阿尔图塞认为，历史上有三种因果性理论："线性（机械）的因果性""表现（目的论）的因果性"和"结构的因果性"。他认为，"线性的因果性"理论只承认一个因素孤立地对另一个因素的作用，18世纪的唯物主义者所坚持的就是这种因果性理论。"表现的因果性"理论，肯定整体对部分的决定作用，但把整体归结为本质，从而根本否认部分的任何作用。黑格尔就是这种理论的信奉者。阿尔图塞认为，黑格尔的矛盾一元论或一元决定论是与他的表现因果性的理论密切联系的，前者是以后者为基础的，因为他把社会历史的发展归结为一个"本质的原因"——绝对观念。"结构的因果性"理

---

① Louis Pierre Althusser, *For Marx*, translated by Ben Brewster, London: The Penguin Press, 1969, pp. 33-94.
② Ibid., p. 104, p. 107.
③ Ibid., p. 14.
④ Ibid., pp. 194-195.

论既承认全面性的结构，又承认局部性的结构；既承认全面性结构对局部性结构的决定作用，又坚持局部性结构对全面性结构的相对自主性。他认为马克思的所坚持的就是这种结构的因果性理论。① 同样，马克思的多元决定论也是以结构因果性理论为基础的。他承认社会的多种因素的各种结构的作用。② 显然，阿尔图塞是用结构主义的观点来曲解马克思的因果性理论。

阿尔图塞把上述多元决定论的辩证法称为结构的辩证法或科学的辩证法。他认为，马克思的科学的理论，其实质，就是一种以多元辩证法为指导的理论实践；因此，马克思的科学理论，归根到底就是多元辩证法的理论。因此，成年马克思的理论所以是科学的，就在于他是以多元辩证法或结构辩证法为指导而研究资本主义社会的。他认为，马克思在《资本论》中就体现了这种结构辩证法的观点。③ 马克思的最大成就是在《资本论》中，用结构辩证法的观点，把资本主义看成是一个各个成分相互依存的有结构的整体，从而把它看成是一个"没有主体"的过程。④ 他还认为，马克思在《资本论》中，把资本主义的生产方式分为多层结构：经济结构、上层建筑结构及其意识形态的结构等等，这是他的多元决定论观点的具体表现。他认为，马克思肯定经济结构与上层建筑结构对社会发展都起决定作用；但认为，它们的作用并不是永远相等的，不同时期可以起不同的作用。如在封建社会中起决定作用的结构是上层建筑中的政治因素；在资本主义社会中起决定作用的结构则是经济因素，它变成为决定整个资本主义社会的支配性因素。阿尔图塞反对经济基础机械、简单地决定上层建筑的观点；同时又承认经济基础的"最终"决定作用，这是正确的。但是他从结构主义观点出发，认为结构的每个方面的力量是均等的，它们的相互作用是交替、循环的。这是错误的。马克思主义认为，不能把社会发展中的各因素放在均等的地位，也不能把经济基础和上层建筑的相互关系不分主次，说成只是循环交替的作用，否则必然导致否定经济基础的决定作用，

---

① Louis Althusser and Étienne Balibar, *Reading Capital*, translated by Ben Brewster, London: New Left Books, 1970, pp. 186 - 188.

② Ibid., pp. 184 - 186.

③ Ibid., pp. 32 - 33.

④ Ibid., p. 252.

走向历史唯心主义。

阿尔图塞认为,马克思是"理论上反人本主义"的,即认为"历史是无主体的过程","从科学的观点看来,人这个概念对我们说来是不能使用的。"[1] 决定社会的是"内在结构",而人只是历史的"载体"或"使役"。[2] 他还认为,历史的发展不是生产发展的结果,而是内在结构的自律性的变化的结果,[3] 因为它是与外部因素没有任何因果性关系的。这样,他就把社会历史的变化看作一个由心灵的结构决定而与人完全无关的宿命论的过程;从而既否定了马克思主义的唯物主义,也否定了人的意识的能动作用和马克思主义的辩证法。[4]

阿尔图塞提出用结构主义的"征兆阅读法"来阅读马克思的著作。他认为,阅读任何理论著作包括阅读马克思的著作,不能"像阅读一本普通的书那样",停留在表面词句或表面论述上,而应该通过文字的阅读,通过文字的现象的分析;而深入地去把握它的内在的结构,"挖掘出它的内在结构来"[5]。因为这种结构是作者无意识地投射于理论中的,是通过一般的阅读方法所无法获得的。那么如何来"挖掘"这种结构呢?他认为具体的做法是:先假设一个想象的模式去解释它、说明它,如能成功,就表明找到了这种结构或框架;否则就更换或修改想象的模式。他断言,他已经发现了马克思主义理论的内在结构,从而发展了马克思主义理论。阿尔图塞的这种"征兆阅读法"是错误的。马克思主义理论有其严密的内在结构,但这只能用辩证唯物主义的观点和方法去作严密的科学分析才能获得。阿尔图塞的"征兆阅读法"是一种主观主义的方法。它从主观想象出发,虚构出一个"结构",硬套于马克思主义理论之上,这不是"发现结构",而是"捏造结构"。

通过以上评述,我们可以清楚地看到阿尔图塞的"结构主义的马克思

---

[1] Louis Pierre Althusser, *For Marx*, translated by Ben Brewster, London: The Penguin Press, 1969, p. 255.

[2] Louis Althusser and Étienne Balibar, *Reading Capital*, translated by Ben Brewster, London: New Left Books, 1970, p. 112, p. 180.

[3] Ibid., p. 197, p. 242.

[4] Ibid., pp. 139–140, pp. 174–175.

[5] Louis Pierre Althusser, *For Marx*, translated by Ben Brewster, London: The Penguin Press, 1969, p. 32.

主义"绝不是对马克思主义的发展,而是对马克思主义的歪曲。他在1977年的一次题为《马克思主义的危机》的发言中说:"不存在什么马克思主义的原有的'纯洁性',需要的是重新发现……马克思主义不是铁板一块,而是包含着困难、矛盾和空白。""马克思主义正处于危机中,我们经历着这场危机,危机迫使我们改变我们与马克思的关系中的某些东西,从而也迫使改变马克思主义本身的某些东西。"阿尔图塞还认为,马克思主义只是一个"有限的"理论,共产主义"这种遥远的前景,也许它是永远也不可能实现的"。[1] 从这些言论中,我们可以看出,阿尔图塞并不是一个真正的"马克思主义者",他的许多基本观点是背离马克思主义的。

---

[1] 阿尔图塞:《马克思主义是"有限的"理论》,转引自卞文《西方关于马克思主义的一些讨论》,《国外社会科学》1980年第5期,第78页。

后　记

本书是教育部委托编写的现代西方哲学课的教材，阐述和评价了自 19 世纪 30 年代至今一百余年来西方哲学发展、演变的概况和几十个哲学流派与哲学家的哲学思想。作者力求运用最新资料，尽可能如实地反映出它们的原貌，并加以马克思列宁主义的分析和深入浅出的表述。但由于作者水平有限，缺点和错误一定不少，恳切希望前辈、同行和读者指正。

本书在编写过程中得到兄弟院校、上海人民出版社许多同志的关怀、支持和帮助，我的研究生张继武、倪梁康、段小光、褚平、路军平、杨丽华、恽竞、卜华度、欧阳谦等同志在材料工作和缮写工作方面也给了我很多的帮助，在此谨表谢意。

夏基松